TUJIE HUOCHE WEIXIU DAQUAN

图解
货车维修
大全

杨智勇　翟　静　主编

化学工业出版社

·北京·

内 容 简 介

本书系统地介绍了解放、东风、斯太尔、豪沃、德龙、五十铃、依维柯等载货汽车的修理与维护方法和检修技术数据，着重分析了载货汽车各大总成、系统可能出现的各种故障，简要地阐明了判断故障的方法、排除故障的途径，指出了维护保养及修理的方法，重点介绍了发动机高压共轨系统、柴油机 SCR 系统的维修注意事项、重要部位的拆装检修、故障诊断方法、故障排除等内容，以及汽车电气系统的结构、检查方法和电路图的识读等专业知识。

该书内容简明实用、可读性强，可作为从事货车使用与维修方面工作的广大维修人员、驾驶人员以及大中专院校有关专业师生的参考用书。

图书在版编目（CIP）数据

图解货车维修大全/杨智勇，翟静主编. —北京：化
学工业出版社，2021.8
ISBN 978-7-122-39279-4

Ⅰ.①图… Ⅱ.①杨… ②翟… Ⅲ.①货车-车辆修
理-图解 Ⅳ.①U469.207-64

中国版本图书馆 CIP 数据核字（2021）第 108702 号

责任编辑：周　红　　　　　　　　　　文字编辑：蔡晓雅　师明远
责任校对：边　涛　　　　　　　　　　装帧设计：王晓宇

出版发行：化学工业出版社（北京市东城区青年湖南街 13 号　邮政编码 100011）
印　　　刷：三河市航远印刷有限公司
装　　　订：三河市宇新装订厂
787mm×1092mm　1/16　印张 22¾　字数 512 千字　2022 年 1 月北京第 1 版第 1 次印刷

购书咨询：010-64518888　　　　　　售后服务：010-64518899
网　　址：http://www.cip.com.cn
凡购买本书，如有缺损质量问题，本社销售中心负责调换。

定　　价：99.00 元

前 言

　　随着载货汽车社会保有量的增加，广大用户迫切需要深入了解车辆的结构特点和维修方法。同时也为了响应国家做好新型职业农民培养的号召，全面提高农村人员的综合素质和职业技能，满足亿万农村劳动力转岗就业的需求，使广大载货汽车修理人员和使用人员全面系统地了解载货汽车的基础知识，增强维护修理、排除故障的实际能力，特编写此书。

　　本书围绕载货汽车修理人员所关心的问题，全面、系统地介绍了解放、东风、斯太尔、豪沃、德龙、五十铃、依维柯等载货汽车的修理及检修技术数据，着重分析了载货汽车各大总成、系统可能出现的各种故障，简要地阐明了判断故障的方法、排除故障的途径，同时指出了维护保养及修理的方法，重点介绍了发动机高压共轨系统及柴油机 SCR 系统的结构与检查方法，包括维修注意事项、重要部位的拆装检修、故障诊断方法、故障排除等内容。

　　全书内容简明实用、可读性强，可作为从事载货汽车使用与维修方面工作的广大维修人员、驾驶人员的学习用书，也可供热爱汽车维修、立志自学成才的社会青年，以及大中专院校有关专业的师生阅读和参考。

　　本书由杨智勇、翟静主编，梁大勇、李厚林、刘波、修玲玲副主编，参加编写的还有季成久、田立加等。

　　由于水平所限，不足之处在所难免，敬请读者批评指正。

编　者

目 录

第一章
货车的结构与技术参数

第二章
发动机的维修

第三章

发动机高压共轨系统的维修

第四章
柴油机排气后处理装置的维修

第五章
底盘的维修

第六章
电气设备的维修

第一章

货车的结构与技术参数

第一节　货车的类型

一、货车的分类

货车又称载货汽车、卡车，是指用来运输货物的汽车，也指可以牵引其他车辆的汽车，是相对客车来说的，属于商用车的一种。一般可依车的质量分为重型和轻型两种。绝大部分货车都以柴油发动机作为动力来源，但有部分轻型货车使用汽油、石油气或者天然气。

目前，国内对货车的分类有按总质量分类的，有用发动机的排气量分类的，新的国家标准《汽车和挂车类型的术语及定义》将货车归入商用车大类，并将货车细分为：普通货车、多用途货车、全挂牵引车、越野货车、专用货车等。

1. 货车按总质量的不同分类

按总质量的不同，货车可分为四类，如表1-1所示。

表 1-1　货车按总质量的不同分类

类型	总质量(T)/t	图　示
微型	$T \leqslant 1.8$	
轻型	$1.8 < T \leqslant 6.0$	
中型	$6.0 < T \leqslant 14.0$	
重型	$T > 14.0$	

2. 按驾驶室与发动机的相对位置不同分类

货车驾驶室多采用非承载式无骨架的全金属壳体结构，它是用薄钢板冲压件焊接而成的。

货车按驾驶室与发动机的相对位置不同分为三大类，如表1-2所示。

表1-2　货车按驾驶室与发动机的相对位置不同分类

类型	特　点	图　示
平头式	发动机完全伸进驾驶室的内部，故可大大缩短整车长度，驾驶员视野开阔，结构刚度好。但底板较高，上下不便，驾驶室内闷热，维修发动机较难。这种驾驶室通常设计成能向前倾翻的	
长头式	驾驶室位于发动机之后，这种结构可使驾驶室地板布置得较低，座椅也较宽敞，但整车面积利用较差	
短头式	驾驶室部分位于发动机之上。这种驾驶室可缩短整车长度，地板也不太高，但驾驶室内发动机占去一部分空间，较拥挤	

二、国产汽车产品型号特点

1. 国产汽车产品型号特点

汽车产品型号应能表明其厂牌、类型和主要特征参数等，根据GB 9417《汽车产品型号编制规则》，产品型号由字母和阿拉伯数字组成，包括首部、中部和尾部三部分。首部和中部为国家规定代号，尾部为企业自定代号。

（1）国产汽车产品型号中首部的特点　国产汽车产品型号中的首部由2个或3个字母组成，是识别企业的代号。如：CA代表"一汽"，EQ代表"二汽"（DFL代表"东风汽车有限公司"），SX代表"陕汽"等。

（2）国产汽车产品型号中中部的特点　国产汽车产品型号中的中部由四位数字或字母组成，分为首位、中间两位和末位三部分。

（3）国产汽车产品型号的中部四位数字或字母的含义　国产汽车产品型号的中部四位数字或字母的含义如表1-3所示。

表 1-3　国产汽车产品型号的中部四位数字或字母的含义

首位数字表示汽车类型		中间两位数字表示汽车的主要特征参数	末位数字或字母
载货车	1	表示汽车的总质量（单位：t）	企业自定的产品序号
越野车	2		
自卸车	3		
牵引车	4		
专用车	5		
客车	6	表示汽车的总长度（单位：0.1m）	
轿车	7	表示发动机的工作容积（单位：0.1L）	
挂车	9	表示汽车的总质量（单位：t）	

注：当汽车总质量大于 100t 时，允许用 3 位数字；当客车总长度大于 10m 时，单位为 m。

（4）国产汽车产品型号中尾部的特点　国产汽车产品型号中的尾部由数字或字母组成，是企业自定代号，可表示专用汽车的分类或变型车与基本型的区别。

例如：解放 CA1122 表示中国第一汽车集团有限公司生产的载货车，总质量 12t，是第 3 代产品。东风 DFL1311A3 表示东风汽车有限公司生产的载货车，总质量 31t，是第 2 代产品，A3 是企业自定义号。

2. 中国重型汽车集团有限公司汽车产品型号特点

（1）型号构成　中国重型汽车集团有限公司汽车产品的型号，最初采用斯太尔公司的编制方法，现已采用新型编制方法。新的汽车型号的编制按 GB 9417《汽车产品型号编制规则》执行，其产品型号构成如图 1-1 和图 1-2 所示。

图 1-1　一般汽车产品型号的构成

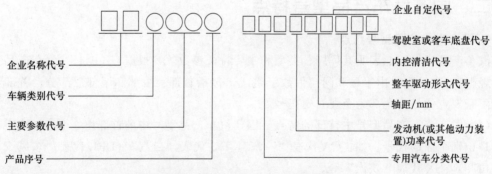

图 1-2　专用汽车产品型号的构成

（2）型号含义　中国重型汽车集团有限公司汽车产品的型号含义如表 1-4 所示。

（3）型号中企业自定代号的构成　中国重型汽车集团有限公司汽车产品型号中企业自定代号构成里各代号的含义如表 1-5 所示。

表 1-4　中国重型汽车集团有限公司汽车产品的型号含义

序号	项目	含　义
1	企业名称代号	企业名称代号为"ZZ",是采用"中国重型汽车集团有限公司"的"中重"二字拼音的开头字母
2	车辆类别代号	车辆类别代号按 GB 9417 执行
3	主参数代号	主参数代号为车辆总质量的修约数
4	产品序号	"O"为原引进汽车系列产品(即原型号中带"·"的车型);"1"为第一次改进系列产品(即原型号中带"H"的车型);"2"为第二次改进装新款驾驶室的系列产品
5	企业自定代号	是重型汽车集团公司自定代号
6	轴距	对二轴和三轴汽车指一、二轴中心线距离;对四轴汽车指二、三轴中心线距离

表 1-5　企业自定代号构成里各代号的含义

项目	代号	含　义	代号	含　义	代号	含　义
驾驶室或	B	斯太尔标准驾驶室	D	城市电车底盘	S	斯太尔四开门驾驶室
客车底盘	C	城市客车底盘	L	斯太尔加长驾驶室		
发动机功率	K	169~184kW	M	198~213kW		
区域代号	L	184~198kW	N	213~228kW		
驱动形式	1	4×2	3	6×2	5	6×6
代号	2	4×4	4	6×4	6	8×4
重要特征代号	J	军用汽车	N	铲斗型自卸车		
	S	双层客车底盘	K	矩形自卸车		

3. 斯太尔汽车型号特点

(1) 型号表示方法　斯太尔系列汽车是我国在引进奥地利斯太尔(STEYR)系列重型汽车制造技术的基础上开发的系列产品,主要由陕西汽车制造厂、济南汽车制造厂和四川汽车制造厂制造,它是我国国产重型汽车的主要车型之一。

斯太尔公司主要用两种方法表示汽车产品型号:一是车型标志编号;二是销售标记代号。

(2) 车型标志编号的含义　斯太尔公司车型标志编号的含义示例如图 1-3 所示。

(3) 产品各种代号的含义　斯太尔公司车型系列代号仅表示汽车改型换代顺序,名义载重代号仅是一个载重吨位等级的代号,没有什么实用意义。发动机功率代号、底盘形式代号和驱动形式代号的含义如表 1-6 所示。

图 1-3　斯太尔公司车型标志编号的含义

(4) 产品销售标记代号　斯太尔公司汽车产品销售标记代号的含义示例如图 1-4 所示。

图 1-4　销售标记代号的含义

(5) 产品销售标记代号的含义　斯太尔公司汽车产品销售标记代号中的名义载重代号、车型系列代号的含义与车型标志编号相同。发动机功率代号、驱动形式代号直接表示了发动机的功率和该车的驱动形式。轴距代号表示汽车前轴到第一后轴之间的中心距。

(6) 底盘用途代号、车辆特征代号　斯太尔汽车底盘用途代号、车辆特征代号分别如表 1-7 所示。

表 1-6 斯太尔公司汽车产品各种代号的含义		
项　目	代　号	含　义
发动机功率代号	1	184kW
	2	175kW
	3	106kW
	4	125kW
	5	148kW
	6	191kW
	7	206kW
	8	235kW
底盘形式代号	0	标准厢式货车
	1	长轴距
	2	超长轴距
	3	自卸车
	4	短轴距自卸车
	5	鞍式牵引车
	6	长轴距自卸车
	7	超长轴距自卸车
	8	超长轴距消防车
	9	水泥搅拌车
驱动形式代号	0	4×2
	1	4×2
	2	4×2
	3	6×2
	4	6×4
	5	8×4
	6	4×4
	7	6×6

表 1-7 斯太尔汽车底盘用途代号、车辆特征代号		
项　目	代　号	含　义
底盘用途代号	O	标准轴距货车
	N	加长轴距货车
	F	超长轴距货车
	K	自卸车
	S	牵引车
	L	消防车
	B	水泥搅拌车
车辆特征代号	A	军用运输车
	B	半高顶驾驶室
	C	加长驾驶室
	F	四开门驾驶室
	G	高顶驾驶室
	H	高栏板货厢
	J	日野驾驶室
	L	后桥空气悬架
	M	军用越野车
	N	新款驾驶室
	P	洛克威尔后桥
	Q	前、后桥空气悬架
	R	转向盘右置
	S	沃尔沃驾驶室

4. 陕西汽车制造厂汽车产品型号特点

陕西汽车制造厂生产的汽车产品型号的编制按 GB 9417 执行，其构成如图 1-5 所示。

图 1-5　陕西汽车制造厂生产的汽车产品型号构成

5. 解放系列汽车产品型号特点

（1）型号组成　解放系列汽车产品型号由以下三部分组成。

首部由 2～3 个汉语拼音字母组成，是识别企业名称的代号。

中部由 4 位阿拉伯数字组成。左起首位数字表示车辆类别代号，中间两位数字表示汽车的主要特征参数，最末位是由企业自定的产品序号。

尾部由汉语拼音字母或阿拉伯数字组成，是企业自定代号，也叫特征代号。

（2）解放系列汽车（柴油车）编号规则　解放系列汽车（柴油车）编号规则如图 1-6 所示。

在编号规则中，凡是出现 P 字母的即代表平头车，P 字母后面无数字代表六平柴，P2

代表九平柴。

目前，解放系列柴油车已由最初的不足十个车型发展到现在的几百个型号，还可根据用户需求进行生产。从载重吨位方面看，有载重1t、1.5t 的轻型载货车（简称轻卡），也有载重（或牵引）达几十吨的重型载货车（简称重卡）；从发动机输出功率看，有几十千瓦的小型发动机，也有二三百千瓦的大功率柴油机；从产品类型看，有单纯的载重汽车，还有各种具有特殊用途的特种车。

图 1-6 解放系列汽车编号规则

6. 东风系列汽车型号特点

东风汽车集团有限公司于 20 世纪 90 年代引进美国、日本、德国等国外先进技术，开发生产了以配备康明斯柴油发动机为主的柴油载货汽车。经过二十几年的努力和不断改进，东风汽车公司柴油发动机汽车形成了载重量在 5～15t 的系列。目前康明斯发动机已基本实现国产化，这些汽车也是东风汽车公司推出的产量最大、品种最多的新型中、重型汽车。

东风系列汽车的编号规则如图 1-7 所示。

7. 南京依维柯系列汽车的编号规则

南京依维柯轻型汽车是跃进汽车集团公司引进生产的意大利菲亚特集团依维柯公司 1989 年投产的第二代 S 系列 IVECO 轻型汽车，本车型结构先进、新颖，性能优越。

依维柯系列汽车的编号规则如图 1-8 所示。

图 1-7 东风系列汽车的编号规则　　　　图 1-8 南京依维柯系列汽车的编号规则

如：A 40 10 表示整车总质量为 4t、最大功率约为 74.57kW 的轻型客车。

军用依维柯车则是参照 GB 9417《汽车产品型号编制规则》的规定编制车型号。

三、车辆识别代码（VIN 码）

（1）车辆识别代码（VIN 码）定义　车辆识别代码（vehicle identification number，VIN），是国际上通行的标识机动车辆的代码，代码中含有车辆的制造厂家、生产年代、车型、车身形式、发动机以及其他装备的信息，它由三部分共 17 位字母和阿拉伯数字组成，简称 17 位编码，也称为车架号。车辆识别代码是制造厂给每一辆车指定的一组字码，一车一码，故称为"汽车身份证"，具有法律效力，这些字码经过排列组合，30 年内不会重号。

图1-9 车辆识别代码的位置

车辆识别代码（VIN码）一般刻印在纵梁比较醒目的位置，如图1-9中箭头所示。

（2）车辆识别代码（VIN码）的组成 如图1-10所示，VIN码由世界汽车制造厂识别代号（WMI）、车辆说明部分（VDS）和车辆指示部分（VIS）三部分组成。

① 第一部分：第1～3位，是世界汽车制造厂识别代号（WMI），由3个英文字母组成。

② 第二部分：第4～9位，是车辆说明部分（VDS），表示车辆的类型和配置。

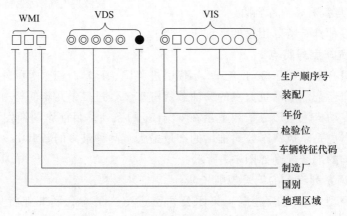

图1-10 车辆识别代码的构成及含义

③ 第三部分：第10～17位，是车辆指示部分（VIS），是制造厂为了区别每辆车而指定的一组字符。

如果制造厂生产的某种类型的车辆产量大于500辆，VIS的第3～8位表示生产顺序号；如果产量小于500辆，则此部分的第3～5位与WMI中的第3个字码一起来表示一个车辆制造厂。

（3）车辆识别代码（VIN码）第一部分的含义 车辆识别代码（VIN码）中第一部分由3个英文字母或数字组成，是世界汽车制造厂识别代号（WMI），在代码的第1～3位。由国际标准化组织按地理区域分配给各国，各国再分配给本国的制造厂，所有的WMI代号由美国汽车工程师协会（SAE）保存并核对。中国由天津汽研中心标准所代理并经备案。其组成含义如下。

第一个字码：地理区域代码，如1～5代表北美，S～Z代表欧洲，6、7代表大洋洲，A～H代表非洲，J～R代表亚洲，8、9代表南美洲等。

第二个字码：表明一个特定地区内的一个国家的字码，由美国汽车工程师协会（SAE）分配。

第三个字码：由国家机构指定一个字码来标明某个特定的制造厂。

（4）车辆识别代码（VIN码）第二部分的含义 车辆识别代码（VIN码）中第二部分是车辆说明部分（VDS），表示车辆的类型和配置，在第4～9位。VDS一般包含以下信息：车系，动力系统的发动机型号，变速器形式，车身形式，气囊、安全带等约束系统配置，第

9位为校验位，为0～9或X。

（5）车辆识别代码（VIN码）第三部分的含义　车辆识别代码（VIN码）中第三部分是车辆指示部分（VIS），是制造厂为了区别每辆车而指定的一组字符，在第10～17位。VIS一般包含以下信息：车型年代（第10位，数字或字母，但数字不能为0而字母不能为I、O、Q、Z）、装配厂（第11位，字母或数字）、生产顺序号（最后6位，一般为数字）。

（6）车辆识别代码（VIN码）"LGHGBG1H953015283"的含义　如某一辆东风EQ1118GA载货车的识别代码为"LGHGBG1H953015283"，各部分的具体含义如表1-8所示。

表1-8　车辆识别代码的含义

VIN码	位置	代码	含义
WMI	1～3	LGH	东风汽车公司制造
VDS	4	G	平头单排座驾驶室
	5	B	直列6缸柴油发动机
	6	G	最大总质量10t
	7	1	驱动形式4×2
	8	H	轴距代码
	9	9	检验位，为数字0～9或字母"X"
VIS	10	5	制造年份，2005年
	11	3	装配单位代码
	12～17	015283	车辆生产顺序号，即生产的第15283辆

 小提示

车辆识别代码（VIN码）允许采用阿拉伯数字和大写的英文字母包括：1、2、3、4、5、6、7、8、9、O、A、B、C、D、E、F、G、H、J、K、L、M、N、P、R、S、T、U、V、W、X、Y、Z。不能使用I、O、Q。

2010年开始，车辆识别代码中的年份代码循环使用到英文字母A，即年份代码A代表2010年。

四、排放标准

所谓国×汽车排放标准，是我国借鉴欧洲汽车排放标准所制定出的汽车尾气排放标准，该标准对汽车尾气中排放的一氧化碳、氮氧化合物、微尘、炭烟等有害物质的排放量有明确的限制，旨在控制汽车污染排放，提高环境质量。

自20世纪80年代以来，我国逐步分阶段实施了国一、国二、国三、国四、国五、国六这六个排放标准。每一个阶段都比上一个阶段的要求更加严格。

（1）国一排放标准　20世纪80年代初，我国颁布了一系列机动车尾气污染控制排放标准，包括《汽油车急速污染物排放标准》《柴油车自由加速烟度排放标准》《汽车柴油机全负荷烟度排放标准》以及其测量标准，至此，我国汽车排放标准才开始一步一步建立。直到2001年7月1日，国一标准才在全国范围内全面实施。

（2）国二排放标准　在这一阶段我国已经形成了比较完整的汽车尾气排放标准以及检测体系，北京率先开始实施国二排放标准。国二排放标准中对于各种污染物排放标准的要求进一步提高，至2004年7月1日全国实施。

（3）国三排放标准　2005年12月30日，北京开始实施国三排放标准，也正是在这个时候，OBD设备开始被大量使用。

（4）国四排放标准　2008年元旦国四燃油在北京上市，随后北上广等多地开始实行国四标准。

（5）国五排放标准　2017年7月1日开始全国范围全面实施国五排放标准，其中氮氧化物排放量比国四标准降低了25%，并且新增了PM（颗粒物）的排放限制，更加严格。

（6）国六排放标准　国六标准是对国五标准的升级，它会成为全球最严格的标准之一。跟国五标准相比，国六将严格控制污染物的排放限制，在排除工况和测试影响的情况下，汽油车的一氧化碳排放量降低50%，总碳氢化合物和非甲烷总烃排放限制下降50%，氮氧化物排放限制加严42%。总的来说，国六标准是基于国际标准制定的，跟之前的国三、国四、国五完全不同。

国六标准的实施时间分为两个阶段，自2020年7月1日起，所有销售和注册登记的轻型汽车应符合国六标准6a限值要求；自2023年7月1日起，所有销售和注册登记的轻型汽车应符合国六标准6b限值要求。而6a阶段应该是标准实施的过渡期。

2019年3月，由东风华神所打造推出的新款东风T7牵引车，驱动方式为6×4，该车最大的特点在于搭载了WP10H400E62和WP12.490E62两款潍柴的国六发动机，最大功率分别为294kW和360kW，扭矩分别为1900N·m和2300N·m，均满足最新的国六尾气排放标准。

在每一个新旧更替阶段，主要通过这些方式进行调整：先重点区域实施，再全国范围实施；先提高油品标准，再提高车辆标准；先易后难，这点主要体现在先针对汽油车实施，再针对柴油车实施，分区域、分阶段的逐步实施。

实施更高的汽车排放标准其出发点是降低污染物排放，保护环境。目前，世界多个国家都在实施汽车排放标准，我国的汽车排放标准起步晚于一些发达国家，但是我国汽车排放标准在不断追赶，甚至可能赶超发达国家。

第二节　货车的基本结构

一、货车的组成

货车由发动机、底盘、车身和电气系统四部分组成，如图1-11所示。

二、发动机的结构

发动机是汽车的动力装置，其功用是使燃料燃烧而发出动力。货车大部分使用柴油发动机。四冲程水冷式柴油机由"两大机构、四大系统"组成，"两大机构"指曲柄连杆机构和配气机构，"四大系统"指燃料供给系统、冷却系统、润滑系统、启动系统。常见的柴油发动机如图1-12所示。

（1）曲柄连杆机构　曲柄连杆机构是发动机实现热能与机械能相互转换的核心机构，其功用是将燃料燃烧所放出的热能通过活塞、连杆、曲轴等转变成能够驱动汽车行驶的机械能。

图 1-11　货车的组成

图 1-12　柴油发动机

曲柄连杆机构主要由气缸体、气缸盖、活塞、连杆、曲轴和飞轮等部件组成。

（2）配气机构　配气机构的功用是根据发动机的工作需要，适时地打开进气通道或排气通道，以便使可燃混合气（燃料与空气的混合物）及时地进入气缸，或使废气及时地从气缸内排出；而在发动机不需要进气或排气时，则利用气门将进气通道或排气通道关闭，以便保持气缸密封。

配气机构主要由气门、气门弹簧、凸轮轴、挺杆、凸轮轴传动机构等零部件组成。

（3）燃料供给系统　汽油机燃料供给系统的功用是根据发动机的工作需要，配制出一定数量和浓度的可燃混合气并送入气缸。柴油机的燃料供给系统通常利用高压油泵将柴油压力提高后，再利用喷油器将高压柴油直接喷入气缸。

按对供（喷）油量等的控制方式不同，柴油机的燃料供给系统也可分为传统燃料供给系统和电子控制燃料供给系统。传统柴油机燃料供给系统通常由油箱、柴油滤清器、输油泵、高压油泵、喷油器等组成，早期的柴油机电子控制系统只是在传统燃料供给系统的基础上增加了一些电控元件，目前的柴油机电子控制系统取消了高压油泵（但有些装有高压输油泵），并用共轨取代了各缸喷油器的高压油管，电子控制系统的功能更强大、精度更高。

（4）冷却系统　冷却系统的功用是帮助发动机散热，以保证发动机在最适宜的温度下工作。

发动机的冷却系统可分水冷式和风冷式两种。水冷式冷却系统通常由水套、水泵、散热器、风扇、节温器等组成。风冷式冷却系统主要由风扇、散热片组成。

（5）润滑系统　润滑系统的功用是向做相对运动的零件表面输送清洁的润滑油，以减小摩擦和磨损，并对摩擦表面进行清洗和冷却。

润滑系统一般由机油泵、集滤器、限压阀、油道、机油滤清器等组成。

（6）启动系统　启动系统的功用是使发动机由静止状态进入正常工作状态。启动系统包括起动机及其附属装置。

（7）四冲程柴油机工作原理　四冲程柴油机与汽油机一样，每个工作循环同样包括进气、压缩、做功和排气四个行程。但由于柴油机使用的是柴油，其黏度比汽油大，不易蒸发，自燃温度比汽油低，因此，柴油机在混合气形成和着火方式上不同于汽油机。图 1-13 所示为四冲程柴油机工作原理。

(a) 进气行程　　(b) 压缩行程　　(c) 做功行程　　(d) 排气行程

图 1-13　四冲程柴油机工作原理
1—喷油器；2—进气门；3—连杆；4—气缸；5—排气门

四冲程柴油机工作原理如表 1-9 所示。

表 1-9　四冲程柴油机工作原理

冲程	工 作 原 理
进气行程	柴油机进入气缸的不是可燃混合气，而是纯空气。与汽油机比较，进气阻力小，残留的废气温度低，进气行程终了的压力为 75～95kPa，温度为 50～80℃
压缩行程	此行程柴油机压缩的是纯空气，且由于柴油机压缩比大，为 15～22，压缩终了的压力和温度都比汽油机高，压力可达 3～5MPa，最高温度可达 525～725℃。大大超过了柴油的自燃温度（330℃）。因此柴油机的可燃混合气压缩后是自燃着火的，不需要点火
做功行程	此行程与汽油机差别很大，柴油机压缩行程接近终了时，喷油泵将高压柴油经喷油器呈雾状喷入燃烧室中，高压柴油在气缸内迅速蒸发并与空气混合形成混合气，由于此时气缸内的温度远高于柴油的自燃温度，所以混合气会立即自行着火燃烧，气缸内压力急剧上升到 6～9MPa，温度升到 1700～2200℃。在高压气体推动下活塞向下运动并带动曲轴旋转而做功
排气行程	此行程与汽油机基本相同。排气终了时的气缸压力为 105～125kPa，温度为 525～725℃

由于柴油机的燃烧过程与混合气形成同时进行，所以比汽油机更复杂。燃烧过程一般在

压缩行程上止点附近的几十度曲轴转角内完成。

柴油机燃烧过程的有害排放物主要是炭烟。其炭烟的排量是汽油机的 $20\sim60$ 倍，而排气中的 CO、HC 和 NO_x 的含量比汽油机低。

总之，柴油机与汽油机比较，柴油机的压缩比高、热效率高、燃油效率低，同时柴油价格较低，因此，柴油机的燃料经济性好，而且柴油机的排气污染少，排放性能好。其主要缺点是：相比转速低、质量大、噪声大、振动大、制造和维修费用高。

三、底盘的结构

货车运行主要由发动机和底盘参加工作，其中底盘包括传动系统、行驶系统、转向系统和制动系统。

货车运行的基本原理：当启动发动机后，发动机会产生动力，并将动力传给离合器和变速器，发动机的动力经过变速箱里的齿轮将高转速小力矩动力转化为低转速大力矩的动力，再通过传动轴传到驱动桥，驱动桥带动驱动轮转动，于是车辆就能够正常行驶了。

货车底盘主要零件安装位置如图 1-14 所示。

图 1-14　货车底盘主要零件安装位置

1. 传动系统

汽车传动系统是指从发动机到驱动车轮之间所有动力传递装置的总称。

（1）功用　传动系统的功用是将发动机的动力传给驱动车轮。

（2）组成　传动系统一般由离合器、变速器（手动变速器）、万向传动装置（万向节、传动轴）、驱动桥（主减速器、差速器、半轴）等组成，如图 1-15 所示。

（3）传动系统主要部件的功用

① 离合器：保证变速器换挡平顺，必要时中断发动机的动力传递。

② 变速器：变速、变矩、变向、中断发动机传给驱动车轮的动力传递。

③ 万向传动装置：实现有夹角和相对位置经常发生变化的两轴之间的动力传递。

④ 主减速器：将动力传给差速器，并实现降速增矩、改变传动方向。

⑤ 差速器：将动力传给半轴，并允许左右半轴以不同的转速旋转。

图 1-15 传动系统的组成

⑥ 半轴：将差速器的动力传给驱动车轮。

2. 行驶系统

（1）功用 汽车行驶系统的功用是支承、安装汽车的各零部件总成，传递和承受车上、车下各种载荷的作用，缓和冲击、减少振动，以保证汽车的平稳行驶。

图 1-16 行驶系统结构

（2）组成 行驶系统主要由车架（车身）（图 1-14）、车桥、悬架、车轮等组成，如图 1-16 所示。

3. 转向系统

（1）功用 转向系统的功用是保证汽车能够按照驾驶员选定的方向行驶。

（2）组成 转向系统主要由转向操纵机构（包括转向盘、转向轴等）、转向器和转向传动机构（包括转向横拉杆、转向节臂、转向节、转向轮等）等组成。现在的汽车普遍采用动力转向装置，电子控制转向系统（EPS）的应用也越来越广泛。

4. 制动系统

（1）功用 制动系统的功用是使汽车减速、停车并能保证可靠驻停。

（2）组成 汽车制动系统一般包括行车制动系统和驻车制动系统等两套相互独立的制动系统，每套制动系统都包括制动器和制动传动机构。

现在汽车的行车制动系统都普遍装有制动防抱死系统（ABS）及驱动防滑控制系统（ASR）。ABS 的作用是不论车辆在任何情况下制动，即使在滑溜路面，也能保持车辆不抱死，以保持车辆的最大制动力，使车辆的方向保持稳定；ASR 系统的作用是在车辆起步加速时，控制驱动轮不打滑，以保持最大的驱动力及方向稳定性。

四、电气系统的组成

汽车电气设备由电源、用电设备和配电装置三部分组成。电源部分包括蓄电池和发电机。用电设备部分由启动系统、点火系统（汽油发动机用）、照明设备、信号装置、仪表及报警装置、汽车电子控制系统和辅助电器等组成。配电装置包括电源管理器、中央接线盒、电路开关、保险装置、插接件和导线。

五、车身的组成

车身是驾驶员工作的场所，也是装载乘客和货物的场所。按车身承受载荷的方式不同，可分为非承载式、承载式和半承载式三种。

第三节　货车技术参数

1. 货车基本参数

货车基本参数包括主要尺寸参数与质量参数等。

2. 货车主要尺寸参数

货车主要尺寸参数包括长、宽、高、轴距、前轮距、前悬和后悬等，如图1-17所示。

(a) 纵向

(b) 横向

图1-17　汽车主要尺寸参数

（1）外廓尺寸　汽车的外廓尺寸是指车辆的长、宽和高。各国对公路运输车辆的外廓尺寸都有法规限制，以便使其适应该国的公路、桥梁、涵洞和铁路运输的有关标准。

我国对公路载货车辆的限制尺寸是：总高不大于4m，总宽（不包括后视镜）不大于

2.5m，左、右后视镜等凸出部分的侧向尺寸总共不大于250mm，载货车总长不大于12m。

（2）轮距　轮距是指汽车横向两侧车轮的距离。汽车轮距对总宽、总质量、横向稳定性和机动性都有较大影响。轮距愈大，则悬架的角度愈大，汽车的横向稳定性愈好。但是，轮距过大会使汽车的总宽和总质量过大。

（3）轴距　轴距指车轴之间的距离。对双轴汽车，轴距就是前、后轴之间的距离；对三轴汽车，轴距是指前轴和中轴之间的距离与前轴和后轴之间的距离的平均值。

① 汽车轴距短，汽车总长就短，质量就小，最小转弯半径和纵向通过半径也小，机动灵活。

② 汽车轴距过短会导致车厢长度不足或后悬过长，汽车行驶时纵向振动过大，汽车加速、制动或上坡时轴荷转移过大而导致其制动性和操纵稳定性变差，以及万向节传动的夹角过大等问题。

（4）前悬　汽车的前悬是指汽车前端至前轮中心的悬置部分。

① 前悬处要布置发动机、钢板弹簧前支架、车身前部、保险杠和转向器等，要有足够的纵向布置空间。

② 前悬不宜过长，以免使汽车的接近角过小而影响通过性。

（5）后悬　汽车的后悬是指汽车后端至汽车后轮中心的悬置部分。

① 汽车的后悬长度主要与货厢长度、轴距及轴荷分配有关。

② 后悬也不宜过长，以免使汽车的离去角过小而引起上、下坡时刮地，同时转弯也不灵活。

3. 货车的质量参数

货车的质量参数主要包含货车的装载质量、整备质量、总质量、整备质量利用系数和轴荷分配等。

（1）装载质量　装载质量是指载货车（简称货车）在良好的硬路面上行驶时所装载货物质量的最大限额（t）。

超载将导致车辆早期损坏，制动距离变长，甚至造成交通事故。

（2）整备质量　汽车整备质量是指汽车在加满燃料、润滑油、工作液（如制动液）及发动机冷却液并装备（随车工具及备胎等）齐全但未载人、载货时的总质量。

整备质量越小的汽车，燃油消耗越少，经济性越好。

（3）汽车总质量　汽车总质量是指已整备完好、装备齐全并按规定载满客、货时的汽车质量，即整备质量与满载客、货质量之和。

（4）整备质量利用系数　整备质量利用系数是指载货车的装载质量与其整备质量之比，即单位汽车整备质量所承受的汽车装载质量。此系数愈大表明该车型的材料利用率及设计与工艺水平愈高。

（5）轴荷分配　轴荷分配是指汽车空载和满载时的整车质量分配到各个车轴上的百分比。

轴荷分配是汽车的重要质量参数，将影响汽车的牵引性、通过性、制动性、操纵性和稳定性等主要性能以及轮胎的寿命。对于常在较差路面上行驶的载货车，为了保证其在泥泞路面上的通过能力，常将满载时前轴负荷控制在26%～27%内，以减小前轮滚动阻力并增大后驱动轮的附着力。

4. 货车主要性能指标

汽车主要性能指标包含汽车的动力性能（最高车速、加速时间、爬坡性能）、经济性能（汽车的燃料消耗量）、制动性能（汽车的制动距离）、通过性能（最小转弯半径、汽车的最小离地间隙、接近角、离去角、纵向通过角）、操纵稳定性和汽车有害气体排放等。

（1）最高车速　最高车速是指在水平良好路面（混凝土或沥青）上和规定载重量条件下汽车所能达到的最高车速（km/h），它是汽车的一个重要动力指标。

（2）加速时间　加速时间是指汽车加速到一定车速所需要的时间，常用原地起步加速时间与超车加速时间表示，它也是汽车动力性能的重要指标。

（3）爬坡性能　爬坡性能是指汽车满载在良好路面等速行驶的最大爬坡度，一般要求在30%（即16.7°）左右。

（4）燃料消耗量　燃料消耗量通常以百公里油耗衡量，即汽车在良好的水平硬路面上以一定载荷（货车满载）及最高挡等速行驶时的百公里燃料消耗量，单位为L/100km，它是汽车燃料经济性常用的评价指标。

（5）制动距离　制动距离是指在良好的试验跑道上，在规定的车速下紧急制动（对于载货车，要求紧急制动时踏板力不大于700N）时，由踩制动踏板起到完全停车时汽车行驶的距离。我国通常以30km/h和50km/h车速下的最小制动距离来评价汽车的制动效能。

（6）最小转弯半径　最小转弯半径是指当转向盘转到极限位置、汽车以最低稳定车速转向行驶时，外侧转向轮的中心平面在支承平面上滚过的轨迹圆半径，它表征了汽车能够通过狭窄、弯曲地面的能力。最小转弯半径越小，汽车的机动性越好。

（7）最小离地间隙　最小离地间隙是指汽车满载、静止时，平直地面与汽车中间区域最低点之间的距离 h（如图1-18所示）。它反映了汽车无碰撞地通过地面凸起的能力。

图 1-18　汽车通过性指标

h—最小离地间隙；b—两侧轮胎内缘间距；γ_1—接近角；γ_2—离去角；β—纵向通过角

（8）纵向通过角　纵向通过角是指当汽车满载、静止时，垂直于汽车纵向中心平面，分别与前、后车轮轮胎相切和相交，并与车辆底盘刚性部件（除车轮）接触的两个平面形成的最小锐角 β（见图1-18）。它决定了车辆所能通过的最陡坡道，β 越大，汽车通过性越好。

（9）接近角　接近角是指汽车满载、静止时，前端凸出点向前轮所引切线与地面间的夹角 γ_1（见图1-18）。γ_1 越大，越不易发生汽车前端触及地面的情况，通过性越好。

（10）离去角　离去角是指汽车满载、静止时，后端凸出点向后轮所引切线与地面间的夹角 γ_2（见图1-18）。γ_2 越大，越不易发生汽车后端触及地面的情况，通过性越好。

第四节 货车的维护

一、货车维护基本内容

1. 汽车维护（保养）的类型

根据维护作业开展的时机不同，汽车维护一般分为：常规性维护、走合期维护和季节性维护。维护作业以清洁、检查、紧固、调整、润滑和补给为主，维护范围随着行驶里程的增加逐步扩大，内容逐步加深。

2. 汽车的常规性维护

汽车的常规性维护分为日常维护、一级维护、二级维护三种级别，各级维护的参考间隔里程或间隔时间，一般以汽车生产厂家规定为准。也有的车型还有三级维护、四级维护等。

（1）日常维护的主要作业范围 日常维护的主要作业范围：是驾驶员必须完成的日常性工作，其作业中心内容是清洁、补给和安全检视。

（2）一级维护的主要作业范围 一级维护的主要作业范围：由专业维修人员作业，其作业中心内容除日常维护作业外，以清洁、润滑、紧固为主，并检查有关制动、操纵等安全部件。

（3）二级维护的主要作业范围 二级维护的主要作业范围：由专业维修人员作业，其作业中心内容除一级维护作业以外，以检查、调整为主，并拆检轮胎，进行轮胎换位等。

3. 走合期维护的主要作业范围

走合期维护的主要作业范围：新车和修复车在走合期开始、走合中及走合期满后，应进行规定的走合期维护。该维护由维修厂家负责执行，其作业内容以检查、紧固和润滑等工作为主。

4. 季节性维护的主要作业范围

季节性维护的主要作业范围：凡每年最低气温低于0℃的地区，入冬之前需要进行季节性维护，其作业内容为更换符合季节要求的润滑油、冷却液，并调整燃油供给系统和充电系统，检查冷却系统和取暖或空调系统的工作情况。进入夏季前也应对汽车进行季节性维护。

5. 车辆出车前检查维护的内容

① 检查空气滤清器到增压器压气机进口之间的管路及接头是否完好，如有损坏应及时更换，否则将产生进气短路，引起压气机磨损，甚至吸入异物打坏压气机叶轮。

② 检查发动机润滑油的油面高度：将汽车停在比较平坦的路面上，运转发动机使油温达到80℃，然后停机检查油位，取出油标尺，观察其油面位置，油面必须保持在油标尺的两个标记之间。

③ 检查燃油箱存油量。

④ 检查润滑油进出管路是否有损坏或节流，增压器壳体连接处是否有泄漏润滑油现象。

⑤ 检查增压器壳体有无过热、变色、裂纹或损坏现象及与进、排气管的连接是否严密，不能漏气。

⑥ 保持机油的洁净，当添加补充机油时，要使用同一品牌机油。

⑦ 拆下空气滤清器的灰盘盖，清除尘土。

⑧ 检查供油操纵机构和断油机构的连接情况。

⑨ 检查驾驶室锁止情况。

⑩ 检查各灯光是否正常。

⑪ 检查膨胀罐内冷却液液面，及时添加。加冷却液时注意：为了不使冷却液存有气泡，加冷却液时，应将气缸体左侧后部的放水开关打开，待有水从开关流出时，再将开关关闭，直至加满为止。冷却液必须用清洁的软水，防止柴油机水道产生积垢，阻滞水流畅通，引起发动机过热。

⑫ 检查车辆下方是否有冷却液、燃油及机油的泄漏。

⑬ 检查轮胎气压。测量轮胎气压，应在轮胎处于室温状态时进行。气压规定：9.00～20轮胎（14层级），前轮为441kPa，后轮及备胎为588kPa。轮胎气压应保持在规定值范围内，如果轮胎气压过高，会加速磨损、缩短轮胎寿命；如果气压过低，会产生裂纹，且影响汽车行驶速度、增加油耗。

⑭ 启动发动机进行暖机运转检查。

⑮ 气压上升速度：气压表应在4min内达到规定的气压值。

⑯ 行车制动器工作状态：压下制动踏板，然后释放，检查能否听见空气排出声，踏板能否正常返回原位。

⑰ 检查驻车制动器的工作状态：用力拉驻车制动器手柄，同时数一数棘爪发出的咔嗒声。

⑱ 检查仪表、报警灯及刮水器的工作是否正常。

⑲ 按压喇叭按钮，检查是否鸣响。

⑳ 检查转向盘游隙。

㉑ 检查车门锁扣状态是否良好。

6. 车辆行驶中检查维护的内容

① 在安全的路段，以约20km/h的速度行驶，并检查制动效果及转向机构工作情况。

② 检查减振器。行驶中若发现汽车有不正常的连续抖动，应停车检查减振器是否漏油。汽车在坏路上行驶一段路程后（不少于10km），将车停下，用手摸一下减振器是否发热，若不热，表明已经不起减振作用，应及时更换新件。

③ 行驶中，注意观察各仪表工作情况，尤其是机油压力表、冷却液温度表、气压表。

④ 经常注意听察发动机有无不正常的声音，一旦有不正常响声，应立即停车检查，找出原因，及时排除。

7. 车辆每日停驶后检查维护的内容

① 放掉湿储气筒的存水（湿储气筒在汽车左侧）。

② 柴油机停车时，必须逐渐降速至怠速，停车前空转5min再停机，不是紧急情况下严禁高速停车，以防涡轮增压机的高温传至浮动轴承和压气密封圈，引起增压器故障。

③ 在气温低于5℃时，若不使用防冻液时，应及时放净冷却液，以防冻裂机件。

④ 每次停机后，必须及时排除在运转期间发现的故障，并进行必要的检查。

⑤ 检查后轮轮胎，若夹带石块等杂物，应及时清除。

⑥ 检查轮胎胎面是否嵌入金属片、石块等杂物，若有应及时清除。

二、斯太尔系列汽车的维护

（1）斯太尔系列汽车的维护项目　斯太尔系列汽车的维护（保养）项目如表 1-10 所示，表中主要包括换油、检查、调整等维护项目。

表 1-10　斯太尔系列汽车的维护（保养）项目

类别	发动机(自吸、增压)	变速器、分动器	前、后桥	附注
第一次检查	√	√	√	行驶 2000km
例行检查	√			
一级保养	√			
二级保养	√	√	√	
三级保养	√	√	√	
四级保养	√	√	√	

注："√"表示执行项目。

（2）斯太尔系列汽车各级的维护（保养）项目表的内容　斯太尔系列汽车各级的维护（保养）项目如表 1-11 所示。

表 1-11　斯太尔系列汽车各级的维护（保养）项目表

	保养项目	第一次检查	例行检查	保养级别 一级	二级	三级	四级
发动机	更换发动机机油(每年至少一次)	√	√	√	√	√	√
	更换机油滤清器或滤芯	√	每次更换发动机油时				
	检查调整气门间隙	√				√	√
	检查喷油嘴开启压力					√	√
	更换燃油滤清器或滤芯			√	√	√	√
	清洗燃油泵粗滤器			√	√	√	√
	检查冷却液容量并加足	√	√	√	√	√	√
	更换冷却液	每隔 24 个月					
	紧固冷却管路管夹						
	紧固进气管路软管和凸缘连接件	√		√	√	√	√
	检查空滤器保养指示灯				√	√	√
	清洁空滤器的集尘杯(不包括自动排尘式)			√	√	√	√
	清洁空滤器主滤芯	当指示灯亮时					
	更换空滤器主滤芯	当主滤芯损坏时					
	更换空滤器安全滤芯	清洗 5 次主滤芯以后					
	检查紧固 V 带	√		√	√	√	√
	检查增压器轴承间隙					√	√
	检查喷油泵						√
	检查调整离合器的行程和钢丝绳状况	√	√			√	√
	调整急速转速	√					
变速器和分动器	检查变速器油面			√			
	更换变速器润滑油(每年至少一次)	√			√	√	√
	清洗空气滤清器芯				√	√	√
	更换变速器/分动器通气装置				√	√	√
	检查分动器油面			√			
	更换分动器润滑油(每年至少一次)	√			√	√	√
	检查紧固分动器悬置				√	√	√
前桥	检查主减速器和轮边减速器油面			√			
	更换主减速器和轮边减速器润滑油(每年至少一次)	√			√	√	√

保养项目		第一次检查	例行检查	保养级别			
				一级	二级	三级	四级
前桥	清洁前驱动桥通气装置			✓	✓	✓	✓
	检查调整轮毂圆锥滚子轴承间隙	第一次2级保养时进行					
后桥	检查主减速器和轮边减速器油面			✓			
	更换主减速器和轮边减速器润滑油(每年至少一次)	✓			✓	✓	✓
	清洁通气装置			✓	✓	✓	✓
	检查调整轮毂圆锥滚子轴承间隙	第一次2级保养时进行					
	检查平衡轴轴承油面	✓			✓	✓	✓
传动轴	重新紧固传动轴螺栓	✓					
	目检传动轴的连接和磨损				✓	✓	✓
驾驶室	检查刮水器的动作	✓	✓		✓	✓	✓
	重新紧固驾驶室锁紧手柄	✓					
	重新紧固发动机罩	✓					
	检查驾驶室翻转手油泵油面						
	检查举升柱塞的调整情况	✓			✓	✓	✓
底盘	检查牵引钩的固定和动作	✓					
	重新紧固横梁螺栓	✓					
	紧固前、后钢板弹簧骑马螺栓和支架	✓					
	检查备胎的固定机构				✓	✓	✓
	检查调整钢板弹簧侧挡板间隙					✓	✓
	检查车轮螺母的固定	✓			✓	✓	✓
	检查蓄电池的固定				✓	✓	✓
	检查燃油箱的固定				✓	✓	✓
	检查液压绞盘管路接头、钢丝放绳、收绳状况	✓			✓	✓	✓
	更换绞盘液压油(每工作50h更换或清洗滤芯)	每年或随车运行100h一次					
制动系	储气筒放水	✓	✓	✓	✓	✓	✓
	检查气压系统密封性(气压表检查)	✓		✓	✓	✓	✓
	清洗油水分离器中的调压阀滤网					✓	✓
	检查防冻液泵液量			✓	✓	✓	✓
	在寒季到来之前检查防冻液泵的工况			✓	✓	✓	✓
	检查制动摩擦片厚度,调整制动器间隙				✓	✓	✓
	清洁车轮制动器				✓	✓	✓
	检查感载阀撬杆磨损情况				✓	✓	✓
	检查制动管路和软管易擦伤的部位				✓	✓	✓
	检查制动室的功能			✓	✓	✓	✓
	检查脚制动、手制动和排气制动的效能(在试车时进行)	✓		✓	✓	✓	✓
	就车检查调整感载阀	✓					
电气	检查电气系统(信号灯、前照灯、示宽灯、刮水器、暖风和通气装置)的工作情况	✓	✓	✓	✓	✓	✓
	检查蓄电池电解液的液面和相对密度以及蓄电池各单元的电压	✓			✓	✓	✓
	检查蓄电池接线柱的固定电极、涂润滑脂	✓		✓	✓	✓	✓
	检查电子转速表转速的正确性	✓	✓				
转向系	检查和调整前轮定位	✓					
	检查转向油罐油面高度			✓	✓	✓	✓
	更换转向油罐的油滤清器					✓	✓
	检查转向系统的功能					✓	✓
	检查转向杆件间隙				✓	✓	✓
	检查转向杆件的螺栓、接头和锁紧件	✓					

保养项目		第一次检查	例行检查	保养级别			
				一级	二级	三级	四级
整车润滑	短途试车(包括制动试验)	√		√	√	√	√
	目检泄漏状况	√	√	√	√	√	√
	检查、紧固车箱固定情况	√	√	√	√	√	√
	水泵	√	√	√	√	√	√
	离合器分离轴(富勒变速器)	√	√	√	√	√	√
	离合器踏板轴	√	√	√	√	√	√
	离合器分离轴承	√		√	√	√	√
	离合器拉索及摇臂	每4周至少一次					
	万向节和传动轴中间支承	√	√	√	√	√	√
	转向主销、前轴	√		√	√	√	√
	钢板弹簧销	每4周至少一次					
	平衡悬架钢板弹簧侧挡板	√	√	√	√	√	√
	减振器下支架	√	√	√	√	√	√
	变速杆支座	√	√	√	√	√	√
	制动凸轮轴及制动臂	√	√	√	√	√	√
	牵引钩	√	√	√	√	√	√
	鞍座	√	√	√	√	√	√
	驾驶室车门铰接			√	√	√	√
	电动备轮升降架(油脂嘴、电动升降器传动部位)	每年2~3次					

注："√"表示执行项目。

换季维护应在入冬和入夏前进行,具体时间根据当地的气候状况自行确定。

(3)斯太尔系列汽车长期停放时的维护内容

① 发动机每月启动不少于15min。检查各有关部件是否缺少、损坏,有无三漏现象,及时排除故障。

② 每一季度车辆运行30~50km,并检查排除故障。

③ 长期存放车辆原则上要把蓄电池拆下统一保管,定期充电。

④ 有条件的部队或用户应将车支起存放,以减轻车轮的负荷。

(4)斯太尔系列汽车用于牵引火炮时的维护内容 斯太尔系列军车用于牵引火炮时,每年行驶里程不足5000km的车辆,每年进行一次一级维护;每两年行驶里程不足20000km的车辆,每两年进行一次二级维护;每四年行驶里程不足40000km的车辆,每四年进行一次三级维护。

三、解放系列汽车的维护

(1)解放系列汽车行驶2000km的维护内容 维护内容以紧固、润滑为主。

① 汽车每行驶2000km时,检查并紧固发动机悬置、进排气歧管、消声器的连接螺栓螺母,并检查各衬垫是否完好。

② 检查并紧固传动轴十字轴及中间支承、转向机构(尤其是转向纵、横拉杆,转向上、下节臂,转向传动轴等)、钢板弹簧、半轴和车轮等部位各连接螺栓。

③ 清洁、维护机油滤清器和柴油滤清器。

④ 排除储气筒内的油污及水。

⑤ 检查风扇传动带松紧度。

⑥ 检查轮胎气压,按规定充气。

⑦ 检查并紧固驾驶室等部位的连接螺栓、螺母。

⑧ 观察增压器的运转情况，如有异声及振动，应及时消除。

⑨ 检查增压器轴承处是否漏油，如漏油则及时排除。

⑩ 检查空气滤清器壳体内的积尘。

⑪ 按润滑表进行润滑。

（2）解放系列汽车行驶 8000km 的维护内容　执行 2000km 维护项目并加做下列各项。以检查、调整为主。

① 更换发动机润滑油，冲洗机油盘。

② 检查并添加变速器、后桥的润滑油，疏通通气塞。

③ 调整、润滑前后轮毂和车轮制动器。

④ 调整制动蹄摩擦片与制动鼓之间的间隙。

⑤ 检查驻车制动工作情况。

⑥ 检查转向盘自由转动量。

⑦ 检查动力转向油罐的油量，不足时应检查原因并添加。

⑧ 更换动力转向油泵的油液。

⑨ 检查轮胎，按规定次序换位。

⑩ 检查并调整前轮前束。

⑪ 清洗燃油箱、输油泵进油接头及管路。

⑫ 清洗机油细滤器转子，清除转子罩内壁的沉积物，疏通喷嘴。

⑬ 清洁空气滤清器滤芯。

⑭ 调整气门间隙。

⑮ 清洗柴油粗滤器滤芯；更换柴油细滤器和机油滤清器滤芯。

⑯ 检查供油提前角，必要时加以调整。

⑰ 更换旋装燃油滤清器滤芯。

⑱ 更换增压器机油滤清器、滤芯并旋装机油滤清器滤芯。

⑲ 清洗离心式机油滤清器转子内壁的沉积污垢。

⑳ 更换机油。

㉑ 清洗燃油输油泵滤网。

㉒ 用压缩空气吹去发电机内的积尘。

㉓ 检查各部位的紧固情况。

㉔ 重点对安全件进行检查（如制动系各拉杆、管路，转向系纵、横拉杆，转向节臂、转向垂臂及各连接部位等）。

㉕ 检查减振器，发现失效及时更换。

㉖ 检查钢板弹簧支架、吊耳等部位的衬套，视需要更换。

㉗ 按润滑表进行润滑。

（3）解放系列汽车行驶 24000km 的维护内容　执行 8000km 维护项目并加做下列各项。

① 汽车每行驶 24000km 时，检查并更换制动器摩擦片。

② 拆下后桥传动轴，按规定力矩拧紧主动锥齿轮凸缘螺母和中间传动轴凸缘螺母。

③ 拆下后桥壳后盖，清洗减速器内腔，按规定力矩拧紧差速器轴承盖螺母和差速器壳螺母，更换后桥润滑油。

④ 更换变速器润滑油。

⑤ 检查钢板弹簧支架及吊耳衬套磨损情况，酌情更换。

⑥ 更换空气滤清器滤芯。

⑦ 按润滑表进行润滑。

（4）解放系列汽车行驶 48000km 的维护内容　以总成解体，消除隐患为主。执行 24000km 维护项目并加做下列各项。

① 汽车每行驶 48000km，应清理曲轴箱通风装置。

② 清洗冷却系统、燃油箱、机油冷却器。

③ 由专业人员在试验台上检查喷油器的喷油压力和喷油情况，并进行必要的调整。

④ 检查供油提前角，进行必要的调整。

⑤ 根据需要调整机油泵。

⑥ 根据需要拆卸气缸盖，清洗并检查各机件，研磨气门。

⑦ 除第一次 48000km 根据情况处理外，以后每隔 48000km 均需对发动机进行必要的检测、调整和维护，以消除隐患。

⑧ 发动机的解体，应视其本身工作状况而定，凡工作性能良好的，则不应解体或适当延长解体周期，以保持原有的技术性能。

⑨ 喷油泵一般不需要调整，如果发动机工作不正常，则应在喷油泵试验台上由专业人员进行检查调整。

⑩ 拆检驻车和行车制动器操纵机构和管路，清洗储气筒单向阀，检查制动阀，视情况调整。

⑪ 视情况拆检空气压缩机。

⑫ 视需要拆检离合器、变速器、传动轴、后桥、前轴及转向系统。

⑬ 更换动力转向系统油液及转向油罐中的滤芯。

⑭ 拆检备胎升降器，更换磨损严重的零件，清洗、润滑。

⑮ 轮辋进行除锈涂漆。

⑯ 检查车架完好情况（有无变形、裂纹、铆钉松动脱落等），视需要修理。

⑰ 检修维护车身及附件，更换损坏的零件。

⑱ 检查并调节蓄电池电解液密度。

⑲ 维护起动机和发电机，检查轴承。

⑳ 按润滑表进行润滑。

（5）解放系列柴油车主要润滑点、间隔里程及要求　解放系列柴油车主要润滑点、间隔里程及要求如表 1-12 所示。

表 1-12　解放系列柴油车主要润滑点、间隔里程及要求

序号	润滑部位	间隔里程/km				润滑剂	润滑点数	备注
		2000	8000	24000	48000			
1	发动机		▲			一般地区全年：15W/40CD（-20～40℃）柴油机机油 夏季（南方地区）：40CD（0～40℃）柴油机机油 冬季（寒冷地区）：5W/30CD（-25～30℃）柴油机机油 气温低于-30℃时，使用稠化机油 14 号或其他牌号能满足超低温使用的机油	1	每隔 8000km 更换润滑油，每日用油标尺检查油面

序号	润滑部位	间隔里程/km				润滑剂	润滑点数	备注
		2000	8000	24000	48000			
2	离合器液压操纵机构	◎				LD3000 制动液	1	
3	变速器		●	▲		80W/90 GL-3 普通车辆齿轮油	1	
4	传动轴十字轴及中间支承	◎				全天候汽车通用锂基润滑脂	7	
5	传动轴滑动叉	◎				全天候汽车通用锂基润滑脂	1	取出花键套，清除润滑脂
6	后桥		●	▲		80W/90GL-5 重负荷车辆齿轮油	1	清洗通气塞
7	前、后钢板弹簧销					全天候汽车通用锂基润滑脂	12	
8	减振器				▲	50%一级品 32 号汽轮机油(GB 11120—2011) 50%25 号变压器油(GB 2536—2011)	2	按质量计
9	轮毂轴承		○			全天候汽车通用锂基润滑脂	4	拆下轮毂,在轴承内腔涂润滑脂
10	转向器		▲		▲	8J 号液力传动油 (凝点为 −50℃)按 G08-010-99	1	
11	转向节主销	◎				全天候汽车通用锂基润滑脂	4	
12	转向纵、横拉杆	◎				全天候汽车通用锂基润滑脂	4	
13	转向传动轴滑动叉及十字轴轴承	◎				全天候汽车通用锂基润滑脂	3	
14	转向柱球轴承			○		全天候汽车通用锂基润滑脂	1	
15	前、后制动凸轮支架及支承座	◎				全天候汽车通用锂基润滑脂	4	
16	备胎升降器			○		全天候汽车通用锂基润滑脂	1	
17	变速操纵杆联轴器			◎		全天候汽车通用锂基润滑脂	1	
18	制动调整臂			◎		全天候汽车通用锂基润滑脂	4	
19	发动机排气制动控制缸活塞			○		全天候汽车通用锂基润滑脂	1	
20	车速里程表软轴			○		全天候汽车通用锂基润滑脂	1	
21	离合器储油杯	●				LD3000 型制动液	1	

注：●表示加注润滑油；▲表示更换润滑油；◎表示加润滑脂；○表示涂润滑脂。

四、东风系列汽车的维护

（1）东风系列汽车定期维护程序　驾驶人应根据维护部位和间隔里程或月份严格按维护程序表进行维护。东风系列汽车的定期维护程序如表 1-13 所示。表中"○"为初驶里程，"√"为维护项目。

表 1-13　东风系列汽车定期维护程序

	保养项目	保养期限													
		×1000km	○	4	8	12	16	20	24	28	32	36	40	44	48
		月份		1	2	3	4	5	6	7	8	9	10	11	12
发动机	检查加速和减速性能状况		√	√	√	√	√	√	√	√	√	√	√	√	√
	检查排气情况			√	√	√	√	√	√	√	√	√	√	√	√
	检查和清洁空气滤清器外滤芯				√		√		√		√		√		√

保养项目		×1000km	○	4	8	12	16	20	24	28	32	36	40	44	48
		月份		1	2	3	4	5	6	7	8	9	10	11	12
发动机	更换空气滤清器内、外滤芯								✓						✓
	紧固气缸盖和各类螺栓(包括悬置)														✓
	检查压缩压力														✓
	检查气门间隙		✓			✓			✓			✓			✓
	检查发动机是否漏油		✓	✓	✓	✓	✓	✓	✓	✓	✓	✓	✓	✓	✓
	检查润滑油的清洁度和剩余量			✓	✓	✓	✓	✓	✓	✓	✓	✓	✓	✓	✓
	更换发动机润滑油		✓		✓		✓		✓		✓		✓		✓
	更换机油滤清器		✓		✓		✓		✓		✓		✓		✓
	检查燃油是否泄漏		✓	✓	✓	✓	✓	✓	✓	✓	✓	✓	✓	✓	✓
	清除燃油预滤器的沉积物		✓	✓	✓	✓	✓	✓	✓	✓	✓	✓	✓	✓	✓
	更换燃油滤清器和油水分离器					✓			✓			✓			✓
	检查喷油器的喷射压力														✓
	检查喷油正时														✓
	检查喷油泵的喷射量														✓
	检查供油泵是否工作正常														✓
	检查冷却液的泄漏现象		✓	✓	✓	✓	✓	✓	✓	✓	✓	✓	✓	✓	✓
	检查节温器的功能														✓
	检查散热器盖工作是否正常														✓
	检查皮带是否松弛、损坏,张紧轮紧固情况		✓	✓	✓	✓	✓	✓	✓	✓	✓	✓	✓	✓	✓
离合器	检查离合器工作情况是否正常		✓	✓	✓	✓	✓	✓	✓	✓	✓	✓	✓	✓	✓
	检查离合器踏板的自由行程		✓	✓	✓	✓	✓	✓	✓	✓	✓	✓	✓	✓	✓
	检查离合器总泵是否漏油		✓	✓	✓	✓	✓	✓	✓	✓	✓	✓	✓	✓	✓
	检查离合器助力缸是否漏油		✓	✓	✓	✓	✓	✓	✓	✓	✓	✓	✓	✓	✓
	更换离合器液压油														✓
变速器	检查变速器是否漏油		✓	✓	✓	✓	✓	✓	✓	✓	✓	✓	✓	✓	✓
	清洁变速器及通气塞,检查变速器油面		✓	✓	✓	✓	✓	✓	✓	✓	✓	✓	✓	✓	✓
	更换变速器润滑油		✓						✓						✓
	检查变速器拨叉滑块的磨损情况								✓						
	检查变速器各轴承的工作状况														✓
分动器	检查分动器是否漏油		✓	✓	✓	✓	✓	✓	✓	✓	✓	✓	✓	✓	✓
	清洁分动器及通气塞,检查油面		✓	✓	✓	✓	✓	✓	✓	✓	✓	✓	✓	✓	✓
	检查并紧固分动器上支点和悬置		✓			✓			✓			✓			✓
	更换分动器润滑油								✓						✓
制动系统	检查制动踏板自由行程		✓	✓	✓	✓	✓	✓	✓	✓	✓	✓	✓	✓	✓
	检查制动效能		✓	✓	✓	✓	✓	✓	✓	✓	✓	✓	✓	✓	✓
	检查驻车制动效能		✓	✓	✓	✓	✓	✓	✓	✓	✓	✓	✓	✓	✓
	检查空气管路是否漏气		✓	✓	✓	✓	✓	✓	✓	✓	✓	✓	✓	✓	✓
	检查制动鼓和制动蹄摩擦片之间的间隙		✓			✓			✓			✓			✓
	检查制动底板的紧固情况		✓						✓						✓
	检查空气压缩机工作是否正常								✓						
	检查制动鼓和制动蹄磨损情况,必要时更换								✓						
	检查制动气室皮膜状况														✓
	检查和保养各阀总成														✓
转向系统	检查转向器是否漏油,并清洁转向器		✓	✓	✓	✓	✓	✓	✓	✓	✓	✓	✓	✓	✓
	检查转向盘的自由行程、松紧和发卡情况		✓	✓	✓	✓	✓	✓	✓	✓	✓	✓	✓	✓	✓
	检查转向横直拉杆各球头紧固情况		✓						✓						✓
	检查转向机构和转向节壳螺栓的紧固情况		✓						✓						✓
	检查转向节臂及垂臂的紧固情况		✓			✓			✓						✓

保养项目		保养期限												
		×1000km ○	4	8	12	16	20	24	28	32	36	40	44	48
		月份	1	2	3	4	5	6	7	8	9	10	11	12
转向系统	检查转向传动装置各连接部位是否松动	✓			✓			✓			✓			✓
	检查调整车轮前束	✓						✓						✓
	检查转向器是否缺油,不足时添加							✓						✓
	检查转向传动轴花键副磨损情况							✓						✓
	检查前轮定位情况							✓						✓
	检查调整转向器													
	更换动力转向机的润滑油	✓						✓						
悬挂系统	检查减振器的泄漏情况	✓	✓	✓	✓	✓	✓	✓	✓	✓	✓	✓	✓	✓
	清洁前、后钢板弹簧及减振器	✓	✓	✓	✓	✓	✓	✓	✓	✓	✓	✓	✓	✓
	检查并添加平衡轴承毂的润滑油		✓	✓	✓	✓	✓	✓	✓	✓	✓	✓	✓	✓
	更换平衡轴承毂的润滑油	✓		✓		✓		✓		✓		✓		✓
	检查调整平衡轴承毂的轴向间隙	✓		✓		✓		✓		✓		✓		✓
	紧固后钢板弹簧侧面夹紧螺栓,消除间隙	✓		✓		✓		✓				✓		✓
	紧固前、后钢板弹簧U形螺栓(重载时进行)	✓			✓									✓
	检查减振器的性能							✓						✓
	更换前、后钢板弹簧销或销套													✓
传动轴	检查传动轴各连接部位螺栓的紧固情况	✓			✓			✓			✓			✓
	检查传动轴十字轴轴承是否松旷	✓										✓		
	检查传动轴花键护套的破损情况	✓										✓		
	检查传动轴花键磨损情况													
车桥与车轮	清洁前、中、后桥及车轮总成	✓	✓	✓	✓	✓	✓	✓	✓	✓	✓	✓	✓	✓
	拆下三桥上的通气塞进行清洗	✓	✓	✓	✓	✓	✓	✓	✓	✓	✓	✓	✓	✓
	检查三桥的润滑油面及油质,添加或更换	✓	✓	✓	✓	✓	✓	✓	✓	✓	✓	✓	✓	✓
	检查主减速器与桥壳的紧固情况	✓	✓	✓	✓	✓	✓	✓	✓	✓	✓	✓	✓	✓
	检查半轴螺栓的紧固情况	✓	✓	✓	✓	✓	✓	✓	✓	✓	✓	✓	✓	✓
	检查轮胎气压和车轮螺母的拧紧力矩	✓	✓	✓	✓	✓	✓	✓	✓	✓	✓	✓	✓	✓
	检查轮胎是否异常磨损	✓	✓	✓	✓	✓	✓	✓	✓	✓	✓	✓	✓	✓
	轮胎换位		✓		✓		✓		✓		✓		✓	
	清洁并调整轮毂轴承					✓		✓			✓			
	检查主动锥齿轮圆锥滚子轴承的松紧度					✓		✓			✓			
	更换三桥的润滑油	✓						✓						✓
	检查各桥减速器的工作状况	✓												✓
其他	检查蓄电池电解液液面,不足时添加	✓	✓	✓	✓	✓	✓	✓	✓	✓	✓	✓	✓	✓
	检查蓄电池电解液密度				✓			✓			✓			✓
	检查车架各铆钉是否松动							✓						✓
	检查驾驶室倾翻装置效能及有无损坏							✓						✓
	添加驾驶室液压举升系统的液压油	✓			✓		✓					✓		✓
	检查驾驶室连接部位是否松动							✓						✓
	检查车厢各部位的螺栓连接是否松旷	✓	✓	✓	✓	✓	✓	✓	✓	✓	✓	✓	✓	✓
	检查车厢车架连接件的紧固情况		✓	✓	✓	✓	✓	✓	✓	✓	✓	✓	✓	✓
	检查和调整栏板栓杆的螺母		✓	✓	✓	✓	✓	✓	✓	✓	✓	✓	✓	✓
	检查车厢纵梁、横梁的连接件是否松动													
	平整车厢金属件并除锈、喷漆													
	检查栏板栓杆的磨损情况,必要时更换													✓

注:1. 在恶劣的驾驶条件下(灰尘、泥沙等),空气滤清器须每4000km清洁一次,应缩短更换内外滤芯的里程。若在更换之前已出现报警信号,则应及时清洁或更换。

2. 表示"○"为初驶里程;"√"为维护项目。

(2)东风系列汽车定期更换的部件　定期更换部件是指使用性能随时间推移而必然老化

的零件，在通常的定期维修检查时，不能预测其性能能否保证行车安全，所以必须用可靠的部件来更换，保证行车安全。需定期更换的部件如表 1-14 所示。

表 1-14　东风系列柴油车需定期更换的部件

更换项目	定期更换部件											
年份	1	2	3	4	5	6	7	8	9	10	11	12
制动系统各阀内橡胶件	√	√	√	√	√	√	√	√	√	√	√	√
前、中、后桥制动器软管	√	√	√	√	√	√	√	√	√	√	√	√
制动气室皮碗及密封圈	√	√	√	√	√	√	√	√	√	√	√	√
传动轴花键护套	√	√	√	√	√	√	√	√	√	√	√	√
制动软管	√	√	√	√	√	√	√	√	√	√	√	√
燃油软管		√		√		√		√		√		√
离合器操纵系统橡胶软管		√		√		√		√		√		√
离合器助力缸橡胶密封件		√		√		√		√		√		√
空气压缩机进气用橡胶软管		√		√		√		√		√		√
动力转向液压系统橡胶软管		√		√		√		√		√		√

（3）东风系列汽车主要调整数据　东风系列汽车主要调整数据如表 1-15 所示。

表 1-15　东风系列汽车主要调整数据

调整项目		标准	备　注
气门间隙	进气门	0.254mm	冷态下（60℃以下），先调整 1、2、3、6、7、10 气阀，再调 4、5、8、9、11、12 气阀
	排气门	0.508mm	
发动机怠速运行下最低油压		69kPa	
发动机正常运行下最低油压		207kPa	
发动机润滑油调压阀开启压力		414kPa	
机油滤清器旁通阀开启压差		138kPa	
发动机正常工作温度（冷却液）		88℃	
喷油压力		24500kPa	
怠速转速		700r/min	
转向盘自由行程		10～40mm	
转向盘前后各调整距离		40mm	
转向盘上下各调整距离		25mm	
离合器踏板自由行程		30～50mm	
离合器助力器推杆行程		17～21mm	空行程 3～5mm
离合器分离环至从动盘的距离		44.5mm	
制动踏板自由行程		12～18mm	
前制动室推杆行程		15～38mm	
后制动室推杆行程		15～38mm	
前后制动鼓与制动蹄片间隙（中间位置）		0.4～0.6mm	
手制动摩擦片与制动鼓的间隙		0.2～0.4mm	
轮胎气压	短距离松软路面	180kPa	
	越野行驶	350kPa	
	公路行驶	450kPa	

（4）东风系列汽车加注润滑脂部位及期限　车辆应定期加注润滑脂。先清洁润滑嘴及所需润滑部位，再加注润滑脂。加注后要擦去多余部分。若装有油嘴盖，应按原样盖好。表 1-16 为东风系列汽车头一个周期里程主要加注润滑脂部位，要求此后仍需按此表的间隔里程进行维护。

表 1-16　东风系列汽车主要加注润滑脂部位及期限

保养项目		保养期限												
	×1000km	○	4	8	12	16	20	24	28	32	36	40	44	48
	月份		1	2	3	4	5	6	7	8	9	10	11	12
1　润滑转向直拉杆球头销		√	√	√	√	√	√	√	√	√	√	√	√	√
2　润滑转向横拉杆球头销		√	√	√	√	√	√	√	√	√	√	√	√	√
3　润滑三销轴承		√	√	√	√	√	√		√	√	√	√		√
4　润滑前桥内、外半轴轴承		√							√					√
5　润滑转向传动轴滑动叉及轴承		√	√	√	√	√	√	√	√	√	√	√	√	√
6　润滑各制动调整臂及制动凸轮轴		√	√	√	√	√	√	√	√	√	√	√	√	√
7　润滑前钢板弹簧销		√	√	√	√	√	√	√	√	√	√	√	√	√
8　润滑前、后钢板弹簧滑板		√	√	√	√	√	√	√	√	√	√	√	√	√
9　润滑传动轴十字轴承及滑动叉		√	√	√	√	√	√	√	√	√	√	√	√	√
10　润滑绞盘鼓筒轴承														
11　润滑车门玻璃升降器														√
12　润滑绞盘传动轴轴承及滑动叉		√	√	√	√	√	√	√	√	√	√	√	√	√
13　润滑车门折页		√	√	√	√	√	√	√	√	√	√	√	√	√
14　润滑上、下主销轴承		√	√	√	√	√	√	√	√	√	√	√	√	√

五、依维柯系列汽车的维护

（1）依维柯系列汽车定期维护间隔里程　表 1-17 给出了依维柯系列汽车根据不同运输类型确定的定期维护间隔里程。此表可帮助选择最适合要求的维护方案。维护方案包括 M 类和 A 类，其中 M 类又分 M1、M2、M3 三级；A 类分 A1、A2 二级。

表 1-17　定期维护间隔里程

运输类型	间隔里程/km				
	M1	M2	M3	A1	A2
R	20000	20000	60000	40000	120000
H	10000	20000	60000	40000	120000

注：R 为一般道路运输；H 为超载或坏路运输。

（2）依维柯系列汽车在一般道路上运输实施的维护间隔及维护级别　依据表 1-18 来确定在一般道路上运输实施的维护间隔及相应的维护级别。

表 1-18　在一般道路上运输实施的维护间隔及维护级别

内容	里程/×1000km					
M2	20	140	260	380	500	620
A1	40	160	280	400	520	640
M3	60	180	300	420	540	660
A1	80	200	320	440	560	680
M2	100	220	340	460	580	700
A2	120	240	360	480	600	720

（3）依维柯系列汽车在超载或在坏路运输实施的维护间隔及维护级别　依据表 1-19 来确定在超载或在坏路运输实施的维护间隔及相应的维护级别。

（4）依维柯系列汽车 M1 级维护内容　对于一般条件下的运输，每行驶 20000km 进行一次 M1 级维护；对于恶劣条件下的运输，则每行驶 10000km 进行一次。

M1 级维护内容为：

① 更换机油及滤清器滤芯。

表 1-19　超载或在坏路运输实施的维护间隔及维护级别

内容	里程/×1000km					
M1	10	130	250	370	490	610
M2	20	140	260	380	500	620
M1	30	150	270	390	510	630
A1	40	160	280	400	520	640
M1	50	170	290	410	530	650
M3	60	180	300	420	540	660
M1	70	190	310	430	550	670
A1	80	200	320	440	560	680
M1	90	210	330	450	570	690

② 检查制动液液面高度。

③ 检查前轮制动盘的工作状况。

④ 检查后轮制动摩擦片的磨损情况。

⑤ 发动机：检查密封件及进气系统的状况；更换空气滤清器机油并清洗滤芯。

⑥ 底盘及驾驶室：目测检查所有机械传动部分、软管及套管是否有泄漏。

若汽车年行驶里程数小于 M1 级维护间隔里程数，则发动机机油至少每年换一次。

（5）依维柯系列汽车 M2 级维护内容　M2 级维护的车辆行驶间隔里程为 20000km。M2 级维护内容除包括 M1 级内容外，还应增加以下项目：

① 更换燃油滤清器滤芯。

② 检查水泵、风扇及发电机传动带。

③ 检查制动及离合器踏板平面位置。

④ 检查万向节和转向拉杆。

⑤ 检查驻车制动器。

⑥ 按要求拧紧车轮螺母。

⑦ 润滑传动轴。若车辆年行驶里程少于 20000km 时，传动轴至少每年润滑一次。

（6）依维柯系列汽车 M3 级维护内容　M3 级维护的车辆行驶间隔里程为 60000km，维护内容除包括 M1、M2 级的内容外，还应增加以下项目：

① 用相对密度计检查发动机冷却液中防冻液的比例。

② 更换变速器专用润滑油，清洁通气孔。

③ 更换后桥专用润滑油，清洁通气孔。

④ 更换动力转向系统滤清器（选用件）。

⑤ 更换制动液。

⑥ 检查前照灯对光。

⑦ 更换发电机及水泵传动带。

⑧ 更换正时传动带。

⑨ 检查喷油嘴（自然吸气型发动机）。

此外还应检查：

① 发动机：拆洗干式或油浴空滤器，换油。

② 后桥和悬架部分：检查钢板弹簧。

③ 底盘及驾驶室：检查发动机悬架；检查相关运动件。

④ 传动轴：检查万向节及凸缘盘。

如果汽车年行驶里程小于规定值，机械部分的机油至少每年更换一次。

（7）依维柯系列汽车 A1 级维护内容　A1 级维护的车辆行驶间隔里程为 40000km。维护内容除包括 M1 及 M2 级内容外，还应增加更换干式空气滤清器滤芯的内容。

（8）依维柯系列汽车 A2 级维护内容　A2 级维护的车辆行驶间隔里程为 120000km。维护内容除包括 M1、M2 及 M3 的维护内容外，还应增加三项内容：

① 检查喷油嘴（增压发动机）。

② 清洁曲轴箱通风装置。

③ 更换发动机冷却液。

六、五十铃汽车 6HK1 发动机的维护

（1）五十铃汽车 6HK1 发动机的维护　五十铃汽车 6HK1 发动机的维护日程表如表 1-20 所示。

表 1-20　五十铃汽车 6HK1 发动机的维护日程表

序号	检查和保养内容		日常	运转时间/h				
				250	500	750	1000	1250
1	机油油位和是否污染		○					
2	检查机油泄漏		○					
3	机油压力表读数		○					
4	机油压力报警		○					
5	机油滤芯的更换			○	○	○	○	○
6	机油泄漏的检查		○					
7	燃油系统放水（带油水分离器）		○					
8	燃油滤芯的更换			○	○	○	○	○
9	输油泵滤网的清洁				○		○	
10	喷油嘴的检查				○		○	
11	冷却液的液位和是否污染		○					
12	冷却液泄漏的检查		○					
13	散热器加注口盖的接合状况		○					
14	风扇皮带张紧度（如需要需更换）		○					
15	冷却液温度表读数		○					
16	冷却液的更换							○
17	散热器表面的清洁						○	
18	冷却循环回路的清洁						○	
19	检查散热器加注口盖的功能						○	
20	蓄电池电解液液位的检查		○					
21	蓄电池的清洁		○					
22	蓄电池充电状况	电流表的读数	○					
		充电报警灯	○					
23	检查电解液密度						○	
24	起动机和发电机的检查和清洁						○	
25	线路和连接的检查						○	
26	检查预热状况		○					
27	空气滤芯的更换				○		○	
28	发动机的启动状况和噪声状况		○					
29	排烟状况		○					
30	气缸压缩压力的测量						○	
31	气门间隙的检查						○	
32	曲轴箱强制通风管		○					

注：○代表检查。

（2）五十铃汽车 6HK1 发动机的维护日程表的说明　五十铃汽车 6HK1 发动机的维护日程表的说明如表 1-21 所示。

表 1-21　五十铃汽车 6HK1 发动机的维护日程表的说明

序号	检查项目	检查内容
1	机油油位和机油是否污染	检查机油油位是否在"MAX"（最高）标记和"MIN"（最低）标记之间。如果油位超过"MAX"标记,放出机油至"MAX"标记处。如果油位低于"MIN"标记,加注机油至"MAX"处
2	机油泄漏的检查	更换所有损坏或导致泄漏的零部件
3	机油压力表读数	暖机状态下,正常的机油压力是 290～590kPa。如果不正常,检查和修理润滑系统
4	机油压力报警灯	发动机运转时报警灯熄灭。如果仍然在亮,检查和修理润滑系统
5	更换机油滤芯	每运转250h更换机油(最初50h)
6	燃油泄漏的检查	检查燃油管路中是否有导致泄漏的损坏。更换所有损坏和不正常的零部件
7	放出燃油滤清器中的水	当浮子上浮到警戒线时放出滤清器中的水。不带油水分离器的燃油系统:每运转200h放出油水分离器中的水
8	燃油滤芯的更换	每运转250h更换燃油滤芯(最初50h)
9	输油泵滤网的清洁	每500h清洁一次输油泵滤网
10	喷油嘴的检查	每运转1500h清洁喷油嘴头部(这是一个要求的保养)。检查喷射开启压力和喷雾状况
11	检查冷却液位和是否污染	检查冷却液液位,如果需要加注冷却液
12	冷却液泄漏的检查	修理冷却液泄漏的相关零部件
13	散热器加注盖接合状况	散热器加注口盖必须拧紧装配
14	风扇皮带张紧度检查	检查和调整风扇皮带,查看是否有断裂和磨损状况
15	冷却液温度表的读数	冷却液正常温度为75～90℃。如果冷却液温度不正常,检查相关零部件
16	冷却液的更换	使用配比合格的防冻液,每12个月更换一次
17	散热器外表面的清洁	根据厂家的要求和实际情况清洁散热器外表面
18	冷却系统循环回路清洁	每1200h清洁冷却系统循环回路一次
19	检查散热器加注口盖功能	根据工程机械厂家的要求定期检查散热器压力盖是否正常
20	检查蓄电池电解液位	如果需要加注蒸馏水
21	蓄电池的清洁	清洁接线柱
22	蓄电池的充电状况	当发动机运转时电流表指向正极（＋）一侧。报警灯形式,当发动机运转时报警灯熄灭。如报警灯不熄灭,应检查充电环路是否正常
23	检查电解液密度	根据工程机械厂家说明书进行检查
24	发电机和起动电机检查和清洁	检查炭刷和整流器的磨损情况
25	检查线路和连接状况	根据工程机械厂家说明书进行检查
26	预热状况的检查	检查预热系统的工作状况
27	空气滤清器滤芯的更换	根据工程机械厂家要求更换空气滤清器滤芯
28	发动机启动状况和噪声	检查发动机的启动性和噪声
29	排烟状况	检查排烟的颜色
30	气缸压力的测量	每运转1000h检查一次
31	检查气门间隙	每运转1000h检查调整一次。不正确的气门间隙将造成发动机噪声增大和输出功率的下降,对发动机的性能造成不利影响
32	曲轴箱强制通风管清洁	检查清洁、调整或修理更换

第二章

发动机的维修

第一节　发动机特点与技术参数

一、斯太尔汽车发动机

图 2-1　WD615.67 柴油机横剖面图

1. 发动机结构简介

WD615 系列柴油机是斯太尔系列汽车、北方奔驰及部分国产大巴等重型汽车的配套发动机，由重汽集团潍坊柴油机厂和杭州汽车发动机厂生产。WD615 系列柴油机可满足总质量 16～40t 级重型汽车的需要，在整个使用功率范围内经济性好，排放、噪声、烟度均达到 ECE 法规要求。

WD615 系列柴油机为直列六缸、水冷、直喷式、ω 形燃烧室发动机，装用博世（BOSCH）P 型泵或 FMP7 泵，有自然吸气、增压、增压中冷和增压中冷谐振等机型。WD615.67 柴油机横剖面图，如图 2-1 所示。

2. 技术数据

WD615 系列车用柴油机结构参数见表 2-1。附件主要技术规格见表 2-2。

3. 维修数据

WD615 系列车用柴油机主要零件的配合间隙及磨损极限见表 2-3。

表 2-1　WD615 系列柴油机主要性能和技术数据

序号	项　目	WD615									
		00	61/71	64/74	67/77	68/78	64A	61A	67A	68A	68Q-8
1	额定功率/kW(ISO 1585)	148	191	175	206	225	175	193	206	225	235
2	额定转速/(r/min)	2600	2600	2200	2400	2200	2200	2200	2200	2200	2200
3	最大转矩/(N·m)	620	830	1000	1070	1250	1000	1100	1160	1250	1250
4	最大转矩转速/(r/min)	1400～1500	1600～1700	1300～1400	1400～1500	1300～1400	1300～1600	1300～1600	1300～1600	1300～1600	1300～1600
5	排放指标	欧洲 0					欧洲 I				
6	气缸数	6									
7	形式	四冲程、水冷、直列、直喷、干式缸套									
8	缸径/行程	126mm/130mm									
9	排量/L	9.726									
10	活塞平均速度/(m/s)	11.27		9.53	10.4	9.53					
11	压缩比	16：1		15.5：1	16：1	15.5：1					
12	压缩压力/kPa	＞2000									
13	吸气方式	自吸	增压		增压中冷						
14	点火顺序	1—5—3—6—2—4									

序号	项 目		WD615									
			00	61/71	64/74	67/77	68/78	64A	61A	67A	68A	68Q-8
15	冷态气门间隙/mm		进气 0.3；排气 0.4									
16	配气相位（气门间隙：进气 0.3/排气 0.4 时）		进气门开，上止点前 34°～39°；进气门闭，下止点后 61°～67°；排气门开，下止点前 76°～81°；排气门闭，上止点后 26°～34°									
17	节温器开启温度/℃		80 或 71									
18	启动方式		电启动									
19	润滑方式		压力润滑									
20	润滑油容量（油底）/L		19									
21	冷却方式		水冷强制循环									
22	机油压力/kPa		350～500									
23	急速机油压力/kPa		≥100									
24	涡轮后排气温度/℃	非增压 ≤650	≤550									
25	允许纵倾度	前面/后面	长期 10/10　短期 30/30									
26	允许横倾度	排气管边/喷油泵边	长期 45/5　短期 45/30									
27	曲轴旋转方向（从自由端看）		顺时针									
28	外形尺寸/mm	长	1510	1525	1510	1525						1465
		宽	675									675
		高	965									1225

表 2-2　附件的主要技术规格

序号	名称	项 目	WD615									
			00	64/74	61/71	67/77	68/78	64A	61A	67A	68A	68Q-8
1	柴油滤清器	形式	双级滤芯式									
2	水泵	形式	离心式（涡壳与正时齿轮室同体）									
		标定转速/(r/min)	2836	2585	2836	2820	2585					
3	机油泵	形式	齿轮式（一般配单级泵，特种要求配双级泵）									
		标定转速/(r/min)	2240	1896	2240	2070	1896					
		安全阀开启压力/kPa	1550±150									
4	曲轴减振器	形式	硅油式									
		外径尺寸/mm	φ280									
5	增压器	形式	无	废气涡轮无叶双梨形，全周进气长短叶片								
		型号	无	K29、TS45、J90-2、GJ90B				GT42、K29、J90-2、GJ90B				
6	机油滤清器	形式	旋装式纸滤芯、双筒并联									
7	节温器	形式	蜡式、芯体组合式									
		开启温度/℃	80±2(71±2)									
		全开温度/℃	95(86)									
8	机油冷却器	形式	板翅式									
		旁通阀开启压力/kPa	600±36									
		耐压试验压力/kPa	1500									
9	起动机	形式	直流自激励磁式									
		型号	KB-24V　5.4kW									
		功率/kW	5.4									
		电压/V	24									
10	发电机	形式	整流调压一体式									
		型号										
		功率/W	750,1000 和 1540									
		电压/V	28									

序号	名称	项 目	WD615									
			00	64/74	61/71	67/77	68/78	64A	61A	67A	68A	68Q-8
11	风扇	形式	增强聚酰胺整体式和硅油离合器式									
		外径/mm	570	620	570	570	620					
		风扇叶轮最大不平衡量/(g·cm)	30									
12	离合器（选用件）	形式	弹簧摩擦片、干式									
		型号	GF380	GF420								
13	空气压缩机	形式	单缸活塞式水冷									
		缸径/mm	90									
		行程/mm	46									
		活塞总排量/cm³	293									
		工作压力/kPa	850									
		最大压力/kPa	1000									
		与发动机速比	1.25									
		润滑方式	压力润滑									
		工作方式	连续工作									
		质量/kg	12									
14	液压泵（选用件）	最低转速/(r/min)	750									
		最高转速/(r/min)	3900									
		最高压力/kPa	13000 ± 1000									
		流量(旋向)/(L/min)	16(左旋)									
		最高工作温度/℃	100									
		进油口螺纹	M26×1.5									
		出油口螺纹	M18×1.5									
		(进口管道外径/mm)×(内径/mm)	22×19									
		(出口管道外径/mm)×(内径/mm)	15×12									

表 2-3 WD615 系列柴油机主要零件的配合间隙及磨损极限　　　单位：mm

名称	标准尺寸	配合性质	规定值	极限值
曲轴主轴承孔径	$100^{+0.141}_{+0.095}$	间隙	0.095～0.163	0.17
曲轴主轴颈直径	$100^{0}_{-0.02}$			
曲轴轴承座孔直径	$108^{+0.022}_{0}$	过盈	−0.147～−0.103	
曲轴主轴承外径	$108^{+0.147}_{+0.125}$			
曲轴主轴承厚度	3.958～3.970			
曲轴轴向定位		间隙	0.052～0.255	0.35
连杆轴承孔径	$82^{+0.105}_{+0.059}$	间隙	0.059～0.127	0.16
曲轴连杆轴颈直径	$82^{0}_{-0.022}$			
连杆大头孔直径	$88^{+0.022}_{0}$	过盈	−0.118～−0.083	
连杆轴承外径	$88^{+0.118}_{+0.105}$			
连杆轴承厚度	2.970～2.979			
连杆大端面与曲轴间隙		间隙	0.15～0.35	0.50
连杆小头孔径	$55^{+0.03}_{0}$	过盈	−0.145～−0.065	
连杆衬套外径	$55^{+0.145}_{+0.095}$			

名称		标准尺寸	配合性质	规定值	极限值
连杆衬套孔径		$50^{+0.041}_{+0.025}$	间隙	0.045~0.066	0.1
活塞销直径		$50^{0}_{-0.005}$			
连杆衬套厚度		2.75±0.05			
活塞销座孔直径		$50^{+0.009}_{+0.003}$	间隙	0.003~0.013	0.025
活塞销直径		$50^{0}_{-0.005}$			
活塞裙部冷态直径		125.85	间隙	0.143~0.182	0.35~0.4
气缸套孔径		$126^{+0.025}_{0}$			
活塞环冷态开口间隙（端隙）	第一环			0.4~0.6	1~1.2
	第二环			0.25~0.4	1~1.2
	油环			0.35~0.55	1~1.2
活塞环冷态端面间隙（侧隙）	第一环				
	第二环	环厚度$3^{-0.010}_{-0.022}$		0.07~0.12	0.28
	油环	环厚度$4^{-0.010}_{-0.025}$		0.05~0.085	0.26
进气门杆		$12^{-0.050}_{-0.068}$	间隙	0.050~0.086	0.15
气门导管		$12^{+0.018}_{0}$			
排气门杆		$12^{-0.050}_{-0.068}$	间隙	0.03~0.066	0.1
气门导管		$12^{+0.018}_{0}$			
气缸盖上进气门座座孔		$56^{+0.030}_{0}$	过盈	−0.036~0.086	
进气门座圈外径		$56^{+0.085}_{+0.066}$			
气缸盖上排气门座座孔		$53^{+0.030}_{0}$	过盈	−0.036~0.086	
排气门座圈外径		$53^{+0.085}_{+0.066}$			
气门底面凹入缸盖平面值	除68/78外			1.2~1.4	1.8
	68/78			排1.25/进0.95	1.8
油嘴高出缸头平面值				3.2~4	
气缸体缸套座孔直径		$130^{+0.025}_{0}$	过渡	−0.010~0.105	
气缸套外径		$130^{+0.010}_{-0.008}$			
气缸体止口孔径		$134.5^{+0.10}_{0}$	间隙	0~0.22	
气缸套法兰		$134.5^{0}_{-0.12}$			
气缸套顶高出气缸体上平面值				0.05~0.1	
凸轮轴轴向间隙				0.1~0.4	
气缸体上凸轮轴轴承孔		$65^{+0.030}_{0}$	过盈	−0.107~−0.057	
凸轮轴轴承外径		$65^{+0.107}_{+0.087}$			
凸轮轴轴颈		$60^{-0.30}_{-0.06}$	间隙	0.04~0.12	
凸轮轴轴承孔径		$60^{+0.06}_{+0.01}$			
挺杆直径		$38^{-0.025}_{-0.050}$	间隙	0.025~0.089	0.15
挺杆孔直径		$38^{+0.039}_{0}$			
气缸套外径与气缸体缸孔间隙	除68/78外			−0.01~0.033	
	68/78			−0.02~0.033	
摇臂与摇臂轴间隙				0.04~0.119	
机油泵齿轮轴孔		$28^{-0.041}_{-0.061}$	过盈	−0.061~−0.028	
机油泵轴		$28^{0}_{-0.013}$			

名称		标准尺寸	配合性质	规定值	极限值
机油泵盖轴孔		$28^{+0.073}_{+0.040}$	间隙	$0.040\sim0.086$	0.10
机油泵轴		$28^{0}_{-0.013}$			
机油泵壳宽与齿轮间隙				$0.052\sim0.102$	0.20
机油泵齿轮侧隙				$0.098\sim0.160$	
活塞顶与气缸盖平面间隙				1.0	
冷态气门间隙	进气门			0.3	
	排气门			0.4	
齿轮侧隙				$0.15\sim0.33$	
K28、GJ80 系列增压器间隙	轴向			0.16	
	径向			0.46	
TA451、K29、S3A 系列增压器间隙	轴向			$0.025\sim0.1$	
	径向			$0.075\sim0.18$	
增压器轴向间隙(K28)		<0.16	—		0.16
增压器径向间隙(K28)		<0.46	—		0.46
正时齿轮与中间齿轮侧隙				$0.015\sim0.33$	
气门套筒高出缸头凹坑平面值				22	
水泵 V 带轮		$30^{-0.031}_{-0.044}$	过盈	$-0.033\sim0.059$	
水泵轴		$30^{+0.015}_{+0.002}$			
空气压缩机缸孔		$90^{+0.02}_{0}$	间隙	$0.09\sim0.12$	0.20
空气压缩机活塞		$90^{-0.09}_{-0.1}$			
空气压缩机活塞环槽		$2.5^{+0.039}_{+0.014}/2.5^{0}_{-0.02}$	间隙	$0.014\sim0.059$	0.15
空气压缩机环厚		$4^{+0.05}_{+0.02}/4^{0}_{-0.02}$		$0.02\sim0.07$	
空气压缩机第一道活塞环开口值		$0.25\sim0.40$	—		1.5
空气压缩机第二道活塞环开口值		$0.25\sim0.40$	—		1.5
空气压缩机油环开口值		$0.25\sim0.40$	—		1.5
空气压缩机轴向间隙		0.10	—		0.25
空气压缩机连杆小头		$20^{+0.021}_{0}$	间隙	$0.007\sim0.041$	0.10
空气压缩机活塞销		$20^{-0.007}_{-0.020}$			
空气压缩机连杆轴承		$35^{+0.005}_{0}$	间隙	$0.025\sim0.046$	0.15
空气压缩机曲柄销		$35^{-0.025}_{-0.041}$			
空气压缩机活塞		$20^{+0.013}_{0}$	间隙	$0.007\sim0.033$	0.085
空气压缩机活塞销		$20^{-0.007}_{-0.020}$			

二、解放汽车发动机

解放系列柴油车使用的发动机主要有两大系列,一是一汽参照日本样机自行开发的 CA 系列柴油机,二是采用德国道依茨公司技术生产的道依茨系列泵-管-嘴式单体泵供油方式柴油机。一汽现在已成功研制出具有自主知识产权的电控系列柴油机。

1. CA6110 系列发动机

CA6110 系列柴油发动机是 20 世纪 80 年代,一汽参照日本样机自行开发的车用柴油发动机,最早装在 CA151K 长头汽车上,经过不断地改进设计,包括将气缸直径加大到 113mm 和 118mm,喷油泵国产化,采取调整、改装、增压和增压中冷等技术措施,已经形成了系列产品,分别装在解放中、重型平头柴油汽车上。目前,CA6110 系列柴油发动机主要由大连柴油发动机厂、无锡柴油发动机厂和玉林柴油发动机厂生产。

（1）结构特点　CA6110系列柴油发动机的主要特点是功率大、转矩大、油耗较低，比较耐用，主要装在一汽生产的解放系列平头柴油汽车上。

① 动力性好。CA6110系列柴油发动机从基本型到增压型，发动机的功率从103kW增加到177kW，转矩从392N·m增加到431N·m，如需要还可提高，因此动力性好，使汽车的承载能力强。

② 经济性好。CA6110系列柴油发动机的最低燃油消耗率为220g/（kW·h）左右，限定条件下的燃料消耗量为19.5L/100km，装满两个燃油箱（燃油300L），汽车可以续驶1300~1500km，相对比较省油。燃油的价格相对较低，经济性好。

③ 可靠性好。CA6110系列柴油发动机具有可靠性高的优点，由于发动机功率大，一般使用时不会全负荷工作，功率后备系数比较大，给发动机的使用带来好处，使得使用比较可靠、耐用；使用维修比较方便，只要能按规定时间进行维护，较少发生损坏和故障，发动机大修里程数较高。

④ 国产化程度高。CA6110系列柴油发动机是一汽自主研发的，除个别部件进口外，大部分都是国产配件，维修方便，修理费用也较低。

⑤ 成系列化生产。CA6110系列柴油发动机为四冲程、水冷、直列、顶置气门、直喷式柴油机，有自然吸气型、废气涡轮增压型和增压中冷型等三种形式，各型柴油发动机可与不同用途的车辆配套，发挥其最大优点，降低运输成本。

图2-2　CA6110-1B型柴油发动机纵剖面图

（2）结构外形　以CA6110-1B型柴油发动机为例，发动机的纵、横剖面图如图2-2和图2-3所示。

（3）技术数据　CA6110系列部分柴油发动机结构参数见表2-4、表2-5。

2. 道依茨系列柴油发动机

一汽9t以上平头载货汽车上主要装备大连柴油机厂利用德国道依茨公司技术生产的道依茨系列柴油发动机，该系列柴油发动机比较适合大吨位、牵引力强的汽车产品。如BF/6M1013ECP型直列、六缸、增压、中冷柴油发动机最大功率可达171kW，最大转矩为852N·m，装在CA1170P2K1L2型9t载货汽车上，最高车速可达111km/h，百公里油耗为22.5L，具有载重量大、功率强劲、加速性能好和后备功率充足等特点。

（1）外形结构　道依茨系列柴油发动机有风冷和水冷两种形式的发动机，道依茨发动机的风冷和水冷外形结构如图2-4和图2-5所示。解放系列柴油车主要装用水冷柴油发动机。

（2）柴油发动机型号解读　道依茨柴油发动机型号的排列顺序和符号，如图2-6所示。

图 2-3　CA6110-1B 型柴油发动机横剖面图

表 2-4　CA6110 系列部分柴油发动机结构参数（1）

型号		CA6100-1B	CA6113-1B	CA6110/125Z1A2
形式		四冲程、直列六缸、水冷、直喷式柴油机		带涡轮增压装置
气缸直径/mm×活塞行程/mm		110×120	113×120	110×125
压缩比		17	17	17
排量/L		6.842	7.221	7.127
最大功率/kW		117(2900r/min)	125(2900r/min)	125(2600r/min)
最大转矩/(N·m)		431(1800～2000r/min)	450(1800～2000r/min)	549(1600r/min)
最低燃油消耗率/[g/(kW·h)]		224	218	215
供油提前角（静态，以曲轴转角计）		上止点前 14°	上止点前 14°	上止点前 8°±1°
配气相位	进气门开(上止点前)	15°	15°	16°
	进气门关(下止点后)	45°	45°	40°
	排气门开(下止点前)	45°	45°	53°
	排气门关(上止点后)	15°	15°	11°
气缸工作顺序		1—5—3—6—2—4	1—5—3—6—2—4	1—5—3—6—2—4
喷油泵		博世 A 型,柱塞直径 9.5mm	博世 AD 型,柱塞直径 10.5mm	BH6PW11003
喷油器		DLLA 型,5 喷孔,直径 0.29mm,喷射压力 21.56MPa	ZCK155S530 型,5 喷孔,直径 0.30mm,喷射压力 21.56MPa	捷克 DLLA155SN718 型,6 喷孔,直径 0.24mm;或 DLLA155SN738 型,6 喷孔,直径 0.26mm
调速器		机械离心式 RFD 型,两极式,稳定调速率不大于 8%		T121
输油泵		KS 型柱塞式,输油压力 156.8kPa		S1502

型号	CA6100-1B	CA6113-1B	CA6110/125Z1A2
供油自动提前器	SA-D 型,机械离心内藏式		Q142
燃油滤清器	双罐旋装式,纸质滤芯		
空气滤清器	旋风集尘、干式纸质滤芯	干式纸质滤芯	旋风集尘、干式纸质滤芯
机油滤清器	粗滤器为全流式纸质滤芯,细滤器为转子离心式		粗滤器为旋装全流式纸质滤芯;细滤器为转子离心式;增压式机油滤清器,流量 8L/min
机油泵	齿轮式		
冷却系统	散热器带有膨胀罐,离心式水泵,装有硅油风扇离合器,两只蜡质节温器		

表 2-5 CA6110 系列部分柴油发动机结构参数 (2)

型号		CA6100/125Z1A1	CA6110Z5A2	CA6113BZS	CA6110ZLA9	CA6118ZL
形式		四冲程、直列六缸、水冷、直喷式柴油机、带涡轮增压装置				
气缸直径/mm×活塞行程/mm		110×125	110×125	113×125	110×125	118×125
压缩比		17	17	17.5	17	17.5
排量/L		7.127	7.127	7.522	7.127	8.202
最大功率/kW		132(2500r/min)	125(2500r/min)	162(2600r/min)	132(2500r/min)	180(2400r/min)
最大转矩/(N·m)		580(1600r/min)	560(1600r/min)	750(1600r/min)	580(1600r/min)	850(1600r/min)
最低燃油消耗率/[g/(kW·h)]		≤220			≤210	
供油提前角(静态,以曲轴转角计)		上止点前 8°±1°				
配气相位	进气门开(上止点前)	16°				
	进气门关(下止点后)	40°				
	排气门开(下止点前)	53°				
	排气门关(上止点后)	11°				
气缸工作顺序		1—5—3—6—2—4				
喷油泵		BH6PW11003				
喷油器		捷克 DLLA155SN718 型,6 喷孔,直径 0.24mm;或 DLLA155SN738 型,6 喷孔,直径 0.26mm				
调速器		T121				
输油泵		S1502				
供油自动提前器		Q142				
燃油滤清器		双罐旋装式,纸质滤芯				
空气滤清器		旋风集尘、干式纸质滤芯				
机油滤清器		旋装全流式纸质滤芯,流量 70L/min;细滤器为转子离心式,流量不大于 10L/min;增压式机油滤清器,流量 8L/min				
机油泵		齿轮式				
冷却系统		散热器带有膨胀罐,离心式水泵,装有硅油风扇离合器,两只蜡质节温器				

例如：BF6M1013ECP,其字母和数字表示的意义为：F—工业用；6—6 缸；M—水冷；10—系列设计编号；13—表示冲程的厘米数,经过化零为整；ECP—变形号。

(3) 原装道依茨系列 BF6M1013ECP 发动机各缸排列顺序　如图 2-7 所示。

(4) 技术数据　表 2-6 所列为几种道依茨风（水）冷式柴油发动机技术数据。

三、东风汽车发动机

东风汽车集团有限公司对使用康明斯柴油发动机的汽车不断地进行产品开发和改进,先采用旁通增压器发动机,后又推出了 140kW 的 6BTA 增压中冷发动机,使该系列车型的动

(a) 工作侧面 (b) 排气侧面

图 2-4 道依茨风冷柴油发动机外形结构

1—冷却风扇；2—润滑油加油口；3—风扇的 V 带；4—中介滑轮；5—带轮；6—润滑油放泄塞；

7—润滑油底壳；8—燃油过滤器；9—机油滤清器；10—燃油预过滤器；11—燃油输油泵；

12—燃油喷油泵；13—空罩；14—摇臂室盖；15—进气主管；16—排气主管；17—机油散热器；

18—起动机；19—接合器壳体；20—发电机；21—发电机的 V 形带；22—曲轴箱通气口

图 2-5 BF6M1013ECP 型水冷发动机

1—机油加注口；2—发电机；3—冷却液泵；4—风扇；5—带轮；6—曲轴扭转减振器；7—燃油泵；

8—发动机支撑；9—燃油滤清器；10—机油滤清器；11—油底壳；12—机油标尺；13—机油散热器；

14—液压泵（或压缩机）；15—燃油管；16—电磁阀；17—通增压器的机油管；18—缸盖

用途代号	缸数符号	冷却形式	系列号	结构特征代号	变形代号

图 2-6 道依茨风冷式柴油发动机型号的排列顺序和符号

图 2-7 BF6M1013ECP 发动
机各缸排列顺序

表 2-6　道依茨风（水）冷式柴油发动机技术数据

型号	BF4M1012(E)		BF4M1013(E)		BF6M1012(E)		BF6M1013(E)	
形式	四冲程柴油机、水(风)冷、直列							
发动机质量/kg	380 (水冷)	330 (风冷)	480 (水冷)	430 (风冷)	490 (水冷)	435 (风冷)	635 (水冷)	570 (风冷)
缸径/mm×行程/mm	94×115		108×130		94×115		108×130	
排量/mL	3192		4764		4788		7146	
气缸数	4		4		6		6	
压缩比	17.5∶1		17.6∶1		17.5∶1		17.6∶1	
气缸压力/bar	28～33		30～38		28～33		30～38	
额定转速/(r/min)	2500		2300		2500		2300	
上止点前进气门开启提前角/(°)	46		46.5		46		46.5	
下止点后进气门关闭延迟角/(°)	56		55.5		56		55.5	
下止点前排气门开启提前角/(°)	96		100.5		96		100.5	
上止点后排气门关闭延迟角/(°)	50		51.5		50		51.5	
润滑方式	压力润滑							
气缸工作顺序	1—3—4—2(飞轮端为1缸)				1—5—3—6—2—4(飞轮端为1缸)			
喷油压力/bar	250+8		275+8		250+8		275+8	
喷油提前角(上止点前)/(°)	9		10		9		10	
冷机时气门间隙/mm 进气门	0.3							
冷机时气门间隙/mm 排气门	0.5							
急速转速/(r/min)	600							
急速时机油压力/kPa	>0.8							

注：1bar=10^5Pa。

力性得到了进一步提高。发动机全系列有三缸、四缸和六缸机型，按吸气方式又分为自然吸气、增压、增压中冷三种机型。广泛应用于汽车、工程机械、发动机组、船舶动力领域。

此系列柴油机采用直接喷射式燃烧系统，有动力性好、燃油消耗低、噪声小、质量轻、可靠性好、使用范围广等优点。目前东风汽车集团有限公司已推出 4BTAA、6B、6BJ、6BJA 等机型。

1. 结构简介

康明斯发动机公司生产的柴油机有 A、B、C、N、V、K 等十个系列，我国目前引进生产的有 B、C、N、V、K 五个系列。东风汽车集团有限公司装用康明斯柴油机的车型见表 2-7。

表 2-7　东风汽车装用康明斯柴油机主要车型

发动机型号	装用车型	载重量/t	拖挂总质量/t
6BT5.9	EQ1094D2	5	
	EQ1108G6D	5	
	EQ3094F6D	5	
	EQ3162F6D	8	
	EQ2100	3.5	
	EQ4094F6D		13.3
6BTA5.9	EQ1141G7D	8	
	EQ1166G2	8	
	EQ3141G7D	7.5	
	EQ3166G	8	
	EQ4141G7D		22
	EQ4166G		26

发动机型号	装用车型	载重量/t	拖挂总质量/t
6CT8.3	EQ4150G		40
6CTA8.3	EQ1242G2	15	
	EQ3242G	13.6	
	EQ4242G		40

图2-8 康明斯六缸发动机型号含义

康明斯六缸发动机的型号有：6B5.9、6BT5.9、6BTA5.9 三种，其型号含义如图2-8所示。

2. 发动机技术数据

EQ1108G6D/EQ1141G 型载货汽车采用的 6BT5.9 柴油发动机，其主要技术数据见表2-8。

表2-8 6BT5.9柴油发动机技术数据

机型		6BT5.9
形式		六缸、直列、水冷、四冲程、废气涡轮增压直喷式柴油机
机缸径/mm		103.00+0.04
冲程/mm		120
排量/L		5.88
压缩比		17.5∶1
点火次序		1—5—3—6—2—4
气门间隙	进气门/mm	0.254
	排气门/mm	0.508
旋向（从发动机前端看）		顺时针方向
最大功率/kW		118(2600r/min)
最大转矩/(N·m)		583(1400r/min)
最低燃油消耗率/[g/(kW·h)]		212
最大空车允许转速/(r/min)		3000
急速转速/(r/min)		675～725
急速最小机油压力/kPa		69
额定转速最小机油压力/kPa		207
调压阀开启压力/kPa		414
机油滤清器旁通阀开启压差/kPa		138
冷却液容量/L		10.5
节温器工作温度/℃	开启温度	83
	全开温度	88
散热器盖蒸气阀开启压力/kPa	系统温度104℃时	103
	99℃时	48
启动电路最大允许电阻/Ω		0.002
柴油机机油牌号		CD级
带轻附件启动电流/mA		400
带重附件启动电流/mA		475
柴油发动机净重（除飞轮和发电机）/kg		399

3. 发动机维修数据

6BT5.9型发动机的大修标志是机燃比大于0.5%。机燃比为机油消耗量（L）/燃油消耗量（L）（在相同的测定里程范围的消耗量）。

一般情况记录1000～3000km的机油、燃油消耗量，计算后即可确认发动机磨损是否需要修理。例如：行驶 3000km 消耗机油 6L、燃油 916L，机燃比为 0.65%，超过 0.15%，即可确认发动机的磨损达到了需要大修的状况。

发动机装复时需润滑的部位见表 2-9，需涂密封胶或防黏剂的部位见表 2-10，需测量调整的主要参数见表 2-11，发动机主要零件配合尺寸见表 2-12，发动机其他重要装配、调整数据汇总见表 2-13。

表 2-9　发动机装复时需润滑的部位

序号	需润滑部位	润滑油种类	序号	需润滑部位	润滑油种类
1	气缸体挺杆体孔	15W40	11	全部活塞环槽	15W40
2	挺杆体底面	105 润滑脂	12	连杆轴瓦	105 润滑脂
3	曲轴上主轴瓦	105 润滑脂	13	装在活塞上的活塞环	15W40
4	曲轴下主轴瓦	105 润滑脂	14	后油封外颈	15W40
5	曲轴主轴颈和连杆轴颈	15W40	15	气门导管孔	15W40
6	主轴承螺栓孔	15W40	16	气门杆头部和杆部	105 润滑脂
7	机油泵	15W40	17	气缸盖螺栓头部和螺纹	15W40
8	凸轮轴凸轮和轴颈	15W40	18	挺杆体窝座	105 润滑脂
9	气缸孔	15W40	19	推杆两端(窝座及端头)	105 润滑脂
10	活塞销	15W40	20	推杆	15W40

注：在 105 润滑脂未国产化前，可用 15W40 代用。

表 2-10　发动机装复时需涂密封胶或防黏剂的部位

序号	涂刷部位	密封胶或防黏剂
1	气缸体油底壳安装面与齿轮室及后油封座接合面	XJ-23 或 GD-409
2	凸轮轴后堵塞片(缸体上)	GY-255
3	油泵双头螺栓安装到齿轮室端	GY-255
4	空压机双头螺栓安装到齿轮室端	GY-255
5	增压器加油管或回油管孔碗形塞	GY-255
6	机油标尺管孔碗形塞或机油标尺管	GY-255
7	喷油器体和喷油器螺母之间	高温防黏剂
8	冷却液温度传感器和除气螺塞	GY-190 或胶带
9	增压器双头螺栓排气管端	GY-255
10	排气歧管螺栓	高温防黏剂
11	增压器双头螺栓增压器端	高温防黏剂
12	前油封外圆面和齿轮室盖孔	GY-255
13	未予涂胶的堵塞和管接头	GY-190 或胶带
14	曲轴箱通风挡油板与推杆室盖装配后的上部空隙	GD-409

注：除 GD-409 及 XJ-23 外，其余胶均是厌氧胶，对人体眼睛有害，涂胶后，不要用手接触眼睛。

表 2-11　发动机装复时需测量和调整的主要参数

序号	名　称	调整要求
1	曲轴轴向间隙	0.10～0.30mm
2	曲轴旋转力矩(没有装上活塞连杆总成时)	0.5～2.5N·m
3	惰轮与机油泵主动齿轮齿侧间隙	0.08～0.33mm
4	惰轮的轴向间隙	0.25～0.275mm
5	机油泵主动齿轮轴向间隙	0.01～0.125mm
6	齿轮室底平面与气缸体底平面的不平度	±0.24mm
7	凸轮轴轴向间隙	0.10～0.36mm
8	凸轮轴齿轮齿侧间隙	0.08～0.33mm
9	连杆大头轴向间隙	0.10～0.30mm
10	活塞凸出量	0.33～0.66mm
11	曲轴旋转力矩(装上活塞连杆总成后)	15～30N·m

序号	名　　称		调整要求
12	后油封座底平面与气缸体底平面的不平度		±0.2mm
13	气门间隙(冷态)	进气	0.30mm±0.05mm
		排气	0.55mm±0.05mm
14	燃油泵齿轮齿侧间隙		0.08～0.33mm
15	曲轴前油封端至齿轮室盖后端面距离		21.0mm±0.38mm
16	曲轴齿轮传输线轮高度		1.8mm
17	飞轮壳内圆跳动量		0.24mm(max)
18	飞轮壳平面跳动量		0.2mm(max)
19	空压机齿轮齿测间隙		0.08～0.33mm
20	后油封后端至后油封座前端面距离		25.05mm±0.38mm
21	惰轮与曲轴齿轮齿测间隙		0.08～0.33mm

表 2-12　发动机主要零件配合尺寸汇总

序号	零件名称	设计尺寸/mm	配合性质	配合数据/mm
1	气缸孔直径 活塞裙部最大直径	$\phi(102.02\pm0.020)$ $\phi(101.88\pm0.007)$	间隙	0.113～0.167
2	气门导管孔直径 进、排气阀杆直径	$\phi(8.029\pm0.010)$ $\phi7.98^{+0}_{-0.020}$	间隙	0.039～0.079
3	气缸体挺杆体孔直径 挺杆体外径(最大)	$\phi(16.015\pm0.015)$ $\phi16^{-0.020}_{-0.035}$	间隙	0.02～0.065
4	气缸体前凸轮轴衬套孔直径 凸轮轴衬套外径	$\phi(57.24\pm0.018)$ $\phi(57.38\pm0.020)$	过盈	-0.178～-0.102
5	凸轮轴第一轴颈直径 凸轴轴衬套孔直径	$\phi(54.000\pm0.013)$ $\phi(54.120\pm0.013)$	间隙	0.094～0.146
6	凸轮轴其余轴颈直径 气缸体上其余凸轮轴孔直径	$\phi(54.000\pm0.013)$ $\phi(54.114\pm0.025)$	间隙	0.076～0.152
7	凸轮轴台肩尺寸(止推) 凸轮轴止推片厚度	9.73 ± 0.03 9.50 ± 0.10	间隙	0.10～0.36
8	凸轮轴安装齿轮轴直径 凸轮轴齿轮安装孔直径	$\phi41.593^{+0}_{-0.018}$ $\phi41.5^{+0.025}_{0}$	过盈	-0.093～-0.05
9	气缸体曲轴主承孔直径 曲轴主轴承厚度 曲轴主轴颈直径	$\phi(88.000\pm0.018)$ $2.456～2.464$ $\phi(83.000\pm0.013)$	间隙	0.041～0.119
10	曲轴安装齿轮轴直径 曲轴齿轮安装孔直径	$\phi64^{+0.006}_{-0.012}$ $\phi63.91^{+0.024}_{0}$	过盈	-0.096～-0.054
11	连杆轴承孔直径 连杆轴瓦厚度 连杆轴径直径	$\phi(73.000\pm0.013)$ $1.955～1.968$ $\phi(69.000\pm0.013)$	间隙	0.038～0.116
12	曲轴的连杆轴颈开挡宽度 连杆大头宽度	39.000 ± 0.050 38.80 ± 0.05	间隙	0.1～0.30
13	连杆小头孔直径 活塞销直径	$\phi(40.06\pm0.007)$ $\phi(40.000\pm0.0032)$	间隙	0.0498～0.0702
14	活塞销座孔直径 活塞销直径	$\phi40.009^{+0.005}_{-0.003}$ $\phi(40.000\pm0.0032)$	间隙	0.0028～0.0172
15	气缸体上推力主轴承面开挡宽度 曲轴止推面开挡宽度 曲轴推力轴承外开挡宽度 曲轴推力轴承内开挡宽度	32.23 ± 0.05 $37.5^{-0.076}_{-0.025}$ 37.31 ± 0.038 32.3265 ± 0.445	间隙	0.13～0.394
16	齿轮室盖前油封孔直径 前油封总成外径	$\phi(79.5\pm0.152)$ $\phi(79.652\pm0.050)$	过渡	-0.331～0.073

序号	零件名称	设计尺寸/mm	配合性质	配合数据/mm
17	后油封孔直径 后油封总成外径	$\phi(15.000\pm0.038)$ $\phi(15.139\pm0.064)$	过盈	$-0.241\sim-0.037$
18	扭转减振器定位孔径 曲轴前端轴直径	$\phi19.05\sim\phi19.15$ $\phi19.000^{+0}_{-0.076}$	间隙	$0.05\sim0.226$
19	第二道活塞环高度 第二道活塞环槽高度	$2.35^{-0.010}_{-0.035}$ 2.435 ± 0.010	间隙	$0.085\sim0.130$
20	油环高度 油环槽高度	$4.00^{+0}_{-0.025}$ 4.05 ± 0.01	间隙	$0.04\sim0.085$
21	梯形环高度 第一环槽	$2.605^{-0.01}_{-0.030}$ 2.69	间隙	$0.095\sim0.115$
22	摇臂轴孔直径 摇臂轴外径	$\phi(19.013\pm0.013)$ $\phi(18.969\pm0.006)$	间隙	$0.025\sim0.063$
23	气缸盖定位环外径 气缸体上定位孔直径	$\phi(16.052\pm0.013)$ $\phi(16.000\pm0.025)$	过盈	$-0.09\sim-0.013$
24	飞轮壳定位环外径 气缸体后端面定位孔直径	$\phi(18.00\pm0.013)$ $\phi(17.966\pm0.013)$	过盈	$-0.060\sim-0.008$
25	气缸体水泵孔直径 水泵定位凸台外径	$\phi(84\pm0.05)$ $\phi(83.9\pm0.05)$	间隙	$0\sim0.20$
26	机油标尺管外径 气缸体机油标尺管孔径	$\phi(9.78\pm0.05)$ $\phi(9.65\pm0.025)$	过盈	$-0.205\sim-0.055$
27	增压器机油回油管外径 气缸体机油回油管孔径	$\phi22.42^{+0.11}_{-0}$ $\phi(22.35\pm0.08)$	过渡	$-0.11\sim0.01$

表 2-13　发动机其他重要装配、调整数据汇总

序号	项目	数据
1	活塞配缸间隙	$0.113\sim0.167$mm
2	第一道活塞环端隙	$0.40\sim0.70$mm
3	第二道活塞环端隙	$0.25\sim0.55$mm
4	油环端隙	$0.25\sim0.55$mm
5	进气门间隙(冷车)	0.25mm±0.05mm
6	排气门间隙(冷车)	0.50mm±0.05mm
7	进、排气门锥面密封带宽度	$1.83\sim2.22$mm
8	进、排气门端面低于气缸盖底面的距离	1.58mm±0.26mm
9	压缩余隙	$0.84\sim1.27$mm
10	气缸压缩压力(发动机转速200r/min时)	>2414kPa
11	活塞上燃烧室容积	43.2mL
12	喷油器端头露出气缸盖底面高度	$2.7\sim3.81$mm

四、依维柯汽车发动机

1. 发动机结构简介

依维柯系列汽车装用 SOFIM 柴油发动机。该发动机属于往复式、直列气缸、水冷、顶置气门、顶置凸轮轴、四冲程、直喷式柴油机，其结构如图 2-9 和图 2-10 所示。目前主要有两大系列：8140 系列和 8142 系列，两大系列最大的区别在于正时传动的方式，前者为正时齿形带传动，后者为正时链条传动。

图 2-9　SOFIM 8140.27S 发动机纵剖图

1—飞轮；2—曲轴；3—气门；4—涡轮增压器；5—挺柱；6—凸轮轴；7—集滤器；8—附件
箱驱动齿轮；9—水泵带轮；10—曲轴带轮；11—曲轴正时带轮；12—凸轮轴正时带轮

图 2-10　SOFIM 8140.27S 发动机横剖图

1—机油滤清器；2—机油泵从动轴；3—机油泵主动轴；4—附件箱；5—喷油泵驱动轴；
6—输油泵；7—喷油器；8—机油喷嘴；9—输油泵推杆；10—集滤器；11—活塞

2. 发动机编号

依维柯汽车发动机编号意义如图 2-11 所示。

图 2-11 依维柯汽车发动机编号意义

A—发动机系列代号。

B—气缸数目代号：3 表示 3 缸；4 表示 4 缸；5 表示 5 缸。

C—用途代号：0 为商用车（如货车、厢式车、小型客车）；1 为工业及海洋业用车；2 为军用及特种车；4 为轿车；5 为叉车及拖拉机。

D—发动机主要结构特征代号：0 为直喷式自然吸气柴油机；2 为直喷式增压柴油机；4 为直喷式增压中冷柴油机。

E—缸径＋行程代号。

F—燃油喷油泵及变速器形式代号。

G—装用该发动机的汽车厂及正时传动方式：1 为菲亚特轿车厂（FIAT AUTO）正时齿形带传动；2 为菲亚特轿车厂（FIATAUTO），正时齿形带加齿轮传动；4 为雷诺汽车厂（RENAULT），正时齿形带加齿轮传动；5 为雷诺汽车厂（RENAULT），正时齿形带传动；7 为依维柯公司（IVECO），正时齿形带传动；8 为依维柯公司（IVECO），正时链传动。

H—用户要求的附加装置的代号，如启动预热器、动力转向泵、空调压缩机及各种不同输出功率的交流发电机等。

3. 柴油机主要技术数据

SOFIM 8140 系列柴油机主要技术数据，如表 2-14 所示。

表 2-14 SOFIM 8140 系列柴油机主要技术数据

型　　号	8140.07	8140.27S.27××	8140.27S.37××	8140.47.37××
形式	直列、四缸、四冲程、水冷、直喷式柴油机			
	自然吸气	涡轮增压	低排放增压	低排放增压、中冷型
缸径×行程/(mm×mm)	93×92	93×92	93×92	93×92
排量/L	2.499	2.499	2.499	2.499
压缩比	18	18	18	18.5
最大功率/kW	55(4000r/min)	74.3～78.7 (3800r/min)	85(3800r/min)	
最大转矩/(N·m)	165(2200r/min)	235(2000r/min)	244(2000r/min)	
全负荷最低燃油消耗率/[g/(kW·h)]		220～230	220～230	
最大功率燃油消耗率/[g/(kW·h)]		250～260	250～260	
使用燃料	0 号、—10 号柴油			
气缸工作顺序	1—3—4—2			
质量(不带空气压缩机)/kg	321			
喷油压力/MPa	24＋0.8			
喷油提前角(上止点前)	6°±30′	4°30′±30′	1°±30′	
气门间隙/mm(冷机时)	0.5±0.05			

注：检测时，机油温度应为 40～50℃，喷油泵关闭，发动机由起动机带动。

SOFIM 8142 系列柴油机主要技术数据，如表 2-15 所示。

表 2-15 SOFIM 8142 系列柴油机主要技术数据

发动机型号	8142.27S	8142.47	8142.43	8142.23
形式	直喷增压	直喷增压中冷		直喷增压
缸数	4			
缸径/mm	93		94.4	
行程/mm	92		100	
总排量/cm³	2.499			
压缩比	18.5∶1			
最大功率/kW	76	85	87	76
对应转速/(r/min)	3800		3600	
最大转速/(N·m)	225	245	269	240
对应转速/(r/min)	2000	1900	1900	1900

发动机在活塞上止点时的气缸压缩压力:2.0~2.6MPa
发动机在活塞上止点时的气缸压缩压力的最小值:1.6MPa
压缩压力的测取条件:发动机由起动机带动,机油温度 40~50℃

正时机构	进气门开启	上止点前 8°
	进气门关闭	下止点后 37°
	排气门开启	下止点前 48°
	排气门关闭	上止点后 8°
	气门间隙值/mm	0.5±0.05
	冷机时气门间隙/mm	0.5±0.05
供油	喷油泵型号	BOSCHVE4/12F1800R698 或 BOSCHVE4/12F1800R699
	喷油提前角	1°±30′ 或 3°±30′,此时喷油泵柱塞预行程为 1mm
	喷油器型号	BOSCH KBEL109P81
	喷油顺序	1—3—4—2
	喷油压力	(24.0+0.8)MPa
润滑	方式	压力润滑,使用齿轮式机油泵;装用双级机油滤清器完成滤除杂质
	机油压力(热机)	怠速时≥0.08MPa;最高转速≥0.38MPa
冷却		用离心泵建立冷却液循环;节温器安装在发动机出水管口处;风扇用于冷却散热器
	进气增压	利用涡轮增压器来实现,它安装在排气歧管上

4. 发动机装配技术数据

SOFIM 8140 柴油机装配技术数据,如表 2-16 所示。SOFIM 8142 系列柴油机装配技术数据,如表 2-17 所示。

表 2-16 SOFIM 8140 柴油机装配技术数据

机 型			8140.27
气缸体、连杆	缸套内径(压入缸体,机加工后)/mm		93.000~93.018
	缸套外径/mm		95.970~96.000
	缸套孔内径/mm		95.900~95.940
	缸套和缸套孔间的过盈量/mm		0.030~0.100
	缸套内径的加大/mm		0.2,0.4,0.6
	缸套外径的加大/mm		0.2
	主轴承孔内径/mm		80.587~80.607
	后主轴承座的宽度/mm		27.500~27.550
	连杆大头孔的直径/mm		60.333~60.345
	装上连杆盖后,连杆大头孔的允许直径/mm	垂直中心线上	60.340~60.360
		与水平线相夹 15°方向上	60.330~60.350
	连杆小头孔径/mm		34.865~34.890
	标准连杆轴承厚度/mm	上半轴承	1.889~1.899
		下半轴承	1.861~1.871
	连杆轴承加大/mm		0.254,0.508
	连杆衬套外径/mm		34.970~35.010

	机　型			8140.27
气缸体、连杆	连杆衬套内径(压入连杆后)/mm			32.011～32.018
	连杆衬套与连杆小头孔间的过盈量/mm			0.080～0.145
	活塞销与连杆衬套的配合间隙/mm			0.015～0.028
	连杆轴承与连杆轴径的配合间隙/mm			0.028～0.075
	连杆大小头中心线间的平行度(距连杆垂直中心线 125mm 处测量)/mm			0.07
活塞、活塞销、活塞环	标准活塞直径(沿着与活塞销中心线垂直的方向)/mm			
	Borg 型活塞(距活塞底面 12mm 处测量)			92.891～92.909
	KS 型活塞(距活塞底面 X mm 处测量,X 表示测量位置)			92.913～92.927 X=12　X=17
	活塞与缸套的配合间隙(沿着与活塞销中心线垂直的方向)/mm			
	Borg 型活塞(距活塞底面 12mm 处测量)			0.091～0.127
	KS 型活塞(距活塞底面 X mm 处测量,X 表示测量位置)			0.073～0.105 X=12　X=17
	活塞的加大/mm			0.2,0.4,0.6
	活塞环槽高度/mm	第一道梯形环槽(直径 90mm 处测量)	Borg 型活塞 KS 型活塞	2.685～2.715
		第二道环槽	Borg 型活塞	2.050～2.070
			KS 型活塞	2.060～2.080
		第三道环槽	Borg 型活塞	3.025～3.045
			KS 型活塞	3.045～3.060
	活塞环厚度/mm	第一道梯形气环(直径 90mm 处测量)		2.575～2.595
		第二道气环		1.978～1.990
		第三道油环(带油环和衬簧)		2.975～2.990
	活塞与环槽的配合间隙/mm	第一道梯形气环	Borg 型活塞	0.090～0.140
			KS 型活塞	
		第二道气环	Borg 型活塞	0.060～0.092
			KS 型活塞	0.070～0.102
		第三道油环(带有油环和衬簧)	Borg 型活塞	0.035～0.070
			KS 型活塞	0.055～0.085
	活塞环的开口间隙/mm	第一道梯形气环		0.25～0.50
		第二道气环		0.60～0.85
		第三道油环(带有油环和衬簧)		0.30～0.60
	活塞环的加大/mm			0.2,0.4,0.6
	活塞销孔直径/mm		Borg 型活塞	32.000～32.005
			KS 型活塞	32.007～32.012
	活塞销直径/mm			31.990～31.996
	活塞销与活塞销孔的配合间隙/mm		Borg 型活塞	0.004～0.015
			KS 型活塞	0.011～0.022
曲轴、轴承/mm	主轴颈标准直径			76.187～76.200
	主轴承座孔径			
	主轴承的厚度			2.163～2.172
	主轴承与主轴颈的配合间隙			0.043～0.094
	主轴承加大			0.254,0.508
	止推轴承外缘宽度			31.780～31.955
	后主轴颈的宽度			32.000～32.100
	曲轴轴向间隙			0.045～0.320
	连杆轴颈标准直径			56.520～56.535
	连杆轴承与连杆轴颈的配合间隙			0.028～0.075
	主轴颈直线度的最大允许偏差			±0.05

	机 型		8140.27
缸盖	气门导管座孔直径/mm		12.955~12.980
	气门导管外径/mm		13.012~13.025
	气门导管和气门导管座孔间的过盈量/mm		0.032~0.070
	气门导管加大/mm		0.05,0.10,0.25
	气门导管内径(压入缸盖后)/mm		8.023~8.038
	气门杆直径/mm		7.985~8.000
	气门杆和气门导管的配合间隙/mm		0.023~0.053
	气门头直径/mm	进气门	40.750~41.000
		排气门	34.300~34.500
	气门密封面锥角	进气门	60°15'±7'
		排气门	45°30'±7'
	气门座密封面锥角	进气门座	60°
		排气门座	45°
	气门座外径/mm	进气门座	42.295~42.310
		排气门座	35.095~35.110
	气门座座孔内径/mm	进气门座	42.130~42.175
		排气门座	34.989~35.014
	气门座和气门座座孔的过盈量/mm	进气门座	0.120~0.180
		排气门座	0.081~0.121
	气门在其导管中转动一周的最大偏心度(百分表固定在支承面中心)/mm		0.03
	气门相对于缸盖平面的下沉量/mm		1.0~1.4
	喷油嘴相对于缸盖平面的凸出量/mm		3.0~3.54
	气门弹簧	气门弹簧的自由高度/mm	≈50
		不同负荷下的高度/mm (54±27)N	39
		(104±52)N	29
配气机构 /mm	凸轮轴支承座孔的内径		33.989~34.014
	凸轮轴轴颈直径		33.934~33.950
	凸轮轴支承座孔和凸轮轴轴颈的配合间隙		0.039~0.080
	挺柱孔内径		44.000~44.025
	气门挺柱外径		43.950~43.970
	气门挺柱与挺柱孔的配合间隙		0.030~0.075
	气门间隙调整垫片的厚度		从3.25~4.90,每隔0.05为一挡,共35种
	凸轮升程	进气门	9.5
		排气门	10.5
机油泵	机油泵齿轮端面和后盖支承面间的间隙/mm		0.065~0.131
	机油温度为100℃时的机油压力	急速时/kPa	80
		最高转速时/kPa	38
	调压阀弹簧	弹簧的自由高度/mm	56.9
		不同负荷下的高度/mm (126±4)N	39
		(163±6)N	34
		开启压力/kPa	700
	机油散热器安全阀开启压力/kPa		82~103
GarrettTA03型涡轮增压器	增压器主轴的径向间隙/mm		0.076~0.165
	增压器主轴的轴向间隙/mm		0.025~0.102
	压力为7.4~8.0MPa时,排气阀开启的最大行程/mm		1.27
K14型涡轮增压器	增压器主轴的径向间隙/mm		0.42
	增压器主轴的轴向间隙/mm		0.16

表 2-17　SOFIM 8142 系列柴油机性能及其维修技术数据

发动机型号		8142.27S	8142.47	8142.43	8142.23
燃烧循环方式		柴油四冲程压燃式			
空气供给方式		增压	增压＋中冷		增压
燃油供给方式		直接喷射			
气缸排列		4 缸直列			
气缸直径/mm		93		94.4	
活塞行程/mm		92		100	
气缸工作容积/L		2.499		2.800	
压缩比		18.5			
最大功率/kW		76	85	87	76
最大功率时转速/(r/min)		3800	3800	3600	3600
最大转矩/(N·m)		225	245	269	240
最大转矩时转速/(r/min)		2000	2000	1900	1900
最低空载稳定转速(怠速)/(r/min)		775±50		775±50	
最高空载稳定转速/(r/min)		4400±50		4200±50	
气缸压缩压力/MPa		2.0～2.6			
气缸压缩压力的最小值/MPa		1.6			
压缩压力的测取条件		发动机由起动机带动,机油温度 40～50℃,高压油泵不工作			
涡轮增压器	型号	GARRET TB25/1H1 或 RHB52		GARRET GT17	
	增压器主轴径向间隙/mm	0.056～0.127		0.086～0.122	
	增压器主轴轴向间隙/mm	0.084～0.254		0.043～0.084	
	放气阀全开的最大行程/mm	4		4	
发动机润滑系统	由齿轮式机油泵、机油限压阀、旋装复合式燃油滤清器、机油冷却器等部件组成				
	怠速机油压力/kPa	80			
	最大功率时机油压力/kPa	350			
	第一次加机油晨	7.8L 或 7.0kg			
	最高没平面时油壳容量	6.1L 或 55kg			
发动机冷却系统	由离心式水泵、节温器、风扇及风扇电磁离合器、散热器(水箱)、中冷器(仅用于 8142.47、8142.43 发动机)等部件组成				
	水泵驱动方式	V 带驱动			
	节温器　开启温度/℃	79±2		79±2	
	节温器　全开温度/℃	＞94		110	
配气机构	配气相位　进气提前角	8°			
	配气相位　进气滞后角	37°			
	配气相位　排气提前角	48°			
	配气相位　排气滞后角	8°			
	气门间隙　进气门工作间隙/mm	0.5±0.05			
	气门间隙　排气门工作间隙/mm	0.5±0.05			
活塞销座孔与活塞销的配合间隙/mm		0.007～0.019			
连杆小头铜套与活塞销的配合间隙/mm		0.011～0.022			
活塞	活塞环槽宽　X_1/mm	2.685～2.715			
	活塞环槽宽　X_2/mm	2.050～2.070			
	活塞环槽宽　X_3/mm	3.040～3.060			
	测量直径 ϕ/mm	90		91.4	
活塞环	活塞环高度　S_1/mm	2.575～2.595		2.568～2.579	
	活塞环高度　S_2/mm	1.978～1.990		1.970～1.995	
	活塞环高度　S_3/mm	2.975～2.900		2.970～2.995	
活塞环与活塞环槽的间隙/mm	第一道气环	0.088～0.147		0.088～0.147	
	第二道气环	0.060～0.092		0.055～0.100	
	油环	0.050～0.085		0.043～0.090	

发动机型号		8142.27S	8142.47	8142.43	8142.23
活塞环的开口间隙/mm	第一道气环	0.25～0.50		0.20～0.35	
	第二道气环	0.30～0.60		0.30～0.55	
	油环	0.40～0.65		0.30～0.55	
连杆小头孔直径 $\phi 1$(不装连杆衬套)/mm		34.860～34.890			
连杆大头孔直径 $\phi 2$/mm		60.333～60.348(分组)			
连杆衬套外径/mm		34.970～35.010			
连杆衬套内径(压入连杆加工后内径)$\phi 3$/mm		32.010～32.020			
连杆轴承厚度 S/mm		红：1.875～1.884；蓝：1.883～1.892；绿：1.891～1.900			
连杆小头孔与衬套的过盈量/mm		0.08～0.155			
喷油泵型号(Bosch)		VE4/11F 1900R522—3	VE4/11F 1900R444—1	VE4/12F 1800R660	VE4/12F 1800R699—1
喷油泵柱塞行程/mm		1.1±0.04	1.31±0.04	1.15±0.04	1.1±0.04
喷油器型号		KBEL 109P81		DSLA 134P604	
各缸工作次序	喷油泵	A—B—C—D			
	发动机	1—3—4—2			
喷油器开启压力/MPa		24+0.8		24+1.2	
气缸体缸套孔内径/mm		95.900～95.940		97.390～97.450	
气缸套外径/mm		95.970～96.000		97.39～97.45	
气缸套长度/mm		167		167～167.30	
气缸套与缸套孔的过盈量/mm		0.03～0.10		0.02～0.11	
气缸孔直径/mm	A 组	93.002～93.012		94.402～94.412	
	B 组	93.012～93.022		94.413～94.422	
	C 组	93.022～93.032		94.423～94.432	
活塞直径测量位置 X/mm		17			
活塞直径 $\phi 1$/mm	A 组	92.910～92.920		94.310～94.320	
	B 组	92.920～92.930		94.320～94.330	
	C 组	92.930～92.940		94.330～94.340	
活塞销孔直径 $\phi 2$/mm		32.003～32.009(带铜套的活塞销孔 32.007～32.012)			
配缸间隙/mm		0.082～0.102		0.078～0.092	
活塞凸出量/mm		0.40～0.80			
活塞销直径 $\phi 3$/mm		31.990～31.996			
活塞销与连杆衬套的间隙/mm		0.014～0.03			
连杆大小头孔中心线平行度/mm		在 125mm 范围内允许值 0.07			
曲轴主轴颈直径 $\phi 1$/mm		第 1、2、3、4 主轴颈 80.182～80.208(分组) 第 5 主轴颈 86.182～86.208(分组)			
曲轴连杆轴颈直径 $\phi 2$/mm		56.515～56.538(分组)			
曲轴轴承	曲轴主轴承厚度 S_1/mm	红 2.155～2.164 蓝 2.165～2.174 绿 2.175～2.184 棕 2.185～2.194			
	连杆轴承厚度 S_2/mm	红 1.875～1.884 蓝 1.883～1.892 绿 1.891～1.900			
	说明	轴承要按分组要求选用			
缺体主轴承孔直径 $\phi 3$/mm		第 1、2、3、4 主轴承孔 84.588～84.614(分组) 第 5 主轴承孔 90.588～90.614(分组)			
主轴承间隙/mm		0.044～0.075(通过分组实现)			
连杆轴承间隙/mm		0.027～0.059(通过分组实现)			
加粗曲轴止推主轴颈宽度/mm		31+0.10			
加粗曲轴主轴颈宽度/mm		29.2±0.15			
缸体推力主轴承座宽度/mm		26.500～26.550			
缺体主轴承座宽度/mm		26			
曲轴推力轴承外缘宽度/mm		30.900～30.950			

发动机型号		8142.27S	8142.47	8142.43	8142.23
曲轴轴向间隙/mm			0.060～0.310		
曲轴主轴颈与连杆轴颈的平行度/mm			0.05/125		
曲轴轴颈圆度/mm			0.005		
曲轴轴颈圆柱度/mm			0.005		
缸盖气门导管孔直径 $\phi1$/mm			12.950～12.985		
气门导管内径 $\phi2$/mm			8.023～8.038		
气门导管外径 $\phi3$/mm			13.012～13.025		
气门导管孔与气门导管过盈量/mm			0.027～0.075		
气门	进气门杆部直径 $\phi4$/mm		7.985～8.000		
	头部锥角 α		$60°15'\pm7'$		
	排气门杆部直径 $\phi4$/mm		7.985～8.000		
	头部锥角 α		$45°30'\pm7'$		
气门与气门导管配合间隙/mm			0.023～0.053		
进气门座圈孔内径 ϕ/mm			42.125～42.175		
排气门座圈孔内径 ϕ/mm			37.380～37.415		
进气门座圈外径 ϕ/mm			42.245～42.260		
排气门密封面锥角 α			$60°\pm5'$		
排气门座圈外径 ϕ/mm			37.495～37.510		
排气门密封面锥角 α			$45°\pm5'$		
进气门气门下沉量/mm			1.2～1.5		
排气门气门下沉量/mm			1～1.3		
进气门座圈与缸盖过盈量/mm			0.070～0.135		
排气门座圈与缸盖过盈量/mm			0.080～0.130		
气门外弹簧	自由高度 H/mm		52		
	规定负荷下的压缩高度/mm	43.8kg±2.5kg	38.5		
		77.4kg±4kg	28.5		
气门内弹簧	自由高度 H/mm		45.5		
	规定负荷下的压缩高度/mm	16.4kg±1kg	33.5		
		30kg±1.5kg	23.5		
喷油器凸出量/mm			4.10～4.50		2.230～2.690
缸盖凸轮轴承孔直径 ϕ/mm			33.985～34.015		
凸轮轴承直径 ϕ/mm			33.934～33.950		
凸轮轴承孔直径与凸轮轴轴承配合间隙/mm			0.035～0.081		
气门挺柱孔直径 ϕ/mm			44.000～44.025		
气门挺柱直径 ϕ/mm			43.950～43.970		
气门挺柱孔与气门挺柱配合间隙/mm			0.030～0.075		
气门间隙调整垫片厚度 S/mm			从 3.25～4.90，每 0.05 厚度梯度		
凸轮升程	进气凸轮/mm		9.5		
	排气凸轮/mm		10.5		

5. 整车拧紧力矩

依维柯 NJ2045 和 NJ2046 系列汽车整车拧紧力矩如表 2-18 所示。依维柯其他系列整车拧紧力矩除补充部分力矩表 2-19 中所示的有所不同外，其他力矩可参阅表 2-18 实施。

表 2-18　整车拧紧力矩表

名称		拧紧力矩/(N·m)	名称		拧紧力矩/(N·m)
发动机部分（8142 系列发动机）					
气缸盖螺栓	第一步预紧	60	上、下缸体连接螺栓	第一步预紧	50±5
	第二步预紧	60		第二步转角	$90°\pm5°$
	第三步转角	$180°\pm10°$	主油道螺塞		40

名称	拧紧力矩/(N·m)	名称		拧紧力矩/(N·m)
油底壳固定螺栓	18	高压油泵到喷油泵和喷油器固定螺母		33
附件箱油道螺塞	25	发动机吊耳固定螺母		18
附件箱固定螺栓(M12)	60	连杆螺栓	第一步预紧	50
附件箱固定螺栓(M8)	25		第二步转角	63°±3°
附件箱前盖固定螺栓	23	飞轮螺栓	第一步预紧	30±3
附件箱后盖固定螺栓	18		第二步转角	90°±2°
曲轴后油封盖固定螺栓	25	曲轴皮带轮固定螺栓		200
曲轴前油封盖固定螺栓	7.5	凸轮轴轴承盖固定螺母		18
凸轮轴前油封盖固定螺母	7.5	凸轮轴正时链轮固定螺栓		25
水泵进水支管在进气歧管上固定螺母	25	喷油泵齿套固定螺母		60~70
缸盖后盖固定螺母	25	喷油泵固定螺母		25
缸盖后盖固定螺栓	20	喷油泵正时链轮固定螺栓		110
进气歧管固定螺母	25	喷油器压板固定螺栓		40
排气歧管固定螺母	25	输油泵座固定螺栓		18
进气歧管进口弯管固定螺栓	18	输油泵固定螺钉或螺母		18
正时链轮护罩(发动机吊耳)固定螺母	18	机油滤清器螺纹接头		80
		机油滤清器		25
L.D.A.到进气歧管和喷油泵固定接头	10	机油集滤器固定螺栓		25
		机油压力调节阀螺塞		65
风扇离合器线圈在水泵上固定螺母	7.5	活塞冷却喷嘴固定螺栓		40
缸盖出水管固定螺栓	18	水泵固定螺栓		50
水泵带轮固定螺栓	25	电磁阀接头		18
发电机支架在缸体上固定螺栓	50	喷油泵回油接头固定螺母		25
发电机在支架上固定螺栓	75	水温表传感器固定		30
发电机调节臂固定螺母	45	喷油器回油管接头螺母		7
发电机固定螺母	85	电磁阀接线固定螺母		18
涡轮增压器在排气歧管上固定螺母	25	水泵进水支管在水泵上固定螺母		25
气缸盖出水管固定螺栓	18	交流发电机支架在附件箱上固定螺母		25
动力转向器固定螺母	35	张紧器固定螺栓		7.5
真空泵固定螺栓 M6	12	正时传动链罩固定螺母(M8)		18
真空泵固定螺栓 M8	18	正时传动链罩固定螺母(M10)		30
附件箱前盖螺塞	35	正时传动链罩固定螺母(M12)		35
增压器机油回油管接头	80	正时传动链罩固定螺母(M6)		10
增压器上机油进油管接头	25	正时传动链罩固定螺母(M12)		35
下气缸体上机油回油管接头固定螺栓	40	可调导块固定螺栓		18
机油压力传感器接头	40	正时传动链供油接头固定螺母		7.5
增压器排气管固定螺栓	25	导块固定螺母		7.5
喷油泵燃油进回油接头	25	正时传动链固定螺母和螺栓		7.5
火焰预热器固定螺母	35	发动机固定支架与缸体间的固定螺钉		75
火焰预热塞接头	22	发动机前悬架横梁与弹性块间的固定螺母		19.8
上气缸体上机油冷却器进水管接头螺栓	40	发动机前横梁与车架连接螺栓		24

底盘部分			
离合器		变速器后盖固定螺钉(母)	20.6
离合器压盘固定螺钉	48	第一轴轴承固定螺母	203
离合器罩缸体间的固定螺钉	72.5	第二轴凸缘固定螺母	425.5
离合器罩与变速器壳体间的固定螺钉	38.9	取力口盖固定螺钉	14.2
		倒挡轴固定螺钉	6.2
变速器(28.26/28.24型)		变速杆支座固定螺钉	18.1
第一轴承盖固定螺钉	17.2	自锁装置紧固螺塞	16.9

名称	拧紧力矩/(N·m)	名称	拧紧力矩/(N·m)
轮毂轴承调整螺母固定螺栓	7±1	轮毂轴承调整螺母固定螺栓	10.5～1.5
制动盘与轮毂连接螺栓	66.5±6.5	拉杆支架与车架的上固定螺母	140
摆臂球销固定螺母	131±14	拉杆支架与车架的下固定螺母	140
球销与转向节连接螺母	167±10	拉杆支架加强板与车架的固定螺母	47.3
半轴与等速传动轴连接螺栓（螺纹涂胶）	83.5±8.5	前挡泥板与车架的固定螺母	47.3
		上、下拉杆球接头固定螺母	171.5
制动钳与转向节连接螺栓	210±10	上拉杆与上摆杆的固定螺母	231.5
前轮毂		下拉杆与下摆杆的固定螺母	231.5
转向节臂固定螺钉	162	上、下拉杆夹箍固定螺母	50
制动钳固定螺钉	210	上、下拉杆球接头锁紧螺母	125
制动盘挡泥板固定螺钉	23.4	上、下摆杆球接头固定螺母	93.5
制动固定螺钉	103	下摆杆与前驱动桥的固定螺母	232.5
前悬架		减振器上固定螺母	129
前驱动桥与车架间的固定螺栓	90.7	减振器下固定螺母	129
互锁扇块定位销固定螺钉	20.5	扭杆后支架与车架的固定螺母	203.5
拨叉头头固定螺钉	36.1	扭杆后支架前、后片连接锁固定螺母	201
起动机固定螺钉	46.5	扭杆预紧力调整螺钉锁紧螺母	201
弹性块与发动机固定支架连接螺母	19.8	稳定杆半环开支架紧固螺母	24
分动器		后悬架	
分动器侧面支架与车架的连接螺母	24	钢板弹簧前、后固定螺母及吊耳固定螺母	189
分动器侧面支架与弹性垫块连接螺母	19.8	U形螺栓固定螺母	170
弹性垫块与固定支架连接螺母	19.8	上、下减振器紧固螺母	85.5
固定支架分动器壳体连接螺钉	75	减振块固定螺母	24
后横梁与车架加强板间连接螺栓	24	钢板弹簧后支架固定螺母	88.6
后横梁与中间弹性块间的连接螺栓	24	车轮和轮胎	
中间弹性块与变速器间的固定螺母	24	车轮固定螺母	320+30
前驱动连通信号开关	10.9～11.3	转向器和前轮定位	
前后输出固定自锁螺母	203～244	下拉杆球接头锁紧螺母	125
主壳体上盖固定螺栓	36～48	转向器支架与驱动桥间的固定螺钉	53
上盖后盖固定螺栓	30～48	转向横拉杆球接头锁紧螺母	91
机油泵固定螺栓	4.1～4.5	转向横拉杆球接头固定螺母	73
加油塞	21～33	制动系统	
放油塞	9～18	真空泵泵盖固定螺钉	7.8～9.8
车架上分动器防护罩固定螺栓	46.5	单向阀	66～88
车速里程表传感器固定螺栓（螺纹上涂 IVEC0190568 胶）	7	轮毂轴承调整螺母	第一步以 100N·m 拧紧，正反两方向转动并轴向晃动轮毂；第二步以 60N·m 旋松，使轮毂上的螺纹孔与轮毂轴承锁紧垫片上的孔对齐
传动轴			
传动轴固定螺钉	56		
传动轴凸缘锁紧螺母	250	制动底板固定螺栓	103±10
后驱动桥与后轮毂		前驱动桥	
后桥凸缘固定螺母	440	主动齿轮凸缘螺母	416.5
差速器壳与从动齿轮的连接螺钉	235	差速器壳盖螺栓	186.2
主动齿轮凸缘	450±40	桥壳盖螺栓	23
差速器壳螺栓	205±10.5	差速器轴承盖螺栓	128.4
后桥壳盖螺栓	23	桥壳与法兰连接螺栓	83.5
差速器轴承盖螺栓	106.5±10.5	制动主缸固定螺母（Lockheed 65LR/DA）	13.5～17
半轴螺栓	82.5±7.5		

名称	拧紧力矩/(N·m)	名称	拧紧力矩/(N·m)
真空助力器固定螺母	14.7~17	前制动软管接头	14
感载阀阀盖	120~140	后制动油管接头	14
感载阀阀体与车架间的连接螺母	13~16	后制动缸固定螺钉	10
拉杆与车架间的连接螺钉或螺母	20~25	制动间隙自动调整装置固定螺钉	72

表 2-19　依维柯其他系列整车拧紧力矩补充表

名称	拧紧力矩/(N·m)		名称	拧紧力矩/(N·m)	
发动机部分(8140系列发动机)					
发动机型号	.07	.27	发动机型号	.07	.27
气缸盖螺栓　第一步预紧	60		离合器罩垫板固定螺栓	55	
气缸盖螺栓　第二步预紧	60		缸盖后盖固定螺母	22.5	
气缸盖螺栓　第三步转角	180°±10°		缸体后盖固定螺栓	22.5	20
上、下缸体连接螺栓　第一步预紧	80		进气歧管固定螺母	19	
上、下缸体连接螺栓　第二步转角	160°		排气歧管固定螺母	19	22.5
主油道螺塞	27.5	47	排气歧管第一缸处固定螺母	39.5	
油底壳固定螺栓	13.5		曲轴箱通风口固定螺栓	22.5	
附件箱油道螺塞	16.5		发动机吊耳固定螺母	22.5	
附件箱固定螺栓(M12)	66	70	连杆螺栓　第一步预紧	50	
附件箱固定螺栓(M8)	22.5	20	连杆螺栓　第二步转角	60°±3°	
附件箱前盖固定螺栓	22.5	20	飞轮螺栓	117	
附件箱后盖固定螺栓	22.5	20	曲轴带轮固定螺栓	201	
曲轴后油封盖固定螺栓	22.5	20	导轮架固定螺栓	22.5	
曲轴前油封盖固定螺栓	8.2		导轮固定螺栓	41	
凸轮轴前油封盖固定螺母	8.2		张紧轮固定螺母	41	
张紧轮支架固定螺母	22.5		缸盖出水管固定螺栓	22.5	
凸轮轴支座盖固定螺母	19		水泵带轮固定螺母	22.5	
凸轮轴齿轮固定螺栓	24.5		发电机调节臂固定螺栓	45.5	47
喷油泵花键套固定螺母	59		发电机固定螺母	82.5	85
喷油泵压块固定螺栓	34		发电机支架在缸体上固定螺栓	45.5	55
喷油泵固定螺母	22.5	20	涡轮增压器固定螺母	22.5	
附件箱驱动齿轮固定螺栓	94	115	气缸盖出水管固定螺栓	22.5	
输油泵座固定螺栓	22.5		真空泵固定螺栓 M6	8	
输油泵固定螺钉或螺母	22.5		附件箱前盖螺塞	47	
机油滤清器螺纹接头	75.5	89	张紧器固定螺栓	4.3	
机油压力调节阀螺塞	61	75	发动机前罩固定螺母(M8)	9.5	
机油集滤器固定螺栓	22.5		发动机前罩固定螺母(M10)	20	
活塞冷却喷嘴固定螺栓	47		发动机前罩固定螺母(M12)	36	
水泵固定螺栓或螺母	46				
底盘部分					
传动轴中间支撑固定螺栓	73		转向节臂固定螺栓	101	
后驱动桥差速器轴承盖固定螺栓	108	车型30/ 35/40.10 前轮毂	制动钳固定螺栓	103	
后轮壳盖固定螺栓	24.5		制动盘挡泥板固定螺栓	23.4	
半轴固定螺栓	83.5		制动盘固定螺栓	103	
制动底板固定螺栓	68.5		上锚定杆支架与前轴的固定螺栓	68.9	

名称	拧紧力矩/(N·m)	名称		拧紧力矩/(N·m)
上锚定杆横梁支架与车架固定螺栓	24.2	车架上的稳定杆支架固定螺母		213.5
拉杆支架与前横梁和加强板的固定螺母	140	转向管柱联轴器与齿轮连接叉间连接螺栓		27.3
上下摆杆球接头固定螺母	163.5	制动主缸固定螺母	Benditalia 型	11.7~14.7
扭杆和上摆杆与前轴的固定螺母	93.5		Benditalia Z25 型	9.8~14.7
后桥上的稳定杆支架固定螺母	50.7	后制动蹄支撑销固定螺母(带锁片)		15
稳定杆吊耳连接螺栓	23	制动蹄支架固定螺母		32

五、五十铃 6HK1 汽车发动机

五十铃 6HK1 电控柴油机为直列 6 缸、水冷、共轨式柴油机，发动机排量有 7.127L 和 7.790L，两种发动机输出功率不同，分别装在五十铃中型货车和工程机械上。发动机功率强劲，燃油经济性好，使用、维修方便。

图 2-12　五十铃 6HK1 柴油机

1. 五十铃 6HK1 发动机的主要技术参数

五十铃 6HK1 柴油机如图 2-12 所示，排量 7.790L 发动机的主要技术参数如表 2-20 所示。

表 2-20　五十铃 6HK1 柴油机（排量 7.790L 发动机）主要技术参数

项　目	技术参数
发动机尺寸(长×宽×高)/mm	1357×995×1143
发动机形式	4 冲程、水冷、直列 6 缸、顶置凸轮轴、涡轮增压
燃烧室形式	直喷式
气缸套形式	干式
气缸直径×行程/mm	115×125
排量/L	7.790
压缩比	17.3:1
压缩压力/MPa	3.02(在 200r/min 时)
额定输出功率/kW	183.9(2000r/min 时)
最大扭矩/(N·m)	932(1500r/min 时)
气门数	每缸 4 气门(2 进、2 排)
进、排气门间隙/mm	0.40
燃油喷射系统形式	电装公司 ECD-U2 共轨系统
喷油顺序	1—5—3—6—2—4
喷油器形式	电磁式、7 孔、内径 0.16mm
喷油器开启压力/MPa	18.1
喷油器正时上止点前/(°)	9
喷油泵型号	日本博世 P 型泵
调速器	全程机械式调速器
机油泵形式	齿轮式
机油冷却器形式	内装水冷式
节温器形式	蜡式
节温器开启温度/℃	初开 83，主阀开 85

项　　目	技 术 参 数
发电机输出	交流发电机，24V/50A
起动机输出/(V/kW)	24/5
预热塞规格/(V/A)	23/3.5
发动机净重/kg	650
冷却液容量/L	14.5

2. 发动机主要部件检修标准

（1）缸盖螺栓拆装顺序　如图 2-13 所示的数字为缸盖螺栓拆装顺序。缸盖螺栓紧固方法：第 1～26 的 M14 螺栓，紧固时力矩先拧至 98N·m，然后再拧至 147N·m，最后拧紧 30°～60°；第 27 和 28 的 M10 螺栓，拧紧力矩为 38N·m。

(a) 缸盖螺栓拆卸顺序

(b) 缸盖螺栓安装顺序

图 2-13　缸盖螺栓拆装顺序

（2）涡轮增压器涡轮轴的轴向间隙　涡轮增压器涡轮轴与轴承之间的间隙测量值如表 2-21 所示。

表 2-21　涡轮增压器涡轮轴与轴承之间的间隙测量值

项目	标准值/mm	极限值/mm
涡轮轴的轴向间隙	0.06～0.09	0.11
涡轮轴与轴承间隙	0.10～0.17	0.205

（3）活塞和连杆组件检修技术数据　活塞和连杆组件检修技术数据如表 2-22 所示。

（4）曲轴检修技术数据

① 曲轴检修标准数据。曲轴检修技术数据如表 2-23 所示。

② 曲轴主轴承选择标准技术数据。在安装新的曲轴轴承或更换使用过的轴承时要进行选择。6HK1 柴油机曲轴主轴承选择标准技术数据如表 2-24 所示，曲轴主轴承标记如图 2-14 所示。

表 2-22　活塞和连杆组件检修技术数据

项目		标准值/mm	极限值/mm
缸套内径		115.021～115.050	—
活塞外径		114.974～114.989	—
活塞与缸壁间隙		0.042～0.066	—
活塞环 开口间隙	顶部环	0.18～0.28	1.20
	第二道环、第三道环	0.35～0.50	1.20
	油环	0.15～0.35	1.20
活塞环侧隙	顶部环	0.057～0.097	0.20
	第二道环、第三道环	0.085～0.120	0.20
	油环	0.020～0.060	0.20
连杆轴承间隙		0.036～0.077	0.100

表 2-23　曲轴检修技术数据

项目	标准值/mm	极限值/mm
曲轴轴向间隙	0.104～0.205	0.350
曲轴轴承间隙	第1～3、第5～7曲轴轴承 0.063～0.094	0.140
	第4曲轴轴承 0.093～0.124	0.140
曲轴径向圆跳动	0.06 以下	0.45
曲轴外径尺寸	第1～3、第5～7曲轴 81.905～81.925	81.850
	第4曲轴 81.875～81.895	81.850
曲柄销外径尺寸	72.902～72.922	72.850

表 2-24　曲轴主轴承选择标准技术数据

等级组合			油膜间隙/mm	
气缸体等级	曲轴轴颈等级	轴承识别颜色	第1～3、第5、6曲轴	第4曲轴
1	1	黑	0.065～0.092	0.095～0.122
1	2	褐	0.063～0.089	0.093～0.119
2	1	蓝	0.067～0.094	0.097～0.124
2	2	黑	0.065～0.091	0.095～0.121

　　选择和安装新轴承时，应注意气缸体轴颈内径等级和曲轴轴颈直径等级。气缸体轴颈内径等级标记位置见图 2-15；曲轴轴颈直径等级标记所在位置见图 2-16；曲轴箱螺栓紧固顺序见图 2-17。

图 2-14　曲轴主轴承标记

1—上部轴承；2—油道；3、6—等级
识别颜色；4—油槽；5—下部轴承

图 2-15　缸体轴颈内径等级标记位置

图 2-16 曲轴轴颈直径等级标记位置

图 2-17 曲轴箱螺栓紧固顺序

注：M14 的 1～14 螺栓，拧紧力矩为 98～132N·m 再转 30°～60°；M10 的 15～39 螺栓，拧紧力矩为 37N·m。

（5）配气机构检修技术数据

① 配气机构检修技术数据如表 2-25 所示。

表 2-25　配气机构检修技术数据

项目	标准值/mm	极限值/mm	项目	标准值/mm	极限值/mm
凸轮轴轴向间隙	0.085～0.205	0.250	气门杆直径	进气门 8.00	进 7.88
凸轮升程	进气门 52.8、排气门 54.8	进气门 51.8、排气门 53.5		排气门 8.00	排 7.88
凸轮轴轴颈尺寸	39.950～39.975	39.850	气门间隙	进气门 0.40	—
凸轮轴轴承间隙	0.020～0.087	0.150		排气门 0.40	
气门弹簧自由长度	进气门 65.9	进气门 62.9	气门杆与气门导管间隙	进气门 0.039～0.062	进 0.200
	排气门 68.1	排气门 65.1		排气门 0.064～0.096	排 0.250

② 摇臂总成紧固螺栓紧固顺序。摇臂总成紧固螺栓紧固顺序如图 2-18 所示。

图 2-18　摇臂总成紧固螺栓顺序

注：螺母 1～4 和螺栓 10～13 的拧紧力矩为 27N·m；螺柱 5～9 的拧紧力矩为 56N·m。

（6）发动机装配标记

① 发动机正时齿轮安装标记（图 2-19）。

② 1 缸上止点标记（图 2-20）。

③ 凸轮轴安装标记（图 2-21）。

（7）机油泵检修技术数据　机油泵检修技术数据如表 2-26 所示。

图 2-19　正时齿轮安装标记

1—惰轮 C；2—凸轮轴正时齿轮；3—惰轮 B；4—PTO 齿轮；5—PTO 惰轮；

6—曲轴正时齿轮；7—机油泵齿轮；8—供油泵齿轮；9—惰轮 A

图 2-20　1 缸上止点标记

图 2-21　凸轮轴安装标记

表 2-26　机油泵检修技术数据

项目	标准值/mm	极限值/mm
齿顶与泵体间隙	0.125～0.200	0.300
齿轮顶面与泵体上面间隙	0.064～0.109	0.200
从动齿轮轴外径	15.989～16.000	15.90
从动齿轮轴与衬套间隙	0.04～0.07	0.20

六、J08E 日野国Ⅲ汽车发动机

（1）J08E 日野国Ⅲ柴油机结构特点

① J08E 日野国Ⅲ柴动机是直列 6 缸、水冷、直喷柴油机，燃油系统采用电装公司

ECD-U2 共轨技术，涡轮增压，废气再循环（EGR），排放达国Ⅲ标准。

② 喷油顺序是 1—4—2—6—3—5。

③ J08E 柴油机有 J08E-UP、J08E US、J08E TM 系列，不同功率段，可应用于载货车、旅游客车和工程机械车辆上。

④ J08E 采用 ECD-U2 共轨系统，该系统由供油泵、油轨、喷油器、ECU 和各种传感器、开关组成。

⑤ 油轨上的轨压传感器负责检测油轨压力，根据发动机转速和负荷设定的压力与实际压力保持一致，进行反馈控制。

⑥ 喷油器电磁阀通电开始时刻和通电时间长短控制喷油量和喷油正时。每缸 4 气门机构、喷油器中置设计。

（2）主要部件检修技术数据

① 缸盖螺栓拆装顺序。缸盖螺栓拆卸顺序如图 2-22 所示，安装按相反顺序进行。缸盖 M12 螺栓拧紧力矩为 59N·m。

图 2-22 缸盖螺栓拆卸顺序

② 涡轮增压器涡轮轴的轴向间隙，标准值为 0.040～0.085mm。

③ 活塞连杆组检修技术数据（表 2-27）。

表 2-27 活塞连杆组检修技术数据

项目	测量点	技术数据/mm	
活塞外径	距下边缘 23mm	标准值	公差
		111.9	±0.008
活塞与气缸套间隙		0.048～0.112	
活塞环厚度	测量点	标准值	极限值
	一道环	2.5	2.4
	二道环	2.0	1.9
	油环	4.0	3.9
活塞环槽	测量点	标准值	极限值
	一道环槽	2.5	2.7
	二道环槽	2.0	2.2
	油环槽	4.0	4.1
活塞环开口间隙	测量点	标准值	极限值
	一道环	0.30～0.40	1.50
	二道环	0.50～0.65	1.20
	油环	0.15～0.30	1.20
活塞销外径	标准值		极限值
	37		36.96
活塞销座内径	标准值		极限值
	37		37.055
活塞销与座间隙	标准值		极限值
	－0.002（过盈）～0.025（间隙）		0.050

④ 曲轴检修技术数据（表 2-28）。

表 2-28　曲轴检修技术数据

项目	技术数据/mm			
主轴承螺栓螺杆长度	108			
曲轴轴向间隙	标准值		极限值	
	0.048～0.112		1.270	
曲轴轴颈磨损	部位	标准值	极限值	磨损量
	主轴颈	80	78.8	0.1
	连杆轴颈	65	63.8	0.2～1.2
曲轴连杆轴颈宽度	标准值		极限值	
	36		37	
曲轴轴承间隙	标准值		极限值	
	0.051～0.102		0.200	

⑤ 曲轴主轴承盖螺栓紧固顺序如图 2-23 所示，拧紧力矩为 69N·m。

图 2-23　曲轴主轴承盖螺栓紧固顺序

⑥ 发动机正时齿轮装配标记（图 2-24）。

图 2-24　发动机正时齿轮装配标记

凸轮轴的安装标记如图 2-25 所示。

安装记号孔

钢直尺　　防止错装记号孔

图 2-25　凸轮轴的安装标记

⑦ 配气机构检修技术数据（表 2-29）。

表 2-29　配气机构检修技术数据

项目	技术数据/mm		
凸轮高度	零件名称	标准值	极限值
	进气凸轮	50.046	49.966
	排气凸轮	52.739	52.659
凸轮升程	进气凸轮	8.046	7.966
	排气凸轮	10.739	10.659
凸轮轴轴颈外径	标准值		极限值
	40		39.85
凸轮轴轴承孔内径	40		40.15
凸轮轴轴承间隙	0.020～0.063		
凸轮轴齿轮螺栓长度	极限值:51		
摇臂轴外径	标准值		极限值
	22		21.92
摇臂衬套内径	22		20.08
气门弹簧自由长度	零件名称	标准值	极限值
	内弹簧	64.6	61.6
	外弹簧	75.7	72.7
气门杆	进气门	7	—
	排气门	7	—
气门杆与气门导管间隙	进气门	0.023～0.058	
	排气门	0.050～0.083	
气门间隙	进气门	0.30(冷态)	
	排气门	0.45(冷态)	

⑧ 机油泵检修技术数据（表 2-30）。

表 2-30　机油泵检修技术数据

项目	技术数据/mm	
	标准值	极限值
齿顶与泵体间隙	0.100～0.202	0.300
主动齿轮与泵体端隙	0.049～0.113	0.150
主动齿轮轴与气缸体衬套间隙	0.040～0.099	—
被动齿轮轴与气缸体孔间隙	0.030～0.075	—
被动齿轮轴和齿轮衬套间隙	0.040～0.099	0.150
齿轮啮合间隙	0.073～0.207	0.300

第二节　发动机的分解

发动机的拆装以依维柯汽车发动机为例。

一、从车上拆卸发动机

① 拆卸发动机罩：

a. 4×2客、货汽车拆卸方法：如图2-26（a）所示，提起发动机罩1，松开螺栓2，然后拆下发动机罩。

b. 4×4越野汽车拆卸方法：如图2-26（b）所示，拧开线束6，拆下空气弹簧固定螺栓2、3，拆下洗涤液管路4，松开发动机罩铰链5，即可拆下发动机罩1。

(a) 4×2客、货车　　　　　　　　　　　(b) 4×4越野车

图2-26　拆下发动机罩

1—发动机罩；2、3—螺栓；4—洗涤液管路；5—发动机罩铰链；6—线束

② 如图2-27所示，拧开冷却液箱（膨胀水箱）盖后，拧下螺塞，放掉发动机冷却液。拧下固定螺母，然后拆下保险杠以便移出发动机。

③ 如图2-28所示，拆下发动机罩拉索固定夹2，然后从发动机罩锁止装置1上拆下发动机罩拉索3。

图2-27　放掉发动机冷却液

图2-28　拆卸发动机罩锁止装置

1—锁止装置；2—发动机罩拉索固定夹；
3—发动机罩拉索

④ 如图 2-29 所示，拆下前照灯插接器 1、转向灯插接器 3 和位置灯插接器 2；拆下发动机罩支撑杆 4。

⑤ 拧下固定螺母，拆下面罩，然后拆下保险杠，以便移出发动机（如图 2-30 所示）；松开卡箍 1 和 2，拆下空气滤清器至涡轮增压器的进气管 3（如图 2-31 所示）。

⑥ 从冷却液温度传感器上拆下接线，拆下水管。如图 2-32 所示，拆开水管 1、2 和 3，拧开螺栓 5 和螺母 4，然后拆下散热器。

⑦ 松开水管固定夹和隔热板的固定螺栓 2，拆下水管 1，并从发电机上拆下插接器 3（如图 2-33 所示）；松开螺母 2，拆下连接排气管 4 和排气支管 1 的夹箍 3（如图 2-34 所示）；从起动机上松开接线 1，然后拆下线束 3 的固定夹 2，如图 2-35 所示。

图 2-29　拔插接器

1—前照灯插接器；2—位置灯插接器；
3—转向灯插接器；4—发动机罩支撑杆

图 2-30　拆下面罩和保险杠

图 2-31　拆下空气滤清器至涡轮增压器的进气管

1、2—卡箍；3—进气管

图 2-32　拆开水管及散热器

1、2、3—水管；4—螺母；5—螺栓

图 2-33　拆下水管和发电机上插接器

1—水管；2—固定螺栓；3—插接器

图 2-34　拆下连接排气管与排气支管的夹箍

1—排气支管；2—螺母；3—排气支管夹箍；4—排气管

图 2-35　拆下起动机线束

1—接线；2—固定夹；3—线束

⑧ 如图 2-36 所示，拆开搭铁线 2，拆下机油压力传感器的接线 1。

⑨ 如图 2-37 所示，拆下水管 3 和插接器 4，拧松螺栓 1 和 2，然后抽出操纵拉索。

图 2-36 拆开搭铁线和机油压力传感器的接线　　　　图 2-37 抽出操纵拉索

1—机油压力传感器接线；2—搭铁线　　　　　　　1、2—螺栓；3—水管；4—插接器

⑩ 如图 2-38 所示，松开螺栓 4，然后抽出操纵拉索 5，松开暖风装置的紧固螺母 1 及其支架紧固螺栓 2，再拆下暖风装置。

⑪ 如图 2-39 所示，从输油泵上拆下燃油管 1 和 2，从喷油泵上拆下燃油管 3；拆下发动机上的搭铁线 4。

图 2-38 拆下暖风装置　　　　　　　　　　图 2-39 拆下燃油管

1—紧固螺母；2、4—紧固螺栓；3—水管；5—操纵拉索　　　　1、2、3—燃油管；4—搭铁线

⑫ 如图 2-40 所示，摘下固定卡，然后拆下油门拉索 3；松开螺栓 2，拆下手油门拉索 4，松开并紧螺母 5，以便从支架 6 上拆下油门拉索。

⑬ 如图 2-41 所示，从喷油器和喷油泵上拆下回油管 1 和 2，拆下真空管 3。

⑭ 如图 2-42 所示，拧下机油加注口盖 3，拧下螺母 1，然后拆下隔声罩 2。

⑮ 如图 2-43 所示，装上发动机吊架，并将它挂到起吊装置的挂钩上。

⑯ 如图 2-44 所示，沿着变速杆 2 向上取出防尘套 1，拧下螺栓 4，拆下变速杆支座 3 和变速杆总成。

图 2-40 拆下油门拉索

1—油门拉索固定卡；2—螺栓；3—油门拉索；
4—手油门拉索；5—螺母；6—支架

⑰ 如图 2-45 所示，从变速器凸缘上拆下传动轴 3，从车架和变速器上拆下横梁 5，然后拆下防尘罩 4。拆下里程表传感器 2，拆下倒车灯开关的插接器 1。

图 2-41　拆下回油管和真空管

1、2—回油管；3—真空管

图 2-42　拆下隔声罩

1—螺母；2—隔声罩；3—机油加注口盖

图 2-43　装上发动机吊架

图 2-44　拆下变速杆总成

1—防尘套；2—变速杆；3—变速杆支座；4—螺栓

⑱ 如图 2-46 所示，拧下锁止螺母 2 和调整螺母 3，然后从分离拨叉 1 和离合器罩上拆下离合器操纵拉索 4。

图 2-45　拆下传动轴和横梁

1—倒车灯开关插接器；2—里程表传感器；
3—传动轴；4—防尘罩；5—横梁

图 2-46　拆下离合器操纵拉索

1—分离拨叉；2—锁止螺母；3—调整
螺母；4—离合器操纵拉索

⑲ 如图 2-47 所示，松开发动机前悬架横梁 1 和弹性垫块间的紧固螺母 2、发动机前悬架横梁 1 和发动机间的紧固螺母 5、弹性垫块 3 的紧固螺母 4。吊起发动机前悬架横梁 1，以便拆下弹性垫块 3，然后拆下前悬架横梁本身。

图 2-47　拆下发动机前悬架

1—发动机前悬架横梁；2、4、5—紧固
螺母；3—弹性垫块

⑳ 如图 2-48 所示，吊起发动机并逐渐地向后移动起吊装置，部分地移出发动机带变速器总成，然后拆开发动机转速计 2 的插接器 3，拧下螺母，拆下喷油泵电磁阀的导线插接器 1，再拆下线束 4。

㉑ 如图 2-49 所示，整个地移动发动机和变速器总成，然后从发动机上拆下起动机和变速器。

图 2-48　拆下线束　　　　　　　　　图 2-49　移动发动机

1—喷油泵电磁阀导线插接器；2—发动机转速计；

3—发动机转速计导线插接器；4—线束

二、发动机的分解

① 从涡轮增压器上拆下排气管 2，然后拆下隔热板 1（如图 2-50 所示）；从进气支管 3 上拆下进气管 4；从排气支管 2 上拆下涡轮增压器 1 以及进油、出油管（如图 2-51 所示）。

图 2-50　拆下排气管　　　　　　图 2-51　拆涡轮增压器

1—隔热板；2—排气管　　　1—涡轮增压器；2—排气支管；3—进气支

管；4—进气管

② 如图 2-52 所示，从进气支管上拆下增压补偿装置（LDA）传感器连接管的接头 4；拆下水管 1，进气支管 3 和排气支管 2。

③ 如图 2-53 所示，从喷油泵上拆下增压补偿装置接头 4 及连接管 3；拧下机油加注口盖 2，拧下螺母 1，然后拆下隔声罩。

④ 如图 2-54 所示，拧下油管接头 3、4、7，拆下高压油管和回油管。拧下螺母 5，拆下喷油器压板 6，然后拆下喷油器。拧下螺母 1，拆下气缸盖罩 2。

图 2-52　拆水管和进、排气支管

1—水管；2—排气支管；3—进气支管；

4—增压补偿装置传感器连接管接头

图 2-53　拆隔声罩

1—螺母；2—机油加注口盖；3—连
接管；4—增压补偿装置接头

图 2-54　拆喷油器

1—螺母；2—气缸盖罩；3、4、7—油
管接头；5—螺母；6—喷油器压板

⑤ 如图 2-55 所示，用专用扳手拧下喷油泵内侧的固定螺母，然后拆下喷油泵。

⑥ 如图 2-56 所示，拆下风扇 1、发电机 2、水泵带轮和相应的传动带 3。

图 2-55　拆喷油泵

图 2-56　拆风扇和发电机

1—风扇；2—发电机；3—传动带

⑦ 利用飞轮罩壳的固定螺栓，装上工具 1，以锁住飞轮 2，不让其转动，如图 2-57 所示；利用套筒扳手 1 拧下曲轴带轮 2 的固定螺母，然后卸下曲轴带轮，如图 2-58 所示。

图 2-57　固定飞轮

1—飞轮锁止专用工具；2—飞轮

图 2-58　拆曲轴带轮

1—套筒扳手；2—曲轴带轮

⑧ 8142 系列发动机按下列步骤拆卸：

a. 拆除冷却液温度表传感器 1，拆下正时链罩盖 2、3（如图 2-59 所示）；

b. 如图 2-60 所示，向上移动弹性挡圈 3，让小循环水管 2 进入水泵 4 内，以便小循环水管 2 从节温器座 1 内退出，拆下水泵 4；

c. 如图 2-61 所示，拆下张紧器；

维修提示

◆在退出张紧器时，为防止弹性挡圈从其座内出来和柱塞从内部弹簧上脱落，不能转动柱塞。

图 2-59　拆冷却液温度表传感器和正时链罩盖

1—冷却液温度表传感器；2、3—正时链罩盖

图 2-60　拆小循环水管和水泵

1—节温器座；2—小循环水管；3—弹性挡圈；4—水泵

d. 如图 2-62 所示，拆下凸轮轴正时链轮 1 和喷油泵正时链轮 3，取下链条 2，拆下液力转向泵 4。

图 2-61　拆下张紧器

图 2-62　拆液力转向泵

1—凸轮轴正时链轮；2—链条；3—喷油泵
正时链轮；4—液力转向泵

⑨ 对于采用正时带传动的 8140 系列发动机，分解步骤与上述不同之处有：

a. 当上述分解步骤进行到拆下齿形带罩时，如图 2-63 所示，拧下螺钉 2，拆下齿形带罩 1，拧下螺母 3 和螺钉 4，拆下防尘罩 5。

b. 如图 2-64 所示，松开喷油泵正时齿轮 4 的固定螺钉，卸下导轮 1 和防尘罩 3，然后取下齿形带 2。

⑩ 拆下附件箱驱动齿轮 1，然后拆下张紧轮 2（如图 2-65 所示）。拆下节温器 1 和水泵 2（如图 2-66 所示）。

图 2-63　拆卸正时带罩

1—齿形带罩；2、4—螺钉；3—螺母；5—防尘罩

图 2-64　拆卸正时带

1—导轮；2—齿形带；3—防尘罩；4—喷油泵正时齿轮

图 2-65　拆附件箱驱动齿轮和张紧轮

1—附件箱驱动齿轮；2—张紧轮

图 2-66　拆节温器

1—节温器；2—水泵

⑪ 如图 2-67 所示，拆下有关的固定支架，然后拆下油尺总成 1，拧下螺栓 3，拆下附件箱总成 2。

⑫ 拧下缸盖螺栓，拆下气缸盖和气缸垫（如图 2-68 所示）。将发动机翻转 180°，然后拆下油底壳（如图 2-69 所示）。如图 2-70 所示，拆下固定螺栓 2，卸下机油集滤器 1。

图 2-67　拆附件箱总成

1—油尺总成；2—附件箱总成；3—螺栓

气缸盖

图 2-68　拆气缸盖和气缸垫

⑬ 如图 2-71 所示，拆去飞轮锁止工具。将发动机翻转 90°，用套筒扳手 2 松开连杆螺栓 3。注：只有在第四缸活塞处于上止点位置时，才能将此缸的连杆盖 1 取出。

⑭ 拆下连杆螺栓，取出连杆盖，然后从缸体上部取出活塞（如图 2-72 所示）；如图 2-73 所示，再次翻转发动机，装上工具 4，然后用套筒扳手 3 拧下飞轮螺栓 2，拆下飞轮 1。

图 2-69　拆油底壳

图 2-70　拆机油集滤器

1—机油集滤器；2—固定螺栓

⑮ 拆下曲轴后油封盖总成（如图 2-74 所示）；用套筒扳手 2 拧下上、下缸体紧固螺栓 1
（如图 2-75 所示）；拆下下缸体及相应的密封垫（如图 2-76 所示）；利用起吊装置 1 拆下曲轴
2（如图 2-77 所示）。

图 2-71　松开连杆螺栓

1—连杆盖；2—套筒扳手；3—连杆螺栓

图 2-72　拆活塞连杆组

图 2-73　拆飞轮

1—飞轮；2—飞轮螺栓；3—套筒扳手；4—飞轮锁止工具

图 2-74　拆曲轴后油封盖总成

图 2-75　拧下上、下缸体紧固螺栓

1—紧固螺栓；2—套筒扳手

图 2-76　拆下缸体

⑯ 如图 2-78 所示，拆去所有主轴承 2，拆下机油冷却喷嘴 1。

图 2-77　拆吊曲轴

1—起吊装置；2—曲轴；3—缸体

图 2-78　拆去主轴承和机油冷却喷嘴

1—机油冷却喷嘴；2—主轴承

第三节　曲轴连杆机构的检修

一、机体组的检修

1. 气缸盖及气缸盖罩

图 2-79　气缸盖

1—气缸盖隔声罩总成；2—气缸盖罩；

3—气缸盖罩衬垫；4—气缸盖

气缸盖与气缸垫的主要功能是封闭气缸上部，并与活塞顶部、气缸配合构成燃烧室。

如图 2-79 所示为依维柯 SOFIM 柴油机气缸盖，该气缸盖用铝合金铸造。由于铝合金导热性好，可采用高压缩比（18.5∶1）。采用 ω 形燃烧室，设计上保证形状、位置、大小与喷油嘴喷出的雾状柴油相吻合。由于采用顶置气门、顶置凸轮轴结构，气缸盖高度尺寸较大，刚度较大，凸轮轴直接支承在气缸盖上，不使用轴承。采用螺旋进气道，可形成理想的进气涡流，促进燃油与空气充分混合。气缸盖用 22 个 M12 的螺栓紧固在气缸上，每缸周围有 7 个螺栓，保证了密封性。气缸盖罩与气缸盖之间有成型的橡胶密封垫，气缸盖上装有用复合材料制成的隔声罩，以减小凸轮轴及气门机构运转的噪声。

2. 气缸垫

柴油机的气缸垫为金属骨架石棉垫，由钢芯石棉制成，为增加强度，在缸口处用不锈钢包边，起定位作用的油道孔周围包覆铜皮。气缸垫有 1.2mm、1.35mm 两种厚度，根据上止点时活塞顶与气缸体上平面的距离进行选择。

3. 气缸体和油底壳

（1）东风汽车 6BT 型发动机　东风汽车 6BT 型发动机的气缸体与曲轴箱制成一体，该气缸体为龙门式结构，气缸不镶套。机油冷却器空腔、水泵涡壳、机油泵壳、小循环回水道等设在缸体内；缸体内制有七道凸轮轴轴承座孔。第一道凸轮轴轴承座上有衬套，其余轴承座无衬套。缸心距 120mm，龙门高 90mm。具体结构如图 2-80 所示。

图 2-80　东风 6BT 发动机气缸体结构图

1—气缸体总成；2—定位环；3—主轴承盖；4—螺栓；5—凸轮轴衬套；6、7、8、9、11、12—堵塞；
10—增压器回油管；13—定位销；14—飞轮壳定位环；15—缸盖定位环；16—活塞冷却专用喷嘴；
17—直角管接头；18—内六角锥形螺塞；19—修理用缸套；20—螺塞

（2）依维柯 SOFIM 柴油机缸体　依维柯 SOFIM 柴油机缸体如图 2-81 所示。气缸体由灰铸铁铸造而成，四个气缸，五个主轴承孔，缸体内合理布置加强肋与壁厚。气缸体沿曲轴轴线平分为上、下两部分。上气缸体是一个典型的平底式结构，便于加工，而曲轴箱则是一个包含曲轴支承的整体式框架结构。因此缸体的刚度优于龙门式气缸体，气缸体与曲轴箱通过螺栓连接，并夹有橡胶密封衬垫，除了起密封作用外，还减小了曲轴箱壁的振动噪声。五道轴承盖连成一体成为框架结构与气缸体通过螺栓连接，从而提高了气缸体的刚度。

上气缸体每个圆柱腔内装一个干式合金铸铁缸套。每缸内还装有一个活塞冷却机油喷嘴总成，如图 2-82 所示。喷嘴利用主油道中的压力机油喷射，润滑和冷却活塞等运动部件。它向活塞内腔喷射机油时呈线状油束。喷嘴由锁片和螺钉固定。上缸体的左侧后部还装有曲轴箱通风空气滤清器。曲轴箱内的油气经过滤清器的过滤沿通风管排向大气，残

图 2-81　SOFIM 柴油机气缸体

1—缸体；2—橡胶密封垫；3—下缸体（轴承盖）

留的机油从滤清器下部的橡胶管流回油底壳，使得曲轴箱能及时补充新鲜空气。

维修提示

◆上缸体的前后端面、侧面分别装有螺栓和不同规格的闷头堵塞，这些孔为加工工艺孔，并与水道、油道相通，故在螺栓及堵塞口涂上密封胶才装配。

图 2-82　机油喷嘴总成

1—活塞；2—喷嘴；3—锁片；4—接头螺钉

下缸体装有油底壳。油底壳侧面设有磁性放油螺塞。油底壳与下缸体之间的密封衬垫为耐机油的软木橡胶衬垫。油底壳的结构，如图 2-83 所示。

4. 缸盖的检修

（1）缸盖水套密封性的检查　用专用工具 1、2、3、4 将缸盖的水孔堵死，如图 2-84 所示。在缸盖中注入 90℃左右、压力为 200～300kPa 的热水，缸盖不应出现渗漏情况，否则说明水套出现裂纹或渗漏现象，应更换缸盖。

（2）缸盖平面度的检查　如图 2-85 所示，用直尺和塞尺检查缸盖平面度，如有变形，应进行磨削，最大磨削量为 0.4mm（缸盖高度为 150mm±0.1 mm）。

图 2-83　油底壳

1—机油吸油管总成；2—法兰密封垫；3、6—螺栓；4—油底壳密封垫；5—油底壳；
7—碟形垫圈；8—密封垫圈；9—放油螺塞；10—密封垫；11—螺塞

（3）检测喷油器的凸出量　缸盖磨削后，必须检查喷油器的凸出量。装上喷油器要用百分表检测喷油器的凸出量，如图 2-86 所示，应为 3.00～3.45mm，若凸出太多，应在喷油器座中加铜垫圈。

5. 气缸体的检修

（1）目检　缸体清洗后，检查缸体有无裂纹，检查工艺孔、堵盖有无生锈和密封不好，如有应予以更换。检查缸套内表面，不得有拉伤、划痕。

图 2-84　检查缸盖水套密封性

1、2、3、4—专用工具

图 2-85　缸盖平面度检查

1—缸盖平面；2—直尺；3—塞尺

（2）测量气缸磨损情况　用内径为 93mm 的缸径量规将量缸表调零，然后按图 2-87 所示测量缸径。必须在每个缸套的三个不同的高度上和相互垂直的两个平面上测量，一个平面平行于发动机纵向轴线，另一个平面则垂直于发动机纵向轴线。测出最大的磨损量、椭圆度、锥度，如果磨损过大或椭圆度达到 0.23～0.25mm 时，应重镗或更换缸套。重镗时缸径的加大应与活塞的加大相适应。每次镗磨后，缸套的壁厚均有一定数量的减小，因此，对某一缸套几次镗磨后，其累计的镗削量不能超过 0.6mm，否则应更换缸套。

图 2-86　检查喷油器凸出量

1—百分表；2—喷油器

(a) 测量缸径　　(b) 三个不同高度　　(c) 两个平面

图 2-87　测量气缸磨损情况

6. 更换缸套

① 检查新缸套外径应为 95.970～96.000mm，缸套孔内径为 95.900～95.940mm，缸套与缸孔的过盈量为 0.03～0.10mm。

② 用专用压板在油压机上把旧缸套压下。

③ 将缸套放置于缸体孔上，并将缸套轻轻敲入少许，检查两者在初镶位置是否同轴，

否则应调整至同轴为止。

④ 在油压机上用专用压板慢慢压入，压入缸套时切记绝对不能使用润滑剂。

⑤ 在将缸套压入缸体的过程中，压入 80mm 长度时，压力机的负荷应大于 13000N；完全压入时，压力机的负荷应大于 50000N。

⑥ 缸套的边缘应完全嵌入缸套孔的台阶中，以免使用中损坏。

⑦ 缸套压入后，应先精磨缸体上表面，然后镗磨并珩磨缸套内表面，最后在缸套上缘倒角。

图 2-88　检查气缸体顶面的平面度

7. 缸体平面度的检查

有两种简单的方法来检查：

① 第一种方法是按照缸盖平面度检查方法，用直尺配合塞尺进行检查，如图 2-88 所示，把直尺放在缸体的上平面上，交错几个位置测量。

② 第二种方法是把炭黑均匀地涂在缸体上表面上，然后用直尺放在上面进行检查，确定缸体平面是否变形。

8. 主轴承孔的检查

① 将下缸体装到上缸体上，不装轴承与密封垫。

② 将固定螺钉拧紧至规定力矩。

③ 用内径测量表检查主轴承孔的直径，其值应为 80.587～80.607mm，如尺寸不对或发现有变形，应更换缸体。

二、活塞连杆组的检修

1. 活塞连杆组的结构

（1）活塞　有的车型活塞顶内有 ω 形凹坑，与平的气缸盖底面及缸壁构成 ω 形燃烧室，结构紧凑、热损失小、经济性好、易启动。ω 形燃烧室利用油束形状与燃烧室的吻合，在空间内形成良好混合气，降低了燃烧噪声和烟度。铝合金活塞头部切有两道气环槽，一道油环槽。第一道活塞环槽镶有铸铁环槽护圈，以提高环槽热强度和耐磨性，提高活塞寿命。销座孔内压入铜套，以提高承载能力。销座外侧有卡环槽，用以装弹性卡环，限制活塞销的轴向窜动。活塞裙部制成长轴垂直活塞销轴线的椭圆形，如图 2-89 所示。

由于活塞顶部不对称及其他原因，在活塞安装时有一定方向，为防止装错，SOFIM 柴油机活塞顶部有一装配标记，如图 2-90 所示，装配时此记号朝向飞轮。

图 2-89　活塞裙部

图 2-90　活塞装配标记
1—质量级别；2—装配标记

为保证发动机工作平稳，发动机每组活塞的尺寸和质量偏差都用分组选配的方法控制在一定范围内，装配活塞时使用同一尺寸组、同一质量组的活塞，因此活塞须有质量级别标记（见图 2-90 中的字母 A）。

（2）活塞环　SOFIM 柴油机各道活塞环的截面形状，如图 2-91 所示。第一道活塞环采用梯形环，外表面镀铬以提高耐磨性。在热负荷较高的强化发动机中，第一、第二道环槽温度较高，易引起机油变质结胶，使活塞卡死在环槽内，造成活塞环断裂或拉缸。而梯形环具有良好的抗结胶性。如图 2-92 所示，梯形环在侧压力作用下左右换向时，环的侧隙 Δ_2 与背隙 Δ_3 不断变化，使结胶物质不断从槽中被挤出，环槽内机油及时更新，即使在 240～250℃ 的高温下长期工作也不会结胶。并且，采用梯形环时，气缸压力和惯性力的分力均可帮助把环压向缸壁，也可防止漏气和胶结作用。另外，当发动机停转活塞冷却时，其径向收缩会增加 Δ_2，起抵消轴向收缩而减小 Δ_3 的作用，使活塞不会卡滞，冷启动性能好。

图 2-91　活塞环截面形状

图 2-92　梯形环抗结胶原理图

第二道环采用内切口反扭曲环，即在矩形环内圆切一倒角，横断面不对称，当活塞环装入气缸后，环受到压缩产生弯曲变形，断面中性层以外产生拉应力，中性层以内产生压应力，拉应力的合力指向环的中心，压应力的合力背离活塞中心。矩形环由于中性层内外断面对称，两力在同一平面内，不产生转矩，如图 2-93（a）所示。扭曲环由于中性层内外端面不对称，使两力不在同一平面内，如图 2-93（b）所示，从而形成力偶，在力偶的作用下，活塞环发生微量变形，如图 2-93（c）所示。

由于扭曲环装入气缸后发生扭曲，环与气缸及环槽之间均形成一微小角度，这时环与气缸就不再是以整个圆表面接触，而成为理想上的线接触，接触面积减小，单位压力增加，而且易于与气缸壁相适应，因此磨合性好。由于扭曲后，对缸壁和环槽侧面均成角接触状态，因此既增加了密封性，又减少了活塞环在槽内的上、下跳动，减少了泵油作用，并减小了冲击力，使磨损减轻。第二道环采用反扭曲环，即内切口朝下装，环装入气缸后呈盖子形。

第一道环和第二道环上标有 TOP 字样，如图 2-94 所示，装配时有字的一面朝上。

SOFIM 柴油机采用合金铸铁整体式油环，带有螺旋衬簧，使铸铁油环具有径向弹力，使其压紧在气缸壁上，加强刮油能力，外表面镀铬，以提高耐磨性。

（3）活塞销　活塞销采用空心圆柱形，材料为低碳合金钢，表面渗碳处理，以提高表面硬度。外圆磨削加工。冷装配时，活塞销与销座孔的配合略紧，而与连杆小头的配合略松。工作时活塞在连杆小头及活塞销座内部都有合适的配合间隙。活塞销为全浮式连接。

图 2-93 第二道活塞环

图 2-94 活塞环装配标记

（4）连杆体及连杆轴承盖 连杆采用合金钢模锻制成，表面喷丸处理，杆身呈工字形，可在保证强度的前提下减小质量。连杆大头采用平切口，锯齿形定位，连杆盖与连杆用螺栓连接，贴合紧密，定位可靠，结构紧凑。连杆小头压入减磨铜衬套。为润滑活塞销和衬套，在小头和衬套上钻有集油孔，收集发动机运转时飞溅上来的机油。连杆体与连杆盖上有记号，代表杆身与杆盖的配对，如图 2-95 所示。

（5）连杆轴承 连杆轴承为半椭圆形，装在大头孔内，用以使连杆轴颈和连杆大头间保持良好的油膜，减小摩擦阻力，加速磨合。注意，凡有电镀层的轴承，维修时不应镗削和刮削，否则去掉镀层就完全失去了加覆盖层的意义。因此有电镀层的轴承，不用刮削。轴承与连杆大头在结合端有定位凸键和定位槽，以便装配时正确定位。有的发动机如 SOFIM 柴油机上下轴承厚度不同，在轴承背面压有意大利文 STELO（连杆体）字样的装在连杆体上，有 CAAPELLO（连杆盖）字样的装在连杆盖上，如图 2-96 所示。

图 2-95 连杆配对标记

1—连杆体；2—配对标记；3—连杆盖

图 2-96 连杆轴承装配标记

2. 活塞连杆组的检修

（1）活塞的检修

① 检查活塞质量。同一台发动机活塞质量之间的允许偏差为±7g，如有超重应用刮刀刮去多余质量。

② 检查活塞的各尺寸是否符合标准值。

③ 配缸间隙的检查。用千分尺测量活塞的直径，用量缸表测量气缸内径，以确定装配间隙。活塞直径应在离活塞底面 12mm 处测量，但对用于 SOFIM 8140.27 发动机的 KS 型活塞，其测量位置应在距活塞底面 17mm 处，气缸直径在垂直于活塞销中心线的方向测量。测量配缸间隙除按上述方法外，还可按图 2-97 所示，用塞尺来检查，测量位置同上。

（2）活塞销的装配及其间隙的检查

① 用机油润滑活塞销和活塞销座孔。

② 把活塞销插入活塞销座孔中。

③ 握住活塞使活塞销处于直立位置，此时活塞销不应自由下落，但可以在拇指的压力下下行。否则用千分尺测量活塞销的直径，以确定是换活塞销还是连同活塞一起换。

（3）活塞环的检查

① 检查活塞环的侧隙。如图 2-98 所示，用塞尺检查活塞环与环槽的配合间隙。

图 2-97　测量配缸间隙

图 2-98　检查活塞环侧隙
1—塞尺；2—活塞环

但由于梯形环的形状特别，应按以下方式进行测量。如图 2-99 所示，将活塞向上提，使梯形环 2 有大约一半在气缸套 3 外面，然后用塞尺在此位置检查环与环槽的配合间隙，应为 0.090~0.140mm（对 8140.07 发动机，若使用 KS 型活塞，那么该值应为 0.080~0.130mm）。

 维修提示

◆如果测得的间隙超过了最大允许值，则应用千分尺测量活塞环的厚度，以确定间隙过大是因为活塞环磨损，还是因为活塞环槽磨损所致，然后更换磨损过度的零件。

② 检查活塞环端隙。如图 2-100 所示，将活塞环平放入缸体中，用塞尺测定开口间隙，如间隙小于规定值，应进行修磨，如间隙过大则应更换活塞环。

图 2-99　梯形环侧隙的测量
1—活塞；2—梯形环；3—气缸套

图 2-100　活塞环端隙的检查

（4）连杆的检修

① 连杆小头中心线平行度的检查。将不装连杆轴承的轴承盖安装到连杆的大头上，并按规定力矩拧紧连杆螺栓。装上选配好的活塞销。将连杆大头装在连杆校正器的横轴上，拧动调整螺钉使定心块张开，将连杆固定在校正器上，如图 2-101 所示。将小角铁下弧面与活塞销靠紧，在距连杆纵向轴 125mm 处用塞尺塞在角铁平面与校正器平板间测量，最大误差

图 2-101　检查连杆小头中心线平行度
1—专用工具；2—连杆

为 0.07mm。如果超过此值，说明连杆出现弯扭，应对连杆进行校正或更换连杆。

②　检查连杆质量。检查所有连杆总成的质量是否相同，其允许偏差为±8g，如有超重可通过切削凸面来减轻。连杆称重时应带有连杆盖、连杆螺钉和连杆衬套。连杆质量分为三组，Ⅰ：（1336±8）g，Ⅱ：（1320±5）g，Ⅲ：（1304±5）g（不常用）。

③　连杆衬套的更换。检查连杆衬套是否松动，衬套内表面不得有擦伤及拉毛的痕迹，否则应予以更换。连杆衬套的拆装应使用芯棒，连杆衬套与连杆小头的过盈量为 0.080～0.145mm。在压衬套时，要使衬套油孔与连杆油孔重合，以保证机油油道的畅通。连杆衬套与活塞销之间的间隙为 0.015～0.028mm。

 维修提示

◆如果间隙过大，应更换衬套并用合适的铰刀铰孔，对衬套铰孔时，其内径尺寸为 32.011～32.018mm。

（5）活塞连杆组垂直度的检查　在将活塞连杆总成装进发动机前，要检查它的垂直度，其误差应为零，如图 2-102 所示。否则应找出原因，并更换有关零件。

三、曲轴飞轮组的检修

1. 曲轴飞轮组的结构特点

（1）曲轴　柴油机曲轴采用高强度球墨铸铁制造，为提高轴颈表面的耐磨性，主轴颈和连杆轴颈表面进行高频感应淬火。如图 2-103 所示，曲轴主轴颈数比连杆轴颈数多一个，为全支承曲轴。曲轴上钻有贯穿主轴颈、曲柄和连杆轴颈的油道。平衡重与曲轴制成一体。

图 2-102　检查活塞连杆组垂直度
1—连杆总成；2—校验夹具；3—塞尺

图 2-103　曲轴

（2）主轴承　曲轴主轴承如图 2-104 所示，主轴承的钢背比连杆轴承略厚，并且在上半主轴承的内表面加工有油槽，在钢背上铣出切槽，与该油槽贯通，以便向连杆轴承供油进行润滑。最后一对为翻边的推力轴承，为曲轴的轴向定位装置。

(a) 主轴承　　　　　　(b) 翻边推力轴承

图 2-104　曲轴主轴承

（3）飞轮　飞轮用灰铸铁制成，外缘上压有钢制齿圈。飞轮上刻有一、四缸上止点和供油提前角刻线。飞轮本身要进行静平衡试验，飞轮通过螺栓与曲轴后端凸缘连接，与曲轴一起进行动平衡检查。为了保证拆装中不破坏曲轴飞轮组的动平衡性能，飞轮的固定螺孔采用不对称布置。

2. 曲轴飞轮组的检修

（1）曲轴的检查　检查所有主轴颈和连杆轴颈，若有拉伤、划痕或过度失圆，则必须磨削曲轴。各主轴颈和连杆轴颈，必须磨削到同一级别。

（2）修磨曲轴

① 用千分尺测量轴颈的尺寸，以便根据轴承的尺寸级别和径向间隙（主轴承径向间隙标准值为 0.043～0.094mm，极限值为 0.13mm；连杆轴承径向间隙标准值为 0.028～0.075mm）来确定轴颈应磨削到多大直径。

② 在对曲轴进行磨削时应注意轴颈两侧凹槽的尺寸。

③ 磨削后，在重新安装曲轴前应对连杆轴颈和主轴颈的油道孔口重新倒角。

④ 磨削后，主轴颈和连杆轴径的最大圆度误差为 0.005mm。

（3）检查主轴颈和连杆轴颈的径向圆跳动　如图 2-105 所示，将曲轴放在两个平行的 V 形座块上，把调零的千分表的触头与各轴颈相接触，慢慢转动曲轴一圈，测量各主轴颈、连杆轴颈对两端主轴颈的径向圆跳动，主轴颈最大允差为 ±0.05mm；连杆轴颈最大允差为 ±0.07mm。测量值超差说明曲轴出现弯曲，应进行校正或更换。每一对连杆轴颈的中心线和主轴颈的中心线应在同一平面上。

图 2-105　检查主轴颈和连杆轴颈径向圆跳动

1—百分表；2—V 形块

（4）检查曲轴主轴承间隙

① 径向间隙的检查。在曲轴和轴承之间装上塑料测隙片，用螺栓紧固气缸体上下部（160N·m），再拆开，用塑料测隙量规检查塑料测隙片的宽度，查出主轴承与曲轴轴颈之

间的径向间隙，要求应在 0.043～0.094mm 之间，极限值为 0.13mm。超过极限值应更换曲轴或对曲轴进行修磨，换加厚的主轴承。加厚主轴承有两种：一种为 0.254mm；一种为 0.508mm。

② 曲轴轴向间隙的检查与调整。如图 2-106 所示，检查曲轴轴向间隙时，可将百分表指针抵触在飞轮或曲轴的其他端面上，用撬棒前后撬动曲轴，百分表指针的最大摆差即为曲轴轴向间隙。也可用塞尺插入止推垫片与曲轴的承推面之间，测量曲轴的轴向间隙。

曲轴轴向间隙一般为 0.07～0.17mm，允许极限一般为 0.25mm。间隙过大或过小，可通过更换止推垫片来调整。

（5）飞轮的检查　检查飞轮与离合器的接合表面，若有擦伤、烧蚀、裂纹，应进行车削。飞轮的主要故障是工作面磨损、齿圈磨损或断齿，如图 2-107 所示。

图 2-106　曲轴轴向间隙的测量

图 2-107　飞轮常见损伤

1—飞轮齿磨损；2—飞轮齿折断；3—飞轮表面烧灼；4—飞轮表面裂纹

（6）更换飞轮齿圈　如果飞轮上齿圈的轮齿严重损坏，应更换。拆装齿圈时，必须用液压式压力机。装配齿圈前，应将其加热到约100℃，并将其内圆有倒角的一面朝向飞轮。

四、曲柄连杆机构的故障诊断

1. 曲柄连杆机构常见故障的诊断

曲柄连杆机构常见故障的诊断与排除见表 2-31。

表 2-31　曲柄连杆机构常见故障的诊断与排除

故障现象	故障原因	排除方法
气缸压力过低	①活塞环开口间隙过大	①更换
	②活塞环安装不正确	②重装
	③活塞与气缸间隙过大	③更换
	④气缸体上端面产生变形	④修复
机油消耗过多	①油环失效	①更换
	②油环安装开口不正确	②重装
	③活塞与气缸间隙过大	③更换
	④曲轴箱通风系统堵塞	④疏通

故障现象	故障原因	排除方法
主轴承处噪声	①供油不足	①检查是否机油液面偏低或油压偏低
	②主轴承间隙过大	②测间隙并修正
	③轴承衬套丢失	③重装衬套
	④曲轴轴向间隙过大	④测量轴向间隙并修正
	⑤主轴承盖螺栓松动	⑤用标准力矩拧紧螺栓
	⑥飞轮或驱动盘发生松动	⑥用标准力矩拧紧螺栓
	⑦减振器松动或受损坏	⑦适当修补
连杆轴承处噪声	①供油不足	①检查是否机油液面或油压偏低
	②活塞积炭	②清除活塞顶部积炭
	③轴承间隙过大	③测量间隙,适当修正
	④曲轴连杆轴颈失圆	④测量轴颈直径,适当修正或更换
	⑤连杆或连杆盖安装错误	⑤适当改正
	⑥连杆螺栓松动	⑥用标准力矩拧紧螺栓
活塞处噪声	①活塞与气缸内壁之间的间隙偏大(活塞被划伤)	①测量间隙并检查活塞
	②气缸壁锥度误差和圆度误差过大	②测气缸内径,重镗气缸
	③活塞环损坏	③更换所有活塞环
	④活塞销松动或卡住	④测量活塞与活塞销间隙,加以改正
	⑤连杆安装错误	⑤检查并校正连杆安装位置
	⑥活塞环边缘间隙过大	⑥测量间隙并修正
	⑦活塞积炭过多	⑦消除积炭

2. 曲轴主轴承响故障的诊断

(1) 故障现象

① 发动机一般稳定运转不响,转速突然变化时,发出低沉钝重连续的"当当"的金属敲击声。

② 发动机转速越高,响声越大。

③ 发动机有负荷时响声明显。

④ 单缸断火时响声无变化。

(2) 故障原因

① 主轴承盖螺栓松动。

② 主轴承与主轴颈配合间隙过大。

③ 发动机机油不良。

④ 主轴承合金层烧毁或脱落。

(3) 故障诊断与排除　用旋具抵触曲轴箱接近曲轴主轴承处听察,反复变更发动机转速,在突然加速或减速时,如有明显的沉重响声,则为主轴承响。第一道主轴承响,声音较清脆;第五道主轴承响,声音偏沉闷。

① 发动机温度越高响声越明显,说明发动机机油黏度过低或老化,应更换发动机机油。

② 发动机高速运转,汽车重载爬坡,机件有较大的振动,机油压力明显下降,说明主轴承与主轴颈配合间隙过大,或合金层脱落,应及时更换主轴承或修磨主轴颈。

③ 若怀疑是曲轴轴向窜动导致声响,可踩下离合器踏板,如果响声减弱或消失,则为曲轴轴向窜动发出响声。此时应更换曲轴止推垫片或更换曲轴。

④ 若怀疑是飞轮固定不良发响,可在发现异响时,关闭点火开关,而当发动机即将熄

火时，再立即接通点火开关，若此时能听到一声撞击声，且每次重复上述操作均如此，即证明是飞轮固定不良发响，应紧固或更换飞轮固定螺栓。

3. 连杆轴承响故障的诊断

(1) 故障现象

① 突然加速时，发动机有明显连续"嘡嘡嘡"的类似木棒敲击铁桶的声音，该声响较主轴承声响清脆。

② 怠速时响声较小，中速时明显。

③ 单缸断火后，响声明显减弱或消失。

④ 汽车高速或爬坡时，响声加剧。

(2) 故障原因

① 连杆轴承盖螺栓松动。

② 连杆轴承径向间隙过大。

③ 连杆轴承合金层烧毁。

④ 发动机机油不良。

(3) 故障诊断与排除

① 发动机初发动时，响声严重，待机油压力上升后，响声减弱或消失，表明个别连杆轴承间隙稍大或合金层剥落，应视情况修磨连杆轴颈或更换连杆轴承。

② 若发动机温度正常，由低速突然加至中高速时，发动机发出有节奏的"当当当"响声；转速再升高时，其响声减弱直至消失；单缸断火时响声消失，复火时响声恢复；稍关节气门，响声更明显，说明连杆轴承间隙过大。应修磨连杆轴颈或更换连杆轴承。

③ 发动机温度升高，响声增加，说明发动机机油不符合要求，应予更换。若在提高发动机转速时，其响声减弱但显得杂乱，则说明连杆轴承合金层过热融化，应立即修复。

4. 发动机冷态时敲缸响故障的诊断

(1) 故障现象

① 怠速时，气缸上部发出有节奏的"吭吭"的金属敲击声，转速稍高响声消失。

② 发动机低温时发响，温度正常后响声消失。

③ 单缸断火时响声消失。

(2) 故障原因

① 活塞与气缸壁配合间隙偏大。

② 发动机机油量少，机油飞溅不足。

(3) 故障诊断与排除

① 拔出机油尺，检查机油量并视情添加。

② 发动机低温初发动时，如有有节奏的"吭吭"响声，机油加注口和排气管均冒蓝烟。向怀疑发响的气缸注入 20ml 左右的新机油，响声减弱或消失，说明活塞与气缸壁配合间隙偏大。应检测活塞与气缸，必要时修理气缸、更换活塞。

5. 发动机热态时敲缸响故障的诊断

(1) 故障现象与原因一

① 故障现象：发动机高温时发出连续"嘎嘎"的金属敲击声；温度升高，响声加重。

② 故障原因：连杆轴颈与主轴颈不平行；连杆有弯、扭变形。

(2) 故障现象与原因二

① 故障现象：怠速时发出"嗒嗒"的响声，机体有抖动；单缸断火，响声加大（该缸有故障）；温度升高，响声加大。

② 故障原因：活塞裙部椭圆度过小；活塞与气缸壁配合间隙过小；活塞销装配过紧；活塞环背隙、开口间隙过小。

（3）故障诊断与排除　可根据故障现象判明故障原因。具体故障原因要通过分解发动机后方可查明。

6. 发动机冷、热态均有敲缸响故障的诊断

（1）故障现象

① 发动机怠速运转急加速时有敲缸响。

② 发动机大负荷或高速挡急加速时有敲缸响。

（2）故障原因

① 点火正时失准。

② 燃油牌号不对或燃油品质不良。

（3）故障诊断与排除

① 调整点火正时。

② 换用规定牌号合格的燃油。

7. 活塞销响故障的诊断

（1）故障现象

① 发动机有较尖锐清脆有节奏的"嗒嗒嗒"类似手锤敲击铁钻的响声，在同转速下比活塞敲缸响连续且尖细。

② 随发动机转速变化响声周期性变化，加速时响声更大。

③ 发动机温度升高，响声不减，甚至更明显。

④ 单缸断火响声减弱或消失。

⑤ 略将点火时间提前，响声更大。

（2）故障原因

① 活塞销与连杆衬套磨损过甚，间隙增大。

② 活塞销与其座孔配合松旷。

③ 活塞销卡环脱落，使活塞销轴向窜动。

④ 发动机机油量少，机油飞溅不足。

（3）故障诊断与排除

① 发动机低温怠速时发出"嗒嗒嗒"的连续响声，响声部位在发动机上部，发动机中、低速时响声消失。发响时，某单缸断火时响声消失，复火时响声恢复，即为该缸故障。此故障一般是活塞销与连杆衬套配合间隙稍大，暂可继续使用。

② 发动机温度正常，中、低速运转时均发出有节奏、清脆且明显的"嗒嗒嗒"声。单缸断火响声消失，复火时响声恢复，为该缸活塞销与连杆衬套配合间隙过大，应更换活塞销或连杆衬套。

③ 发动机在低温、高温，低速、高速均发出带振动性的有节奏沉重的"嗒嗒嗒"响声；断火试验时，响声转为"咯咯"的哑声，可断定为活塞销与连杆衬套配合松旷。应立即拆检，必要时更换活塞销或连杆衬套。

④ 发动机只在某一转速时发出"贴贴贴"明显有节奏的响声，断火试验时响声减弱但

变杂乱，为活塞销与其座孔间隙过大，应拆检并视情更换活塞销和活塞。

⑤ 检查机油变质情况，查看机油量，必要时添加或更换发动机机油。

8. 活塞环响故障的诊断

（1）故障现象与原因一

① 故障现象。活塞环敲击响；发动机出现钝哑的"啪啪"响声，发动机转速升高响声增大，且显得杂碎。

② 故障原因：活塞环折断；活塞环磨损，在环槽内松旷；气缸壁顶部磨出凸肩，修磨连杆轴颈后，使活塞环与气缸壁凸肩相碰。

（2）故障现象与原因二

① 故障现象。活塞环漏气响，类似活塞敲缸响，单缸断火响声减弱但不消失。

② 故障原因：活塞环与气缸壁间漏光度过大；活塞环弹力过弱；活塞环开口间隙过大或各环开口重叠；活塞环在环槽内卡死。

（3）故障诊断与排除

① 用旋具抵触在火花塞上听察，如感觉有"唰唰唰"的响声，即为活塞环折断。如感觉有明显的振动，则为活塞环碰撞气缸凸肩响。根据具体故障视情更换活塞环或修理气缸。

② 发动机低温启动时，有"唰蹦蹦"的响声，机油加注口处脉动地冒蓝烟。若发动机温度正常后，响声减弱或消失，即为活塞环与气缸壁漏光度过大或活塞环在环槽内卡死等原因，应立即更换活塞环或修理气缸。若冷却液温度高时，发动机有明显的窜气响，做断火试验时，窜气响减弱，则说明活塞环开口间隙过大、活塞环开口重叠或活塞环弹力过弱，应视情更换或按规定重新装复活塞环。

第四节　配气机构的检修

发动机配气机构的检修数据均以依维柯汽车发动机为例。

配气机构的作用是按照发动机的工作需要，定时地开启或关闭进气门、排气门，使混合气（汽油机）或空气（柴油机）及时进入气缸，或使气缸内的废气及时排出。货车发动机均采用顶置气门，顶置凸轮轴式配气机构，如图 2-108 所示。凸轮轴通过正时齿形带（正时链）由曲轴驱动。上置凸轮轴的凸轮通过调整垫片、挺柱直接推动气门。

图 2-108　配气机构结构图

1—挺柱；2—调整垫片；3—凸轮轴；4—正时齿轮

配气机构由气门传动组和气门组两大部分组成。气门传动组包括齿形带（正时链）、正时齿轮、凸轮轴、调整垫片和挺柱等，气门组包括气门、气门座、气门导管、气门弹簧和锁片等。

一、气门传动组的检修

1. 结构特点

（1）正时传动机构　以 SOFIM 8140 系列发动机为例，发动机曲轴正时齿轮通过齿形带驱动凸轮轴，同时将动力传给附件箱。为增大齿形带包角，设有导轮和张紧轮。

如图 2-109 所示，曲轴转动时，带动曲轴正时齿轮 17 转动，曲轴正时齿轮 17 经正时齿形带 14 同时驱动凸轮轴正时齿轮 7 和附件箱驱动齿轮 4。正时齿形带 14 由两个张紧轮轴承 3 张紧，上面一个张紧轮起导轮作用，下面一个张紧轮起张紧作用。由正时齿形带张紧推杆 1 内的弹簧推动下张紧轮支架，再经张紧轮 3 对正时齿形带进行张紧。

凸轮轴正时齿轮 7 带动凸轮轴总成 10 转动，附件箱驱动齿轮 4 带动喷油泵驱动轴 36 转动。为使凸轮轴总成 10 与喷油泵驱动轴 36 对曲轴有一个正确的正时关系，要求曲轴正时齿轮 17、凸轮轴正时齿轮 7、附件箱驱动齿轮 4 在安装时必须在确切的对应位置上，否则发动机不能正确运转。

正时齿形带 14 不需要润滑，但需要防止尘土进入；防护板 6、正时齿轮盖 37、下防护盖 11 必须正确安装，不能留有进入灰尘的缝隙。

图 2-109　8140 系列发动机正时传动机构

1—正时齿形带张紧推杆；2—隔套；3—张紧轮轴承（2个）；4—附件箱驱动齿轮；5—上张紧轮支架；6—防护板；7—凸轮轴正时齿轮；8—垫圈（2个）；9—隔套（2个）；10—凸轮轴总成；11—下防护盖；12—下张紧轮支架；13—凸轮轴油封座；14—正时齿形带；15—圆柱销；16、21、28—六角头螺栓；17—曲轴正时齿轮；18、19—弹性垫圈；20—气门；22、26—六角螺母；23—垫圈；24—塞子；25—附件箱驱动齿轮紧固螺钉；27—弹垫；29—螺母；30—凸轮轴油封；31—气门间隙调整垫片（8个）；32、33、34—双头螺柱；35—螺栓；36—喷油泵驱动轴；37—正时齿轮盖

8142 系列发动机与 8140 系列发动机主要区别在于 8142 系列发动机采用正时链条替代正时齿形带，链条的张紧采取液力张紧器和导块张紧，取消了张紧轮。但其驱动的机构部件

是相同的。图 2-110 所示是 8142 系列发动机的正时传动机构。

图 2-110　8142 系列发动机的正时传动机构

1—法兰；2—密封圈；3—张紧器壳体；4—弹簧；5—柱塞；6—凸轮轴正时链轮；7—链条；8—凸轮轴；9—上托架；
10—喷油泵正时链轮；11—下托架；12—曲轴正时链轮；13—铰接销；14—调整垫圈；15—导块

（2）凸轮轴　凸轮轴（如图 2-111 所示）通过五个支承轴颈支承在气缸盖的凸轮轴轴承座内，支承轴颈上有油槽和油孔与凸轮轴中心的纵向油道相通，润滑凸轮轴轴承。凸轮轴前端与凸轮轴正时齿轮通过螺栓连接，并用圆柱销定位。凸轮轴前端有一凸缘与气缸盖前端面及凸轮轴油封座止推面相配，使凸轮轴轴向定位。

图 2-111　凸轮轴

1—定位销孔；2—螺栓孔；3—油道

（3）挺柱和调整垫片　SOFIM 柴油机采用筒形挺柱，用低碳钢挤压成型，上端面制成凹坑，内放气门间隙调整垫片。调整垫片为圆片形，厚度从 3.25～4.45mm 共 33 种，3.65～4.05mm 每隔 0.02～0.03mm 为一挡，其余相隔 0.05mm。安装气门调整垫片时，标有厚度的一面应朝向挺柱。

图 2-112　挺柱

SOFIM 柴油机气门间隙在凸轮基圆与调整垫片之间，数值为 0.5mm，可用塞尺测量。

挺柱上部边缘上有一缺口，如图 2-112 所示，可用压缩空气喷枪对准缺口喷射压缩空气，使调整垫片浮起，以便在调整气门间隙时更换调整垫片。

（4）液力张紧器 液力张紧器由发动机润滑系统供油，在装配和使用中，不需调整。其结构如图2-113（a）所示。具有以下功能：

① 张紧链条。如图2-113（a）所示。弹簧2会不断地向外推柱塞11，在链条正常工作时，柱塞的振幅限制在两个方向2.2mm以内运动，止回槽8较深且较宽，不干涉弹性挡圈10伸缩，这样可补偿材料和机油的热膨胀。

② 防退保护。如图2-113（b）所示。柱塞11的沟槽前部凸起（箭头所指），与弹性挡圈10干涉阻止柱塞过分缩回。

③ 补偿正时链条的磨损和伸长。当正时链条磨损和伸长时，由弹簧引起的推力使柱塞的振幅更大，柱塞运动时托动弹性挡圈10超过槽顶进入下一个槽内。柱塞的全部振幅从缩回的最大位置到最大张紧力的位置约13mm。

④ 液压补偿。如图2-113（c）所示。在柱塞11剧烈反弹的情况下，由于高压腔内有机油存在而使缩回减弱。单向阀4关闭时，机油产生阻力，但能在外壳13和柱塞11之间存在一个很小的间隙而渗油（图中 A）。当柱塞11向外前进时，单向阀4打开，并且机油进入两个液压腔（图中 B）。

(a) 结构　　　　　　　　(b) 防退保护原理　　　　　　　　(c) 液压补偿原理

图2-113　液力张紧器的结构和工作原理

1—外壳；2—弹簧；3—压力腔；4—单向阀；5—法兰；6—密封圈；7—机油进口；
8—止回槽；9—低压腔；10、12—弹性挡圈；11—柱塞；13—外壳

2. 配气机构的检修

（1）凸轮轴的检修

① 拆卸。拆下气缸盖前端凸轮轴油封座螺母，拆下凸轮轴油封座，再从气缸盖上面旋下凸轮轴支承座盖螺母，拆下5个凸轮轴支承座盖后，取出凸轮轴。按顺序放好各凸轮轴支承座盖。

② 目检。凸轮轴轴颈及凸轮表面必须非常光洁，如其表面有拉伤或伤痕，应更换凸轮轴。

③ 凸轮轴径向圆跳动的检查。将凸轮轴放在平行V形架上［如图2-114（a）所示］，用百分表检查其轴颈的径向圆跳动，其值不得超过0.04mm，否则应更换凸轮轴。

④ 凸轮升程的检查。如图2-114（b）所示，检查凸轮的升程。8140.07发动机进、排气凸轮的升程为10.5mm，8140.27和8142系列发动机进气凸轮的升程应为9.5mm，排气凸轮的升程应为10.5mm。

⑤ 检查凸轮轴轴颈与其支承座孔之间的间隙。用19N·m的力矩拧紧凸轮轴座盖螺母，用内径千分尺测定支承座孔的内径，应为33.980～34.014mm。然后用千分尺测定凸轮轴轴

径，应为 33.934～33.950mm。凸轮轴轴颈与其支承座孔之间的间隙应为 0.030～0.080mm。如果超差应更换有关零件。

(a) 径向圆跳动检查   (b) 凸轮升程检查

图 2-114   检查凸轮轴径向圆跳动
1—百分表；2—凸轮轴

⑥ 凸轮轴的安装。在凸轮轴上涂上机油（避免初始磨损）装到气缸盖上，按原顺序装上各凸轮轴支承座盖，用交叉方式，从中间向两侧旋紧螺母（力矩 19N·m）。将凸轮轴油封刃口向内并涂上机油，装到凸轮轴油封座上，然后装到气缸盖前端，旋紧油封盖螺母（力矩 8.2N·m）。

 维修提示

◆转动凸轮轴应灵活，检查凸轮轴轴向间隙应为 0.05～0.2mm。否则应在凸轮轴油封座与气缸盖之间用垫片进行调整。

（2）正时齿轮和正时链轮的检修

① 凸轮轴正时齿轮（或链轮）的拆卸：固定住凸轮轴正时齿轮，旋下固定螺栓，从凸轮轴上拆下凸轮轴正时齿轮（或链轮）。

② 检修正时齿轮时如磨损量较小，一般不需要检修。正时链轮主要应检查其磨损量及其与链条的配合情况，维修以更换链条为主。

（3）8142 系列发动机正时传动机构的装配

① 正时链的安装。如图 2-115（a）所示，从高到低放入链条 1，并将链条挂装在曲轴正时链轮 2 上。然后喷油泵正时链轮 3 装到附件箱喷油泵传动轴 5 上，如图 2-115（b）所示，用专用插销 4 插入定位销孔内，用规定力矩拧紧链轮固定螺栓。再按如图 2-115（c）所示将链条 9 绕在凸轮轴正时链轮 7 上，并将链轮轻装在凸轮轴上，将链轮 7 上的正时记号孔与凸轮轴密封衬套上的正时记号孔对正，插入定位销，最后按规定力矩拧紧凸轮轴正时链轮螺栓。

② 凸轮轴正时齿轮（链轮）的安装：正时齿轮（链轮）上的销孔要与凸轮轴端部的销钉对准，在固定螺栓上涂上机油再旋紧（力矩 24.5N·m）。

③ 安装链条液力张紧器，方法请参阅后面有关内容。

④ 取出链轮上的插销，调整配气相位。

⑤ 按发动机旋转方向转动发动机，当转到第一缸活塞在压缩行程上止点时，将插销插入链轮上相应的销孔内，如不能插入，应重复前面的操作。

(a) 放入链条　　　　　　(b) 装链轮　　　　　　(c) 绕上链条

图 2-115　安装正时链条

1、9—链条；2—曲轴正时链轮；3—喷油泵正时链轮；4—专用插销；5—附件箱喷油泵传动轴；

6—正时链轮室底板；7—凸轮轴正时链轮；8—凸轮轴正时链轮固定螺栓

⑥ 保持链条张紧，调整导块和链条之间的间隙，该间隙用塞尺检查应为 0.5～1mm，然后锁紧上导块螺母和下导块螺栓。

　维修提示

◆新安装的张紧器由于液压补偿作用尚未建立，所以在进行上述操作时不可反转发动机，造成张紧器过度回缩。

⑦ 如图 2-116 所示，用安装套 5 和芯棒 4 将油封 3 带保持架 2 安装到前盖 6 内；润滑曲轴油封轴颈；再将前盖 6 安装在正时传动箱 1 上，按规定力矩拧紧前盖固定螺母，去除保持架 2。

⑧ 如图 2-117 所示，将新的 O 形圈 2 安装在小循环水管 4 上，并插入水泵 5 内，在水泵上放上新的 O 形圈并与缸体连接，在水泵固定螺栓端 15mm 螺纹上涂密封胶并按规定力矩拧紧。向上端移动小循环水管 4，以便将其放入节温器 1 内。在小循环水管上相应的槽内放入轴用弹性挡圈 3。

图 2-116　安装油封

1—正时传动箱；2—保持架；3—油封；

4—芯棒；5—安装套；6—前盖

图 2-117　安装水泵

1—节温器；2—O 形圈；3—轴用弹性挡圈；

4—小循环水管；5—水泵

⑨ 安装并调整喷油泵相位。如图 2-118 所示，检查凸轮正时是否正确，将喷油泵安装到附件箱上，同时使喷油泵传动齿套上的槽 2 与喷油泵传动齿轮的凸起 1 相配合。

维修提示

◆拧紧喷油泵固定螺母，但不要拧到底。

图 2-118　检查正时记号

1、2—正时记号

（4）新液力张紧器在发动机上的安装

① 如图 2-119 所示，作为配件的液力张紧器没有机油，柱塞 2 在外壳 1 内，并靠弹性挡圈 4 支撑。在安装前，检查张紧器应符合上述条件，且长度约 35.8mm（最大）。

维修提示

◆超过长度，说明挡圈 3 和 4 的内部位置不正确，在这种情况下要重新正确装配张紧器。

② 如图 2-120 所示，按箭头方向转动柱塞，使弹性挡圈在张紧器壳体内脱开，柱塞从其座内被内部弹簧推出。

图 2-119　液力张紧器安装

1—外壳；2—柱塞；3、4—弹性挡圈

柱塞

图 2-120　分解张紧器

图 2-121　装配张紧器

1—手柄；2—专用工具；3、4—弹性挡圈；5—柱塞；6—外壳

③ 如图 2-121 所示，放置弹性挡圈 3 在柱塞 5 槽的上部。在柱塞 5 上安装工具 2 并在中间插入手柄 1，这样柱塞 5 就可插入外壳 6 内。放置并压缩弹性挡圈 4，以使其支承在柱塞 5 上槽的上部，直到工具 2 与外壳 6 接触，用手拿住安装工具 2，去掉手柄 1，从张紧器上去除安装工具，这样张紧器装配即完成。

④ 如图 2-122 所示，将液力张紧器 1 安装在发动机上的座孔内，并用相应螺栓固定。通过旋具回拨柱塞约 3mm，然后松开柱塞，使其在座内自由与链条导块接触，同时张紧器开始工作。再次压缩柱塞，检查柱塞是否在最大行程（3mm）后

锁住。

维修提示

◆若行程超出规定，说明张紧器内部安装不正确，需重装。

二、气门组的检修

1. 气门组的结构

气门组的组成与配气机构的形式基本无关而且大致相同，主要零件包括气门、气门座圈、气门导管、气门锁片（锁夹）和气门弹簧等，如图 2-123 所示。

图 2-122　安装张紧器
1—液力张紧器；2—旋具

（1）气门　进气门头部气门锥角一般为 30°，排气门头部气门锥角一般为 45°。气门杆尾部切有环形槽，与分成两半的锥形锁片配合，以固定弹簧座。

（2）气门座圈　进、排气门座都镶有气门座圈，材料为高铬合金铸铁。因为气门座热负荷大，温度变化大，又受气门落座时的冲击，为了保证散热和防止脱落，采用较大的过盈配合，应在气缸盖加热、气门座圈冷冻的情况下压入。

上气门弹簧座　　　　气门锁片
气门油封
内气门弹簧
外气门弹簧
下气门弹簧座
气门

图 2-123　气门组零件

（3）气门导管　气门导管采用减磨高磷铸铁制成，加工时必须严格保证其内孔与气门座锥面的同轴度。气门导管与导管孔为过盈配合，并伸入进、排气道一定深度。

（4）气门弹簧座及锁片　气门弹簧座和锁片，采用低碳钢挤压成型，并经碳氮共渗处理以提高其耐磨性。本发动机气门采用了双气门弹簧结构，内外弹簧直径不同、旋向相反、自振频率不同，可避免共振。而且弹簧旋向相反还可防止一根弹簧折断卡入另一根弹簧内。对于顶置气门若一根弹簧折断，另一根可保持气门不落入气缸内。

2. 气门组的检修

（1）气门组的拆装

① 拆卸：先拆下凸轮轴正时齿轮、凸轮轴、气门挺柱等。再按图 2-124 所示，用专用气门压缩工具 9 对上气门弹簧座 5 施加压力，取出气门锁片 6，继而取下工具 9，取下气门弹簧 4 及弹簧座 3、5。就车拆卸时为防止气门向下移动，可拆下喷油器，用手动加压器从喷油器安装孔顶住气门头部。最后从导管上取下气门导管油封，根据需要可拆下气门导管和气门座圈。

图 2-124　气门组的拆卸

1—进气门；2—排气门；3—下气门弹簧座；4—气门弹簧；5—上气门弹簧座；6—气门锁片；7—气门间隙调整垫片；8—气门挺柱；9—专用气门压缩工具

② 安装：将气门导管装到气缸盖上，注意安装尺寸，然后对气门导管进行修配。用液氮冷却气门座圈，然后安装到气缸盖上，修配气门与座圈的接触工作面。如图 2-125 所示为安装气门导管油封，为了正确地在导管 2 上安装导管油封 1，需使用专用的导管油封安装工具 3，当安装导管油封时，要在气门杆上套上保护套 4，以免损伤导管油封 1。将气门与气门弹簧等按原来顺序装好，再用气门弹簧压缩工具压缩弹簧（不要过分压缩，以免弹簧损坏），装上锁片。为使锁片与气门杆上的槽很好地吻合，应用木锤轻敲气门杆的尾端，使锁片完全进入气门杆的槽内。然后翻转气缸盖，使其下端面朝上，检查气门头距缸盖下端面的距离，应在 1～1.4mm 之间，如图 2-126 所示，否则应重新修整气门与气门座。

图 2-125　导管油封的安装

1—导管油封；2—导管；3—导管油封安装工具；4—保护套

图 2-126　气门头距缸盖下端面的距离

（2）气门的检修　用金属刷去除气门上的积炭，气门上不应有裂纹或刮伤的痕迹，否则应更换。进、排气门的修理尺寸见图 2-127。

（3）磨削气门　将气门杆插入气门磨床的自动定心卡盘上，调整支架，使进气门以 $60°15'\pm7'$ 的角度磨削，排气门以 $45°30'\pm7'$ 的角度磨削。

气门磨削后，在气门安装时，检查进、排气门头距下缸盖工作面的尺寸，其值应为 1.0～1.4mm。

（4）气门与导管间隙的测量　用千分尺测量气门杆直径应为 7.985～8.000mm，用内径千分尺检查气门导管内径，应为 8.023～8.038mm，其间隙为 0.023～0.053mm，极限值为 0.1mm。否则应进行铰削和更换磨损过度的零件。

（5）气门导管的检修　当更换气门也不能消除气门与导管间的过大间隙时，需更换气门导管。

图 2-127　进排气门的修理尺寸

如图 2-128 所示，拆卸气门导管时应用导管拆卸压出冲头，从气缸盖有燃烧室的一侧将气门导管冲出，安装导管时也用这种冲头及导管压入芯棒。气门导管配件有外径加大 0.05mm、0.10mm 和 0.25mm 的尺寸，选装时应注意先从加大 0.05mm 的选起，对于延长缸盖使用寿命，减小缸盖变形量都有益处。图 2-129 所示为导管装入后的尺寸。气门导管与孔的过盈量为 0.032～0.070mm，因此压入与压出导管时需在缸盖加热后（80～100℃）才可进行，然后用铰刀铰孔，以得到规定过盈量（0.032～0.070mm）。

（a）冲出气门导管　　　　　（b）安装气门导管

图 2-128　气门导管的更换

1—冲头；2—气门导管

（a）8140.07发动机　　　　　（b）8140.27发动机

图 2-129　气门导管安装尺寸

（6）气门座的检修

① 检查气门座，如有轻微擦伤或烧蚀，可用气门座铰刀铰削气门的接触面。

② 检查气门与座接触面的宽度，标准宽度为 1.0～1.5mm，极限值为 1.8mm，超过极限应对气门座进行铰削。

图 2-130　检查气门与气门座的密封性
1、2—专用工具

③ 检查气门与座的密封性。在气门工作表面涂上一层红丹油，将气门压在相配的座上旋转少许，查看气门座上的印痕，若均匀无间断，为密封性良好；也可用仪器检测气门与座的密封性，将气门和喷油器装好，按图 2-130 所示，将专用工具罩在气门座上，用手握住检查工具上的杠杆向下压紧，然后挤压工具上的橡胶球，使空气室内的压力达到所要求的数值，如果在 30s 内这一压力不下降，说明密封性良好；或将气门装好，在气门头部浇上煤油，3min 内应无煤油经气门漏出。

④ 更换气门座。如发现气门烧蚀严重或修磨后仍然密封性不好，则要更换气门座圈。更换方法是：用乙炔焊加热气门座圈周围，待座圈冷却收缩后，将其撬出。气门座与气门座孔的过盈量，应保证进气门为 0.12~0.18mm，排气门为 0.081~0.121 mm。如新气门座圈安装困难，可将气缸盖放在油中加热或用喷灯加热至 150℃，然后将预先涂有甘油与黄丹粉混合物的座圈压入缸盖，再按图 2-131 所示的尺寸，铰削气门座。

⑤ 气门座的研磨。铰削后用气门研磨砂和气门捻子进行研磨，注意不要让研磨砂进入气门导管内。先用 120 号粗研磨砂，再用 280 号细研磨砂，在气门杆上涂上机油，让气门捻子先逆时针转动 120°，再顺时针转动 90°。

　维修提示

◆在变化转动方向时，同时将气门提起，改变气门与座的相对位置，以保证研磨均匀。最后洗净研磨砂，再涂上机油在接触面上研磨几分钟。

(7) 气门弹簧的检查

① 检查气门弹簧上有无裂纹，若有应更换。

② 用测力计测量气门弹簧的自由高度和在规定负荷下的高度是否符合要求，如图 2-132 所示。如果弹簧弹力下降，内外弹簧应一起更换。

(a) 8140.07发动机

(b) 8140.27发动机

图 2-131　气门座铰削尺寸

图 2-132　测量气门弹簧的自由高度

（8）挺柱的检修

① 检查挺柱外观有无裂纹、麻点等缺陷，如有需更换挺柱。

② 用千分尺检查挺柱直径应为 43.950～43.970mm，用内径千分尺检查挺柱孔应为 44.000～44.025mm，挺柱与挺柱孔的装配间隙为 0.030～0.075mm，极限值为 0.12mm。如果间隙过大，应更换挺柱。

3. 气门间隙的调整

气门间隙过大会产生噪声，并使气门开启延迟且关闭提前；气门间隙过小则使气门开启提前而关闭延迟；如果没有气门间隙，则气门关闭不严，导致缸压下降，发动机功率降低。因此，为了获得正确的配气相位，对气门间隙的调整一定要做到认真、准确。调整方法如下。

① 如图 2-133 所示，用专用工具 2 转动凸轮轴正时齿轮 3，使被测气门上的凸轮完全向上，此时活塞距上止点 10～13mm，可避免活塞与气门相碰；用塞尺 1 检查凸轮轴与挺柱之间的间隙，进、排气门标准值均为（0.5±0.05）mm。

② 压下气门挺柱，如图 2-134 所示。为了更换气门间隙调整垫片，需将气门挺柱压下，为此需转动挺柱 3，使其上边缘的缺口 2 朝向进、排气支管一侧；在进、排气挺柱之间插入专用工具 1，用工具 1 将挺柱向下压。

图 2-133　气门间隙的测量
1—塞尺；2—工具；3—凸轮轴正时齿轮

图 2-134　气门挺柱的压下
1—专用工具；2—挺柱缺口；3—挺柱

③ 更换气门间隙调整垫片，如图 2-135 所示，用压缩空气喷枪 3 对着挺柱上的缺口 2 喷射压缩空气，使气门间隙调整垫片 1 浮起，然后取出，将计算出的气门间隙调整垫片放入。

 维修提示

◆气门间隙调整垫片的厚度计算值如下：原来的气门间隙调整垫片厚度加上实测的气门间隙值，再减去 0.5mm。

调整垫片厚度从 3.25～4.90mm 共 34 种，每隔 0.05mm 为一种，垫片表面有厚度值标记，也可用千分尺测量，如图 2-136 所示。

 维修提示

◆安装时标有厚度值的一面应朝向挺柱，防止磨损。

图 2-135　更换气门间隙调整垫片

1—气门间隙调整垫片；2—挺柱缺口；3—压缩空气喷枪

图 2-136　测量垫片厚度

1—垫片；2—千分尺

三、配气机构的故障诊断

1. 配气机构常见故障诊断

配气机构常见故障诊断与排除方法见表 2-32。

表 2-32　配气机构的故障原因与排除

故障现象	故障原因	排除方法
气缸压力过低	①气门间隙调整过小	①调整
	②气门工作面泄漏	②研磨
	③气门杆弯曲	③更换
	④气门弹簧力不足	④更换
	⑤正时齿形带安装不正确	⑤重新安装
	⑥气缸盖下端面翘曲	⑥修整
	⑦气缸盖衬垫损坏	⑦更换
气门噪声过大	①气门间隙调整过大	①调整
	②气门弹簧折断	②更换
	③气门杆与导管孔间隙过大	③更换
	④挺柱磨损	④更换
	⑤齿形带张紧机构失效	⑤更换
	⑥齿形带损坏	⑥更换
	⑦凸轮轴与轴承孔间隙过大	⑦更换
机油消耗过多	①导管油封损坏	①更换
	②气门杆与导管间隙过大	②更换
	③凸轮轴油封或凸轮室盖衬垫损坏	③更换
发动机功率变小	①气缸压力过低	①修复
	②凸轮轴的凸轮磨损	②更换

2. 凸轮轴响故障诊断

（1）故障现象

① 在发动机上部发出有节奏较钝重的"嗒嗒"声。

② 中速时明显，高速时响声杂乱或消失。

（2）故障原因

① 凸轮轴轴向间隙过大，产生轴向窜动。

② 凸轮轴有弯、扭变形。

③ 凸轮工作表面磨损。

④ 凸轮轴轴颈磨损，径向间隙过大。

（3）故障诊断与排除

① 按前述有关内容检查凸轮轴轴向间隙。如其轴向间隙过大，则应更换止推板；严重时，应更换凸轮轴。

② 如凸轮轴轴向间隙正常，则表明有凸轮轴弯扭变形、凸轮磨损或凸轮轴轴颈磨损等不良现象。此时，应分解配气机构，查明具体原因，视情更换凸轮轴。

3. 气门脚响故障诊断

（1）故障现象

① 发动机怠速时，气缸盖罩内发出有节奏的"嗒嗒嗒"的响声。

② 发动机转速升高，响声增大。

③ 发动机温度变化或做断火试验，响声不变。

（2）故障原因。

① 气门间隙调整不当。

② 气门杆尾端与气门间隙调整螺钉磨损。

③ 气门间隙调整螺钉的锁紧螺母松动。

④ 凸轮磨损或摇臂圆弧工作面磨损。

（3）故障诊断与排除

① 拆下气缸盖罩，检查气门间隙调整螺钉的锁紧螺母是否松动；检查气门间隙值，并视情重新调整。

② 检查气门杆尾部端面和调整螺钉的磨损情况，必要时更换气门或调整螺钉。

③ 检查凸轮与摇臂圆弧工作面的磨损情况，视情更换凸轮轴或摇臂。

4. 气门弹簧响故障诊断

（1）故障现象

① 发动机怠速时有明显的"嚓嚓"响声。

② 各转速下均有清脆的响声，多根气门弹簧不良，机体有振抖现象。

（2）故障原因　气门弹簧过软或折断。

（3）故障诊断与排除

① 拆下气缸盖罩，用旋具撬住气门弹簧，若弹簧折断可明显看出。弹簧折断应予以更换。

② 仍用旋具撬住气门弹簧，怠速运转发动机，若响声消失，即为该弹簧过软。弹簧如过软，必须更换。

5. 气门座圈响故障诊断

（1）故障现象

① 有节奏，类似气门脚响，但比气门脚响的声音大很多。

② 发动机转速一定时，响声时大时小，并伴有破碎声。

③ 发动机中低速运转时，响声较清脆，高速时响声增大且变得杂乱。

（2）故障原因

① 气门座圈和气缸盖气门座圈座孔配合过盈量不足。

② 气门座圈镶入气缸盖气门座圈座孔后，辊边时没有将座圈压牢。

③气门座圈粉末冶金质量不佳，受热变形以致松动。

（3）故障诊断与排除　拆下气缸盖罩，经检查不是气门脚响和气门弹簧响，即可断定为气门座圈响。

维修提示

◆分解配气机构后进一步检查，必要时，铰削气门座圈座孔，更换松动的气门座圈，并保证其压入后有足够的过盈量。

第五节　冷却系统的检修

发动机冷却系统的检修数据均以依维柯汽车发动机为例。

冷却系统的作用是保证发动机在最适宜的温度状态下连续工作。柴油机冷却系统为强制循环闭式水冷系统，其主要组成有水泵、散热器、节温器、风扇、电磁风扇离合器和膨胀水箱等。图 2-137 所示为发动机的冷却系统组成示意图。

一、冷却系统的结构

1. 散热器

（1）作用　散热器的作用是将水套中流出的高温冷却液分成许多股细流，并利用散热片增大散热面积，以便使冷却液的温度迅速降低。

（2）结构　常用的散热器为芯片式结构，如图 2-138 所示。

图 2-137　发动机的冷却系统组成示意图

图 2-138　散热器

2. 电磁风扇离合器

（1）作用　电磁风扇离合器根据发动机的冷却液温度信号，自动控制电磁离合器的电路接通与断开，使风扇按需要工作。

（2）结构　如图 2-139 所示，采用无刷式电磁风扇离合器，电磁线圈装在支架 1 上，支架 1 固定在水泵壳上。驻动带轮 2 与水泵轴键连接，由发动机通过传动带驱动。从动件通过轴承支承在水泵轴上。主动件与从动件之间保持适当间隙，通过从动件带动风扇。在散热器出水管上装有温控开关，当冷却液温度为（90±2）℃时，温控开关接通，电磁线圈中有电流通过，产生电磁力使从动件衔铁与带轮接合，风扇工作。当冷却液温度降低至（80±2）℃时，温控开关自动断开，衔铁在弹簧片作用下迅速回位，离合器分离，风扇停止工作。

安装离合器总成时，主动盘与从动盘之间应保持合适间隙。安装尺寸 z 为 0.25～0.35mm，间隙过大，通电后难以吸住；间隙过小，主动盘与从动盘又易发生刮碰。此间隙可通过三个调整螺钉6进行调整。

使用中，若温控开关或电磁离合器失效，可将螺钉6拧到底，强制使衔铁与带轮接合，但这只能作为临时性的应急措施，应尽快更换或修理。

3. 硅油风扇离合器

（1）作用　有的车型选装硅油风扇离合器取代电磁风扇离合器，硅油风扇离合器的功用与电磁风扇离合器相同。

图 2-139　电磁风扇离合器

1—支架；2—带轮；3—电磁线圈；4—衔铁；
5—弹簧片；6—调整螺钉

如图 2-140 所示，硅油风扇离合器可以按照发动机主机厂的要求，设定在不同发动机温度和速比下，增加或降低风扇的速度。这样，风扇就只是在需要时转动，比起在发动机运转下连续转动，大大减少风扇所消耗的功率及耗油量，并使发动机转动更平稳。

(a) 分解图　　　　　　　　　　　　　　　　(b) 实物图

图 2-140　硅油风扇离合器的构造

1—上盖；2—阀轴；3—泵片；4—离合器；5—座体；6—主轴；7—轴承；8—密封垫片；
9—阀臂；10—O 形密封圈；11—双金属感温圈

（2）离合器结构　两个面对面的圆形部件通过互补的接合面和油槽相互回转：离合器的其中一部件和发动机一起转动，另一部件则连接着风扇并可自由旋转，一个双金属感温圈装在风扇的前面，它感应着流过发动机散热器中的空气温度，来开启或关闭硅油风扇离合器中的阀门。在感应到流过发动机散热器中的空气温度在 60～70℃时，开启和关闭（风扇罩则保证风扇从散热器中抽出空气）。当阀门开启时，硅油流体就在两圆形部件的接合面和油槽中流动，传递着力矩和增加风扇的转速。当阀门关闭时，硅油就从油槽中流出，从而减小两圆形部件之间的摩擦力，使风扇部分自由独立而不再旋转。

4. 膨胀水箱

有的柴油发动机冷却系统装有透明塑料制成的膨胀水箱。膨胀水箱的作用如下：

① 把冷却系统变成一个永久性的封闭系统，避免空气不断进入，减少冷却系统内部的氧化腐蚀。

② 使冷却系统中的水气分离，压力处于稳定状态，从而增大水泵的泵水量和减少水泵及水套内部的气穴腐蚀。

③ 避免了冷却液的耗损，保持冷却系统内的水位不变。

膨胀水箱用水管与水泵的吸水侧相接，以防该处水压过分下降而产生穴蚀。膨胀水箱通过管子与容易积存空气和蒸汽的地方（水套和散热器的上部）相连，散热器中的气体通过该管进入膨胀水箱，冷却后流回散热器，可防止冷却液的蒸发损失，从而保证长期内不用更换冷却液。

5. 节温器

柴油机使用蜡式旁通型节温器，如图2-141所示。节温器一般装在位于气缸盖出水口处的节温器座内，冷却液进入节温器后有两条出路：管径大的一条通向散热器，为大循环水路；管径小的一条通向水泵。

| (a) 单阀式 | (b) 双阀式 | (c) 实物 |

图 2-141　节温器结构

1—主阀门弹簧；2—感应体；3—通气孔；4—中心杆；5—主阀门；6—阀座；7—副阀门

6. 水泵

采用离心式水泵，其结构如图2-142所示。水泵为离心式，水泵轴4用密封的轴承，它在壳体1内转动，在壳体1与水泵轴4之间装有水封5。水封5由一对陶瓷石墨制成的动环和静环组成的端面摩擦副组成，水泵叶轮6压装在水泵轴4上，水泵叶轮6与座圈7之间的间隙 A 应在 $0.56 \sim 1.08$mm 之间，保持这个间隙是因为水泵无防回流装置，在小流量时，泄漏更严重，所以要求水泵叶轮与水泵壳体座圈的间隙必须在较小的范围内。

二、冷却系统的检修

1. 散热器的检修

(1) 清洁散热器表面灰尘和污物　注意清洗时不能用高压水正对冲洗，以免损伤散热器的散热片，使其变形。

(2) 拆卸　当散热器中的散热水管阻塞时，会造成水流不通，使冷却液温度上升。需拆下散热器维修，拆卸方法是：先从散热器上拆下与膨胀箱、节温器和水泵连接的水管，再旋

(a) 分解图

(b) 实物图

图 2-142　离心式水泵

1—水泵壳体；2—轴承止动螺钉；3—水泵凸缘；4—水泵轴（带轴承）；5—水封；

6—水泵叶轮；7—水泵座圈

下散热器与支架固定的螺母和螺栓，即可从车上拆下散热器。

（3）冲洗　拆下散热器后，可用压缩空气吹通散热器散热管，或用清水从散热器出水口向进水口方向冲洗。若要除去散热器水管的水垢，可以配置水垢清洗液进行浸泡后再清洗。

 维修提示

◆如散热管堵塞严重或断裂、锈蚀，可更换散热器的散热管或总成。

（4）散热器泄漏检查　散热器泄漏检查方法较多，主要采用以下两种。

① 紫外灯检查法。在冷却液中加入一定量添加剂，在紫外灯（黑光灯）的照射下，泄漏出冷却液的部位会显出清晰可见的绿光，即可查出泄漏部位。

② 压力检查法。如图 2-143 所示，将散热器 2 放在水槽 3 中，用软管 4 封住散热器 2 的上下水口；在与膨胀水箱相接的接口处，接上手动压力器 1，使散热器加压至 $1.6 \times 10^5 \, Pa$，此时不应产生泄漏。

（5）散热器的修复方法

① 散热器的分解（铝质散热器）。如图 2-144 所示，用专用工具 1 夹住波形边缘 2，并向上弯曲，再使工具 1 松开，拆下散热器的上、下盖（不要弯曲过大，以免损坏）；也可使用螺钉旋具撬下上、下盖，再用钳子扳直波形边缘 2，更换散热器上损坏的散热片，清除散热器芯管中的水垢和异物，必要时更换芯管。

② 散热器的组装。如图 2-145 所示，在散热器芯 3 上的槽内装上新的密封橡胶垫 2（不得使橡胶垫扭曲），装上上、下盖 1，使用图 2-144 所示的专用工具，使散热器芯 3 的波纹边缘包住上、下盖 1，应使工具保证足够的夹紧力，使边缘完全夹紧，保持相同的高度 H。

2. 水泵的检修

（1）外观检查　检查水泵壳体是否有裂纹、轴承是否有异响、水泵轴是否转动灵活，否则表示有水泵轴承损坏、叶轮与水泵座圈有干涉（间隙太小）、水泵轴折断等情况。检查叶

图 2-143　散热器的泄漏检查

1—手动压力器；2—散热器；3—水槽；4—软管

图 2-144　散热器的分解

1—专用工具；2—波形边缘

轮与水泵轴是否因过盈不够，产生松动。若有以上损坏应维修或更换水泵总成。

（2）水泵的解体与装配

① 解体。先用拉器拆下水泵凸缘，拧松轴承止动螺钉，然后取出水泵轴及叶轮、水封和轴承。将叶轮加热到 100℃ 左右，取下叶轮。

② 装配。将叶轮加热到 100℃ 后装到水泵轴上，更换新的水封和水泵壳体密封圈，将水泵轴装入壳体内，再拧上轴承止动螺钉，最后转动水泵轴，轴向间隙不要过大，且能灵活转动。

（3）轴承与水封的维修　水泵轴承采用密封型，不必再加注润滑脂进行润滑。若轴承损坏，必须与水泵轴整套更换。水封为陶瓷石墨摩擦副，陶瓷石墨具有自润滑作用，水封不需要加机油，是用水进行润滑的，但在干摩擦时比有水润滑的情况下，摩擦系数要大一倍，所以水封应在有水浸泡的条件下工作，以免水封发热而早期损坏。

（4）检查间隙　如图 2-146 所示，用塞尺 3 检查叶轮和水泵座圈之间的间隙，应为

图 2-145　散热器的组装

1—上、下盖；2—密封橡胶垫；3—散热器芯

图 2-146　检查叶轮与水泵座圈间隙

1—叶轮；2—水泵座圈；3—塞尺

0.56～1.00mm，可用调整垫片调整叶轮的位置，但不要使水封弹簧过分压缩，增加水封轴向端面的磨损，否则应视情更换不合格的部件或更换水泵总成。

3. 节温器的维修

将节温器从发动机上拆下，吊在装有热水的容器中，给水加热，用温度计测量阀门开启时和阀门完全开启时的水温，以及阀门全开时的最大升程。SOFIM 柴油机节温器初开温度为（79±2）℃；当水温升至94℃时，阀门升起7mm，110℃时升起10.5mm。节温器全开时主阀门的最大升程与标准升程相比，一般高于标准升程1/4～1/3。若不符合上述要求，应予以更换。

 维修提示

◆在节温器出水管口和管体之间的连接管上有四个密封圈，如图 2-147 所示，每次拆卸时都应更换。

4. 硅油风扇离合器的检修

（1）检查硅油风扇离合器的性能　用两手分别握住硅油风扇离合器的两端，两端应能相对转动，且无油泄漏。

（2）硅油风扇离合器的静力测试　如图 2-148 所示，将硅油风扇离合器的双金属弹簧圈 3 的一端，用螺钉旋具从槽 4 中拔出，反时针转到限位片 1 处，再将此端顺时针转至与槽 4 相距 13mm 处，观察风扇轴 2 应相应转动，否则表示温控机构损坏，应更换硅油风扇离合器总成。

图 2-147　连接管上的密封圈

图 2-148　硅油风扇离合器的静力测试
1—限位片；2—轴；3—双金属弹簧圈；4—槽

（3）硅油风扇离合器的动力测试　当发动机冷却液温度不太高时，用挡板挡住散热器的空气流，使其不能散热。当冷却液温度升高后（70℃左右），风扇转速应明显提高。去掉挡板，当冷却液温度下降10℃时，风扇转速应明显下降，表示硅油风扇离合器工作正常。

5. 膨胀水箱盖的检修

（1）压力试验　在膨胀水箱盖上装上手动压力检测器，加压至 125～135kPa 时，膨胀水箱盖的蒸汽阀才能开启，否则应更换膨胀水箱盖。

（2）负压阀的检查　用手拉动膨胀水箱盖上的负压阀，使其打开，当松开负压阀后，它应能完全关闭，否则应更换。

6. 机油散热器的检修

机油散热器泄漏时，必须更换O形密封圈。

（1）拆卸 先将机油散热器拆下，如图2-149所示，从附件箱1的下方，先拆下机油滤清器，再用内六角扳手4旋下接头2，从附件箱1上拆下机油散热器3和机油滤清器座。

（2）检查 检查机油散热器1的水道3与油道2之间有无泄漏，如图2-150所示，可将机油散热器1放在水中，用手动压力器进行压力检测。若有水泡出现，必须更换机油散热器。

图2-149 机油散热器的拆卸

1—附件箱；2—接头；3—机油散热器；4—内六角扳手

（3）安装 如图2-151所示，仔细清洗机油滤清器座1的两端面和机油散热器2的两端面和油道，在端面上放上新的O形密封圈，将机油滤清器座1和机油散热器2放到附件箱上（水管朝前），旋紧接头3，用工具旋紧（力矩89N·m）。再装上机油滤清器。

图2-150 机油散热器的检查

1—机油散热器；2—油道；3—水道

图2-151 O形密封圈的更换

1—机油滤清器座；2—机油散热器；3—接头

7. 发动机冷却系统泄漏检查

（1）发动机机油色泽检查 先旋下放油螺塞，因防冻液密度比机油大，若有防冻液泄漏，防冻液便会先流出来或流出防冻液与机油的乳状混合物；也可抽出机油尺，查看油尺上有无水珠。

（2）发动机冷却系统内部泄漏试验 如图2-152（a）所示，在散热器上接上压力检测器，启动发动机。如果压力迅速上升，表明气缸垫损坏或气缸体破裂产生泄漏。如果压力不上升，用压力检测器加压，若压力指针不断摆动，表明发动机在燃烧时或压缩时，冷却系统发生了泄漏。此时应拆下压力检测器，高速运转发动机，会发现冷却液冒出气泡。

 维修提示

◆先排除气缸盖螺栓是否松动，否则应更换气缸垫或气缸体。

气缸盖水套的密封试验，如图2-152（b）所示，气缸盖在组装之前，应检查气缸盖水套的密封性，用专用工具1、2、3、4，将气缸盖5的各水套出口堵住，再用200～300kPa的压力，注入90℃的热水，若有渗漏，应更换气缸盖。

(a) 压力检测　　　　　　　　　　　(b) 密封试验

图 2-152　发动机冷却系统内部泄漏的检测及气缸盖水套的密封试验

1、2、3、4—气缸盖水套密封性检查专用工具；5—气缸盖；6—压力检测器；7—软管

三、冷却系统故障诊断

发动机冷却系统常见故障诊断与排除方法见表 2-33。

表 2-33　冷却系统常见故障诊断与排除方法

故障现象	故障原因	排除方法
温度计高温指示过热	①冷却液面过低	①添加冷却液
	②水泵传动带松动	②调整传动带松紧度
	③散热器软管凹陷	③更换软管
	④散热器表面气流堵滞	④去掉堵滞物(防盗报警器、遮板、防雾灯等)
	⑤冷却液膨胀水箱盖损坏	⑤更换膨胀水箱盖
	⑥冷却系统中进入空气	⑥排掉空气
	⑦重载驾驶	⑦空挡位置高怠速,达到冷机状态
	⑧安装了错误的冷却系统零部件	⑧安装合适的零部件
	⑨水泵轴折断或转子松动	⑨更换水泵
	⑩节温器损坏	⑩更换节温器
	⑪散热器中散热管堵塞	⑪清洗散热器
	⑫冷却系统堵塞	⑫清洗冷却系统
	⑬冷却水道中有铸造毛刺	⑬进行更换或修理。拆下冷却系统零部件或芯阀,去掉毛刺
	⑭制动打滑	⑭修理制动系统
	⑮发动机过度摩擦	⑮修理发动机
	⑯防冻液的质量分数超过 68%	⑯降低防冻液的含量
	⑰温度计或传感元件失效	⑰修理或更换失效元件
	⑱由于泄漏或发泡造成冷却液损耗	⑱更换或修理泄漏零件,更换冷却液
	⑲冷却风扇损坏	⑲检查冷却风扇
温度计低温指示过冷	①节温器开口被卡住	①更换节温器
	②温度计或传感元件失效	②更换或修理元件
无冷却液通过加热器加热芯	①水泵回流入水口堵塞	①去掉堵塞物
	②加热器软管凹陷或堵塞	②去掉堵塞物或更换软管
	③加热芯堵塞	③去掉堵塞物或更换加热芯
	④节温器室出水口堵塞	④去掉毛刺或堵塞物
	⑤缸盖上进气支管的旁通软管堵塞	⑤去掉堵塞物
	⑥进气支管冷却水道被堵塞	⑥去掉堵塞物或更换进气支管
	⑦加热器阀门失控	⑦修理控制部分
	⑧加热器阀门被卡在关闭位置	⑧尽可能修理或更换

故障现象	故障原因	排除方法
噪声	①风扇触及风扇罩	①重新安装风扇罩并检查发动机固定
	②水泵转子松动	②更换水泵
	③风扇传动带打滑	③更换传动带
	④风扇传动带松动	④调整风扇传动带松紧度
	⑤驱动轮表面粗糙	⑤更换驱动轮
	⑥水泵轴承磨损	⑥取下传动带，更换水泵
	⑦传动带偏心	⑦检查传动带轮的对中度，并修理
冷却液损耗、沸腾	①冷却液过多	①降低液面到正确位置
	②重载之后迅速停机	②停机之前使发动机在高怠速状态下运转
	③冷却系统中有空气	③排除冷却系统中空气
	④防冻液不够，使冷却液沸点下降	④添加防冻液，提高沸点
	⑤由于时间过长冷却液变质	⑤更换冷却液
	⑥由于软管卡箍松动、螺母松动、放水塞松动、软管和散热器缺陷造成的冷却液泄漏	⑥对冷却系统进行压力测试，以确定泄漏源并修理
	⑦气缸垫损坏	⑦更换气缸垫
	⑧气缸盖、支管或缸体裂纹	⑧进行必要的修理
	⑨散热器盖损坏	⑨更换散热器盖
冷却液窜入曲轴箱或气缸	①缸盖螺栓拧紧力矩不够	①更换气缸垫，拧紧缸盖
	②气缸垫损坏	②更换气缸垫
	③缸盖、支管或缸体有裂纹	③进行必要的修理
冷却液补偿系统失效	①冷却液面太低	①添入冷却液达到"满"标记
	②系统中有泄漏	②用压力测试查出泄漏点，并修理
	③压力盖没拧紧或不密封或漏液	③进行必要的修理
	④压力盖损坏	④更换压力盖
	⑤溢流管堵塞或漏液	⑤进行必要的修理
	⑥补偿桶中通气口堵塞	⑥去掉堵塞物

第六节　润滑系统的检修

发动机润滑系统的检修数据均以依维柯汽车发动机为例。

发动机润滑系统由机油集滤器、机油泵、限压阀、机油滤清器、润滑油路、机油喷嘴、机油散热器、涡轮增压器润滑路等组成。发动机的润滑系统组成示意图如图 2-153（依维柯汽车发动机）和图 2-154（斯太尔汽车发动机）所示。

一、润滑系统结构

润滑系统工作原理如图 2-155 和图 2-156 所示。机油泵为齿轮泵，润滑系统为压力飞溅润滑方式。

机油从油底壳中，由集滤器（粗滤器）吸入机油泵，再由机油泵泵出；先经机油散热器将机油冷却后，再送入机油滤清器；经过滤清后，干净的机油经主油道送入发动机各润滑部位。

一路用油管送入涡轮增压器，再经油管回到油底壳。一路经气缸体、气缸盖垫和气缸盖上的油道，进入凸轮轴前轴承座的油道中。当凸轮轴上的油孔转到与轴承座的油道相对时，机油便进入凸轮轴的中心油道，再流到其他各凸轮轴的轴承孔中进行润滑，然后从轴承孔飞溅出来润滑凸轮与挺柱的接触面，最后从回油道流回油底壳。

图 2-153　依维柯汽车发动机润滑系统组成示意图

1—机油泵；2—机油压力调节阀；3—机油滤清器；4—机油集滤器；5—机油压力传感器；6—主油道

图 2-154　斯太尔汽车发动机润滑系统图

1—集滤器；2—齿轮泵；3—安全阀；4—机油滤清器；5—机油旁通阀；6—机油冷却器；7—机油冷却器旁通阀；
8—正时齿轮；9—溢流阀；10—机油喷嘴；11—凸轮轴；12—增压器；13—空气压缩机；14—喷油泵

　　还有一路经气缸体内部的油道，直接进入各主轴承中，经曲轴内的油孔，进入各连杆轴承，从连杆轴承飞溅出来的机油，再润滑活塞销、连杆小头内孔和气缸壁。主油道上还装有机油喷嘴，将机油直接喷向气缸壁进行润滑，主油道还有一油道通向喷油泵驱动轴，最后这些机油流出后都流回油底壳。

图 2-155 发动机润滑系统工作原理图

1—增压器；2—增压器润滑油管；3—机油泵；4—限
压阀；5—机油滤清器座；6—机油散热器；7—旁通阀；
8—机油滤清器（带旁通阀）；9—机油集滤器

图 2-156 发动机润滑油路示意图

在机油泵上装有机油压力调节阀，当机油温度在 100℃ 时，怠速时供油压力可达到 80kPa；当额定转速时，供油压力可达到 380kPa，超过此压力时，便自动泄压。当供油压力过低时，主油道上的机油压力传感器便发出信号，使仪表板上的机油压力警告灯点亮，驾驶员必须立即停车，检查故障原因。首先检查发动机内是否已缺少机油，用油尺检查发动机油面高度；其次检查机油的牌号是否合适：不同季节、不同地区因气温不同，应使用不同牌号的机油。如 SAE10W 适于在 −25～0℃ 之间工作；SAE20W 适于在 −10～+10℃ 之间工作；SAE30 适于在 0～35℃ 之间工作；SAE40 适于在 10℃ 以上工作；SAE15W/40 最好用在 −14℃ 以上。

在机油滤清器上装有安全阀，当机油滤清器堵塞时，安全阀打开，使机油不经机油滤清器滤芯直接进入主油道，以保证正常供油，不损坏发动机。

（1）机油泵和限压阀 SOFIM 柴油机采用齿轮式机油泵，位于附件箱内（如图 2-157 所示），无单独的泵体，附件箱上还装有机油压力调节阀、机油散热器、机油滤清器、输油泵、喷油泵和制动助力用真空泵。附件箱及附件箱后盖形成了机油泵壳，其驱动轴通过正时齿轮、齿形带带动喷油泵正时齿轮，经附件箱内的传动机构使机油泵齿轮旋转。机油不断地由齿间带到出油腔，油压升高，进入油道，送至各润滑部位。壳上有卸压槽，以卸去齿轮啮合区内啮合齿间容积变小而产生的过大压力。

限压阀设在附件箱后盖上（如图 2-158 所示），当机油泵出油口排出的机油压力超过限压阀限制压力时，过量的机油可以从泄油孔直接排入机油泵低压油腔，从而限制润滑系统中的最高油压。润滑系统的机油温度达 100℃ 时，怠速运转时机油压力为 80kPa，额定转速时为 380kPa。

图 2-157　机油泵

图 2-158　限压阀

1—螺塞；2—弹簧；3—柱塞

（2）机油集滤器　采用固定式机油集滤器，如图 2-159 所示，由钢板冲压而成的吸油口 1 以咬边的方式将滤网固定在铝合金压铸的壳体上。滤网由厚 0.7mm 的钢板制成，其上布满直径为 1mm 的孔，孔距为 2mm，壳体插入下气缸体的相应油道内。

（3）机油滤清器　机油滤清器是一个细滤和粗滤为一体的旋装式复合机油滤清器，滤芯不可拆卸，若滤芯脏堵，应整体更换。细滤芯采用棉团制成，粗滤芯采用滤纸折叠而成，两者一同装在外壳内，由于两者阻力大小不同，绝大部分机油通过纸制粗滤芯，因此棉质的细滤芯等于是分流式连接的。经细滤芯滤清的机油最后流回油底壳。油底壳中的机油在汽车运行几十千米后能通过细滤芯一遍。装在滤清器座上的旁通阀只在粗滤器积污过多，阻力过大，压力达 98kPa 时才被顶开，这时机油直接进入主油道，以防润滑部位缺油。

（4）曲轴箱通风装置　SOFIM 柴油机曲轴通风装置采用一个通风器，如图 2-160 所示，在钢板冲压而成的外壳内焊有两层填满镀锌钢丝的过滤层，以分离油雾和气体。通风器用螺栓紧固在上缸体侧面，与曲轴箱相通，加有一出口，接有橡胶管通往大气。发动机工作时，安装在附件箱上的真空泵有少量空气排入曲轴箱，这些都是经过滤清的新鲜空气。经通风口排出的气体，由于有两层过滤层，油雾极少排出。

图 2-159　机油集滤器

1—吸油口；2—滤网；3—壳体

图 2-160　曲轴箱通风器

1—通曲轴箱；2—过滤层；3—橡胶管

（5）机油喷嘴　机油喷嘴拧在缸体上，每缸一个，设计上其位置避开曲轴的平衡重与连杆，不产生运动干涉，机油喷嘴除对活塞销、缸壁与凸轮进行润滑外，还加强了对活塞的冷却。

二、润滑系统的检修

1. 清洁机油喷嘴

如果使用中机油喷嘴堵塞，会导致活塞拉缸，甚至烧坏活塞，因此在维修发动机时，应拆开机油喷嘴检查，并用细铜丝捅开，使其畅通。

 维修提示

◆装配时要对正，稍有偏斜，机油会被活塞销或销座挡住，喷不到活塞顶，起不到冷却目的。

2. 机油泵的检修

（1）机油泵齿轮与端面间隙的检查　如图 2-161 所示，拆下附件箱后盖，用钢直尺配合塞尺进行测量。机油泵齿轮与泵体端面的间隙允许值为 0.065～0.131mm，极限值为 0.2mm。当测量结果超过规定允许值时，应更换磨损过度的部件，必要时可考虑更换附件箱总成。

（2）机油泵与附件箱内壁间隙的检查　用塞尺检查机油泵齿轮齿顶与附件箱内壁的间隙，标准为 0.05mm，极限值为 0.15mm。

图 2-161　检查齿轮与端面间隙
1—塞尺；2—直尺；3—齿轮

（3）机油泵主从动齿轮啮合间隙的检查　主从动齿轮齿隙的检查可直接用塞尺插入两齿的接合面中间进行测量，主从动齿轮齿隙允许值为 0.15～0.25mm，极限值为 0.35mm。若所测间隙超过规定值，应更换齿轮。

3. 机油压力调节阀的检查

① 从机油泵盖上拧下机油压力调节阀的螺塞，取出调压弹簧和柱塞，清洗油污、油泥。检查柱塞表面有无划痕，如有应更换。如没有，应检查柱塞是否在阀体内滑动自如，即检查柱塞能否在自重的作用下顺利地进入阀体。如不能顺利滑动时，应更换调压阀总成。

② 检查调压弹簧有无折断、变形，弹力和自由长度是否符合标准。弹簧弹力的检查应在弹簧弹力检验仪上进行，其检验标准如图 2-162 所示。

 维修提示

◆弹簧自由长度的检查可用游标卡尺测量，也可用直角尺进行测量，这种测量方法还能检查出弹簧的弯曲度。

4. 机油散热器的维修

（1）检修

① 仔细地清洁机油滤清器座 1、机油散热器 2 和接头 3 及油道，如图 2-163 所示，注意每次拆装都要更换密封圈。

② 机油散热器拆下后应作油道和水道渗漏检查。将压力为 100kPa 的压缩空气注入机油散热器中，观察有无渗漏现象，如有渗漏应更换。

图 2-162 检查调压弹簧

（2）机油散热器及滤清器的装配

① 将机油滤清器座 2 装到附件箱 1 上，如图 2-164 所示，拧上接头 4，用内六角扳手 3 拧紧机油滤清器座固定螺钉，然后再拧下接头 4。

图 2-163 清洗机油滤清器座

1—机油滤清器座；2—机油散热器；3—接头

图 2-164 安装机油滤清器座

1—附件箱；2—机油滤清器座；3—内六角扳手；4—接头

② 如图 2-165 所示，用接头 3 将机油散热器 2 固定在附件箱 1 上。

③ 如图 2-166 所示，用机油润滑密封圈，然后将它装到机油滤清器 1 上。装上机油滤清器，再用专用工具 2 将其拧紧，拧紧力矩为 55N•m。

图 2-165 安装机油散热器

1—附件箱；2—机油散热器；3—接头

图 2-166 安装机油滤清器

1—机油滤清器；2—专用工具

5. 检查机油压力传感器

机油压力传感器损坏，导致机油压力指示灯不灭。排除方法如下。

① 接通点火开关，此时机油压力指示灯能点亮。

② 当拆下机油压力传感器插座引线时，机油压力指示灯可以熄灭。而发动机运转时机

油压力指示灯不熄灭，表示机油压力传感器损坏。

③ 也可用电阻表直接测量机油压力传感器的电阻。机油压力传感器的插座与安装螺纹之间的电阻应为0Ω，否则表示机油压力传感器断路。当顶开机油压力传感器的中心电极时，电阻应为∞Ω，否则表示机油压力传感器短路。

6. 发动机润滑系统的就车检查

① 汽车驾驶室内的仪表盘上装有机油压力过低警告灯，当警告灯亮时，表明机油压力不足。

② 如果在行驶途中警告灯亮了，应立即把车停下来，使发动机熄火，待发动机冷却后，先检查油面是否过低，如果油面过低，应按标准补充机油，然后重新启动发动机。

③ 如果警告灯还亮，应停机进一步查明故障原因，否则容易造成轴承抱死等严重故障。

④ 有时发动机怠速时警告灯亮，若发动机加速后灯熄灭了，则表明润滑系统工作是正常的。

三、润滑系统故障诊断

发动机润滑系统的常见故障有：机油压力过低、机油压力过高、机油消耗异常和机油变质。

1. 机油压力过低故障诊断

在使用中，机油压力表指示压力长时间低于正常标准即为机油压力过低。

（1）机油压力始终过低　机油压力传感器通常安装在主油道中，如果机油压力表和机油压力传感器正常，而机油压力表指示压力过低，可根据润滑系统的组成和油路对故障可能原因进行分析。如果将油路按油流方向以机油压力传感器为界分成前、后两部分，导致机油压力过低的原因则可分成两方面：一是机油压力传感器前的油路不畅（如滤清器堵塞）或供油不足（如机油量不足），二是机油压力传感器后的油路泄油过快（如曲轴轴承间隙过大）。尽管不同发动机的润滑系统组成和油路有一定的差别，但按上述思路，不难对机油压力过低故障进行诊断。

机油压力始终过低时，通常先抽出机油尺检查机油量。如果机油量充足，可拆下机油压力传感器，短时间启动发动机观察喷油情况，若机油压力传感器安装座孔喷油无力，应依次拆检机油滤清器、旁通阀、限压阀、集滤器、油管路和机油泵；若喷油有力，则应检查机油压力表和机油压力传感器是否正常。

 维修提示

◆发动机工作中，如果机油压力始终过低，且有曲轴主轴承异响、连杆轴承异响或凸轮轴轴承异响等现象，应对上述产生异响的轴承间隙进行检查。据试验证明，曲轴主轴承间隙每增大0.01mm，机油压力就会降低0.01MPa。

（2）刚启动时压力正常，运转一段时间后机油压力迅速降低　诊断这类故障，可通过分析发动机润滑系统发生的变化，来确定可能的故障原因。

发动机刚启动时，由于启动前大部分机油流回油底壳，所以油底壳内油量比较充足。而运转一段时间后，由于部分机油被泵入油道进行循环，所以油底壳内的油量减少。

此外，刚启动时机油温度较低，而运转一段时间后，机油温度随发动机温度升高。而温度对润滑系统的影响主要是机油黏度，随温度升高机油黏度下降。如果机油黏度过低，在各轴承间隙一定时，对机油的节流作用变弱，机油压力也会降低。

由上述分析可知，导致发动机刚启动时机油压力正常，而运转一段时间后机油压力又迅速下降的可能原因是：机油量不足或机油黏度过低。发生此故障，可先抽出机油尺检查机油量，如果机油量充足，则可确定是机油黏度过低，应更换机油。

维修提示

◆如果因冷却液或汽油进入油底壳稀释机油，导致其黏度降低，应查明漏水或漏油的原因，将故障排除后再更换新的机油。

（3）机油压力突然降低　此故障一般是机油严重泄漏或机油泵损坏所致的。应立即使发动机熄火，以免造成严重机械事故。

2. 机油压力过高故障诊断

在使用中，若机油压力表指示压力长时间高于正常标准即为机油压力过高。

按机油压力始终过低故障的分析思路，如果机油压力表和机油压力传感器正常，机油压力传感器前给主油道供油过多（如限压阀故障）或传感器后油路不畅（如油路堵塞），均会导致机油压力过高。可能的原因有：限压阀故障、传感器之后的油道堵塞、轴承间隙过小、机油黏度过大、机油压力表或机油压力传感器损坏等。

维修提示

◆对于新装配的发动机，若出现机油压力过高，应重点检查曲轴主轴承、连杆轴承、凸轮轴轴承的配合间隙。如果点火开关打开但不启动发动机时，机油压力表指针不回位，应重点检查机油压力表和机油压力传感器。

3. 机油消耗异常故障诊断

发动机使用中，如果机油平均消耗量超过 0.1～0.5mL/100km，即为机油消耗异常。

机油消耗异常的原因一般是外部泄漏或机油进入燃烧室被燃烧所致。若机油消耗异常，应首先检查有无漏油部位，如果无漏油部位，可对发动机进行急加速试验，急加速时排大量蓝烟，说明烧机油严重。机油进入燃烧室通常有两个渠道：一是因活塞与气缸间密封不良导致机油进入燃烧室；二是由于气门油封损坏导致机油由气门进入燃烧室。活塞与气缸间的密封情况可通过测气缸压力或观察曲轴箱窜气情况等方法检查，以此可区别机油进入燃烧室的渠道，以便有针对性地查明故障原因。

维修提示

诊断机油消耗异常故障还应注意以下两点：

◆对于采用气压制动的汽车，空气压缩机磨损严重，也会导致机油消耗异常。松开储气筒放污螺塞，如有大量油污排出，则说明空气压缩机磨损严重。

◆发动机曲轴箱通风装置不良，也会导致机油消耗异常。

4. 机油变质故障诊断

由于高温和氧化作用，即使正常情况下，机油也会变质，这种现象称为"老化"。老化的机油含有酸性化合物，不但使机油变黑、黏度下降，而且腐蚀机件。

在使用中，若不到换油周期，机油就出现老化（即变质），应查明原因予以排除。机油变质的原因一般是机油被污染、机油质量差、滤清器失效、机油温度过高等。

机油被污染通常是油底壳中有水或汽油进入，可通过沉淀和气味判断机油中是否有水或汽油。此外，曲轴箱通风不良，窜入曲轴箱的废气、可燃混合气也会污染机油。

第七节　燃油供给系统

一、燃油供给系统的结构

柴油机燃油供给系统由油箱、燃油滤清器、输油泵、喷油泵、喷油器、高（低）压油管和回油管等组成，另外还有调速器、冒烟限制器、启动加浓装置、冷启动装置等。

（1）燃油滤清器　如图 2-167 所示为燃油滤清器，由粗、细滤清器组成，两者合用一盖，安装在发动机上。毛毡滤芯为粗滤器，可清洗重复使用，纸质滤芯为细滤器，不可清洗和重复使用。

图 2-167　柴油机燃油滤清器

1—滤清器盖；2—垫片；3—放气螺塞；4—橡胶密封圈；5—滤清器壳；6—毛毡（粗）滤芯；
7—纸质（细）滤；8—螺栓

（2）输油泵　柴油机输油泵大多为柱塞式，输油泵包括手动泵、机动泵和集尘过滤（集滤杯内有滤网）三部分，如图 2-168 所示。

（3）喷油泵（高压油泵）　如图 2-169 所示为博世（BOSCH）PE6P 型喷油泵，该泵带有机械式 RQ 型调速器、FP/ K22 或 FP/KG24 型输油泵、EP/SP 型喷油提前器和由增压压力控制的膜片式冒烟限制器。

（4）喷油器　柴油机所用 FM 喷油器和 BOSCH（博世）喷油器结构如图 2-170 所示。

图 2-168　输油泵（BOSCH FP/K22 型）

1—泵体；2—密封圈；3—活塞；4—顶杆；5、17—弹簧；
6、12—螺塞；7—密封垫片；8—挺柱组件；9—锁簧；
10—单向阀；11—单向阀弹簧；13、16—密封圈；
14—滤芯；15—滤芯筒；18—锁紧环；
19—锁紧螺母；20—双头螺柱；21—手泵

图 2-169　博世（BOSCH）PE6P 型喷油泵

1—螺母；2—供油始点调整垫片；3—钢套凸缘；
4—渗漏回油孔；5—柱塞弹簧；6—控制套筒；
7—润滑油注入孔；8—弹簧下座；9—滚轮体；
10—底盘；11—出油阀紧固螺母；12—出油阀
弹簧；13—出油阀垫片；14—出油阀；15—泵体；
16—挡油环套；17—柱塞；18—拉杆；19—凸轮轴

(a) FM喷油器　　　　(b) BOSCH喷油器

图 2-170　FM 喷油器和 BOSCH 喷油器

1—回油管空心螺栓；2—纯铜垫片；3—调压螺柱紧固螺母；4—密封垫圈；5—调压螺柱；6—调压弹簧；
7—喷油器顶杆；8—喷油器；9—压环；10—进油管接头；11—喷油嘴；12—喷油嘴护套；
13—喷油嘴紧固螺套；14—密封垫圈；15—定位销；16—密封圈

二、喷油泵的检查

喷油泵解体之后需进行一系列检查，检查步骤如下。

1. 柱塞偶件的检查

柱塞与柱塞套是一对精密偶件，两者的配合间隙在 0.001～0.003mm。柱塞偶件磨损后，会使开始喷油时刻滞后、供油结束时刻提前，同时使供油量下降，产生柴油机动力下降、启动困难和怠速不稳易熄火等故障。当各分泵柱塞磨损不均时，还会造成各缸油量不均，因此柱塞偶件的磨损情况直接影响柴油发动机的动力性能，必须对柱塞偶件进行如下检查。

（1）外观检查　在干净的煤油或轻柴油中清洗柱塞套，观察柱塞与柱塞套配合部位。

维修提示

◆特别注意观察柱塞上部的导向部分：如发现柱塞表面严重变色（磨损部位呈白色），柱塞螺旋槽、直槽及槽边剥落式锈蚀，柱塞裂纹和变形，柱塞套裂纹等现象，则必须成对更换柱塞偶件。

（2）柱塞滑动试验　如图 2-171 所示，将浸过煤油的柱塞偶件倾斜为 60°，把柱塞从柱塞套中拉出 2/3，当松开手时，柱塞应能靠自重完全滑进柱塞套内。将柱塞旋转至不同位置反复进行上述试验：如果柱塞在局部位置上有阻滞现象，可用抛光膏涂在柱塞上，插入柱塞套中配对研磨。研磨时注意边上下往复运动边旋转柱塞。

（3）柱塞偶件密封性试验　如图 2-172 所示，用食指堵住柱塞套的上端，使柱塞处于中等或最大供油量位置，将柱塞往下拉动（注意不要将柱塞拉过柱塞套进油孔位置）。如此时食指感觉有真空吸力，同时松开柱塞时，柱塞仍能回到原来位置，说明柱塞密封是合格的。

2. 出油阀的检查

出油阀有两对密封接触面，即减压环带与阀座孔的精密配合与密封。当出油阀磨损严重时，会使减压环带或锥面密封失效。由此会产生后燃和滴油现象，使燃烧恶化冒白烟、发动机动力下降，严重时还会发生敲缸现象，因此必须对出油阀密封性进行检查。

图 2-171　柱塞滑动试验

图 2-172　柱塞密封性试验

（1）外观检查　将出油阀偶件放在干净的煤油或轻柴油中清洗，用肉眼或放大镜观察出油阀锥面，如发现减压环带磨损严重（即出油阀锥面有较宽或较深的清晰白色磨损痕迹），或减压环带有明显的纵向拉痕，则应更换。同时应观察出油阀与阀座有无裂痕和锈蚀。

（2）滑动试验　将出油阀座放正，抽出出油阀的 1/3 高度，然后松开，出油阀应能靠自重缓缓落座。转动出油阀在任何位置，反复试验。如果有滞阻现象，同样可将油阀与阀座配对研磨。

◆在涂抹研磨膏时，注意应将研磨膏涂抹至导向杆上而不要涂抹到减压环带上，且研磨时注意不要将减压环带插入阀座中研磨。

（3）密封性试验　将出油阀完全落座，用嘴吸油阀座底口，如果不漏气，则可将嘴唇吸住，否则应进行研磨。在研磨出油阀锥面时应注意用细棍将研磨膏只涂在出油阀锥面上，而不要涂在减压环带上。如图 2-173 所示，减压环带的密封试验是用中指将出油阀底口堵住，然后向下按出油阀芯，当松开出油阀芯时，阀芯会自动上弹，说明减压环带密封是合格的，否则应换用新件。

3. 喷油泵其他零件的检查

图 2-173　减压环带密封性试验

（1）柱塞凸缘与控制套筒的检查　检查柱塞凸缘与油量控制套筒槽之间的间隙一般为 0.02～0.08mm，超过 0.12mm，应更换控制套筒。

（2）挺杆总成的检查

① 观察挺杆与滚轮的磨损、锈蚀。

② 用千分表测量挺杆滚轮与滚轮衬套之间、滚轮衬套与滚轮轴之间总的径向间隙，如间隙超过 0.2mm 时，应更换挺杆总成。

③ 检查挺杆与泵体之间的间隙，若超过 0.2mm 则应更换挺杆或泵体。

（3）检查凸轮轴

① 观察凸轮表面有无磨损、锈蚀、裂纹及剥落，根据损坏情况决定用油石修磨或更换。

② 如果凸轮磨损超过 0.2mm，凸轮轴弯曲超过 0.15mm，凸轮高度超出极限值时，均应更换凸轮轴。

（4）检查柱塞弹簧

① 检查有无裂纹、锈蚀和表面剥落。

② 检查弹簧自由长度是否符合标准，弹簧中心最大偏移量不得超过 1.5mm。

（5）油量控制机构的检查　油量控制拉杆（或齿杆）与油量控制套筒之间游动间隙不得超过 0.25～0.30mm，否则应予更换。

（6）检查油量控制杆（或齿杆）阻力　在喷油泵试验台上测量油量控制杆（或齿杆）在全行程上的滑动阻力，应不大于规定值。

三、燃油供给系统维修要点

① 在拆卸各管空心螺栓、更换燃油滤芯时，应首先将接头处、滤清器与壳体接合部位油污、尘土等擦洗干净，以防拆卸时有脏污或尘土进入燃油管路中，造成故障。

◆拆卸时注意保存好空心螺栓两侧的铜密封垫圈。

② 在安装管路之前，应将各管接头、垫片、空心螺栓头部平面及管接头两侧平面仔细检查，看是否平整，若已有压痕变得不平，可用细砂纸铺在平板玻璃上磨平。

③ 检查输油系统进出油口端面、燃油滤清器进出口端面是否平整，如有压痕或不平，可用油石或细砂纸绕在平板锉上锉平，将各密封件的密封面清洗干净，以保证清洁和各管接头的良好密封。

④ 空心螺栓与管接头两侧各有一个密封垫片，不得漏装；拧紧空心螺栓时，不得太用力，以防拧断空心螺栓或损坏输油泵、滤清器及高压油泵等的连接接口。

⑤ 在更换燃油滤清器滤芯时，应清洗滤清器壳体，除去底部的水分、油泥、胶质等杂物，注意检查燃油滤清器两端橡胶密封处及滤芯两侧端盖是否密封，若不密封，应更换。

⑥ 在安装壳体之前，一定要检查壳体盖内的橡胶密封圈是否完好，否则易引起密封不严，漏油进气，造成发动机工作不正常。

 维修提示

◆在拧紧壳体与盖的空心螺栓时，注意不要拧得过紧，以防损坏壳体内的螺纹。

⑦ 安装完毕后，应检查各油道的位置，以防止油管与车架、油泵、壳体间的接触部位在振动时磨破，造成油路漏油，应将各管相互隔离并分别固定。

⑧ 经常将燃油集滤器中的积水放出，并定期清洗滤芯。在入冬之前，清洗输油泵上的粗滤器，以保证燃油的清洁与畅通。

⑨ 视情清洗油箱，如油箱盖破损、丢失，应及时更换新件，保证油箱密封，防止尘土进入，最好每隔1～2年清洗油箱一次。

第三章

发动机高压
共轨系统的维修

第一节　高压共轨系统的总体结构

柴油喷射技术经历了传统的纯机械操纵式喷油和现代的电控操纵式喷油这两个发展阶段。目前电控喷油技术已从初期的位置控制型发展到时间控制型。现代电控喷油技术实现的手段主要有电控泵喷嘴、电控单体泵以及电控高压共轨系统。目前，电控高压共轨系统应用越来越广泛。高压共轨系统的四大组件如图 3-1 所示。

图 3-1　高压共轨系统的四大组件

一、高压共轨系统发展及优点

（1）电控高压共轨技术的发展过程

① 第一代共轨系统，其系统中的高压泵总是保持在最高压力，如 160MPa，因而造成了能量的浪费和很高的燃油温度。

② 第二代共轨系统可根据发动机需求而改变输出压力，并具有预喷和后喷射功能。

③ 第三代共轨系统，因为使用了压电式喷油器，所以称为压电式共轨系统。这种系统中，用压电执行器代替了电磁阀，压电式喷油器响应性好，可以得到更加精确的喷射控制。

（2）电控高压共轨系统的优点

① 共轨腔内的高压燃油直接用于喷射，可以省去喷油器内的增压机构；而且共轨腔内具有持续的高压燃油，高压油泵所需要的驱动力矩比传统油泵小许多。

② 通过高压油泵上安装的压力调节电磁阀，根据发动机的负荷状况以及经济性和排放性的要求，对共轨内的油压进行调节，显著的特点是优化了发动机低速性能。

③ 通过喷油器上的电磁阀控制喷射正时、喷射量以及喷射速率，灵活调节各工况下预喷射和后喷射的油量以及与主喷射的间隔。

④ 共轨系统中的喷油压力柔性可调，对不同工况可确定所需的最佳喷射压力，从而优化柴油机综合性能。

⑤ 可独立地柔性控制喷油正时，配合很高的喷射压力（120～200MPa），可同时控制 NO_x 和微粒（PM）在较小的数值内，以满足排放法规要求。

⑥ 可柔性控制喷油速率变化，实现理想喷油规律，容易实现预喷射和多次喷射，既可

降低柴油机 NO_x 的排放，又能保证优良的动力性和经济性。

⑦ 由电磁阀控制喷油，其控制精度高，高压油路中不会出现气泡和残压为零的现象。因此在柴油机运转的范围内，循环喷油变动小，各缸供油不均匀可以得到改善，从而减小了柴油机的振动，并降低了有害物排放。

⑧ 在共轨式蓄压器喷射系统中，ECU 通过接收各传感器的信号，借助于喷油器上的电磁阀，实现对喷油量和喷油正时的控制，保证柴油机最佳的空燃比、雾化质量和点火时刻。它集成了计算机控制技术、现代传感检测技术以及先进的喷油结构于一身。它不仅能达到较高的喷射压力，实现喷射压力和喷油量的控制，而且能实现预喷射和后喷射，从而优化喷油特性，降低柴油机噪声和大大减少废气的排放量。

二、高压共轨系统的组成

如图 3-2 所示，柴油机高压共轨系统由传感器、ECU（电控单元）和执行器三部分组成。该系统的任务是对喷油系统进行电子控制，实现对喷油量以及喷油正时的实时控制。

图 3-2　高压共轨系统的组成

1. 高压共轨系统主要部件组成示意图

图 3-3 所示为高压共轨系统主要部件组成示意图，图 3-4 所示为主要部件安装位置。发动机转速、加速踏板位置、温度、压力等传感器和开关信号输入 ECU 后，ECU 对这些信号

图 3-3　高压共轨系统主要部件组成示意图

喷油器

共轨油管

ECU

高压油泵

图 3-4　高压共轨系统主要部件安装位置

进行分析、处理，计算出最佳供油量和喷油提前角，从而实现对喷油参数的精确控制。柴油机实现电控喷射后，性能得到了质的飞跃，发动机的动力性、经济性更佳，尾气排放也更低。

2. 传感器

（1）传感器的类型　传感器是电控系统中的信号输入装置，其功用是采集控制系统所需的信息，并将其转换成电信号通过线路输送给 ECU。

传感器的类型如表 3-1 所示。

表 3-1　传感器的类型

传感器类型		传　感　器	特　性
磁电式		曲轴转速传感器	数字量
		凸轮相位传感器	数字量
变阻传感器	热敏电阻	水温、机油温度、燃油温度、进气温度传感器等	模拟量
	滑线变阻器	加速踏板位置传感器	模拟量
	应变片变阻器	轨压、机油压力、进气压力传感器等	模拟量

（2）主要传感器介绍　高压共轨系统中的主要传感器如表 3-2 所示。

表 3-2　高压共轨系统中的主要传感器

序号	名　称	功　能
1	曲轴位置传感器	精确计算曲轴位置，用于喷油时刻和喷油量计算、转速计算
2	凸轮轴位置传感器	气缸判别
3	进气温度传感器	测量进气温度，修正喷油量和喷油正时，过热保护
	增压压力传感器	监测进气压力，调节喷油控制，与进气温度传感器集成在一起
4	机油压力温度传感器	测量机油压力和温度，用于喷油的修正和发动机的保护
5	冷却液温度传感器	测量冷却液温度，用于冷启动、目标怠速计算等，同时还用于修正喷油提前角，最大功率保护等
6	共轨压力传感器	测量共轨管中的燃油压力，保证油压控制稳定
7	加速踏板位置传感器	将驾驶员的意图送给控制器 ECU
8	车速传感器	提供车速信号给 ECU，用于整车驱动控制，由整车提供
9	大气压力传感器	用于校正控制参数，集成在 ECU 中

① 曲轴位置传感器。曲轴位置传感器用来检测曲轴转角位移，给 ECU 提供发动机转速信号和曲轴转角信号，作为喷油正时控制的主控制信号。ECU 根据曲轴转速信号和加速踏板信号等来确定基本喷油量。信号丢失时，发动机启动困难，严重时，发动机无法启动。

曲轴位置传感器结构如图 3-5 所示，形状与安装位置如图 3-6 所示。

图 3-5　曲轴位置传感器结构

1—永久磁铁；2—曲轴位置传感器壳体；3—发动机外盖；
4—软铁芯；5—线圈；6—信号轮

图 3-6　曲轴位置传感器形状与安装位置

② 凸轮轴位置传感器。凸轮轴位置传感器产生气缸的判别信号，作为曲轴转速的替代信号。

凸轮轴上安装着一个用铁磁性材料制成的齿，它随着凸轮轴旋转。当这个齿经过凸轮轴传感器的半导体膜片时，它的磁场就会使半导体膜片中的电子以垂直于流过电流的方向发生偏转。产生一个短促的电压信号（霍尔电压），这个电压信号告诉 ECU，某一缸已经进入了压缩阶段。

凸轮位置传感器信号盘如图 3-7 所示，安装位置如图 3-8 所示。

图 3-7　凸轮位置传感器信号盘

图 3-8　凸轮位置传感器安装位置

③ 冷却液温度传感器。冷却液温度传感器给 ECU 提供发动机冷却液温度信号，作为燃油喷射控制的修正信号。冷却液温度传感器信号也是其他控制系统（如怠速控制和废气再循环控制等）的控制信号。

冷却液温度传感器如图 3-9 所示，安装位置如图 3-10 所示。

④ 共轨压力传感器（轨压传感器）。轨压传感器用来测量共轨油管中的燃油压力，为 ECU 提供轨压信号，使 ECU 实现轨压监控。轨压传感器失效后，按 ECU 内的设定值替代，发动机将会进入跛行回家模式，发动机转速限定在 1500r/min 以内。发动机正常工作时，轨压是变化的，如果轨压过低，发动机将无法启动。

图 3-9 冷却液温度传感器

1—端子；2—壳体；3—热敏电阻；4—冷却液

图 3-10 冷却液温度传感器安装位置

图 3-11 轨压传感器的结构

1—端子；2—评估电路；3—带传感装置的
皮膜；4—高压油道；5—固定螺纹

轨压传感器的结构如图 3-11 所示，安装位置如图 3-12 所示。

注：轨压传感器信号是重要的电控信号，如果该信号失准或丢失，发动机工作会受到影响，甚至不着火。

⑤ 进气压力温度传感器。进气压力温度传感器把进气压力传感器和进气温度传感器集成为一体，完成进气压力和进气温度的检测，用于修正喷油量和喷油正时的调节。

⑥ 加速踏板位置传感器。加速踏板位置传感器产生踏板位置信号，作为控制喷油量的依据。加速踏板位置传感器的形状如图 3-13 所示。

高压共轨系统一般采用 1 号和 2 号两个加速踏板位置传感器，两个传感器信号成 2 倍的关系，加速踏板出现故障时，发动机将被锁定在 1000r/min（高怠速状态）运转。

⑦ 机油压力温度传感器。机油压力温度传感器测量机油压力和温度，用于喷油的修正和发动机的保护。机油压力温度传感器如图 3-14 所示，电路如图 3-15 所示。

图 3-12 轨压传感器的安装位置

图 3-13 加速踏板位置传感器的形状

图 3-14　机油压力温度传感器

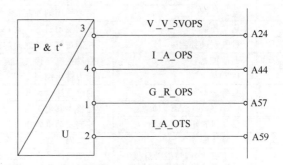

图 3-15　机油压力温度传感器电路
A24—机油压力传感器的 5V 电源；A44—机油压力信号；
A57—搭铁线；A59—机油温度信号

当机油温度过高时，发动机将会出现跛行回家模式，发动机转速被限定在 1500r/min 以内。机油温度信号丢失时，电控系统默认机油温度的参数为 −20℃。

注：国四发动机只报故障码，没有跛行回家模式，机油温度信号丢失时，默认值为 81℃。

⑧ 车速传感器。车速传感器信号用于巡航控制。它属于电磁感应式速度传感器。

3. 电控单元

（1）作用　电控单元也称电脑、控制单元，英文为 electronic control unit，缩写为 ECU，它是一种综合控制电子装置，其功用是储存该车型的特征参数和运算中所需的有关数据信息；给各传感器提供参考（基准）电压，接收传感器或其他装置输入的电信号，并对所接收的信号进行储存、计算和分析处理，根据计算和分析的结果向执行元件发出指令，或根据指令输出自身已储存的信息；有自我修正功能等。

电控单元的形状有两种类型，如图 3-16 所示。

(a) 横置型

A：发动机　　K：整车

(b) 纵向型

图 3-16　电控单元的形状

（2）ECU　ECU 除了负责控制喷油器喷油外，还有一些附加的控制功能，如表 3-3 所示。

表 3-3　ECU 控制功能

序号	功　能	描　述	备　注
1	启动预热控制	利用格栅预热器提高进气温度，改善冷启动性能	进气加热继电器、冷启动灯

序号	功　能	描　述	备　注
2	空调控制	空调使用的控制	空调请求开关、空调继电器
3	启动控制	控制发动机的启动,实现空挡保护	启动继电器、T50启动开关
4	排气制动控制	控制排气制动蝶阀的开启和关闭	排气制动开关及继电器
5	巡航控制	自动控制车速	
6	PTO	动力输出控制	巡航控制开关,全部点动
7	怠速微调①	通过怠速微调开关调节怠速	
8	CAN总线(SAE J1939)	与整车其他ECU进行通信	双绞线、120Ω终端电阻
9	发动机转矩转速控制	控制发动机转速	多态开关
10	故障诊断	以闪码形式告知错误内存中的故障	诊断请求开关、闪码灯
11	油中有水,水位报警灯报警	告知驾驶员处理粗滤器的积水	水位传感器、水位报警灯
12	车下启动/熄火	车下启动、关闭发动机	副启动开关
13	远程油门控制	第二油门对发动机转速的控制	

① 发动机本身就能够保证下列怠速提升。

a. 发动机根据冷却液温度调整发动机怠速,如 WP10 发动机冷却液温度 40℃时怠速为 600r/min,0℃时怠速为 700r/min。

b. 开空调时,怠速提升 100r/min。

c. 车辆起步时,怠速提升 100r/min。

4. 执行器

执行器是电控系统中的执行机构,功能是接收电控单元的指令,完成具体的控制动作。高压共轨系统中的主要执行器如表 3-4 所示。

表 3-4　高压共轨系统中的主要执行器

序号	名　称	功　能
1	燃油计量阀	控制高压油泵进油量,保持共轨压力满足指令需求
2	喷油器	精确控制喷油提前角、喷油量
3	继电器	用于空调压缩机、排气制动和冷启动装置的控制
4	指示灯	故障指示灯、冷启动指示灯
5	转速输出	用于整车转速表
6	CAN总线	用于与整车动力总成、ABS、ASR、仪表、车身等系统的联合控制
7	K线(ISO K-Line)	用于故障诊断和整车标定

① 喷油器。喷油器由 ECU 控制,当喷油器线圈通电时打开喷孔进行喷油,线圈断电时则喷孔关闭。喷油量与通电时间(脉宽)成正比。

② 燃油计量阀。燃油计量阀受 ECU 控制,来控制高压油泵的进油量,从而控制轨压。

5. 启动控制电路

潍柴国Ⅲ共轨柴油机的启动控制电路如图 3-17 所示。与启动控制相关的开关有点火开关、空挡开关、车下启动开关和熄火开关等。

将点火开关打开,点火开关给 ECU 的 1.40 端子提供 24V 电源,ECU 随即被唤醒,进入工作状态。将点火开关打到启动挡,点火开关同时为 1.40 和 1.61 端子提供 24V 电源,ECU 接收到此信号便认定为启动请求。ECU 首先要进行验挡。如果当前有挡,空挡开关就是断开的,ECU 的 1.85 端子因为未得电而保持低电位。只要 1.85 端子保持低电位,ECU 就认定有挡,对启动请求不予执行。如果当前为空挡,空挡开关就闭合,1.85 端子随即得电(24V)。只要 1.85 端子为高电位(24V),启动请求便会被执行,ECU 为启动继电器线圈通电,完成启动过程。当空挡开关线路发生故障时,可将钥匙开关保持在启动挡 5s 以上,强行启动发动机(强起模式)。

ECU 还通过 1.32 端子电位判定启动请求。在点火开关打开的情况下,按下车下启动开

图 3-17 潍柴国Ⅲ共轨柴油机启动控制电路

关（开关闭合），1.32 端子通过 1.29 完成搭铁，保持低电位，ECU 认定此信号为启动请求，接下来进行验挡，如果空挡开关闭合，ECU 就控制起动机运转，完成启动过程。在车下启动开关断开的情况下，1.32 保持高电位，ECU 认定开关处于释放状态。

车下熄火控制，ECU 通过检测 1.47 端子的电位来实现。发动机运转状况下，按下车下熄火开关，1.47 端子通过 1.29 完成搭铁，保持低电位，ECU 认定为熄火请求。如果此时车速信号为 O，ECU 将为熄火电磁阀通电，执行熄火。如果车速不为 O，熄火请求就被忽略。

发动机启动受 ECU 控制，使有挡启动无法完成，有效防止了误操作（有挡启动）导致的各类事故发生。另外一方面当发动机处于运转状态时，曲轴转速信号输入 ECU，此时启动请求信号再输入 ECU 时，将被忽略，启动保护功能也得以实现。

 小提示

当使用点火开关无法启动发动机时（即发动机不运转），应使用车下副启动开关尝试启动，如果发动机能够顺利启动，则检查点火开关 50 到 ECU 1.61 的线路；如果使用副启动开关也无法使发动机启动，则检查点火开关 15 到 ECU 1.40 的线路。

6. 预热控制电路

ECU 根据发动机上的温度传感器来感应环境温度，通过进气加热继电器自动控制车辆进气格栅的工作（打开或关闭），以利于冷启动。

进气加热在气温零度以下时起作用。进气加热分两个过程：启动前的"预加热"和启动后的"后加热"。根据环境温度的不同，加热的时间也不同。一般预加热在 1min 之内，后加热时间略长，通常在 2min（−10℃ 时）。潍柴国Ⅲ柴油机 EDC7 电控系统预热电路如图 3-18 所示。

预热控制过程：

图 3-18 预热控制电路

① 打开点火开关，不启动发动机。

② 仪表板上的预热指示灯（冷启动灯）亮起，表明发动机预加热进行中。

③ 当预热指示灯闪烁，表明发动机预热结束，等待启动。等待过程中预热指示灯闪烁3次（提示驾驶员启动）。

④ 预热指示灯熄灭，刚可以启动发动机。

⑤ 启动结束后加热（此时预热指示灯不亮）。

若预热指示灯亮或闪烁过程中启动发动机，则预热过程即刻中断。

三、高压共轨系统的燃油系统

EDC7共轨喷射系统广泛应用于国内中、重型商用车，排放可达到国家标准要求，如潍柴、锡柴、玉柴等均采用。下面对博世（BOSCH）共轨燃油系统（潍柴WP10/12国Ⅲ发动机配备）进行介绍。

1. 燃油系统的构成

在高压油泵上的两根高压油管负责将高压燃油输送到共轨油管，共轨油管通过高压油管和各缸喷油器相连接。这部分油路经过了二次加压，油压较高，故称为高压油路。

燃油由燃油箱内被吸出，经两级加压、两级过滤后进入共轨油管内储存，共轨油管内燃油压力最高可达160MPa。当喷油器受ECU控制打开，高压燃油直接喷入燃烧室内，燃烧做功。

在整个燃油回路中，还有一类油路负责将多余燃油导入燃油箱内，故称为回油油路。燃油箱的回油由溢流阀、限压阀、喷油器三个方面汇合构成。与高压油泵上的溢流阀相连的回油管路，为低压油路的多余燃油提供回流通道。当低压油路压力超过一定限值时，溢流阀会打开，低压油路的油压便得到了控制。当高压出现异常、压力过高时，装于共轨油管上的限压阀打开，将多余高压燃油导入回油管路。在每个缸喷油器上都装有回油管，这些回油管在发动机正常工作时也会有少量回流。

2. 轨压的控制原理

如图3-19所示，正常情况下，低压油路的压力受溢流阀控制，压力被控制在900kPa以

图3-19　高压共轨发动机燃油油路原理图

下。燃油计量阀（油量计量单元）装于低压油路和高压油泵进油管路之间。ECU 通过控制燃油计量阀的占空比，实现对高压油泵进油量的控制，进而控制高压油路的轨压，使轨压始终趋于设定值。零油量孔用于排除空气。

3. 燃油系统的元件

（1）带手油泵的燃油粗滤器　如图 3-20 所示为带手油泵的燃油粗滤器。燃油粗滤器带有油水分离器。此外，燃油粗滤器上还带有油温传感器、水位感应开关和燃油加热器。

燃油粗滤器在过滤燃油的同时，将水分聚集在集水器内。在日常维护时，应及时地将分离出的水从排污螺塞处排空。

燃油粗滤器是旋装在滤清器壳体上的，维护时需定期更换。在粗滤器的过滤器盖上，安装有一个手油泵。当初次装配、维护更换滤清器或系统中存有空气时，需用手油泵排除低压回路中的空气。在燃油粗滤器连接法兰的壳体上，有一个排气螺塞，用于排除系统中的空气。旋松排气螺塞，反复压动手油泵，混有空气的燃油将从排气螺塞处排出，直到流出没有空气的燃油为止，然后将排气螺塞旋紧即可。

（2）高压油泵　高压油泵总成集供油泵和高压泵于一体。

供油泵是个齿轮泵，如图 3-21 所示。它负责将燃油从油箱吸出，经燃油粗滤器、ECU、供油泵、精滤器向高压泵供油。

图 3-20　带手油泵的燃油粗滤器

图 3-21　齿轮泵

高压泵有两组柱塞，如图 3-22 所示，负责向高压共轨油管提供高压燃油。高压油泵的高压部分由凸轮轴、滚轮式挺柱、柱塞、出油接头和燃油计量阀组成。凸轮轴上有相交错的两个三桃尖凸轮，凸轮轴在旋转的同时，两对柱塞往复泵油六次。在高压油泵的两只出油接头内装有出油阀，可向共轨油管提供高达 160MPa 的高压燃油。

（3）燃油计量阀　燃油计量阀的结构如图 3-23 所示。燃油计量阀安装在高压油泵的进油管路上，它的主要任务是接收 ECU 的指令，改变高压泵的进油量，从而改变高压泵的输出压力，即共轨压力。燃油计量阀出现故障时，发动机将会限制在 1500r/min 的转速内运行。

燃油计量阀电阻值为 2.6～3.4Ω。当燃油计量阀断电时，阀门是打开的，可以提供最大的燃油流量，可以形成最高的共轨压力。当燃油计量阀通电时，阀门是关闭的。ECU 通过改变脉冲信号的通断时间比率来控制高压泵进油量。

（4）溢流阀　在高压油泵的低压供油侧，与燃油计量阀并联装有溢流阀，高压油泵的回

图 3-22　双柱塞高压泵结构

高压接头
出油阀
柱塞
柱塞弹簧
机油进口
滚轮组件
凸轮轴

进油节流阀
燃油计量阀
齿圈
行星齿轮
齿轮泵

插头
线圈
阀门
进油
出油
挺杆
外壳

(a) 结构图　　　　　(b) 实物图

图 3-23　燃油计量阀

到油箱　　到油箱

图 3-24　溢流阀打开

油管线就是从该溢流阀接出的。该阀将低压油路压力限定在 0.9MPa 之内。溢流阀打开时的示意图如图 3-24 所示。

（5）共轨油管　高压共轨油管是燃油储压装置，一方面它将高压油泵提供的高压燃油分配到各缸喷油器，另一方面减弱高压油泵的供油压力脉动以及由于喷油器喷油产生的压力振荡，使高压油路的压力波动控制在一定的范围，其结构如图 3-25 所示。

在共轨油管的左端安装有一只共轨压力传感器，该传感器将共轨油管中的燃油压力随时传输给 ECU，以便 ECU 对轨压进行调控。

在共轨油管上还安装了一个限压阀，其结构如图 3-26 所示。当共轨油管内压力超 160MPa 时，限压阀打开，从而使共轨油管内最高压力不超过 160MPa 的设定值。

（6）喷油器　电控喷油器是燃油喷射系统的关键部位，电控系统的几乎所有元件最终都是服务于喷油器的。它的喷射过程是受 ECU 控制的，ECU 根据发动机各个传感器输入的状态信息和驾驶员的指令来控制喷油器的喷油量、喷油正时，从而达到当前状态的最佳输出。

图 3-25 共轨油管

喷油压力的控制是通过燃油计量阀控制高压油泵进油量实现的。而喷油正时、喷油持续时间的控制，是由 ECU 通过驱动喷油器电磁阀来完成的。喷油器的喷油量是由共轨压力和喷油器针阀开启时间来决定的，喷油压力越高，针阀开启时间越长，喷油量越大。喷油器的结构如图 3-27 所示。

图 3-26　限压阀

图 3-27　喷油器

第二节　高压共轨系统的检修

一、检修说明

① 电控发动机的故障并不一定是电喷系统的问题。

② 在大多数情况下，故障仍然是与常规发动机相同的机械和燃油管路方面的故障，维修人员的经验十分重要。

③ 如故障指示灯不点亮，维修人员应该主要检查机械故障。

④ 当故障指示灯点亮时，说明出现了电喷系统方面的故障，此时维修人员可读取故障码，进行相应的工作。

二、故障码的诊断

1. 故障码的读取

（1）故障自诊断的功能说明　ECU 具有故障自诊断的功能，一旦 ECU 检测出电控系统的故障，将产生对应的故障码并进行储存，同时依照故障的严重等级，自动进入不同的失效保护策略。

① 大部分情况下，失效保护策略仍能保持发动机以降低功率的方式继续工作。

② 少数极其严重的故障，失效保护策略会停止喷油。

（2）故障码的读取

故障码的读取有两种方式：

① 通过故障检测仪读取。

② 通过发动机故障灯的闪码读取。

（3）故障灯说明

① 该灯位于仪表板上。

② 颜色为红色。

③ 电控系统出现故障后点亮。

④ 打开点火开关，启动发动机后，电控系统对故障灯的线路进行自检，点亮故障灯，则故障灯在 2s 后熄灭。

⑤ 电控系统故障排除后，故障灯在下一运转循环过程中自动熄灭。

（4）通过故障灯读取故障码——故障闪码的方法

① 将点火开关转到 ON 位置（不启动发动机或发动机运转过程中均可进行操作）。

② 按下再松开诊断请求开关即可激活闪码。

③ 每一次操作只闪烁一个故障码，依次进行即可读完所有故障码。

（5）故障码表　如表 3-5 所示为故障码表。

表 3-5　故障码表

序号	故障闪码	故障码解释
1	11	空调压缩机驱动电路故障
2	12	空调压缩机请求开关信号故障
3	13	油门与制动踏板信号逻辑不合理
4	14	控制器模数（A/D）转换不合理
5	15	进气温度传感器信号范围故障(高/低)
6	16	进气质量流量信号飘移
7	21	进气质量流量信号不合理(高/低)
8	22	进气质量流量信号范围故障(高/低)
9	23	废气再循环控制偏差超过低限值
10	24	废气再循环控制偏差超过高限值
11	25	电压信号变动范围故障——进气预热开关接合(高/低)

序号	故障闪码	故障码解释
12	26	电压信号变动范围故障——进气预热开关断开(高限/低限)
13	31	进气预热执行器黏滞(永久接合)
14	32	第一路油门信号范围故障(高限/低限/相关性)
15	33	第二路油门信号范围故障(高限/低限/相关性)
16	34	环境压力传感器信号范围故障,高限/低限/CAN信息/与增压压力不合理
17	35	进气加热执行器驱动电路故障(对电源短路/对地短路)
18	36	最大车速调节指示灯电路故障(开路/短路)
19	41	蓄电池电压信号范围故障(高限/低限)
20	42	增压压力调节器模/数转换模块故障(信号高限/低限/错误)
21	43	增压压力调节器驱动电路对电源短路
22	44	增压压力调节器驱动电路对地短路
23	45	增压压力调节器驱动电路开路/对接短路
24	46	增压压力传感器信号故障(CAN信号/不合理/高限/低限)
25	51	制动踏板信号故障(失效/不合理)
26	52	中冷旁通阀驱动电路故障(对电源短路/对地短路/开路)
27	53	冷却水温信号动态测试不合理
28	54	冷却水温信号绝对测试不合理
29	55	冷却液位传感器信号范围故障(高限/低限/开路/不合理)
30	56	第1缸失火频率超高
31	61	第2缸失火频率超高
32	62	第3缸失火频率超高
33	63	第4缸失火频率超高
34	64	第5缸失火频率超高
35	65	第6缸失火频率超高
36	66	多缸失火频率超高
37	111	压缩测试试验报告故障
38	112	离合器开关信号故障
39	113	牵引力控制系统的输出扭矩干涉超过上限
40	114	减压阀驱动线路故障(对电源短路/对地短路/开路)
41	115	冷启动指示灯线路故障(对电源短路/对地短路/开路)
42	116	冷却水温传感器信号范围故障(CAN信号/不合理/高限/低限)
43	121	冷却水温超高故障
44	122	环境温度传感器信号故障(CAN信号/不合理/高限/低限)
45	131	EGR旁通阀驱动电路故障(对电源短路/对地短路/断路)
46	132	发动机舱启动开关信号故障
47	133	排气背压传感器信号范围故障(不合理/高限/低限)
48	134	EGR(废气再循环)驱动对电源短路
49	135	EGR驱动电路对地短路
50	136	EGR驱动电路开路/对接短路
51	141	仅采用凸轮相位传感器信号运行
52	142	凸轮信号故障(丢失/错误)
53	143	曲轴转速信号故障(丢失/错误)
54	144	凸轮相位/曲轴转速信号不同步
55	145	发动机超速
56	146	排气制动驱动线路对电源短路故障
57	151	排气制动驱动线路开路故障
58	152	排气制动驱动线路对地短路故障
59	153	风扇驱动线路故障(对电源短路/对地短路/开路/对接短路)
60	154	风扇驱动2线路故障
61	155	风扇转速传感器信号故障(对电源短路/对地短路)

序号	故障闪码	故障码解释
62	156	燃油滤清器脏污开关指示信号超高
63	161	燃油滤清器脏污开关指示信号超低
64	162	燃油滤清器脏污开关指示信号不合理
65	163	燃油滤清器加热驱动线路故障(对电源短路/对地短路)
66	164	油水分离开关指示信号超上限
67	165	油水分离开关指示信号超下限
68	166	燃油滤清器脏污
69	211	油中含水指示信号
70	212	油量-扭矩转换趋势错误
71	213	CAN网络上得到的EGR流量信号不正确(对电源短路/对地短路/丢失)
72	214	CAN上得到的EGR流量信号不正确(对电源短路/对地短路/开路/失效)
73	215	仪表板信息故障
74	216	CAN网络上得到的电控制动信号不正确
75	221	CAN网络上得到的EGR率信号不正确
76	222	CAN网络上得到的缓速器信号不正确
77	223	CAN网络上得到的自动变速箱信号不正确
78	224	CAN网络上的车辆行驶里程信息不正确
79	225	CAN网络上的环境条件信息不正确
80	226	CAN网络上的巡航控制/车速信息不正确
81	231	CAN网络上的废气排放温度信息错误
82	232	CAN网络上的转速表信息不正确
83	233	CAN网络上的传输速率信息不正确
84	234	CAN网络上的时间/日期信息不正确
85	235	CAN网络上的制动系统控制——速度限制信息不正确(激活/不激活)
86	236	CAN网络上的制动系统控制——扭矩限制信息不正确(激活/不激活)
87	242	CAN网络上的缓速器控制——扭矩限制信息不正确(激活/不激活)
88	243	CAN网络上的动力输出信息不正确(激活/不激活)
89	244	CAN网络上的变速箱控制——速度限制信息不正确(激活/不激活)
90	245	CAN网络上的变速箱控制——扭矩限制信息不正确(激活/不激活)
91	246	CAN网络上的车身控制——扭矩限制信息不正确(激活/不激活)
92	252	CAN网络上的轮速信息不正确
93	253	CAN网络上周期性发出不正确信号
94	254	燃油温度传感器信号范围故障(高限/低限)
95	256	指示灯1驱动线路故障(对电源短路/对地短路/开路/对接短路)
96	261	指示灯2驱动线路故障(对电源短路/对地短路/开路/对接短路)
97	262	指示灯3驱动线路故障
98	263	高压试验报告故障
99	264	通信模块受到干扰
100	265	电可擦除存储器出错
101	266	控制器硬件恢复功能被锁
102	315	空气湿度传感器信号范围错误
103	316	空气温度传感器信号错误(低限/高限/CAN信息错误)
104	321	燃油喷射功能受到限制
105	322	喷油器驱动线路故障-组1短路,低端对地短路
106	323	喷油器驱动线路故障-组1开路
107	324	喷油器驱动线路故障-组2短路,低端对地短路
108	325	喷油器驱动线路故障-组2开路
109	326	喷油器驱动模块故障模式A
110	331	喷油器驱动模块故障模式B
111	332	喷油器1驱动线路故障——短路(低端对电源/对接)

序号	故障闪码	故障码解释
112	333	喷油器 1 驱动线路故障——开路
113	334	喷油器 2 驱动线路故障——短路(低端对电源/对接)
114	335	喷油器 2 驱动线路故障——开路
115	336	喷油器 3 驱动线路故障——短路(低端对电源/对接)
116	341	喷油器 3 驱动线路故障——开路
117	342	喷油器 4 驱动线路故障——短路(低端对电源/对接)
118	343	喷油器 4 驱动线路故障——开路
119	344	喷油器 5 驱动线路故障——短路(低端对电源/对接)
120	345	喷油器 5 驱动线路故障——开路
121	346	喷油器 6 驱动线路故障——短路(低端对电源/对接)
122	351	喷油器 6 驱动线路故障——开路
123	352	多缸喷油系统出现故障
124	353	燃油计量阀信号范围故障(低限/高限)
125	354	燃油计量阀输出开路(开路或短路)
126	355	燃油计量阀输出对电源短路
127	356	燃油计量阀输出对地短路
128	361	巡航控制错误
129	362	MIL 驱动线路故障
130	363	主继电器线路故障——对电源短路
131	364	主继电器线路故障——对地短路
132	365	硬件故障导致停机——监视狗或控制器
133	366	主继电器 2 线路故障(对电源短路/对地短路)
134	411	多状态开关电路故障
135	412	CAN A BUS OFF
136	413	CAN B BUS OFF
137	414	CAN C BUS OFF
138	415	机油液位传感器信号范围故障
139	421	机油压力传感器信号范围故障(CAN 信号错误/不合理/低限/高限)
140	422	机油压力过低故障
141	423	机油温度传感器信号范围故障(CAN 信号错误/不合理/低限/高限)
142	424	机油温度不合理故障
143	432	轨压控制偏差超过上限
144	433	轨压控制偏差超过下限
145	434	压力泄放阀驱动故障(无法打开/永久开/被冲开)
146	441	轨压传感器信号范围故障(低限/高限)
147	442	轨压传感器信号飘移故障
148	443	轨压控制偏差故障——模式 0
149	444	轨压控制偏差故障——模式 1
150	445	轨压控制偏差故障——模式 10
151	451	轨压控制偏差故障——模式 12
152	452	轨压控制偏差故障——模式 2
153	453	轨压控制偏差故障——模式 3
154	454	轨压控制偏差故障——模式 4
155	455	轨压控制偏差故障——模式 6
156	511	轨压控制偏差故障——模式 7
157	512	加速测试报告故障
158	513	断缸测试报告故障
159	514	冗余断缸测试报告故障
160	515	参考电压 1(用于增压压力及温度传感器等)故障(低限/高限)
161	521	12V 传感器参考电压故障(低限/高限)

序号	故障闪码	故障码解释
162	522	参考电压2(用于油门等传感器)故障(低限/高限)
163	523	参考电压3(用于油轨压力传感器等)故障(低限/高限)
164	524	启动电机开关故障——高边
165	525	启动电机开关故障——低边
166	531	系统灯驱动线路故障
167	532	点火开关信号故障
168	533	启动电机信号故障
169	534	控制器计时模块故障
170	535	进气节流阀驱动电路故障——对电源短路
171	541	进气节流阀驱动电路故障——对地短路
172	542	进气节流阀驱动电路故障——开路
173	544	车速信号故障1
174	545	车速信号故障2——超范围(信号高限/低限/CAN信号错误/信号不合理)
175	551	车速信号故障3——脉宽故障(脉宽超高限/低限/频率错误)
176	552	通信模块故障
177	553	警告灯驱动线路故障(对电源短路/对地短路/开路/对地短路)

2. 故障码的清除

① 发动机熄火。

② 将点火开关关闭,至少关闭20s以上(等ECU内部主继电器断开)。

③ 打开故障请求开关。

④ 打开点火开关,在4～8s内迅速关闭故障请求开关(时间掌握非常重要)。

⑤ 再打开故障请求开关,故障码清除。

三、高压共轨系统常见故障排除

高压共轨系统常见故障排除如表3-6所示。

表3-6 高压共轨系统常见故障排除表

序号	故障现象	故障可能原因及常见表现	维 修 建 议
1	无法启动 难以启动 运行熄火	电喷系统无法上电; 通电自检时故障指示灯不亮; 诊断仪无法连通; 油门接插件没有5V参考电压; 开钥匙时故障灯是否会自检(亮一下)	检查电喷系统线束及保险,特别是点火开关方面(包括熔丝,改装车还应看点火钥匙那条线是不是接在钥匙开关ON挡上)
		蓄电池电压不足; 万用表或诊断仪显示电压偏低; 专用工具测电瓶在启动的时候电压降低,起动机运转无力; 大灯昏暗; 起动机运转时,声音是否运转有力	更换蓄电池或充电、跟别的车并联蓄电池
		无法建立工作时序; 诊断仪显示同步信号故障; 示波器显示曲轴/凸轮轴工作相位错误; 线路是否连接完好; 曲轴位置传感器上是否有异物或者划痕	①检查曲轴/凸轮轴位置传感器是否完好无损; ②检查其接插件和导线是否完好无损

序号	故障现象	故障可能原因及常见表现	维修建议
1	无法启动 难以启动 运行熄火	预热不足： 高寒工况下，没有等到冷启动指示灯熄灭就启动； 万用表或诊断仪显示预热过程蓄电池电压变动不正常	①检查预热线路是否接线良好； ②检查预热塞电阻水平是否正常； ③检查蓄电池电容量是否足够
		ECU软/硬件或高压系统故障： 诊断仪显示模数转换模块故障； 存在轨压超高的故障	确认后，更换ECU或通知专业人员是轨压过低
		喷油器不喷油： 急速抖动较大； 高压油管无脉动； 诊断仪显示急速油量增高； 诊断仪显示喷油驱动线路故障	①检查喷油驱动线路（含接插件）是否损坏/开路/短路； ②检查高压油管是否泄漏； ③检查喷油器是否损坏/积炭
		高压泵供油能力不足： 诊断仪显示轨压偏小	检查高压油泵是否能够提供足够的油轨压力
		轨压持续超高： 诊断仪显示轨压持续2s高于160MPa	检查燃油计量阀是否损坏； 检查低压油路是否供油畅通、喷油器是否卡死、高压油管是否裂等； 检查燃油计量阀是否损坏； 检查燃油压力泄放阀是否卡滞
		轨压传感器损坏	拔掉轨压传感器能顺利启动
		机械组件故障，参照机械维修经验： 如油路不畅/油路有气、输油泵进口压力不足/起动机损坏；阻力过大，缺机油或者未置空挡；进排气门调整错误等	检查燃油/机油路； 检查进/排气路； 检查滤清器是否阻塞等
2	跛行回家模式 （故障指示灯亮）	仅靠曲轴信号运行： 诊断仪显示凸轮信号丢失； 对启动时间的影响不明显	①检查凸轮轴位置传感器信号线路； ②检查凸轮轴位置传感器是否损坏
		仅靠凸轮信号运行： 诊断仪显示曲轴信号丢失； 启动时间较长（例如4s左右），或者难以启动	①检查曲轴位置传感器信号线路； ②检查曲轴位置传感器是否损坏
3	油门失效，且发动机无急速（转速维持在1100r/min左右）	油门故障： 急速升高至1100r/min，油门失效； 诊断仪显示第一/二路油门信号故障； 诊断仪显示两路油门信号不一致； 诊断仪显示油门卡滞	①检查油门线路（含接插件）是否损坏/开路/短路； ②检查油门电阻特性； ③油门踏板是否进水
4	热保护引起功率/扭矩不足，转速不受限	①水温度过高导致热保护； ②进气温度过高导致热保护； ③燃油温度传感器/驱动线路故障； ④进气温度传感器/驱动线路故障； ⑤水温传感器/驱动线路故障	①检查发动机冷却系统； ②检查发动机供油系统； ③检查发动机气路； ④检查水温传感器本身或信号线路是否损坏； ⑤检查进气温度传感器本身或信号线路是否损坏

序号	故障现象	故障可能原因及常见表现	维 修 建 议
5	电控系统进入失效模式后导致功率/扭矩不足	①轨压传感器损坏或线路故障； ②控制系统驱动故障，阀损坏或线路故障； ③诊断仪显示油门无法达到全开等； ④高原修正导致； ⑤油轨压力传感器信号飘移； ⑥高压油泵闭环控制类故障； ⑦增压压力传感器损坏或线路故障	对于轨压传感器控制系统故障： ①诊断仪显示轨压位于 70～76MPa 左右，随转速升高而升高，则可能燃油计量阀/驱动线路损坏； ②诊断仪显示轨压固定于 77.7MPa，可能为轨压传感器或线路损坏； ③发动机最高转速被限制在 1600～1700r/min 左右； ④回油管温度明显升高； ⑤油轨压力信号漂移，检查物理特性，更换； ⑥高压油泵闭环控制类故障，首先检查高压油路是否异常，否则更换高压泵
6	机械系统原因导致功率/扭矩不足	①进排气路阻塞，冒烟限制起作用； ②增压后管路泄漏，冒烟限制起作用； ③增压器损坏（例如旁通阀常开）； ④进排气门调整错误； ⑤油路阻塞/泄漏； ⑥低压油路：有空气或压力不足； ⑦机械阻力过大； ⑧喷油器雾化不良，卡滞等； ⑨其余机械原因	①检查高压/低压燃油管路； ②检查进排气系统； ③检查喷油器； ④参照机械维修经验进行
7	运行不稳，怠速不稳	信号同步间歇错误； 诊断仪显示同步信号出现偶发故障	①检查曲轴/凸轮轴信号线路； ②检查曲轴/凸轮传感器间隙； ③检查曲轴/凸轮信号盘
		喷油器驱动故障； 诊断仪显示喷油器驱动线路出现偶发故障（开路/短路等）	检查喷油器驱动线路
		油门信号波动； 诊断仪显示松开油门后仍有开度信号； 诊断仪显示固定油门位置后油门信号波动	①检查油门信号线路是否进水或磨损导致油门开度信号飘移； ②更换油门
		机械方面故障	参照机械维修经验进行
8	冒黑烟	进气管路/进排气门泄漏； 低压油路阻塞/油路进气； 缺机油等导致阻力过大； 喷油器积炭、磨损等； 喷油器雾化不良、滴油等； 诊断仪显示怠速油量增大； 诊断仪显示怠速转速波动	①根据机械经验进行判断，例如断缸法等； ②确认后拆检
		油轨压力信号飘移（实际＞检测值）； 诊断仪显示相关故障码	更换传感器
		机械方面故障，例如气门漏气，进排气门调整错误等。 诊断仪显示压缩测试结果不好	参照机械维修经验进行
9	加速性能差	前述各种电喷系统故障原因导致扭矩受到限制； 诊断仪显示相关故障码	按故障代码提示进行维修

序号	故障现象	故障可能原因及常见表现	维 修 建 议
9	加速性能差	负载过大： 各种附件的损坏导致阻力增大； 缺机油/机油变质/组件磨损严重； 排气制动系统故障导致排气受阻	检查风扇等附件的转动是否受阻； 检查机油情况； 检查排气制动
		喷油器机械故障： 积炭/针阀卡滞/喷油器体开裂/安装不当导致变形	拆检并更换喷油器
		进气管路泄漏； 油路进气	拧紧松脱管路； 排除油路中空气
		油门信号错误： 诊断仪显示油门踩到底时开度达不到100%	①检查线路； ②更换油门

四、高压共轨柴油机燃油系统的检修

1. 燃油系统的排气

当更换粗滤器及对输油管进行拆装，或燃油箱排空时，空气会进入燃油系统。如有空气进入燃油系统中，会导致供油不畅，影响发动机正常工作，严重时发动机无法启动。当遇到以上情况时，应对燃油系统进行排气。

排气步骤如下：

① 使发动机熄火，如图 3-28 所示，拆卸滤清器座上的放气螺塞。

② 如图 3-29 所示，反复按压手油泵，当有油从放气螺塞排出时，将放气螺塞拧紧即可。

图 3-28 拆卸滤清器座上的放气螺塞 　　　　图 3-29 反复按压手油泵

2. 集水器排水

当集水器充满了水，则需要将收集到的水放出，以防结冻影响供油，水进入喷油器也会导致喷油器损坏。排水在停机条件下进行。

集水器底部有放水螺塞，如图 3-30 所示。松开放水螺塞即可将水排出。

3. 燃油系统检测

（1）喷油器的回油量检测　正常情况下喷油器回油量是很少的。检查回油量，便于发现损坏的喷油器。

① 检查时先断开各缸喷油器回油管。

② 用起动机带动发动机运转，检查各缸回油量。

放水螺塞

开　关

图 3-30 集水器底部放水螺塞

③ 如果发现某一缸回油量明显高于其他缸，说明该缸喷油器有故障，应重点检查高压接头与喷油器锥孔之间的密封情况，必要时更换高压接头。

④ 如果更换高压接头后回油量仍然高，就说明喷油器内漏严重，应更换喷油器，如图 3-31 所示。

图 3-31　喷油器进油口密封性检查

（2）高压油泵检测　高压油泵磨损、损坏会导致轨压不能有效建立。

① 检查高压油泵时，首先要断开高压油泵的两根出油管。

② 用起动机带动发动机运转，观察油泵出油情况，出油孔喷出的油柱可以达到 2～4cm 为正常，明显低于 2cm，说明泵已经损坏，应换新件。出油观测点如图 3-32 所示。

图 3-32　高压油泵出油观测点

4. 燃油系统的拆装

（1）喷油器的拆装

拆卸：

① 断开喷油器油管，拆下高压油管接头，如图 3-33 所示。

② 拆下气门室盖、接线柱的导线、压块螺栓，取下压块。

③ 利用开口扳手转动喷油器，然后将喷油器取出。

安装：

① 清理喷油器座孔、O 形圈、喷油器密封垫圈、油管接头，更换新件。

② 将喷油器放进缸盖，确保喷油器定位正确，并与密封圈正确接触，并用 3N·m 的力矩拧紧喷油器的压块螺栓。

图 3-33　拆下高压油管接头

③ 松开喷油器夹紧螺栓，使其对喷油器的轴向力为 0，并确保喷油器在气缸盖内正确定位。

④ 将高压接头装入缸盖并用 15～20N·m 的力矩预紧高压接头螺母。

⑤ 用 8N·m 的扭矩拧紧压块螺栓（拧 90°）。

⑥ 用 50～55N·m 的力矩拧紧高压接头螺母。

（2）高压油泵的安装

① 组装油泵。先将中间法兰和齿轮安装在共轨泵上。

② 将 1 号气缸设置在压缩上止点。操作方法：顺时针转动曲轴，将飞轮的 OT 线对正壳体上的指针，再通过检查气门摇臂，确认为 1 号缸压缩上止点，如图 3-34 所示。如果是 6 缸压缩上止点，则转曲轴一周。

图 3-34　1（6）缸上止点标记

③ 将共轨泵及齿轮组件安装到柴油机上。在安装高压油泵组件时，通过一个销子插入中间法兰与齿轮上对应的孔中。为检查共轨泵的正确位置，在中间法兰的上面加工了一个槽，与此槽相对应，在飞轮壳连接板上设置了一个沉孔。将中间法兰上的槽与飞轮壳连接板上的沉孔对正后，拧紧固定螺栓。

最后，拔出销子，并用涂有密封胶的螺钉（M5）封堵销孔。

注：油泵正时装错，会导致凸轮轴位置传感器信号失准，影响发动机启动，甚至不着火。

5. 燃油系统的故障诊断（表 3-7）

表 3-7　燃油系统的故障诊断

故障名称	故障现象	故障原因	排除方法
不来油	发动机运转，低压油路不建压、断开低压油路没有燃油流出	燃油箱油量不足、燃油系统有空气、油路堵塞、油泵损坏等	检查燃油箱油位，不足时添加；检查低压油路有无堵塞、泄漏等情况；检查油泵是否损坏

故 障 名 称	故 障 现 象	故 障 原 因	排 除 方 法
来油不畅及轨压异常	发动机着火困难,或加速无力、加速熄火,利用诊断仪检查实际轨压明显低于设定轨压;严重时无法启动	与不来油的原因相同。除此之外,油号过低、燃油滤清器堵塞、油量计量阀故障、意外回油也会导致此故障	检查燃油箱油位,不足时添加;检查低压油路有无堵塞、泄漏等情况;检查油泵是否损坏;检查、更换高号燃油;检查更换燃油滤清器;检查燃油计量阀;检查溢流阀和限压阀有无卡滞;检查喷油器是否回油异常、有无内漏;检查油压传感器是否损坏
喷油器故障	发动机排烟大、动力下降、运转不平稳、油耗增加,拆下喷油器检查会发现喷油器有油污	喷油器磨损、针阀卡滞	某缸喷油器损坏,会导致故障缸排烟异常。可以松开排气歧管,通过观察各缸排烟情况,确认故障缸、拆检喷油器

第三节　东风 dci11 柴油机高压共轨系统的检修

东风 dci11 柴油发动机高压共轨系统采用的是博世公司的 CR 高压共轨燃油系统,属于第二代共轨系统,排放达到欧Ⅲ甚至欧Ⅳ水平,主要用于中、重型柴油机上,应用在载货汽车、旅游汽车和工程机械等车辆上,被公认为是性能优越、稳定可靠的电控燃油系统。

一、东风 dci11 柴油机整车电控系统简介

1. 东风 dci11 柴油机整车电控系统控制功能

东风 dci11 柴油机整车电子控制单元(VECU)采集电子油门和各种传感器信号,同时接收组合仪表发送的车速信息,从而确定整车的控制模式。通过控制器局域网络(CAN)总线将控制指令和参数发送给发动机电控系统(EDC7)的发动机电控单元(EECU),由 EECU 实现对发动机的控制。东风 dci11 柴油机整车电控系统功能图如图 3-35 所示。

图 3-35　东风 dci11 柴油机整车电控系统功能图

（1）基本控制内容　控制供油量和喷油正时，满足排放要求，提高发动机的性能。

（2）附属控制内容　实现巡航控制、发动机制动、电子风扇控制、快怠速暖机、进气预热、怠速控制和启动控制等。

（3）自诊断　EECU 及 VECU 对大多数电路和参数进行检测，如果在某个电控系统电路中检测到故障或参数超限，EECU 就激活一个故障码，并在仪表液晶屏上显示出来。

（4）发动机保护　检测发动机重要参数，如温度和压力等，当高于或低于正常工作范围时，EECU 根据情况的严重程度，降低发动机功率、转速，对发动机进行保护，甚至停机。

2. 整车电控单元 VECU 插接器端子排列及端子作用

VECU 和 EECU 的所有信息交流通过 CAN 总线（黄色和绿色双绞线）进行传输，实现整车控制功能。VECU 有 4 个插接器，分别为 St1、St2、St3、St4，VECU 插接器端子排列及端子作用如图 3-36 所示。

图 3-36　VECU 插接器端子排列及端子作用

（注：其他端子为空位）

3. 组合仪表插接器端子排列

dci11 柴油机组合仪表插接器端子排列如图 3-37 所示。

图 3-37　dci11 柴油机组合仪表插接器端子排列

组合仪表的特点：

① D310 组合仪表内部带有微型控制器模块，通过 CAN 总线与 VECU 通信。

② 实现表头驱动，指示灯点亮。

③ 在整车有当前故障码时，点亮故障指示灯，并在液晶屏上显示故障内容。

4. dci11 柴油机整车控制电路

（1）dci11 柴油机整车的电源电路　dci11 柴油机整车的电源电路工作原理图如图 3-38 所示。

图 3-38　dci11 柴油机整车的电源电路工作原理图

（2）dci11 柴油机整车 CAN 通信电路　dci11 柴油机整车 CAN 通信电路工作原理图如图 3-39 所示。

图 3-39　dci11 柴油机整车 CAN 通信电路工作原理图

（3）电子油门的特性

① 电子油门布置在驾驶室内，用电线束取代传统的拉线。

② 发动机所用的电子油门的信号并不直接传递给 EECU，而是先传给 VECU，VECU 通过 CAN 总线再传递给 EECU。EECU 根据这个信号确定发动机的负荷，以改变喷油量。

③ 发动机使用的是非接触式电子油门，提高了可靠性。

④ 发动机电子油门上有 6 个端子，但只用 3 个，其他为空位。3 个有效端子的作用是：端子 1——+5V 电源电压；端子 2——信号输出；端子 3——搭铁。

⑤ 电子油门信号是共轨发动机上的重要信号，一旦信号丢失，发动机将工作在降级模式，其最高转速限制在 900r/min。

（4）启动控制电路　启动控制电路工作原理图如图 3-40 所示。

图 3-40　启动控制电路工作原理图

EECU 管理发动机启动，并保护发动机和起动机。启动请求激活条件有：

① 点火开关 ST 挡信号。

② 点火开关 ON 挡信号。

③ 发动机尚未启动，无启动终止信号。

启动终止条件有：

① 起动机啮合时间超过 30s。

② 起动机啮合时间超过 12s 后，发动机转速仍未超过 45r/min。

③ 发动机转速超过某个设定值。

④ 车速高于设定值。

⑤ 启动信号错误。

5. 排气制动和发动机制动

发动机不仅可以驱动车辆行驶，还可以控制辅助制动装置，即发动机制动器和排气制动阀，使发动机成为功率吸收器，对车辆产生制动作用。这样可提高车辆的制动性能、减少制动蹄片磨损、延长寿命，还具有辅助快速暖机功能。

排气制动指示灯

发动机制动指示灯

图 3-41 排气制动和发动机
制动指示灯

① 工作原理。当满足所有进入条件时，EECU 输出制动信号，排气制动才能激活。

a. 发动机转速高于 1000r/min。

b. 加速踏板松开。

c. 离合器踏板松开

d. 排气制动开关接通。

e. 手动变速器已挂挡。

② 对于装配有发动机制动的车辆，发动机制动和排气制动功能可以同时激活，相应的指示灯同时点亮；而对于不配备发动机制动的车辆，只有排气制动指示灯会点亮。排气制动和发动机制动指示灯如图 3-41 所示。排气制动激活时，发动机怠速运转。

③ 排气制动和发动机制动电路工作原理图如图 3-42 所示。

图 3-42 排气制动和发动机制动电路工作原理图

6. 进气预热

（1）进气预热工作原理　在环境温度（冷却液温度、进气温度）较低时，EECU 控制进气预热器加热发动机的进气温度。当发动机冷却液温度较低时，EECU 诊测到低冷却液温度情况，通过输出控制进气加热继电器，为安装在进气歧管中的电加热器通电，以提高进气温度。在加热过程中，仪表上的等待启动指示灯会点亮，驾驶人在指示灯熄灭后可以启动发动机。

进气预热的好处是可以提高发动机冷机启动能力，改善低温运行功能，并可降低排放，改善燃油经济性。

（2）进气预热程序

① 电控系统自动完成，分 4 个阶段：前加热阶段、准备启动阶段、启动阶段和后加热阶段。

② 温度不同，加热时间不同，低于 0℃ 开始加热。

③ 只有在前加热阶段等待启动指示灯点亮，准备启动阶段指示灯闪烁，其他阶段指示灯灭；只要进气预热继电器触点接通，进气预热指示灯就点亮。

进气预热指示灯、等待启动指示灯和进气预热电控原理如图 3-43。

图 3-43　进气预热指示灯、等待启动指示灯和进气预热电控原理

（3）快速暖机

① 发动机电控系统根据冷却液温度或气温（取最低值）低于 5℃，在低温启动发动机时，自动提升怠速转速，以加快暖机时间。与此同时，排气制动激活，间歇性通电工作，排气制动指示灯闪烁。

② 如果冷却液温度高于 6℃ 或踩下加速踏板超过设定值，快速暖机结束，发动机由高怠速运转回到正常怠速运转。

③ 如果冷却液温度低于 5℃，EECU 将发动机转速锁定在 1580r/min 以下运转，以防止发动机各配合副在未达到良好润滑条件时高转速运转导致磨损加剧。温度不同其锁定时间不同。当温度达到或时间达到后，快怠速暖机退出。低温启动发动机时，快怠速暖机可以保护发动机。

（4）进气预热控制电路工作原理图　进气预热控制电路工作原理图如图 3-44 所示。

图 3-44　进气预热控制电路工作原理图

二、东风 dci11 柴油机发动机电控系统（EDC7）的组成

（1）发动机电控系统（EDC7）的组成　东风 dci11 柴油机发动机电控系统（EDC7）的组成如图 3-45 所示，主要由发动机电控单元 EECU、传感器和执行器等组成。

（2）发动机电控单元 EECU 插接器端子排列及电路图　发动机电控单元 EECU 插接器

图 3-45　东风 dci11 柴油机发动机电控系统（EDC7）的组成

端子排列如图 3-46（a）所示，EECU 电路图（部分）如图 3-46（b）所示。

（3）发动机 EDC7 电控高压共轨燃油系统　发动机 EDC7 电控高压共轨燃油系统的组成如图 3-47 所示。

（a）发动机电控单元EECU插接器端子排列
A、B—EECU插接件；1～43—端子

(b) EECU 电路图(部分)

图 3-46 发动机电控单元 EECU 插接器端子排列及电路图

图 3-47　发动机 EDC7 电控高压共轨燃油系统的组成

三、东风 dci11 柴油发动机电控系统故障码一览表

（1）dci11 发动机（EDC7 系统）故障码　dci11（EDC7 系统）发动机故障码如表 3-8 所示。

表 3-8　dci11（EDC7 系统）发动机故障码表

J1939 故障码（SAE）		故　障　内　容
SPN	FMI	
1351	3	空调继电器控制端电源短路
1351	4	空调继电器控制端搭铁短路
1351	12	空调继电器控制端开路
1351	2	空调继电器控制端超温
985	12	空调开关 CAN 信号故障（985,12）
985	2	空调开关 CAN 信号故障（985,2）
520192	3	EECU 内部故障（520192,3）
520192	4	EECU 内部故障（520192,4）
520192	11	EECU 内部故障（520192,11）
520192	2	EECU 内部故障（520192,2）
108	3	大气压力传感器电源短路
108	4	大气压力传感器搭铁短路
108	12	大气压力 CAN 信号故障
108	2	大气压力传感器信号故障
91	7	加速踏板和制动状态不匹配
676	7	进气预热开关接通位置锁死
729	3	进气预热控制端电源短路或开路
729	4	进气预热控制端搭铁短路
730	3	进气预热测试 2 故障（730,3）
730	4	进气预热测试 2 故障（730,4）

J1939 故障码（SAE）		故　障　内　容
SPN	FMI	
102	3	增压压力传感器电源短路
102	4	增压压力传感器搭铁短路
102	12	增压压力 CAN 信号故障
102	2	增压压力传感器信号故障
168	3	整车系统电压过高
168	4	整车系统电压过低
597	12	制动信号故障（597,12）
597	2	制动信号故障（597,2）
111	3	冷却液液位传感器电源短路
111	4	冷却液液位传感器搭铁短路
111	12	冷却液液位传感器开路
111	2	冷却液液位传感器信号故障
1072	3	发动机制动电磁阀 1 电源短路或开路
1072	4	发动机制动电磁阀 1 搭铁短路
1073	3	发动机制动电磁阀 2 电源短路或开路
1073	4	发动机制动电磁阀 2 搭铁短路
1081	3	预热指示灯电源短路
1081	4	预热指示灯搭铁短路
1081	12	预热指示灯开路
1081	2	预热指示灯超温
110	3	冷却液温度传感器电源短路
110	4	冷却液温度传感器搭铁短路
110	12	冷却液温度 CAN 信号故障
110	2	冷却液温度传感器信号故障
110	15	冷却液温度过高
520200	20	压缩测试进行中
598	12	离合器开关信号故障（598,12）
598	2	离合器开关信号故障（598,2）
636	12	凸轮轴转速传感器信号丢失
636	11	凸轮轴转速传感器信号故障
190	12	曲轴转速传感器信号丢失
190	11	曲轴转速传感器信号故障
190	7	凸轮轴和曲轴转速传感器信号不同步
533	15	发动机超速
1074	3	排气制动电磁阀电源短路
1074	4	排气制动电磁阀搭铁短路
1074	12	排气制动电磁阀开路
1074	2	排气制动电磁阀超温
520234	13	EECU 软件故障
1071	3	风扇电磁阀控制端电源短路
1071	4	风扇电磁阀控制端搭铁短路
1071	12	风扇电磁阀控制端开路
1071	2	风扇电磁阀控制端超温
1639	3	风扇转速传感器电源短路
1639	4	风扇转速传感器搭铁短路
95	7	燃油滤清器堵塞
523239	2	DEC1 报文故障（523239,2）
523239	12	DEC1 报文故障（523239,12）
188	2	DEC1 报文故障（188,2）

| J1939 故障码(SAE) | | 故 障 内 容 |
SPN	FMI	
644	2	DEC1 报文故障(644,2)
536	2	DEC1 报文故障(536,2)
523610	2	DEC1 报文故障(523610,2)
523640	2	DEC2 报文故障(523640,2)
556	2	DEC1 报文故障(556,2)
171	2	DEC2 报文故障(171,2)
523610	12	CAN 报文超时(523610,12)
523640	12	CAN 报文超时(523640,12)
520211	12	CAN 报文超时(520211,12)
523222	12	CAN 报文超时(523222,12)
523605	11	CAN 报文超时(523605,11)
523605	12	CAN 报文超时(523605,12)
523606	11	CAN 报文超时(523606,11)
523606	12	CAN 报文超时(523606,12)
518	2	DEC1 报文故障(518,2)
523617	11	EECU 内部故障(523617,11)
630	4	EECU 内部故障(630,4)
630	12	EECU 内部故障(630,12)
630	2	EECU 内部故障(630,2)
520222	14	EECU 内部故障(520222,14)
523612	3	EECU 内部故障(523612,3)
523612	4	EECU 内部故障(523612,4)
520223	20	高压测试进行中
105	3	进气温度传感器电源短路
105	4	进气温度传感器搭铁短路
105	12	进气温度 CAN 信号故障
523350	3	EECU 内部故障(523350,3)
523350	4	EECU 内部故障(523350,4)
523350	11	EECU 内部故障(523350,11)
523352	3	EECU 内部故障(523352,3)
523352	4	EECU 内部故障(523352,4)
523352	11	EECU 内部故障(523352,11)
523354	3	EECU 内部故障(523354,3)
523354	4	EECU 内部故障(523354,4)
523354	12	EECU 内部故障(523354,12)
523354	2	EECU 内部故障(523354,2)
523355	3	EECU 内部故障(523355,3)
523355	4	EECU 内部故障(523355,4)
523355	12	EECU 内部故障(523355,12)
523355	2	EECU 内部故障(523355,2)
651	3	1 缸喷油电磁阀低端电源短路
651	8	1 缸喷油电磁阀高低端短路
651	11	1 缸喷油电磁阀线路故障
651	12	1 缸喷油电磁阀开路
652	3	2 缸喷油电磁阀低端电源短路
652	8	2 缸喷油电磁阀高低端短路
652	11	2 缸喷油电磁阀线路故障
652	12	2 缸喷油电磁阀开路
653	3	3 缸喷油电磁阀低端电源短路

J1939 故障码(SAE)		故 障 内 容
SPN	FMI	
653	8	3 缸喷油电磁阀高低端短路
653	11	3 缸喷油电磁阀线路故障
653	12	3 缸喷油电磁阀开路
654	3	4 缸喷油电磁阀低端电源短路
654	8	4 缸喷油电磁阀高低端短路
654	11	4 缸喷油电磁阀线路故障
654	12	4 缸喷油电磁阀开路
655	3	5 缸喷油电磁阀低端电源短路
655	8	5 缸喷油电磁阀高低端短路
655	11	5 缸喷油电磁阀线路故障
655	12	5 缸喷油电磁阀开路
656	3	6 缸喷油电磁阀低端电源短路
656	8	6 缸喷油电磁阀高低端短路
656	11	6 缸喷油电磁阀线路故障
656	12	6 缸喷油电磁阀开路
520226	12	喷油缸数太少
1485	3	EECU 内部故障(1485,3)
1485	4	EECU 内部故障(1485,4)
523615	5	燃油计量单元电磁阀开路
523615	2	燃油计量单元电磁阀超温
523615	3	燃油计量单元电磁阀电源短路
523615	4	燃油计量单元电磁阀搭铁短路
523615	16	EECU 内部故障(523615,16)
523615	18	EECU 内部故障(523615,18)
2634	3	EECU 内部故障(2634,3)
2634	4	EECU 内部故障(2634,4)
523420	2	EECU 内部故障(523420,2)
639	12	CAN 总线通道 A 通信中断
1231	12	CAN 总线通道 B 通信中断
1235	12	CAN 总线通道 C 通信中断
98	3	机油液位传感器电源短路
98	4	机油液位传感器搭铁短路
98	12	机油液位 CAN 信号故障
98	2	机油液位传感器信号故障
100	3	机油压力传感器电源短路
100	4	机油压力传感器搭铁短路
100	12	机油压力传感器信号故障
100	2	机油压力过高
100	17	机油压力过低
1108	16	EECU 内部故障(1108,16)
520228	15	EECU 内部故障(520228,15)
523470	11	PRV 阀打开(523470,11)
523470	7	PRV 阀故障(523470,7)
523470	12	PRV 阀故障(523470,12)
523470	15	PRV 阀故障(523470,15)
523470	16	PRV 阀故障(523470,16)
157	3	轨压传感器电源短路
157	4	轨压传感器搭铁短路
523613	16	油轨压力不正常(523613,16)

J1939 故障码（SAE）		故 障 内 容
SPN	FMI	
523613	15	油轨压力不正常（523613，15）
523613	7	油轨压力不正常（523613，7）
523613	17	油轨压力不正常（523613，17）
523613	4	油轨工作压力太低
523613	3	油轨工作压力太高
523613	18	油轨工作压力不正常（523613，18）
523613	2	油轨工作压力不正常（523613，2）
520232	255	加速测试进行中
970	12	EECU 内部故障（970，12）
970	3	EECU 内部故障（970，3）
970	4	EECU 内部故障（970，4）
1079	3	EECU 内部故障（1079，3）
1079	4	EECU 内部故障（1079，4）
1080	3	EECU 内部故障（1080，3）
1080	4	EECU 内部故障（1080，4）
523601	3	EECU 内部故障（523601，3）
523601	4	EECU 内部故障（523601，4）
520233	20	停机测试进行中
677	3	起动机高端电源短路
677	1	起动机高端搭铁短路
677	0	起动机低端电源短路
677	4	起动机低端搭铁短路
677	5	起动机低端开路
624	3	系统灯控制端电源短路
624	4	系统灯控制端搭铁短路
624	12	系统灯控制端开路
624	2	系统灯控制端超温
158	12	EECU 无加电 ON 信号
1041	7	启动信号一直接通
523550	2	EECU 内部故障（523550，2）
1624	3	车速传感器电源短路
1624	4	车速传感器搭铁短路
1624	12	车速 CAN 信号故障
1624	255	车速传感器信号故障
520239	11	EECU 内部故障（520239，11）
520239	2	EECU 内部故障（520239，2）
523601	12	EECU 内部故障（523601，12）

（2）dci11 发动机（MS6.3 系统）故障码 dci11（MS6.3 系统）发动机故障码如表 3-9 所示。

表 3-9 dci11（MS6.3 系统）发动机故障码表

故障码		仪 表 显 示		指示灯
SPN	FMI	修正版	D310 目前的版本	
100	3	机油压力传感器信号故障	机油压力传感器短路到 5V 或 24V	维修警告灯
100	4	机油压力传感器信号故障	机油压力传感器开路或搭铁短路	维修警告灯
100	18	机油压力传感器电源故障	机油压力传感器电源电压太低	维修警告灯
100	16	机油压力传感器电源故障	机油压力传感器电源电压太高	维修警告灯
16	3	燃油阻塞传感器信号故障	燃油阻塞传感器开路或搭铁短路	维修警告灯

故障码		仪 表 显 示		指示灯
SPN	FMI	修正版	D310 目前的版本	
102	3	增压压力传感器信号故障	增压压力传感器短路到 5V 或 24V	维修警告灯
102	4	增压压力传感器信号故障	增压压力传感器开路或搭铁短路	维修警告灯
102	18	增压压力传感器电源故障	增压压力传感器电源电压太低	维修警告灯
102	16	增压压力传感器电源故障	增压压力传感器电源电压太高	维修警告灯
102	15	进气压力过高	进气增压压力高于正常值	维修警告灯
110	3	冷却液温度传感器故障	冷却液温度传感器短路到 5V 或 24V	维修警告灯
110	4	冷却液温度传感器故障	冷却液温度传感器搭铁短路	维修警告灯
110	5	冷却液温度传感器故障	冷却液温度传感器开路	维修警告灯
110	15	冷却液温度过高	冷却液温度高于正常值	维修警告灯
105	3	进气温度传感器故障	进气温度传感器短路到 5V 或 24V	维修警告灯
105	4	进气温度传感器故障	进气温度传感器搭铁短路	维修警告灯
105	5	进气温度传感器故障	进气温度传感器开路	维修警告灯
98	3	机油液位传感器故障	机油液位传感器开路	维修警告灯
98	4	机油液位传感器故障	机油液位传感器搭铁短路或到 5V	维修警告灯
98	12	机油液位传感器故障	机油液位传感器信号不正常	维修警告灯
1639	3	风扇转速传感器故障	风扇转速传感器短路到 24V	维修警告灯
1639	18	风扇转速传感器故障	风扇转速传感器电源电压太低	维修警告灯
1639	12	风扇伺服系统静态故障	风扇伺服系统静态故障	维修警告灯
1639	15	风扇转速过高	风扇转速高于正常值	维修警告灯
1639	16	风扇转速传感器故障	风扇转速传感器电源电压太高	维修警告灯
190	2	曲轴转速传感器故障	曲轴转速传感器开路或短路到 24V 或搭铁，极性接反或信号中断	维修警告灯
190	5	曲轴转速传感器故障	曲轴转速传感器故障	维修警告灯
636	8	凸轮轴转速传感器故障	凸轮轴转速传感器故障	维修警告灯
636	3	凸轮轴转速传感器故障	凸轮轴转速传感器开路、短路或极性接反	维修警告灯
94	3	喷油压力传感器故障	喷油压力传感器开路或短路到 5V 或 24V	停机警告灯
94	4	喷油压力传感器故障	喷油压力传感器搭铁短路	停机警告灯
94	18	喷油压力传感器故障	喷油压力传感器电源电压过低	停机警告灯
94	0	喷油压力过高	喷油压力超过正常值	停机警告灯
94	16	喷油压力传感器故障	喷油压力传感器电源电压过高	停机警告灯
1079	14	传感器 SV 电源故障	由 EECU 提供的传感器电源 5V 故障	停机警告灯
95	14	燃油过滤器堵塞	燃油过滤器堵塞	维修警告灯
1267	5	停机开关故障	停机开关搭铁短路或开路	维修警告灯
1074	3	排气制动阀故障	排气制动阀短路到 24V	维修警告灯
1074	4	排气制动阀故障	排气制动阀搭铁短路	停机警告灯
1074	5	排气制动阀故障	排气制动阀开路	维修警告灯
1072	4	发动机制动阀 1 故障	发动机压缩制动阀 1 搭铁短路	维修警告灯
1072	5	发动机制动阀 1 故障	发动机压缩制动阀 1 开路或短路到 24V	停机警告灯
1073	4	发动机制动阀 2 故障	发动机压缩制动阀 2 搭铁短路	维修警告灯
1073	5	发动机制动阀 2 故障	发动机压缩制动阀 2 开路或短路到 24V	停机警告灯
677	3	起动继电器故障	起动机继电器输出端短路到 24V	维修警告灯
677	5	起动继电器故障	起动机继电器输出端搭铁短路或开路	停机警告灯
647	3	风扇控制阀故障	风扇控制端短路到 24V	维修警告灯
647	4	风扇控制阀故障	风扇控制端搭铁短路	维修警告灯
647	5	风扇控制阀故障	风扇控制端开路	维修警告灯
651	3	1 缸喷油器故障	1 缸喷油器短路到 24V	停机警告灯
651	4	1 缸喷油器故障	1 缸喷油器搭铁短路	停机警告灯
651	5	1 缸喷油器故障	1 缸喷油器开路	维修警告灯
651	11	1 缸喷油器故障	1 缸喷油器输出控制不正常	维修警告灯

故障码		仪 表 显 示		指示灯
SPN	FMI	修正版	D310 目前的版本	
652	3	2 缸喷油器故障	2 缸喷油器短路到 24V	停机警告灯
652	4	2 缸喷油器故障	2 缸喷油器搭铁短路	停机警告灯
652	5	2 缸喷油器故障	2 缸喷油器开路	维修警告灯
652	11	2 缸喷油器故障	2 缸喷油器输出控制不正常	维修警告灯
653	3	3 缸喷油器故障	3 缸喷油器短路到 24V	停机警告灯
653	4	3 缸喷油器故障	3 缸喷油器搭铁短路	停机警告灯
653	5	3 缸喷油器故障	3 缸喷油器开路	维修警告灯
653	11	3 缸喷油器故障	3 缸喷油器输出控制不正常	维修警告灯
654	3	4 缸喷油器故障	4 缸喷油器短路到 24V	停机警告灯
654	4	4 缸喷油器故障	4 缸喷油器搭铁短路	停机警告灯
654	5	4 缸喷油器故障	4 缸喷油器开路	维修警告灯
654	11	4 缸喷油器故障	4 缸喷油器输出控制不正常	维修警告灯
655	3	5 缸喷油器故障	5 缸喷油器短路到 24V	停机警告灯
655	4	5 缸喷油器故障	5 缸喷油器搭铁短路	停机警告灯
655	5	5 缸喷油器故障	5 缸喷油器开路	维修警告灯
655	11	5 缸喷油器故障	5 缸喷油器输出控制不正常	维修警告灯
656	3	6 缸喷油器故障	6 缸喷油器短路到 24V	停机警告灯
656	4	6 缸喷油器故障	6 缸喷油器搭铁短路	停机警告灯
656	5	6 缸喷油器故障	6 缸喷油器开路	维修警告灯
656	11	6 缸喷油器故障	6 缸喷油器输出控制不正常	维修警告灯
1347	4	高压泵电磁阀 1 故障	高压泵 1 电磁阀短路或开路	停机警告灯
1348	4	高压泵电磁阀 2 故障	高压泵 2 电磁阀短路或开路	停机警告灯
164	0	高压泵燃油压力不正常	CP2 泵燃油压力高于设定值	停机警告灯
164	12	高压泵燃油压力不正常	CP2 泵燃油压力不在范围内	停机警告灯
164	7	高压泵燃油压力不正常	CP2 泵燃油压力高于设定值	停机警告灯
164	31	高压泵限压阀故障	CP2 泵燃油压力限制阀卡死	停机警告灯
168	0	蓄电池电压不正常	蓄电池电压过高,大于 34V	停机警告灯
168	1	蓄电池电压不正常	蓄电池电压过低,小于 9.7V	停机警告灯
168	15	蓄电池电压不正常	蓄电池电压高,大于 31V	维修警告灯
168	17	蓄电池电压不正常	蓄电池电压低,小于 18.5V	维修警告灯
168	12	EECU 故障	读取蓄电池电压的模数转换器故障	维修警告灯
639	9	EECU 和 VECU 之间 CAN 通信故障	EECU 和 VECU 之间 CAN 通信故障	维修警告灯
1231	9	EECU 故障	CAN 控制器故障,通信中断	停机警告灯
631	14	EECU 故障	EEPROM 故障	维修警告灯
970	14	EECU 故障	EECU 内冗余关断路径电源不正常	维修警告灯
970	13	EECU 故障	断油回路测试不能完成	维修警告灯
629	14	EECU 故障	没有完成故障保存	停机警告灯
611	3	EECU 故障	喷油器升压电容组 1 或 2 短路到 24V	停机警告灯
611	4	EECU 故障	喷油器升压电容组 1 或 2 搭铁短路	停机警告灯
1479	14	EECU 故障	EECU 采集发动机和泵转速接口故障	停机警告灯
628	13	EECU 没有参数化	发动机的 DATASET 没有进行参数化	维修警告灯
630	13	EECU 没有参数化	博世的 DATASET 没有进行参数化	维修警告灯
91	3	加速踏板故障	加速踏板信号或电源短路到 24V	停机警告灯
91	4	加速踏板故障	加速踏板信号或电源搭铁短路或开路	停机警告灯
170	3	外部温度传感器故障	外部温度传感器短路到 24V 或开路	维修警告灯
170	4	外部温度传感器故障	外部温度传感器搭铁短路	维修警告灯
597	17	制动开关故障	制动开关的两个触点处于同一个状态	维修警告灯
598	7	离合器开关故障	离合器开关在关闭或打开位置卡死	维修警告灯
601	4	巡航开关故障	巡航手柄故障,S— 和 R+ 同时存在	维修警告灯

故障码		仪 表 显 示		指示灯
SPN	FMI	修正版	D310 目前的版本	
604	7	空挡开关故障	空挡开关在关闭或打开位置卡死	维修警告灯
630	12	VECU 故障	VECU 两个保护区之一数据被删除	维修警告灯
630	13	VECU 故障	EECU 没有下载数据到 VECU	维修警告灯
631	12	VECU 故障	VECU 两个保护区之一被删除	维修警告灯
639	9	VECU 和 EECU 之间 CAN 通信故障	行驶记录仪对 TCD1-S 没有响应	维修警告灯
650	3	电源继电器故障	电源继电器控制端短路到 24V	维修警告灯
650	4	电源继电器故障	电源继电器控制端搭铁短路或开路	维修警告灯
650	5	电源继电器故障	电源继电器控制端开路	维修警告灯
650	7	电源继电器故障	电源继电器故障	维修警告灯
1384	8	VECU CAN 通信故障	VECU CAN 总线短路或开路或采集不到信号	停机警告灯
1384	9	VECU CAN 通信故障	控制单元对 CAN 发送的信息无响应	停机警告灯
1195	8	VECU 没有参数	VECU 没有参数	停机警告灯
608	9	J1587 故障	J1587 故障	停机警告灯
1624	18	车速信号故障	车速校验故障	维修警告灯

第四节 五十铃 6HK1 柴油机高压共轨系统的检修

一、五十铃 6HK1 柴油机共轨燃油系统的组成及发动机电控单元端子含义

1. 五十铃 6HK1 柴油机共轨燃油系统的组成

五十铃 6HK1 型电控柴油机的燃油系统装用的是电装公司的 ECD-U2 型电控高压共轨系统,在我国主要用于中、重型柴油机,属于第二代共轨系统,燃油喷油压力在 160MPa,排放满足欧Ⅲ要求,并可提高到欧Ⅳ水平。

6HK1 柴油机共轨燃油系统的组成如图 3-48 所示。ECD-U2 型电控高压共轨系统主要由燃油供给系统、进气系统和排放控制系统组成。在 ECD-U2 系统中,电动输油泵的作用是将油箱中的燃油吸出并输入供油泵的柱塞室中。在供油泵上安装有压力限制器(PCV),它的作用是在发动机电控单元 ECM(又写为 ECU)的指令控制下,调节油轨中的燃油量,也就调节了油轨中的压力。在油轨上安装的流量限制器相当于溢流阀,它的作用是限制油轨中的燃油压力,使其不高不低。当轨压达到 140MPa 时,流量限制器打开,开始卸油;当压力下降到 30MPa 时,阀门关闭,始终保持油轨中的压力稳定。

由 ECM 控制电磁喷油器,可有效地控制喷油量、喷油时间和喷油速率。

2. 五十铃 6HK1 型电控柴油机发动机电控单元 ECM 端子含义

ECM 接收各种传感器输入的电信号,并进行分析、处理,以便对各个系统进行有效控制。ECM 具有诊断功能,当检测到系统出现问题时,通过故障指示灯发出警告,设定故障码并储存起来。故障码经过诊断可以查明故障内容,进行排除。

ECM 输出 5V 电压,输送到各个传感器和开关,使它们具有正常工作所需的电源电压。

ECM 内部包括 ROM、EEPROM、CPU,它们负责数据的处理、分析、储存和数据清除及各种控制。

图 3-48 五十铃 6HK1 柴油机共轨燃油系统的组成

1—预滤器；2—电动输油泵；3—燃油滤清器；4—供油泵；5—轨压传感器；6—油轨；7—压力限制器；
8—流量限尼器（流量限制器）；9—喷油器；10—ECM；11—传感器（加速踏板位置、增压压力、
冷却液温度传感器等）；12—曲轴位置传感器；13—凸轮轴位置传感器；14—油箱

ECM 电压的测量，应使用 10MΩ 高阻抗数字式万用表，以使测得的电压准确。

若需要将 ECM 的电源断开，应将点火开关转到 OFF 位置之后，等待 10s 以上，ECM 才能真正断开电源，这时才可以进行清除存储器数据的工作。

ECM 端子排列如图 3-49 所示；ECM81 端子插接器的端子含义如表 3-10 所示；ECM40 端子插接器的端子含义如表 3-11 所示。

图 3-49　ECM 端子排列

表 3-10　ECM81 端子插接器的端子含义

端　　子	名　　称	含　　义
1	PG-POWER	搭铁
2	PS-＋B	电源

端　子	名　　称	含　　义
3	PC-POWER	搭铁
4	PG-POWER	搭铁
5	PS-＋B	电源
6	OS-DIAGL	诊断灯
7	OS-BOOSTL	增压温度传感器先导灯
8、9	无	无
10	OS-GLOWR	预热塞继电器
11	OS-CLOWL	QOS 快速启动系统指示灯
12～16	无	无
17	OS-OLLPL	机油压力灯
18	CC-CAN-H	CAN 高
19	IF-SPD	车速传感器信号
20	SC-SLD1	加速踏板位置传感器 1 搭铁
21	OS-MAINR	ECM 主继电器
22、23	无	无
24	IS-IGKEY	启动开关 ON 信号
25～31	无	无
32	IS-MEMCL	存储器清除开关
33～36	无	无
37	CC-CAN-L	CAN 低
38	CC-KW2000	数据链插接器
39	无	无
40	OS-MAINR	ECM 主继电器
41	SG-5VRT1	加速踏板位置传感器搭铁
42	SP-5V1	加速踏板位置传感器电源
43	PG-SIGN	搭铁
44、45	无	无
46	IS-START	启动开关启动信号
47	ENGSTP	柴油机停机开关
48～51	无	无
52	IS-DIAG	诊断开关
53～59	无	无
60	SG-5VRT2	大气压力传感器、进气温度传感器搭铁
61	SP-5V2	大气压力传感器电源
62	PG-SIGN	搭铁
63	IA-ACCEL1	加速踏板位置传感器 1 信号
64	IA-ACCEL2	加速踏板位置传感器 2 信号
65、66	无	无
67	IA-OILPRESS	机油压力传感器信号
68～70	无	无
71	IA-BARO	大气压力传感器信号
72	IA-IAT	进气温度传感器信号
73	无	无
74	IA-THBST	增压温度信号
75～78	无	无
79	SG-5VRT3	机油压力传感器、燃油温度传感器、冷却液温度传感器搭铁
80	SP-5V3	机油压力传感器电源
81	PG-CASE	搭铁

表 3-11　ECM40 端子插接器的端子含义

端　　子	名　　称	含　　义
82	IA-PFUEL	共轨压力传感器信号
83	IA-THL	燃油温度传感器信号
84	IA-THW	冷却液温度传感器信号
85、86	无	无
87	SP-5V5	共轨压力传感器电源
88	无	无
89	IA-SCVLO	SCV 驱动
90	IA-PFUEL	共轨压力传感器
91	IA-BPRESS	增压压力传感器信号
92	IA-EBMPOS3	EGR 位置传感器 W
93	IA-EBMPOS2	EGR 位置传感器 V
94	IA-EBMPOS1	EGR 位置传感器 U
95	SP-5V4	增压压力传感器电源
96	无	无
97	IA-SCVLO	SCV 低驱动
98	IF-CAMHAL	凸轮轴位置传感器信号
99	SP-CAMHAL	凸轮轴位置传感器电源
100	SG-SLD5	凸轮轴位置传感器、共轨压力传感器屏蔽
101	SG-5VRT5	共轨压力传感器搭铁
102	无	无
103	OM-EBM2	EGR 阀直流伺服电动机电源输入 V
104	无	无
105	OS-SCVHI	SCV 高驱动
106	IF-CRANK-	曲轴位置传感器-
107	IF-CRANK+	曲轴位置传感器+
108	SG-SLD4	曲轴位置传感器屏蔽
109	SG-5VRT4	增压压力传感器、冷却液温度传感器、燃油温度传感器搭铁
110	OM-EBM3	EGR 阀直流伺服电动机电源输入 W
111	OM-EBM1	EGR 阀直流伺服电动机电源输入 U
112	无	无
113	OS-SCVHI	SCV 高驱动
114	OS-INJ5	喷油器 2
115	OS-INJ6	喷油器 4
116	OP-COM2	喷油器电源 2(4 号、5 号、6 号气缸)
117	OS-INJ3	喷油器 3
118	OS-INJ4	喷油器 6
119	OS-INJ1	喷油器 1
120	OS-INJ2	喷油器 3
121	OP-COM1	喷油器电源 1(1 号、2 号、3 号气缸)

二、五十铃 6HK1 柴油机故障码的诊断

1. 故障码的读取与清除

（1）故障码的读取

①用诊断指示灯读取故障码。接通诊断开关，诊断指示灯以闪烁的方式显示储存在 ECM 里的现行和历史故障码。

②用故障监视器读取故障码。发动机电控系统出现故障时，就会在发动机的故障监视器上显示。

③ 用故障诊断仪读取故障码。用带发动机故障软件的诊断仪可以读取故障码。

（2）故障码的清除

① 用带发动机诊断软件的诊断仪可以清除故障码。

② 用存储器清除开关清除故障码。将启动开关、诊断开关和存储器清除开关转到 ON 位置，等待 3s；再断开这 3 个开关，等待 10s；再将启动开关和诊断开关转到 ON 位置，确认存储器中的故障码已被清除。

③ 间歇性故障用 ECM 清除。如果储存在 ECM 中的故障码在 20 个点火循环之内都无效，不再起作用，那么故障码将被清除。

④ 利用点火循环清除故障。在故障码排除后，经过一次点火循环，即将点火开关转到 ON—转到 OFF—再转到 ON—启动发动机，进行故障码诊断，若正常，表明故障码已被清除。

2. 故障码一览表

五十铃 6HK1 型电控柴油机故障码如表 3-12 所示。

表 3-12　五十铃 6HK1 型电控柴油机故障码

故障码	闪烁码	含　义	故障现象（或故障原因）	备　用　模　式
P0087	227	共轨压力低（供油泵无压力）	发动机怠速不稳、振动、输出功率下降、冒黑烟。故障原因有燃油系统有空气、喷油器故障、供油泵故障、燃油系统泄漏、压力限制器故障、轨压传感器故障或 ECM 故障	限制喷油量 3（多次喷射停止）、限制最大轨压为 80MPa
P0088	118	共轨压力异常高	怠速不稳、振动、功率下降、发动机窜气、冒黑烟。故障原因有流量限制器损坏、回油管堵塞	多次喷射停止、限制最大轨压为 80MPa
P0089	151	共轨压力故障（供油泵压力过大）	怠速不稳、功率下降、窜气、冒黑烟	多次喷射停止、限制最大轨压为 80MPa
P0090	247	SCV 驱动系统开路，+B 短路或搭铁短路	发动机失速或窜气、冒黑烟	限制喷油量 3（多次喷射停止）、限制最大轨压为 80MPa
P0107	71	大气压力传感器开路或短路	在高海拔地区冒黑烟，在低海拔地区功率不足	大气压力默认值 80kPa、EGR 停止
P0108	71	大气压力传感器电路输入高（5V 短路）	在高海拔地区冒黑烟，在低海拔地区输出功率不足	大气压力默认值 80kPa、EGR 停止
P0112	22	进气温度传感器低电压	低温启动时冒白烟	进气温度默认值，启动时，−10℃，运行时，25℃，EGR 停止
P0113	22	进气温度传感器高电压	低温启动时冒白烟	进气温度默认值，启动时，−10℃，运行时，25℃，EGR 停止
P0117	23	冷却液温度传感器低电压	温度正常时冒黑烟、有噪声，低温时怠速不稳、失速、冒白烟	冷却液温度默认值，启动时，−20℃，运行时，80℃，EGR 停止
P0118	23	冷却液温度传感器高电压	温度正常时冒黑烟、有噪声，低温时怠速不稳、失速、冒白烟	冷却液温度默认值，启动时，−20℃，运行时，80℃，EGR 停止
P0182	211	燃油温度传感器低电压	操作性能受到影响	燃油温度默认值，启动时，−20℃，运行时，70℃
P0183	211	燃油温度传感器高电压	无特别现象	燃油温度默认值，启动时，−20℃，运行时，70℃
P0192	245	共轨压力传感器低电压	发动机可能失速、输出功率降低	共轨压力反馈控制停止、限制喷油量 2（多次喷射停止）、EGR 停止、将控制转换至 SCV 强制驱动、限制轨压最大值 80MPa

故障码	闪烁码	含　义	故障现象（或故障原因）	备用模式
P0193	245	共轨压力传感器高电压	发动机可能失速、输出功率降低	共轨压力反馈控制停止、限制喷射量2（多次喷射停止）、EGR停止、将控制转换至SCV强制驱动、限制轨压最大值80MPa
P0201	271	喷油器1驱动系统开路	发动机振动、怠速不稳、输出功率下降、窜气	1缸喷油停止、EGR停止
P0202	272	喷油器2驱动系统开路	发动机振动、怠速不稳、输出功率下降、发动机爆燃	2缸喷油停止、EGR停止
P0203	273	喷油器3驱动系统开路	发动机振动、怠速不稳、输出功率下降、发动机窜气	3缸喷油停止、EGR停止
P0204	274	喷油器4驱动系统开路	发动机振动、怠速不稳、输出功率下降、发动机爆燃	4缸喷油停止、EGR停止
P0205	275	喷油器5驱动系统开路	发动机振动、怠速不稳、输出功率下降、发动机爆燃	5缸喷油停止、EGR停止
P0206	276	喷油器6驱动系统开路	发动机振动、怠速不稳、输出功率下降、柴油机爆燃	6缸喷油停止、EGR停止
P0219	543	发动机超速（ECM根据曲轴转速传感器信号检测柴油机转速，当柴油机转速超过规定值时，ECM停止喷油，以降低柴油机的转速）	故障现象：输出功率下降。故障可能的原因：负荷轻、曲轴转速传感器故障、凸轮轴位置传感器信号故障、供油泵、喷油器、ECM内部故障、线束连接不良等	限制喷油量1；如果转速下降，限制量提高
P0237	32	增压压力传感器低电压	发动机冒黑烟	增压压力默认值150MPa，增压压力校正/EGR停止
P0238	32	增压压力传感器高电压	发动机冒黑烟	增压压力默认值150MPa，增压压力校正/EGR停止
P0335	15	曲轴位置传感器无信号	输出功率下降、发动机冒白烟、振动、柴油机可能失速（当凸轮轴位置传感器正常时，发动机可以启动）	凸轮轴位置传感器正常时，基于凸轮轴位置传感器进行控制
P0336	15	曲轴位置传感器无信号	输出功率下降、发动机冒白烟、振动、柴油机可能失速（当凸轮轴位置传感器正常时，发动机可以启动）	凸轮轴位置传感器正常时，柴油机基于它运行
P0340	14	凸轮轴位置传感器无信号	柴油机不能重新启动、柴油机运转期间运转状态不变	当曲轴位置传感器正常时，柴油机基于它运行，柴油机停机后不能识别气缸（不能重新启动）
P0380	66	预热塞继电器故障	启动能力下降	无
P0381	67	预热塞指示灯电路故障	操作性能受到影响	无
P0487	44	EGR位置传感器故障	操作性能受到影响	对完全关闭EGR阀的说明
P0488	45	EGR阀控制故障	排放控制受到影响	对完全关闭EGR阀的说明
P0522	294	机油压力传感器低电压	操作性能受到影响	无
P0523	295	机油压力传感器高电压	操作性能受到影响	无
P0601	53	ROM故障	柴油机停机	无
P0603	54	EEPROM故障	操作性能受到影响	无
P0606	51	CPU故障	输出功率下降，不能启动	限制喷油量2（多次喷射停止），副CPU制止主CPU工作
P0606	52	CPU故障	输出功率下降	限制喷油量1

故障码	闪烁码	含　义	故障现象(或故障原因)	备　用　模　式
P0611	34	充电电路故障。行列1(ECM内部充电电路将电压直接用于喷油器驱动电路,充电电路1将电源电压供给1、2、3气缸喷油器。当充电电路1的电压过高或过低时,ECM设定故障码)	发动机振动、怠速不稳、输出功率下降、爆燃、可能失速	1、2、3气缸停止工作,EGR阀停止
P0612	34	充电电路故障。行列2	发动机振动、怠速不稳、输出功率下降、爆燃、可能失速	4、5、6气缸停止工作,EGR阀停止
P0650	77	诊断灯电路故障。当启动开关在ON时,在灯检查期间和检测到故障码时,ECM将打开诊断灯。当诊断插接器接通时,它根据检测到的故障码使诊断灯闪烁。在ECM内安装有监测电路,以监测灯操作。当诊断灯输出与检查发动机灯操作不匹配时,ECM设定为故障码(DTC)	无	无
P1093	227	供油泵无压力	发动机振动、怠速不稳、输出功率下降、窜气、冒黑烟、失速。故障可能的原因:喷油器故障、供油泵故障、燃油系统管路故障、油箱故障、压力限制器故障、ECM故障、轨压传感器故障	限制喷油量3(多次喷射停止)、限制轨压最大值80MPa
P1095	225	压力限制器故障。开启(当ECM识别出压力限制器已起作用,当轨压增加到一定值然后又急剧下降时,ECM设定故障码)	输出功率下降、发动机喘振。故障可能的原因:高压油管有空气、喷油器故障、供油泵故障、燃油系统堵塞、油箱故障、压力限制器故障、ECM故障、轨压传感器故障	限制喷油量1,由于燃油流量受限,因此输出功率将下降50%
P1112	295	增压进气温度传感器低压、搭铁短路	无	无
P1113	295	增压进气温度传感器高压、开路、电源短路	无	无
P1173	542	发动机过热	输出功率下降、当温度超过108℃时,在过热期间燃油流量受到调节	无
P1225	31	怠速提高/降低开关故障。当怠速控制开关"高"侧和"低"侧同时检测到输入信号时,ECM设定故障码	无	在模式驾驶中不能改变发动机转速
P1261	158	喷油器共用驱动系统1故障。共用驱动系统电路向喷油器提供电源电压,分成两个电路,共用驱动系统电路1将向1、2、3气缸喷油器提供电源电压。当喷油器驱动系统电路出现故障时,ECM设定故障码	发动机振动、怠速不稳、输出功率降低、爆燃、可能失速	共用驱动系统1停止1、2、3气缸喷油器工作,EGR停止
P1262	159	喷油器共用驱动系统2故障。共用驱动系统2出现故障时,4、5、6气缸喷油器停止喷油,ECM设定故障码	发动机振动、怠速不稳、输出功率降低、爆燃、可能失速	共用驱动系统2停止4、5、6气缸喷油器工作,EGR停止

故障码	闪烁码	含　义	故障现象（或故障原因）	备　用　模　式
P1271	24	加速踏板位置传感器1与2对比故障。加速踏板位置（AP）传感器安装在加速踏板上。AP传感器为电位计式传感器，其输出电压随加速踏板开启角度变化。AP传感器包括5V电源线、搭铁线和信号线。ECM通过5V电源线向AP传感器提供5V电压，通过搭铁线将ECM内部搭铁，AP传感器将信号电压输入ECM。当加速踏板开启角度大时，AP传感器1输出高电压，AP传感器2输出低电压。当传感器1信号检测的加速踏板开启角度与传感器2信号检测的加速踏板开启角度之间的差较大时，ECM设定故障码	加速踏板开启角度被控制到0%	加速踏板开启角度被控制到0%
P1277	24	加速踏板位置传感器1低电压。当AP传感器1信号电压小于规定值时，ECM设定故障码	加速踏板开启角度被控制到0%	加速踏板开启角度被控制到0%
P1278	24	加速踏板位置传感器1高电压。当AP传感器1信号电压大于规定值时，ECM设定故障码	加速踏板开启角度被控制到0%	加速踏板开启角度被控制到0%
P1282	24	加速踏板位置传感器2低电压。当AP传感器2信号电压小于规定值时，ECM设定故障码	加速踏板开启角度被控制到0%	加速踏板开启角度被控制到0%
P1283	24	加速踏板位置传感器2高电压。当AP传感器2信号电压大于规定值时，ECM设定故障码	加速踏板开启角度被控制到0%	加速踏板开启角度被控制到0%
P1345	16	凸轮轴位置传感器相位不对。当曲轴位置传感器与凸轮轴位置传感器的脉冲信号正常但相互之间不同步时，ECM设定故障码	发动机运行期间运转状态不变，停机后不能启动	停机后不能识别气缸，不能重新启动
P1625	416	主继电器故障。主继电器安装在仪表板内。当点火开关在ON时，ECM打开主继电器，当点火开关断开时，ECM关闭主继电器。蓄电池经熔丝向主继电器供电，主继电器打开将向ECM提供电源电压。当主继电器的输出和主继电器的输入不匹配时，ECM设定故障码	发动机不能启动或电源不能关闭	无
P1630	36	A-D转换故障。ECM将各个传感器输入的模拟信号处理成数字信号，以进行各种控制和计算。当检测到模拟-数字转换故障时，ECM设定故障码	输出功率下降、冒黑烟	模拟传感器系统默认处理、限制喷油量3（多次喷射停止）、最大轨压限制到80MPa

故障码	闪烁码	含 义	故障现象（或故障原因）	备用模式
P1631	55	5V电源1电压故障。5V电源电路安装在ECM中，用于5个系统。5V电源电路1向加速踏板位置传感器供电。当5V电源电路1电压高于或低于正常值时，ECM设定故障码	怠速不良	与加速踏板位置传感器故障相同
P1632	55	5V电源2电压故障。5V电源电路安装在ECM中，用于5个系统。5V电源电路2向大气压力传感器供电。当5V电源电路2和5电压高于或低于正常值时，ECM设定故障码	海拔高时冒黑烟、海拔低时输出功率不足	与大气压力和进气温度传感器故障相同
P1633	55	5V电源3电压故障。5V电源电路3为机油压力传感器供电，当该电路电压高于或低于规定值时，ECM设定故障码	温度正常时冒黑烟、有燃烧噪声，低温时怠速运转不稳、失速、冒白烟	与机油压力、冷却液温度、燃油温度传感器故障相同
P1634	55	5V电源4电压故障。5V电源电路4为增压压力传感器供电，当该电路4和3电压高于或低于正常值时，ECM设定故障码	冒黑烟	与增压压力和进气温度传感器故障相同
P1635	55	5V电源5电压故障。5V电源电路5为轨压传感器和EGR位置传感器供电。当该电路5和2电压高于或低于正常值时，ECM设定故障码	窜气、输出功率下降、冒黑烟、可能失速	与共轨压力和EGR位置传感器故障相同
U2104	84	CAN总线故障。ECM通过CAN总线电路与ECU通信。ECM数据通过CAN高电路输出，ECU数据通过CAN低电路输入。CAN通信不中断地以恒定速度进行，输出和输入数据编号必须始终一致。当检测到CAN通信故障时，ECM设定故障码	设定为怠速	规定备用值
U2106	85	CAN超时故障。当CAN通信与ECU中断时，ECM设定故障码	CAN通信被禁止，柴油机转速变成备用转速	规定备用值

第五节　日野 J08E 柴油机高压共轨系统的检修

一、日野 J08E 柴油发动机高压共轨系统的特点与组成

（1）高压共轨系统的特点　日野 J08E 柴油发动机高压共轨系统采用的是日本电装公司的 ECD-U2 高压共轨燃油系统，属于第二代共轨系统，排放达到欧Ⅲ至Ⅳ水平，主要用于中、重型柴油机上，应用在载货汽车、旅游汽车和工程机械等车辆上，被公认为是性能优

越、稳定可靠的电控燃油系统。ECD-U2 喷射系统的喷射压力高，最高可达 200MPa；喷射压力独立于发动机转速，可有效地改善发动机低速、大负荷性能，可实现多次喷射，可调节喷油速率，实现理想喷油规律，减少了有害物的生成，喷射量和喷油正时及共轨压力可根据发动机的运转负荷由电子控制模块（ECM）准确调整，使发动机的排放、噪声、动力性、经济性、平稳性、低温启动性能和汽车的操纵性能都能达到最佳的匹配。

（2）高压共轨系统的组成　ECD-U2 高压共轨系统主要由电控系统和燃油系统组成，主要部件是高压油泵、油轨、喷油器、电子控制单元和各种传感器等，如图 3-50 所示。

图 3-50　电装公司 ECD-U2 高压共轨系统
1—加速踏板位置传感器；2—压力控制阀（PCV，在高压油泵上）；3—ECM；4—燃油压力传感器；
5—油轨（高压蓄压器）；6—三通阀（TWV）；7—油箱；8—节流孔；9—控制室；10—活塞；
11—喷油器喷嘴；12—喷油器；13—高压油泵；14—发动机转速传感器；
15—凸轮轴位置传感器；16—附加信息（温度、压力等）

ECD-U2 高压共轨系统中的高压油泵可以根据柴油机的排量大小选用不同形式。大型柴油机选用的是直列式柱塞泵，柱塞泵是单柱塞或双柱塞式；小型柴油机选用分配泵。高压油泵的作用是将输油泵输入的低压燃油加压成高压燃油，并将高压燃油供入油轨（蓄压器）中。在高压油泵上安装有压力控制阀（PCV），压力控制阀根据 ECM 输入的电信号，使 PCV 阀适时打开和关闭来控制供油量，以控制油轨内的燃油压力。

高压油泵将高压燃油连续不断地输入油轨中，再输送到各个气缸的喷油器。ECM 根据发动机的工作顺序打开喷油器电磁阀，进行喷油。油轨内的燃油压力由设置在油轨内的压力传感器检测，并将压力信息反馈给 ECM，由 ECM 进行控制，使根据发动机转速和负荷设定的压力值和实际压力值始终保持一致。

喷油器由 ECM 控制喷油正时和喷油量。电装公司的喷油器是通过开启二位三通电磁阀进行控制的。当电磁阀开启时，针阀上部控制室内的高压燃油经过节流孔流出，燃油回路切换，使喷油器内的燃油压力高于针阀开启压力，针阀上升，开始喷油。当电磁阀关闭时，通过节流孔将高压燃油附加到控制腔中，针阀下降，喷油停止。所以，电磁阀通电时刻控制喷油始点，电磁阀的通电时间控制喷油量。

二、日野 J08E 柴油发动机高压共轨系统主要部件结构特点

1. 高压油泵

高压油泵有柱塞泵和分配泵两种，其中第一代产品是直列柱塞泵 HPO 系列。HPO 系列柱塞泵有 HPO-UHD、HPO-HD 和 HPO-MD 等类型。早期的 HPO 系列泵采用预行程调节供油量，压力可达 120MPa，2000 年以后生产的 HPO 泵，压力可达 145MPa。HPO 系列高压柱塞泵有单作用型、双作用型、三作用型和四作用型。图 3-51 所示的高压柱塞泵为三作用型。采用三作用型凸轮可使柱塞减少 1/3，即一个凸轮基圆对应 3 个凸轮完成压送燃油。这种柱塞式高压油泵有单缸单柱塞、双缸双柱塞，也有三缸柱塞泵，采用发动机机油强制润滑，不需要维护。在 HPO 泵中还设有直通供油阀，当泵体内压力超过 255kPa 时，直通供油阀开启，燃油流回油箱。

电装公司开发出的第二代 HPO 系列高压油泵的供油压力已提高到 180MPa，以后又推出了 ECD-U2（P）用转子式高压油泵，型号为 HP3 和 HP40，在转子式油泵中全部采用进油计量，供油压力可达 180MPa。电装公司的 HP4 转子式高压油泵如图 3-52 所示。

HP3 和 HP4 型转子式油泵体积小、结构紧凑，采用进油计量法，这两种泵供油部分的零部件基本通用。

图 3-51　HPO 系列三作用型
高压柱塞泵结构

1—基圆工作凸轮（3 个）；2—挺柱体；
3—柱塞弹簧；4—柱塞；5—柱塞套；
6—压力控制阀（PCV）；7—接头；
8—出油阀；9—溢流阀

图 3-52　HP4 型转子式高压油泵结构

2. 压力控制阀（PCV）

压力控制阀（PCV）可以安装在高压油泵上，也可以分开安装。压力控制阀的作用是

调整油轨内的燃油压力，也就是调整高压油泵供入油轨内的燃油量。所以，ECM 向压力控制阀通电和断电的时候就决定了高压油泵向油轨内提供的燃油量。压力控制阀（PCV）的工作原理是根据发动机的负荷调整和保持油轨中的燃油压力。当油轨中的压力过高时，PCV 阀打开，一部分燃油经油管流回油箱；当油轨压力过低时，PCV 阀关闭，高压端对低压端保持密封。

3. 电磁喷油器

（1）电磁喷油器的结构　发动机 ECM 根据电子控制信号，控制喷油器内的高速电磁阀将油轨内的高压燃油以最佳喷油时刻、喷油量、喷油速率喷入发动机燃烧室。电装公司电磁喷油器的结构如图 3-53 所示。喷油器主要由喷油嘴、调压弹簧、量孔、活塞和二通阀（TWV）等元件组成。

电磁喷油器中的电磁阀直接控制喷油始点、喷油间隔和喷油终点，从而直接控制喷油

图 3-53　ECD-U2 系统电磁喷油器

量、喷油时间和喷油率。电磁喷油器在电控柴油机中的功能相当于传统喷油装置中的喷油器、调速器和喷油提前器的功能。电磁喷油器与机械式喷油器大体相似。电磁喷油器用压板安装在气缸盖内,喷油器与气缸盖接触部位应密封良好。

(2)ECD-U2 系统喷油器的控制电路　ECD-U2 系统喷油器的控制电路如图 3-54 所示。

ECD-U2 高压共轨系统是"时间·压力"控制式,喷油量由油轨中燃油压力和喷油器电磁阀通电脉冲宽度决定。以油轨中燃油压力为参数,改变脉冲宽度,可以获得一条线性的喷油量特性。利用这一特性,在发动机全部转速工作范围内,可以得到目标设定的调速特性,即发动机在不同转速时所需的喷油量大小。

喷油器根据 ECM 输入的电子控制信号,将油轨内的高压燃油以最佳的喷油时刻、最适宜的喷油速率和喷雾状态喷入发动机燃烧室中。

4.压电晶体式喷油器

柴油机电控高压共轨系统早期使用高速电磁阀作为开关阀控制喷油器。由于高速电磁阀存在电感效应,使响应速度、控制精度不能满足喷油特性的进一步需要。为了满足排放法规的要求,必须进一步提高喷射压力,

图 3-54　电装公司 ECD-U2 系统喷油器的控制电路

同时有效地减少炭烟和可吸入颗粒物,要求喷油系统必须有更高的响应速度和更为精确的控制精度。德国西门子公司、博世公司相继开发了压电晶体式喷油器。压电晶体式喷油器没有滞后时间,切换十分迅速而精确,可重现性好,没有因设计造成以气隙之类的形式出现的偏差,寿命长,工作稳定。压电式喷油器一经推出,便受到广泛使用。

(1)压电晶体式喷油器的结构　压电晶体式喷油器的结构如图 3-55 所示,主要由带弹簧的多孔喷嘴、活塞杆、进出油节流孔、二位二通阀、压电晶体、小活塞、单向阀等组成。压电晶体的结构采用多层技术,由 $20\sim300\mu m$ 陶瓷层烧结而成,层与层之间有电极,生产技术与多层电容器相似。压电元件像一个加上电压后立即就能充电的电容器,使用陶瓷压电薄膜,它在加上电压后的 $0.1\mu s$ 以内就会发生晶体晶格的畸变。

图 3-55　压电晶体式喷油器的结构

(2)压电晶体式喷油器的工作过程　高压

燃油从油轨进入喷油器后，分成两路：一路由通道进入喷油嘴油槽，作用在针阀锥面上；另一路通过节流孔进入活塞顶部的油腔。

① 当压电晶体不通电时，图 3-55 中的单向阀 1 关闭，油腔中的燃油推动活塞杆，关闭喷油嘴，喷油器不喷油。

② 当压电晶体通电后，压电晶体伸长，推动大活塞压缩油腔 2 中的燃油，再推动小活塞（此时小活塞行程增大），将单向阀 1 中的钢球推开锥面，使高压油腔中的燃油经过油道 1、单向阀 1 及油道 2 回流到油箱。活塞杆上部卸压，针阀在油槽中的燃油压力作用下，克服复位弹簧的作用力，向上运动，使喷油嘴开启，开始喷油。如果压电晶体断电，单向阀 1 落座，活塞杆向下运动，使喷油嘴关闭。

③ 单向阀 2 是为了补充油腔 2 中泄漏的燃油，以保证喷油嘴工作可靠。

④ 控制预喷和主喷的信号通断的最小时间间隔可以同时选取，最小间隔为 4°凸轮转角（4000r/min 时为 8°），间隔越大越容易实现。

⑤ 压电晶体喷油器重复性好，允许针阀在低压时缓慢开启，当压力为 20～150MPa 时，针阀快速关闭。

三、国Ⅲ日野 J08E 柴油发动机高压共轨燃油系统组成与控制电路

1. 国Ⅲ日野 J08E 柴油发动机高压共轨燃油系统组成

国Ⅲ日野 J08E 柴油发动机采用电装公司 ECD-U2 共轨燃油系统，它由供油泵、油轨、喷油器、ECU、各种传感器、各种开关和继电器等组成，如图 3-56 所示。

ECD-U2 共轨燃油系统第一代实现了喷油器喷射压力达 145MPa 的供油压力，并可二次喷射；第二代喷油器喷射压力达 180MPa，可实现喷射间隙最小达 4/10000s 的 5 次喷射。

图 3-56　国Ⅲ日野 J08E 柴油机共轨燃油系统

2. 国Ⅲ日野 J08E 柴油发动机高压共轨燃油系统控制电路

国Ⅲ日野 J08E 柴油发动机 ECD-U2 共轨燃油系统电控电路图如图 3-57 所示。

图 3-57　国Ⅲ日野 J08E 柴油发动机 ECD-U2 共轨燃油系统电控电路图

四、国Ⅲ日野 J08E 柴油机故障诊断

1. 故障码诊断方法

（1）查看故障报警指示灯　通过仪表板上的发动机电控系统故障报警指示灯确认有无故障码。如果发动机电控系统出现了故障，报警指示灯会亮（闪烁）。

（2）连接故障诊断仪　在驾驶室座椅后的左侧盖处，ECU 线束上有一个故障诊断插头，通过该插头和接线盒将故障诊断仪与 ECU 连接。

（3）读取和清除故障码　故障诊断仪通过诊断插头与 ECU 连接好之后，打开点火开

关，用故障诊断仪读取和清除发动机电控系统故障码。

（4）故障诊断与排除　根据故障码的提示，进行相应的故障诊断与排除。

2. 故障码表

国Ⅲ日野 J08E 柴油机故障码表如表 3-13 所示。

表 3-13　国Ⅲ日野 J08E 柴油机故障码表

故障码	故障监视器编码	报警指示灯状态	故障现象	含　义
P0335	13	灯亮	柴油机不能启动或熄火	主转速传感器系统故障
P0606	3	灯亮	柴油机不能启动或熄火	ECU 故障（CPU 硬件检测）
P0093	78	灯亮	柴油机不能启动或熄火	燃油泄漏
P0200	59	灯亮	输出功率下降	ECU 电源电路不良（高）
P0611	59	灯亮	输出功率下降	ECU 电源电路不良（低）
P0217	6	灯亮	输出功率下降	柴油机过热
P0540	25	灯不亮	柴油机启动困难	预热装置故障（断路/短路）
P0234	39	灯亮	输出功率下降	涡轮增压过度
P0628	71	灯亮	输出功率下降	供油泵电磁阀 1 故障（搭铁短路）
P0629	71	灯亮	输出功率下降	供油泵电磁阀 1 故障（电源短路）
P2633	72	灯亮	输出功率下降	供油泵电磁阀 2 故障
P0088	68	灯亮	输出功率下降	共轨燃油喷射系统压力异常（控制系统）
P0088	76	灯亮	输出功率下降	共轨燃油喷射系统压力异常，供油泵压力过高
P0628	75	灯亮	输出功率下降	供油泵电磁阀系统故障（全输出模式）
P2635	77	灯亮	输出功率下降	供油泵功能不全
P2635	79	灯不亮	其他现象	供油泵压力异常记录
P1229	76	灯亮	输出功率下降	供油泵压力过高
P1266	77	灯亮	输出功率下降	供油泵压力故障
P2635	75	灯亮	输出功率下降	供油泵电磁阀固定
P0108	37	灯亮	输出功率下降	增压传感器故障（高）
P0237	37	灯亮	输出功率下降	增压传感器故障（低）
U1122	8	灯亮	输出功率下降	CAN 通信中断（ECR 调节器）
U0073	8	灯亮	输出功率下降	CAN 总线断开（发动机）
U1001	9	灯不亮	其他现象	CAN 通信停止（机械）
P0191	67	灯亮	输出功率下降	共轨压力传感器故障
P0192	67	灯亮	输出功率下降	共轨压力传感器故障（低）
P0193	67	灯亮	输出功率下降	共轨压力传感器故障（高）
P1211	57	灯亮	输出功率下降	喷油器电磁阀驱动系统 1 搭铁短路
P1212	57	灯亮	输出功率下降	喷油器电磁阀驱动系统 1 断路/电源短路
P1214	58	灯亮	输出功率下降	喷油器电磁阀驱动系统 2 搭铁短路
P1215	58	灯亮	输出功率下降	喷油器电磁阀驱动系统 2 断路/电源短路
P0201	51	灯亮	输出功率下降	喷油器 1 电磁阀回路断路
P0202	52	灯亮	输出功率下降	喷油器 2 电磁阀回路断路
P0203	53	灯亮	输出功率下降	喷油器 3 电磁阀回路断路
P0204	54	灯亮	输出功率下降	喷油器 4 电磁阀回路断路
P0205	55	灯亮	输出功率下降	喷油器 5 电磁阀回路断路
P0206	56	灯亮	输出功率下降	喷油器 6 电磁阀回路断路
P1458	81	灯亮	输出功率下降	EGR 阀故障
P0096	88	灯亮	输出功率下降	EGR 阀门固定

故障码	故障监视器编码	报警指示灯状态	故 障 现 象	含 义
P0404	88	灯亮	输出功率下降	EGR 阀门固定 1
P1401	89	灯亮	输出功率下降	EGR 阀门固定 2
P0405	86	灯亮	输出功率下降	EGR 阀位置传感器 1 故障(低)
P0406	86	灯亮	输出功率下降	EGR 阀位置传感器 1 故障(高)
P0407	87	灯亮	输出功率下降	EGR 阀位置传感器 2 故障(低)
P0408	87	灯亮	输出功率下降	EGR 阀位置传感器 2 故障(高)
P0489	81	灯亮	输出功率下降	EGR 电磁阀 1 故障(断路/搭铁短路)
P0490	81	灯亮	输出功率下降	EGR 电磁阀 1 故障(电源短路)
P1402	82	灯亮	输出功率下降	EGR 电磁阀 2 故障(断路/搭铁短路)
P1403	82	灯亮	输出功率下降	EGR 电磁阀 2 故障(电源短路)
P0605	3	灯亮	输出功率下降	ROM 异常
P0607	3	灯亮	输出功率下降	CPU 监视用 IC 异常
P0117	11	灯亮	输出功率下降	冷却液温度传感器故障(低)
P0118	11	灯亮	输出功率下降	冷却液温度传感器故障(高)
P2228	15	灯亮	输出功率下降	大气压力传感器故障(低)
P2229	15	灯亮	输出功率下降	大气压力传感器故障(高)
P0182	14	灯亮	其他现象	燃油温度传感器故障(低)
P0183	14	灯亮	其他现象	燃油温度传感器故障(高)
P0187	14	灯亮	其他现象	燃油温度传感器故障(低)
P0188	14	灯亮	其他现象	燃油温度传感器故障(高)
P0340	12	灯亮	其他现象	副转速传感器系统故障
P0686	5	灯亮	其他现象	主继电器系统故障
P2120	22	灯亮	输出功率下降	两加速踏板位置传感器系统故障
P2122	22	灯亮	其他现象	加速踏板位置传感器 1 故障(低)
P2123	22	灯亮	其他现象	加速踏板位置传感器 1 故障(高)
P2127	22	灯亮	其他现象	加速踏板位置传感器 2 故障(低)
P2128	22	灯亮	其他现象	加速踏板位置传感器 2 故障(高)
P2121	22	灯亮	其他现象	加速踏板位置传感器 1 故障(没有打开或关闭)
P2126	22	灯亮	其他现象	加速踏板位置传感器 2 故障(没有打开或关闭)
P1133	23	灯亮	其他现象	紧急用加速踏板位置传感器故障
P0219	7	灯不亮	其他现象	发动机超速
P1601	2	灯亮	输出功率下降或其他现象	喷油器喷油量修正异常
P0263	61	灯不亮	其他现象	1 号气缸喷油偏差修正错误
P0266	62	灯不亮	其他现象	2 号气缸喷油偏差修正错误
P0269	63	灯不亮	其他现象	3 号气缸喷油偏差修正错误
P0272	64	灯不亮	其他现象	4 号气缸喷油偏差修正错误
P0275	65	灯不亮	其他现象	5 号气缸喷油偏差修正错误
P0278	66	灯不亮	其他现象	6 号气缸喷油偏差修正错误
P0617	45	灯不亮	其他现象	启动点火开关系统故障
P1417	19	灯不亮	其他现象	EGR 冷却液温度传感器故障
P0401	88	灯不亮	其他现象	EGR 率不足
P0402	88	灯不亮	其他现象	EGR 率过大
P1416	85	灯不亮	其他现象	EGR 冷却器过热

3. 故障码诊断

国Ⅲ日野 J08E 柴油机故障码诊断如表 3-14 所示。

表 3-14　国Ⅲ日野 J08E 柴油机故障码诊断

故障码	故障原因	故障诊断与排除方法
P0335	主转速传感器故障	(1)测量端子间电阻 ①断开点火开关,连接信号检查线束。 ②从 ECU 上取下要检查的信号线束,测量端子 B6 与 B7 间的电阻。如果测量结果是(125.5+17)Ω(20℃),为合格;如果电阻不合格,需要测量传感器端子 1 和 2 之间的电阻。 (2)确认故障码 ①断开点火开关,用诊断仪与诊断插头相连接,打开点火开关,清除历史故障码后启动发动机。 ②如果没有故障码显示,说明 ECU 插头、线束良好,可认为是信号故障引起的。如果能恢复正常,表明无故障;如果有故障码,说明 ECU 插头接触不良。 (3)测量传感器端子间电阻 取下主转速传感器插头,测量传感器的端子 1 与 2 间的电阻,电阻应为(125.5±17)Ω(20℃)。如果测量结果符合标准,说明线束接触不良,应检修电路;如果电阻测量不符合标准,说明该传感器存在故障,应检修或更换主转速传感器。 (4)清除故障码 ①启动发动机并急速运转,确认故障已排除。 ②清除故障码 P0335,确认不再显示
P0340	副转速传感器故障	①断开点火开关,取下副转速传感器,连接信号检查线束。 ②打开点火开关,测量该传感器+5V 电源线端子与搭铁间电压。测量结果应为(5±0.5)V。 ③打开点火开关,测量信号线束的端子 D32 与 D30 间的电压。如果测量结果为(5±0.5)V,说明线束短路,插头接触不良,应检修;如果测量结果不符合要求,说明 ECU 不良或插头接触不良,应检修插头或更换 ECU。 ④打开点火开关,连接副转速传感器插头。启动发动机,测量线束端子 D19 和 D30 之间的电压,如果为 0～5V(脉冲波形),说明 ECU 不良或 ECU 接触不良,应检修插头或更换 ECU。 ⑤测量副转速传感器端子 1 与信号端子 D19 间的电阻,如果为 2Ω 以下,说明传感器不良,应检修或更换副转速传感器。 ⑥启动发动机,确认故障码不再出现,再清除故障码 P0340
P0606	ECU 故障	①断开点火开关,连接诊断仪。 ②打开点火开关,清除历史故障码后启动发动机,检查是否存在故障码 P0605、P0606、P0607。 ③如果存在上述 3 个故障码,说明 ECU 有故障,应更换 ECU。 ④启动发动机并急速运转,检查故障是否已排除,如果确认故障码 P0606 是历史故障码,清除该故障码
P0605	ROM 异常	①断开点火开关。 ②连接诊断仪,打开点火开关,清除故障码后,检查故障码 P0605、P0606、P0607 是否再次出现。 ③如果原故障再次出现,说明 ECU 不良,应当更换。 ④启动发动机并急速运转,如果故障已经排除,应清除故障码 P0605
P0607	CPU 监视器内部元件异常	故障码 P0607 的故障诊断和排除方法与故障码 P0605 相同
P0093	燃油泄漏	①该故障诊断判断条件是故障码 P0628、P0629、P2633、P2634、P0191、P0192、P0193 不存在或发动机转速在 450r/min,冷却液温度在 60℃ 以上的时候,故障被查出。 ②使供油泵处于最大供油状态(检测出故障码 P1266),但油轨压力比预定值低 5MPa,并持续一段时间。

故障码	故障原因	故障诊断与排除方法
P0093	燃油泄漏	③在怠速运转中,油轨压力和预定的压力偏差在 5MPa 以内时,供油泵的输出量比通常怠速时多,并持续一段时间。 ④喷油量处在零状态,油轨实际压力和预定压力的偏差在 5MPa 以内时,供油泵的输出量过多,并持续一段时间。 在该故障检测中,喷油量和喷射压力都被限制,发动机处于功率下降状态。 检查燃油系统高压管路是否堵塞,若无异常,确认供油泵有故障,应维修
P0200	ECU 充电回路不良(高)	①断开点火开关,连接诊断仪,打开点火开关,清除历史故障码后启动发动机,检查是否显示故障码 P0611、P0200。 ②如果有故障码显示,即 P0611 和 P0200,说明 ECU 充电回路不良,应当维修线路插头。 ③启动发动机并怠速运转,确认故障已排除,再清除故障码 P0200
P0611	ECU 充电回路不良(低)	①断开点火开关,连接诊断仪,打开点火开关,清除历史故障码后再启动发动机,检查是否有故障码 P0200、P0611。 ②如果有故障码 P0611、P0200 显示,说明 ECU 充电回路不良,应当检修。 ③启动发动机并怠速运转,确认故障已排除,再清除故障码 P0611
P0217	柴油机过热	①断开点火开关,拆下冷却液温度传感器插头,测量端子 1 与 2 之间的电阻。 ②电阻标准值是 2.45kΩ(20℃时)、1.15kΩ(40℃)、584Ω(60℃)、318Ω(80℃)。如果测量结果不符合上述标准,说明冷却系统不良,应检修冷却系统。 ③启动发动机并怠速运转,确认故障已排除,再清除故障码 P0217
P0540	预热装置断/短路	①断开点火开关,连接信号检查线束,取下 ECU 侧插头。 ②测量信号检查线束端子 C1、C2 和端子 D1、E4、E5 之间的电阻。 ③测量结果如果符合(24±2.5)Ω 标准,说明 ECU 不良,应当检修。 ④拆下加热继电器,测量端子间电阻,应为(24.8±0.5)Ω。如果电阻不符合标准,说明预热装置继电器有故障,应维修或更换。 ⑤启动发动机怠速运转,确认故障已排除,再清除故障码 P0540
P0234	涡轮增压过度	①断开点火开关,连接诊断仪,打开点火开关,清除历史故障码。 ②测量增压传感器插头电源端子与搭铁间电压,应为(5±0.5)V。如果测量结果不符合规定,进行下一步骤。 ③测量信号检查线束 D25 和 D33 间的电压,应为(5±0.5)V。如果测量结果不符合标准,说明 ECU 不良,应当进行维修。 ④测量信号端子 D27 和 D33 之间的电压,如果为 0.2~0.8V,说明传感器良好,ECU 不良,应检修 ECU。 ⑤如果上述检查没有问题,应进行机械方面的检查。即检查废气旁通阀的连杆是否卡滞、软管有无破损。 ⑥将 200kPa 的气压施加到旁通阀软管,检查连杆的动作有无异常,若有应更换涡轮增压器总成。 ⑦启动发动机,确认故障已排除,再清除故障码 P0234
P0628	供油泵电磁阀 1 故障(搭铁短路)或供油泵电磁阀故障(全输出模式)	①断开点火开关,取下供油泵电磁阀插头。 ②测量电磁阀插头端子 1 与 2 间的电阻,应为(7.9±0.5)Ω(20℃)。若电阻值不符合要求,说明供油泵电磁阀有故障,应检修或更换。 ③取下 ECU 侧插头,连接好检查线束,测量端子 E10、E11 和电磁阀端 1 之间的电阻;测量 E8、E9 和电磁阀插头端子 2 之间的电阻。 电阻应在 1Ω 以下。若不合格,说明线束断路或接触不良,应进行维修。 ④打开点火开关,测量端子 E4 和 E8、E9 之间的电压,如果电压在 0~24V,说明 ECU 有故障,应当更换。 ⑤启动发动机并怠速运转,确认故障已排除,再清除故障码 P0628
P0629	供油泵电磁阀 1 故障(电源短路)	同 P0628

故障码	故障原因	故障诊断与排除方法
P2633	供油泵电磁阀2故障	①断开点火开关,连接好信号检查线束。 ②连接好检查线束的ECU插头,打开点火开关。测量端子E14、E15和端子E4、E5、D11之间的电压。电压应为19V以上。 ③打开点火开关,如果还显示故障码P2633,说明供油泵电磁阀2与ECU接触不良,应更换电磁阀2或检修插头、线路。 ④断开点火开关,取下供油泵电磁阀2插头,测量插头端子1和2之间的电阻,应为(3.2±0.3)Ω,如果电阻值不符合要求,说明供油泵电磁阀2不良,应检修或更换电磁阀2。 ⑤打开点火开关,测量供油泵电磁阀2插头端子1与搭铁间电压,应在19V以上。 ⑥断开点火开关,取下ECU侧插头。 ⑦测量端子E14、E15和供油泵电磁阀2的端子之间的电阻,应为2Ω以下。如果电阻不符合要求,说明供油泵电磁阀2与ECU之间的线束不良。应当检修。 ⑧断开点火开关,取下供油泵电磁阀继电器,测量端子间的电阻。电阻1应为282～396Ω,电阻2应为∞。如果测量结果符合标准,说明电源回路的线束不良或电磁阀熔丝熔断,应检修或更换熔丝;如果测量结果不符合要求,说明供油泵电磁阀继电器不良,应更换该继电器。 ⑨启动发动机并怠速运转,确认故障已排除,再清除故障码P2633
P2634	供油泵电磁阀2故障	①断开点火开关,连接好信号检查线束。供油泵中电磁阀线束上有标记(后)的为供油泵电磁阀2,无标记的为供油泵电磁阀1。 ②测量供油泵电磁阀插头1和2之间的电阻,标准值为(3.2±0.3)Ω,如果电阻检测结果不符合规定,说明电磁阀2不良,应检修或更换供油泵电磁阀2。 ③打开点火开关,测量ECU的端E14、E15和端子D1、E4、E5间电压。电压应在1V以下。如果电压不合格,说明供油泵电磁阀2到ECU的线束不良,应当检修。 ④启动发动机并怠速运转,确认故障已排除,再清除故障码P2634
P0088	共轨压力异常(控制系统)	①断开点火开关,连接好检查线束。 ②打开点火开关,测量ECU线束端子D20、D31和端子D33之间的电压。如果电压为3.6～4.8V,说明共轨压力传感器不良,应当更换共轨压力传感器;如果测量结果不符合标准,说明ECU不良或线束插头接触不良,应检修或更换ECU。 ③启动发动机怠速运转,确认故障已排除,再清除故障码P0088
P0088	共轨压力异常(供油泵压力过高)	①断开点火开关,连接信号检查线束。 ②启动发动机并怠速运转,测量端子D20、D31和端子D33之间的电压,标准值为1.56V以下。如果测量结果不符合标准,说明共轨压力传感器不良,应更换共轨压力传感器。 ③检查供油泵的燃油喷射时期,如果没有接近上止点0°,应按规定使其接近上止点0°。 ④启动发动机并怠速运转,确认故障已排除,再清除故障码P0088
P2635	供油泵功能不全、供油泵异常高压纪录、供油泵电磁阀固定	①断开点火开关,等待30s后再启动发动机,使冷却液温度达到60℃以上,暖机后用诊断仪清除历史故障码。 ②使发动机高怠速运转或从低怠速至高怠速反复运转几次,检查是否有故障码显示。 ③如果再次显示P2635故障码,可确定故障原因是供油泵、共轨压力传感器、ECU不良造成,应进行维修。 ④清除故障码P2635
P1229	供油泵压力过高	①供油泵压力过高故障诊断的判断条件是供油泵输出量最大状态持续一定时间。显示该故障码时,更换油轨压力阀,若不能恢复正常,可认为供油泵异常。 ②启动发动机并怠速运转,确认故障已排除,再清除故障码P1229

故障码	故障原因	故障诊断与排除方法
P1266	供油泵压力不良	①该故障诊断的判断条件是没有故障码 P0628、P0629、P2633、P2634、P0191、P0192、P0193 显示或发动机转速在 450r/min 以上,冷却液温度在 60℃ 以上,供油泵输出量最大状态持续一定时间时诊断为异常。显示该故障码时,更换油轨限压阀,如果还不能恢复正常,可认为供油泵存在故障,应检修或更换供油泵。 ②启动发动机怠速运转,确认故障已排除,再清除故障码 P1266
P0108	增压传感器故障(高)	①断开点火开关,连接检查线束。 ②取下增压传感器线束插头,打开点火开关,测量增压传感器电源端子与搭铁之间的电压,应为(5±0.5)V。 ③测量 ECU 线束端子 D25 与 D33 之间的电压,也应为(5±0.5)V。如果测量结果不符合标准,说明 ECU 不良或 ECU 插头接触不良,应维修或更换。 ④测量线束端子 D27 和 D33 之间的信号电压,应为 0.2～4.8V。若测量结果不符合要求,说明 ECU 不良或 ECU 插头接触不良,应当维修或更换 ECU。 ⑤测量增压传感器插头信号端子 SIG 与 GND 之间的电压,若为 0.2～4.8V,说明线束不良,应当维修;如果信号电压不符合标准,说明增压传感器不良,应检修或更换增压传感器。 ⑥启动发动机怠速运转,确认故障已排除,再清除故障码 P0108
P0237	增压传感器故障(低)	同故障码 P0108
U1122	CAN 通信中断(EGR 调节器)	①断开点火开关,取下 EGR 调节器插头。 ②打开点火开关,测量 EGR 调节器插头端子 3 和 6 之间的电压,应在 19V 以上。如果测量结果不符合要求,说明线束不良,应维修。 ③断开点火开关,连接信号检查线束与 EGR 调节器插头。 ④打开点火开关,测量线束端子 E21 与 E22 之间的电压,也就是 CAN 通信端子的电压,若在 0～5V(脉冲波形),说明 EGR 调节器有故障,应更换 EGR 调节器;如果测量结果不符合要求,说明结束插头不良,应当维修。 ⑤启动发动机并怠速运转,确认故障已排除,再清除故障码 U1122
U0073	CAN 总线断开	①CAN-H 端子间电流测量。断开点火开关,连接信号检查线束,取下 EGR 调节器插头。取下 ECU 侧插头,测量端子 E2 和 EGR 调节器插头端子 1 间的电流。如果无电流,说明线束接触不良,应检修线束插头。 ②CAN-L 端子间的电流导通测量。测量线束端子 E22 和 EGR 插头端子 4 间的电流。如果有电流,重新安装 ECU;如果无电流,说明线束有故障,应检修线束插头。 ③启动发动机并怠速运转,确认故障已排除,再清除故障码 U0073
U1001	CAN 通信停止(机械)	①打开点火开关,检查是否显示故障码 U1001。 ②如果有故障码 U1001 显示,说明 CAN 通信连接机械故障,应检修。 ③启动发动机并怠速运转,确认故障已排除,再清除故障码 U1001
P0191	共轨压力传感器故障(固定)	①断开点火开关,连接信号检查线束。 ②打开点火开关,测量端子 D20、D31 和端子 D33 之间的电压,应在 0.9～1.1V。如果测量结果不合格,说明 ECU 不良或 ECU 插头接触不良,应维修或更换 ECU。 ③在测量 D20、D31 端子与 D33 端子间电压时,反复全开油门和全关油门。如果电压在 1.0～3.2V,说明 ECU 不良或 ECU 插头接触不良,应检修或更换 ECU;如果测量结果不符合要求,说明共轨压力传感器不良或线束插头不良,应检修线束或更换共轨压力传感器。 ④启动发动机并怠速运转,确认故障已排除,再清除故障码 P0191
P0192	共轨压力传感器故障(低压)	①打开点火开关,测量端子 D20、D31 和端子 D33 之间的电压,如果测量结果为 0.7～4.7V,说明 ECU 不良或 ECU 插头接触不良,应检修或更换 ECU。 ②断开点火开关,取下共轨压力传感器接头。 ③打开点火开关,测量共轨压力传感器的+5V 电源端子和搭铁间电压,应为(5±0.5)V。

故障码	故障原因	故障诊断与排除方法
P0192	共轨压力传感器故障(低压)	④测量端子 D20、D31 和共轨压力传感器插头的信号(SIG)端子之间的电阻。 ⑤如果测量结果符合标准,在 2Ω 以下,说明插头不良,应检修插头,如果测量结果不符合标准,说明线束不良,应检修线束。 ⑥测量端子 D24 和共轨压力传感器+5V 端子间的电阻,测量端子 D33 和共轨压力传感器搭铁间电阻。如果测量结果符合标准,在 2Ω 以下,说明 ECU 不良或 ECU 插头接触不良,应检修插头或更换 ECU;如果测量结果不符合标准,说明线束不良,应检修线束。 ⑦启动发动机并急速运转,确认故障已排除,再清除故障码 P0192
P0193	共轨压力传感器故障(高压)	同故障码 P0192
P1211	喷油器电磁阀驱动系统 1 故障(搭铁短路)	①断开点火开关,连接信号检查线束。 ②测量 ECU 插头端子 D5、D6 和 ECU 外壳的电阻,应为∞。 ③启动发动机,用诊断仪清除历史故障码。 ④如果有故障码 P1211 显示,说明喷油器电磁阀驱动系统或 ECU 接触不良,应检修电磁阀驱动系统或更换 ECU。 ⑤断开点火开关,测量喷油器插头端子与搭铁间电阻,测量结果如果是∞,应检查喷油器内部线束是否短路;如果测量结果不符合要求,说明线束短路,接触不良,应当进行检修。 ⑥启动发动机并急速运转,确认故障已排除,再清除故障码 P1211
P1212	喷油器电磁阀驱动系统 1 故障(断路/电源短路)	①断开点火开关,连接信号检查线束。 ②取下 ECU 侧插头,测量端子 D5、D6 和 ECU 外壳搭铁电压,若为 14V 以下,应进行下一步检查;若测量结果不符合标准,应进行步骤④。 ③启动发动机后用诊断仪清除故障码。在清除故障码后,若有故障码 P1212 显示,说明喷油器电磁阀驱动系统或 ECU 接触不良,应当检修或更换 ECU。 ④测量喷油器端子与搭铁间电压,如果测量结果在 14V 以下,应检查内部线束是否短路,如果测量结果不符合标准,说明线束接触不良,应检修线束插头。 ⑤启动发动机,确认故障已排除,再清除故障码 P1212
P1214	喷油器电磁阀驱动系统 2 故障(搭铁短路)	①断开点火开关,连接信号检查线束。 ②测量 ECU 侧插头端子 E6、E7 和 ECU 外壳间电阻,应为∞。 ③启动发动机,使用诊断仪检查是否还显示故障码 P1214,如果有故障码 P1214 显示,说明喷油器电磁阀驱动系统或 ECU 接触不良,应检修相关部件或更换 ECU。 ④断开点火开关测量喷油器插头各端子与搭铁间电阻,如果电阻是∞,应检查盖板内部线束是否短路,如果测量结果不符合标准,说明线束接触不良,应检修。 ⑤启动发动机,确认故障已排除,清除故障码 P1214
P1215	喷油器电磁阀驱动系统 2 故障(断路/电源短路)	①断开点火开关,连接信号检查线束,再打开点火开关。 ②测量 ECU 插头端子 E6、E7 和 ECU 外壳搭铁间电压,应在 14V 以下。 ③启动发动机,用诊断仪检查是否显示故障码 P1215。如果显示故障码 P1215,说明喷油器电磁阀驱动系统或 ECU 接触不良,应检修或更换 ECU。 ④打开点火开关,测量喷油器集中插头(机械线束侧)的各端子与搭铁间电压,如果电压在 14V 以下,应检查内部线束是否短路,如果测量结果不符合要求,说明线束接触不良,应检查维修。 ⑤启动发动机,确认故障已排除,清除故障码 P1215
P0201	喷油器 1 电磁阀回路故障(断路)	①断开点火开关,连接信号检查线束。 ②测量 ECU 插头端子 D2、D5 间电阻,应在 2Ω 以下。 ③用诊断仪检查是否还显示 P0201,若显示该故障码,说明 ECU 不良,应检修或更换 ECU。 ④断开点火开关,测量凸轮壳前的喷油器集中插头 9 与 10 端子间电阻,若在 2Ω 以下,说明故障原因是线束断路,应检修 ECU 至喷油器线束插头。 ⑤取下喷油器插头,测量端子 1 和 2 间电阻,若在(0.45±0.05)Ω,说明故障原因是线束插头不良,应检修线束和插头。

故障码	故障原因	故障诊断与排除方法
P0201	喷油器 1 电磁阀回路故障(断路)	⑥取下喷油器 1 的端套,测量端子与壳体间电阻,应在 1000MΩ 以上。若电阻符合标准,说明喷油器线束断路,应更换喷油器线束;如果电阻不符合要求,说明喷油器电磁阀断路,应更换喷油器。 ⑦启动发动机并急速运转,证实故障已被清除,清除故障码
P0202	喷油器 2 电磁阀断路	①断开点火开关,连接信号检查线束。 ②测量 ECU 插头 D3、D5 端子间电阻,应在 2Ω 以下。 ③启动发动机,用诊断仪检查是否显示故障码 P0202,如果显示故障码 P0202,说明 ECU 不良,应检修或更换 ECU。 ④断开点火开关,取下凸轮外壳前面的喷油器集中插头,测量端子 1 与 2 间的电阻,如果电阻在 2Ω 以下,说明线束断路,应检修 ECU 至喷油器的集中插头线束。 ⑤取下盖板,测量喷油器插头端子 1 与 2 间电阻,若为(0.45±0.05)Ω,说明故障原因是线束插头不良,应检修线束插头。 ⑥取下喷油器的端套,测量端子和壳体间绝缘电阻,若在 1000MΩ 以上,说明喷油器线束断路,应更换喷油器线束。 ⑦启动发动机并急速运转,确认故障已排除,清除故障码 P0202
P0203	喷油器 3 电磁阀回路故障	①断开点火开关,连接信号检查线束。 ②测量 ECU 插头端子 D4、D6 之间的电阻,应 2Ω 以下。 ③启动发动机,用诊断仪清除历史故障码后读取故障码,若有故障码 P0203 显示,说明 ECU 不良,应维修或更换 ECU。 ④断开点火开关,取下喷油器插头,测量端子 7 和 8 之间的电阻,应为 2Ω 以下。如果符合标准,说明线路断路,应检修 ECU 至喷油器的线束。 ⑤测量喷油器端子 1 和 2 之间的电阻,电阻若符合标准,在(0.45±0.05)Ω,说明线束插头接触不良,应检修线束插头。 ⑥测量喷油器端子和壳体间电阻,若测量结果在 1000MΩ 以上,说明喷油器线束断路,应更换喷油器线束;如果测量结果不符合标准,说明喷油器电磁阀短路,应更换喷油器。 ⑦启动发动机并急速运转,确认故障已排除,清除故障码 P0203
P0204	喷油器 4 电磁阀回路故障	①断开点火开关,连接信号检查线束。 ②测量 ECU 插头端子 E1、E6 之间的电阻,应在 2Ω 以下。 ③测量喷油器集中插头端子 5 和 7 之间的电阻,若电阻在 2Ω 以下,说明线束断路,应检修 ECU 至喷油器的集中插头线束。 ④测量喷油器插头端子 1 和 2 之间的电阻,若电阻符合标准值,在(0.45±0.05)Ω,说明线束或插头接触不良,应检修。 ⑤测量喷油器的端子和壳体间电阻,如果电阻符合标准,在 1000MΩ 以上,说明喷油器线束断路,应更换喷油器线束;如果测量结果不符合标准,说明喷油器电磁阀短路,应更换喷油器。 ⑥启动发动机并急速运转,确认故障已排除,清除故障码 P0204
P0205	喷油器 5 电磁阀回路故障	①断开点火开关,连接信号检查线束。 ②测量 ECU 插头端子 E3 与 E6 间电阻,应在 2Ω 以下。 ③启动发动机,用诊断仪读取故障码,若显示故障码 P0205,说明 ECU 不良,应检修或更换 ECU。 ④断开点火开关,测量喷油器集中插头端子 3 和 4 之间的电阻,若电阻符合标准,在 2Ω 以下,说明线束断路,应检修 ECU 至喷油器的集中插头线束。 ⑤测量喷油器端子 1 和 2 间的电阻,如果符合标准,在(0.45±0.05)Ω,说明盖板线束或插头不良,应检修线束插头。 ⑥测量喷油器端子和壳体间电阻,若符合标准,在 1000MΩ 以上,说明喷油器线束断路,应更换喷油器线束;如果测量结果不符合标准,说明喷油器电磁阀短路,应更换喷油器。 ⑦启动发动机并急速运转,确认故障已排除,清除故障码 P0205

故障码	故障原因	故障诊断与排除方法
P0206	喷油器6电磁阀回路故障	①断开点火开关,连接信号检查线束。 ②测量ECU插头E12和E7之间的电阻,电阻标准值应为2Ω以下。 ③连接诊断仪读取故障码,如果有故障码P0206存在,说明ECU不良,应检修或更换ECU。 ④断开点火开关,拆下凸轮外壳喷油器集中插头,测量端子11和12之间的电阻,如果电阻在2Ω以下,说明线路不良,应检修ECU至喷油器插头线束。 ⑤测量喷油器插头端子1和2之间的电阻,如果测量结果符合标准,即电阻为(0.45±0.05)Ω,说明线束插头接触不良,应检修线束插头。 ⑥取下喷油器的端套,测量端子与壳体间电阻。若电阻符合标准,在1000MΩ以上,说明喷油器线束断路,应更换喷油器线束;如果测量结果不符合标准,说明喷油器电磁阀短路,应更换喷油器。 ⑦启动发动机并怠速运转,确认故障已排除,清除故障码P0206
P1458	EGR阀故障	①断开点火开关,连接诊断仪,读取故障码。 ②如果有故障码P1458,应更换EGR阀。 ③启动发动机并怠速运转,确认故障已排除,清除故障码P1458
P1459	EGR阀故障	同故障码P1458
P0404	EGR阀门(固定1)	①断开点火开关,连接诊断仪,打开点火开关,确认EGR阀故障码P0489、P0490以及EGR阀位置传感器故障码P0405、P0406没有显示。 ②沿着EGR检测画面,确认指示开度和实际开度的随动值,比较误差。 ③如果符合标准,在5%以内,说明正常,故障码P0404可能是异常情况;如果结果不符合标准,说明EGR阀不良,应检修或更换EGR阀。 ④启动发动机并怠速运转,确认故障已经排除,清除故障码P0404
P1401	EGR阀门(固定2)	①断开点火开关,连接诊断仪,打开点火开关,确认EGR阀故障码P1402、P1403以及EGR阀位置传感器故障码P0407、P0408没有出现。 ②沿着EGR检测画面,确认指示开度和实际开度的随动值,比较误差。 ③如果结果符合标准,在5%以内,说明正常,故障码可能是异常情况;如果结果不符合标准,说明EGR阀不良,应检修或更换EGR阀。 ④启动发动机并怠速运转,确认故障已经排除,清除故障码P1401
P0096	EGR阀门(固定)	同故障码P1401
P0405	EGR阀位置传感器1故障(开度过小)	①断开点火开关,连接信号检查线束。 ②取下EGR阀位置传感器1插头,打开点火开关。 ③测量EGR阀位置传感器1插头+5V端子和搭铁间电压,应为(5±0.5)V。 ④测量线束端子D22和D35之间的电压,应为(5±0.5)V;若不合格,说明ECU不良或ECU插头不良,应检修插头或更换ECU。 ⑤断开点火开关,连接EGR阀位置传感器1插头,再打开点火开关。 ⑥测量线束端子D26和D35间电压,测量结果如果符合标准,为1.3~4.0V,说明ECU不良或ECU插头不良,应检修插头或更换ECU。 ⑦测量EGR阀位置传感器插头1中的信号(SIG)端与搭铁间电压,若测量结果符合标准,为1.3~4.0V,说明线束或插头不良,应检修线束或插头,如果测量结果不符合标准,说明EGR阀位置传感器不良,应更换EGR阀位置传感器1。 ⑧启动发动机并怠速运转,确认故障已排除,清除故障码P0405
P0406	EGR阀位置传感器1故障(开度过大)	同故障码P0405
P0407	EGR阀位置传感器2故障(开度过小)	①断开点火开关,连接信号检查线束。 ②取下EGR阀位置传感器2插头,打开点火开关。 ③测量EGR阀位置传感器2插头+5V端子与搭铁间电压,应为(5±0.5)V。 ④测量ECU插头端子D22和D35间的电压,标准值应为(5±0.5)V;如果测量结果不合格,说明ECU不良或ECU插头不良,应维修插头或更换ECU。

故障码	故障原因	故障诊断与排除方法
P0407	EGR 阀位置传感器 2 故障(开度过小)	⑤断开点火开关,连接 EGR 位置传感器 2 插头,再打开点火开关。 ⑥测量 ECU 线束端子 B29 和 D35 间电压,如果测量结果符合标准,为 1.3~4.0V,说明 ECU 不良或 ECU 插头不良,应检修插头或更换 ECU。 ⑦测量 EGR 阀位置传感器 2 插头信号端子与搭铁间电压,如果测量结果符合标准,为 1.3~4.0V,说明线束短路、插头不良,应检修线束;如果测量结果不符合标准,说明 EGR 阀位置传感器 2 不良,应更换 EGR 阀位置传感器 2。 ⑧启动发动机并怠速运转,确认故障已排除,清除故障码 P0407
P0408	EGR 阀位置传感器 2 故障(开度过大)	同故障码 P0407
P0489	EGR 电磁阀 1(断/短路)	①断开点火开关,连接信号检查线束插头。 ②打开点火开关,测量 ECU 插头上的端子 D7 和 D1 间电压,电压应在 19V 以上;如果电压不符合标准,说明 ECU 不良或插头接触不良,应维修插头或更换 ECU。 ③断开点火开关,取下 EGR 电磁阀 1 插头。 ④测量电磁阀的端子 1 和 2 之间的电阻,应为(27.5±2)Ω(20℃);如果测量结果不符合要求,说明 EGR 电磁阀 1 不良,应更换 EGR 电磁阀 1。 ⑤测量信号检查线束的端子 D7 和 EGR 电磁阀插头的端子 5 之间的电阻,如果测量结果符合标准,在 1Ω 以下,说明插头不良,应检修插头;如果测量结果不符合标准,说明线束断路、插头接触不良,应进行检修。 ⑥启动发动机并怠速运转,确认故障已排除,清除故障码 P0489
P0490	EGR 电磁阀 1(电源短路)	同故障码 P0489
P1402	EGR 电磁阀 2(断/短路)	①断开点火开关,连接信号检查线束插头。 ②打开点火开关,测量信号检查插头端子 D8 和 D1 间电压,电压应在 19V 以上,如果测量结果不符合标准,说明 ECU 不良或 ECU 接触不良,应检修或更换 ECU。 ③断开点火开关,取下 EGR 电磁阀 2 插头。 ④测量电磁阀的插头端子 2 和 5 之间的电阻,应为(27.5±2)Ω(20℃);如果测量结果不符合规定,说明 EGR 电磁阀 2 不良,应更换 EGR 电磁阀 2。 ⑤测量信号检查线束端子 D8 和 EGR 电磁阀 2 插头的端子 5 之间的电阻,如果测量结果符合标准,在 1Ω 以下,说明插头不良,应检修插头;如果测量结果不符合标准,说明线束断路、插头不良,应检修线束和插头。 ⑥启动发动机并怠速运转,确认故障已排除,清除故障码 P1402
P1403	EGR 电磁阀 2(电源短路)	同故障码 P1402
P0117	冷却液温度传感器故障(低)	①断开点火开关,连接信号检查线束。 ②测量 ECU 侧插头端子 E19 和 D34 间电阻。 ③如果测量结果符合标准,为 2.45kΩ(20℃)、1.15kΩ(40℃)、584Ω(60℃)、318Ω(80℃),说明 ECU 不良或 ECU 插头接触不良,应检修插头或更换 ECU。 ④断开点火开关,取下传感器插头,测量传感器端子 1 和 2 之间的电阻。如果测量结果符合标准,即 2.45kΩ(20℃)、1.15kΩ(40℃)、584Ω(60℃)、318Ω(80℃),说明线束断/短路、插头接触不良,应当维修线束和插头;如果测量结果不符合标准,说明冷却液温度传感器不良,应当更换冷却液温度传感器。 ⑤启动发动机并怠速运转,确认故障已排除,清除故障码 P0117
P0118	冷却液温度传感器故障(高)	同故障码 P0117
P2228	大气压力传感器异常(低)	①断开点火开关,连接诊断仪,再打开点火开关。 ②如果有故障码 P2228 显示,说明大气压力传感器或 ECU 有故障,应更换大气压力传感器或 ECU。 ③启动发动机并怠速运转,确认故障已排除,清除故障码 P2228

故障码	故障原因	故障诊断与排除方法
P2229	大气压力传感器异常(高)	同故障码 P2228
P0182	燃油温度传感器故障(低)	①断开点火开关,连接信号检查线束,取下 ECU 侧插头。 ②测量线束端子 E27 和 D34 间的电阻,若测量结果符合标准,为 2.45kΩ(20℃)、1.15kΩ(40℃)、584Ω(60C)、318Ω(80℃),说明 ECU 不良或 ECU 插头接触不良,应检修插头或更换 ECU。 ③取下燃油温度传感器插头,测量传感器的端子 1 和 2 间的电阻,若测量结果符合标准,为 2.45kΩ(20℃)、1.15kΩ(40℃)、584Ω(60℃)、318Ω(80℃),说明线束断/短路、插头不良,应维修线束和插头;如果测量结果不符合要求,说明燃油温度传感器不良,应更换燃油温度传感器。 ④启动发动机并急速运转,确认故障已排除,清除故障码 P0182
P0183	燃油温度传感器故障(高)	同故障码 P0182
P0187	燃油温度传感器故障(低)	①断开点火开关,连接信号检查线束,取下 ECU 侧插头。 ②测量 ECU 插头端子 E26 和 D34 间的电阻。 ③如果测量结果符合标准,为 2.45kΩ(20℃)、1.15 kΩ(40℃)、584Ω(60℃)、318Ω(80℃),说明 ECU 不良或 ECU 插头不良,应检修插头或更换 ECU。 ④断开点火开关,取下燃油温度传感器插头,测量端子 1 和 2 间的电阻,如果测量结果符合标准,为 2.45kΩ(20℃)、1.15kΩ(40℃)、584Ω(60℃)、318Ω(80℃),说明线束断/短路,插头接触不良,应检修线束插头;如果测量结果不符合标准,说明燃油温度传感器不良,应当更换燃油温度传感器。 ⑤启动发动机并急速运转,确认故障已排除,清除故障码 P0187
P0188	燃油温度传感器故障(高)	同故障码 P0187
P0686	主继电器故障	①断开点火开关,连接信号检查线束,取下 ECU 侧插头。 ②打开点火开关,测量线束端子 A5、A6、A7 和搭铁间电压。 如果测量结果符合标准,为 0V,说明 ECU 不良或 ECU 插头接触不良,应维修插头或更换 ECU;如果测量结果不符合要求,说明线束不良,应检修线束。 ③启动发动机并急速运转,确认故障已排除,清除故障码 P0686
P2120	两加速踏板位置传感器系统故障	同故障码 P2122、P2127
P2122	加速踏板位置传感器 1 故障(低)	①断开点火开关,连接信号检查线束,取下 ECU 侧插头。 ②打开点火开关,测量线束端子 A21 与 B20 间的电压。测量结果应为 0.3~1.5V。 ③测量信号线的信号电压,即测量端子 A20 与 B20 之间的电压,如果测量结果符合标准,为 1.4V(低怠速 1000r/min)、3.5V(高怠速 2100r/min),说明线束不良,应检修线束和插头;如果测量结果不符合要求,说明油门控制器不良,应检修或更换油门控制器。 ④打开点火开关,不启动发动机,不踩加速踏板,测量油门控制器 28 号插头的 25 号端子与信号检查线束端子 B20 之间的电压。如果检测结果出现异常值,为 0.3V 以下或 4.85V 以上,说明油门控制器不良;否则,说明 ECU 不良、ECU 插头不良或线束不良,应检修插头线束或更换 ECU。 ⑤启动发动机,确认故障已排除,清除故障码 P2122
P2123	加速踏板位置传感器 1 故障(高)	同故障码 P2122
P2127	加速踏板位置传感器 2 故障(低)	①断开点火开关,连接信号检查线束,取下 ECU 侧插头。 ②打开点火开关,测量信号检查线束的端子 A22 和 B21 间的电压,测量标准值是 0.3~1.5V。 ③随着加速踏板位置的变化测量信号检查线束端子 A22 与 B21 间的变化电压。如果测量结果符合标准,为 1.4V(低怠速 1000r/min)、3.5V(高怠速 2100r/min),说明线束短路,插头不良,应检修线束和插头;如果测量结果不符合标准,说明油门控制器不良,应检修或更换油门控制器。

故障码	故障原因	故障诊断与排除方法
P2127	加速踏板位置传感器 2 故障(低)	④打开点火开关,不踩加速踏板,测量油门控制器 28 号插头的 25 号端子与信号检查线束端子 B20 之间的电压。如果测量结果出现异常,为 0.3V 以下或 4.85V 以上,说明油门控制器不良;否则,说明 ECU 不良或 ECU 插头接触不良,应检修插头或更换 ECU。 ⑤启动发动机并息速运转,确认故障已排除,清除故障码 P2127
P2128	加速踏板位置传感器 2 故障(高)	同故障码 P2127
P2121	加速踏板位置传感器 1 故障(没有打开或关闭)	①断开点火开关,连接信号检查线束,取下加速踏板位置传感器插头。 ②打开点火开关,测量加速踏板位置传感器插头端子 A-VCC 和 A-GND 之间的电压,电压应当是(5±0.5)V。 ③打开点火开关,测量信号检查线束的端子 B23 和 B20 间的电压。如果测量结果符合(5±0.5)V 标准值,说明线束短路、插头不良,应检修线束和插头;如果测量结果不合格,说明 ECU 不良或 ECU 插头不良,应检修插头或更换 ECU。 ④断开点火开关,连接加速踏板位置传感器插头。 ⑤打开点火开关,测量信号检查线束的端子 A21 和 B20 的电压。测量结果如果符合标准,为 0.3V 以下或 4.6V 以上,应进行下一步检查;如果测量结果不符合标准,说明 ECU 不良或 ECU 插头接触不良,应检修插头或更换 ECU。 ⑥测量加速踏板位置传感器插头端子 ACS1 和 A-GND 之间的电压。如果测量结果符合标准,为 0.3V 以下或 4.6V 以上,说明线束断/短路、插头不良,应进行检修;如果测量结果不符合标准,说明加速踏板位置传感器不良,应检修或更换。 ⑦启动发动机并息速运转,确认故障已排除,清除故障码 P2121
P2126	加速踏板位置传感器 2 故障(没有打开或关闭)	①断开点火开关,连接信号检查线束,取下加速踏板位置传感器插头。 ②打开点火开关,测量加速踏板位置传感器插头端子 A-VCC 和 A-GND 之间的电压,应为(5±0.5)V。 ③测量信号检查线束端子 B31 和 B21 之间的电压。如果测量结果符合标准,为(5±0.5)V,说明线束短路、插头接触不良,应进行检修;若测量结果不符合标准,说明 ECU 不良或 ECU 接触不良,应检修插头或更换 ECU。 ④断开点火开关,连接加速踏板位置传感器插头。 ⑤打开点火开关,测量信号检查线束的端子 A22 和 B21 间的电压。如果测量结果符合标准,为 0.3V 以下或 4.6V 以上,说明 ECU 不良或 ECU 插头接触不良,应检修插头或更换 ECU。 ⑥测量加速踏板位置传感器插头的端子 ACS2 和 A-GND 之间的电压。如果测量结果符合标准,为 0.3V 以下或 4.6V 以上,说明线束断/短路、插头接触不良,应检修线束插头,如果检测结果不符合标准,说明加速踏板位置传感器不良,应检修或更换加速踏板位置传感器。 ⑦启动发动机并息速运转,确认故障已排除,清除故障码 P2126
P1133	紧急用加速踏板位置传感器故障	①使 ECU 插头处于连接状态,取下紧急用加速踏板位置传感器插头。 ②打开点火开关,测量紧急用加速踏板位置传感器插头电源+5V 端子与搭铁间电压。标准电压应是(5±0.5)V。 ③打开点火开关,测量信号检查线束的端子 B20 和 B23 间的电压。如果测量结果符合标准,为(5±0.5)V,说明线束短路、接触不良,应进行维修;如果测量结果不符合标准,说明 ECU 不良或 ECU 接触不良,应检修插头或更换 ECU。 ④断开点火开关,连接紧急用加速踏板位置传感器插头。 ⑤打开点火开关,测量信号检查线束的端子 A23 和 B20 间的电压。如果测量结果符合标准,为 0~2.9V,说明 ECU 不良或 ECU 插头接触不良,应当检修插头或更换 ECU。 ⑥测量紧急用加速踏板位置传感器信号(SIG)端子与搭铁(GND)端子间的电压。如果测量结果符合标准,为 0~2.9V,说明线束断/短路,插头不良,应进行检修,如果测量结果不符合标准,说明紧急用油门位置传感器不良,应检修或更换紧急用加速踏板位置传感器。 ⑦启动发动机并息速运转,确认故障已排除,清除故障码 P1133
P0219	柴油机超速	当检测出发动机转速为 2700r/min 以上时显示该故障码。在检测到该故障码时停止燃油喷射,当发动机转速低于 2500r/min 时再进行燃油喷射。 有可能传感器信号线束异常而发动机正常运转被误认为超负荷运转

故障码	故障原因	故障诊断与排除方法
P1601	喷油器喷油量修正异常	①使用诊断仪读取喷油器 QR 代码。 ②如果读取的 QR 代码和服务网站登录的 QR 代码一致,说明 ECU 不良,应当更换 ECU;如果读取的 QR 代码和服务网站登录的 QR 代码不一致,那么应进行 QR 代码写入修正。 ③启动发动机并急速运转,确认故障已排除,清除故障码 P1601
P0263	1 号气缸喷油偏差修正错误	①流量阻尼器的检查 1。 a. 发动机停止运转 30s 后重新启动发动机,使冷却液温度达到 60℃以上,进行暖机,使用诊断仪清除历史故障码。 b. 清除历史故障码后,在故障码重新显示时,检查故障码所表示气缸的流量阻尼器。 ②流量阻尼器的检查 2。从油轨上取下相应的流量阻尼器,给流量阻尼器一侧通压力空气,观察另一侧有无压力空气排出,判断流量阻尼器是否截止。如果没有压力空气排出,说明流量阻尼器堵塞,应当更换。 ③确认故障码。当出现故障码时,应进行维修,再用诊断仪清除故障码;之后,如果再次显示故障码,可推断为以下故障。 a. 流量阻尼器至喷油器之间的油管折断、龟裂,从接合处泄漏造成流量过大,应检修漏油处,确认不再泄漏。 b. 因喷油器内部泄漏增大而使流量过大或过小,应用喷嘴回路检测器来确认喷油器的泄漏量。 c. 因喷嘴、支座不良而导致燃油泄漏量过大,应用喷嘴回路检测器确认喷油器支座是否不良。 d. 因喷油器动作不良而导致燃油流量过大或过小,应更换喷油器来确认。 e. 因燃油系统堵塞而导致燃油量过小,应检查燃油滤清器,并清除堵塞。 ④确定上述故障部位时,应使用诊断仪,在确认气缸间喷油偏差修正及使任一喷油器停止等状态基础上,根据发动机数据进行诊断。 启动发动机并急速运转,确认故障已排除,清除故障码 P0263
P0266	2 号气缸喷油器偏差修正错误	同故障码 P0263
P0269	3 号气缸喷油器偏差修正错误	同故障码 P0263
P0272	4 号气缸喷油器偏差修正错误	同故障码 P0263
P0275	5 号气缸喷油器偏差修正错误	同故障码 P0263
P0278	6 号气缸喷油器偏差修正错误	同故障码 P0263
P0617	点火开关系统故障	①断开点火开关,连接信号检查线束。 ②打开点火开关,测量信号检查线束的端子 B14 和端子 C3、C4 间的电压,电压应为 24V;断开点火开关,电压应为 0V。如果测量结果符合上述标准,说明 ECU 不良或 ECU 插头接触不良,应检修插头或更换 ECU;如果测量结果不符合上述标准,说明线束不良,应当检修线束。 ③启动发动机并急速运转,确认故障已排除,清除故障码 P0617
P1417	EGR 冷却液温度传感器故障	①断开点火开关,取下 ECU 插头。 ②测量信号检查线束的端子 A34 和 D34 间电阻。如果测量结果符合标准,为 2.45kΩ(20℃)、1.15kΩ(40℃)、584Ω(60℃)、318Ω(80℃),说明 ECU 不良或插头不良,应检修或更换 ECU。 ③断开点火开关,取下冷却液温度传感器插头。 ④测量 EGR 冷却液温度传感器电阻。如果测量结果符合标准,为 2.45kΩ(20℃)、1.15kΩ(40℃)、584Ω(60℃)、318Ω(80℃),说明线束不良,应检修线束插头;如果测量结果不符合标准,说明 EGR 冷却液温度传感器不良,应当更换。 ⑤启动发动机,确认故障已排除,清除故障码 P1417
P1418	EGR 冷却液温度传感器故障	同故障码 P1417
P0401	EGR 率不足	①使用诊断仪检测 EGR。 ②启动发动机并急速运转,确认故障已排除,清除故障码 P0401

故障码	故 障 原 因	故障诊断与排除方法
P0402	EGR 率过大	同故障码 P0402
P1416	EGR 冷却器过热	①检查是否有故障码 P0217 或 P1416。如果有这两个故障码显示,说明冷却系统异常,导致过热,应检修冷却系统;如果没有故障码 P0217 或 P1416,说明 EGR 冷却器有故障,应当更换。 ②启动发动机并怠速运转,确认故障已排除,清除故障码 P1416

第六节　其他车型柴油机高压共轨系统的检修

一、康明斯 ISBe 柴油机高压共轨系统的电控单元和控制电路

1. 康明斯 ISBe 柴油机高压共轨系统电控单元 ECM 端子排列

康明斯 ISBe 柴油机高压共轨系统电控单元 ECM 通过 3 个插接器与电源、各个传感器和执行器相互连接。康明斯 ISBe 柴油机高压共轨系统电控单元 ECM 端子排列如图 3-58 所示。

图 3-58　康明斯 ISBe 柴油机高压共轨系统电控单元 ECM 端子排列

1~89—端子(针)

2. 康明斯 ISBe 柴油机高压共轨系统控制电路

康明斯 ISBe 柴油机高压共轨系统控制电路如图 3-59 所示。

89针OEM
插接器"B"

油门总成

油门+5V电源 <55
油门位置输入信号 <83
油门回路 <81
非怠速开关 <73
怠速开关 <72
怠速回路 <19

最高工作转速开关

开关控制最高工作转速信号 <89
开关控制最高工作转速 <32
远程油门通/断开关 <21

远程油门通/断开关

远程PTO通/断开关 <24

远程PTO通/断开关

双减速比驱动桥开关 <41

双减速比驱动桥开关

行车制动器开关 <80

行车制动器开关

油门联锁开关 <38

油门联锁开关

离合器开关 <62

离合器开关

空调压力开关 <23

空调压力开关

怠速增加/诊断开关/
巡航/PTO RESUME/ACCEL开关输入 <61

怠速增加/诊断开关/
巡航/PTO RESUME/ACCEL开关

怠速减小/诊断开关/
巡航/PTO SET/COAST开关 <60

怠速减小/诊断开关/
巡航/PTO RESUME/COAST开关

RSG极限开关 <25

RSG极限开关

驾驶室调速器转换开关 <77

驾驶室调速器转换开关

转矩极限控制开关 <40

转矩极限控制开关

风扇离合器开关 <22

风扇离合器开关

排气制动器动通/断开关 <20

排气制动通/断开关

发动机保护超越开关 <26

发动机保护超越开关

巡航/PTO通/断开关 <76

巡航/PTO通/断开关

诊断通/断开关 <79

诊断通/断开关

等待启动指示灯

> 1 >
> 2 >

等待启动指示灯信号 <29

停机指示灯

> 1 >
> 2 >

停机指示灯信号 <47

保养指示灯信号

> 1 >
> 2 >

车辆蓄电池输出 <08
保养指示灯信号 <63

报警指示灯信号

> 1 >
> 2 >

车辆蓄电池输出 <28
报警指示灯信号 <64

低侧转速表

2 >
1 >

低侧转速表信号 <49
低侧转速表电源 <01

高侧转速表

1 >
2 >

高侧转速表信号 <37
高侧转速表回路 <02

行车自动记录仪输入

A >
B >

行车自动记录仪输入信号 <57
行车自动记录仪回路 <54

横隔板连接器

(a)

图 3-59

燃油油轨压力传感器

	燃油油轨压力+5V电源	< 12
> 3		
> 2	燃油油轨压力信号	< 27
> 1	燃油油轨压力回路	< 20

机油压力/
温度传感器

> 3	机油压力/温度+5V电源	< 09
> 4	机油压力信号	< 33
> 2	机油温度信号	< 35
> 1	机油压力/温度回路	< 19

燃油温度传感器

| > 2 | 燃油温度信号 | < 34 |
| > 1 | 燃油温度回路 | < 17 |

冷却液温度传感器

| > 2 | 冷却液温度信号 | < 36 |
| > 1 | 冷却液温度回路 | < 18 |

进气歧管压力/
温度传感器

> 3	进气歧管压力/温度+5V电源	< 10
> 4	进气歧管压力/信号	< 28
> 2	进气歧管温度/信号	< 29
> 1	进气歧管压力/温度回路	< 21

曲轴位置传感器

> 2	发动机转速信号	< 25
> 1	发动机转速回路	< 24
> 3	发动机转速屏蔽	

凸轮轴位置传感器

> 2	发动机位置信号	< 23
> 1	发动机位置回路	< 30
> 3	发动机位置屏蔽	

燃油压力控制阀

| 1 > | 电子燃油控制执行器信号 | < 07 |
| 2 > | 电子燃油控制执行器回路 | < 05 |

J1587数据通信接口

| A > | J1587数据通信接口(+) | < 13 |
| B > | J1587数据通信接口(-) | < 14 |

36针
发动机线束
插接器"A"

16针
发动机线束
插接器"C"

喷油器　　　　　　6缸发动机　　　　　　4缸发动机

	1#缸驱动电路	< 09	< 09
> 4	1#缸回路	< 13	< 13
> 3	2#缸驱动电路	< 03	< 10
> 1	2#缸回路	< 06	< 15
> 2			
> 4	3#缸驱动电路	< 04	< 11
> 3	3#缸回路	< 12	< 16
> 1	4#缸驱动电路	< 05	< 04
> 2	4#缸回路	< 14	< 12
> 4	5#缸驱动电路	< 11	
> 3	5#缸回路	< 16	
> 1	5#缸驱动电路	< 10	
> 2	6#缸回路	< 15	

(c)

图 3-59　康明斯 ISBe 柴油机高压共轨系统控制电路

二、东风 EQH 柴油机高压共轨系统电控单元与控制电路

东风 EQH 发动机电子控制系统的核心部件是发动机电控单元（EECU），其型号为 EDC16，主要功能是接收各个发动机传感器和一些开关的信号，并根据相应的控制策略，控制发动机的燃油喷射以及实现某些辅助功能的控制。

EECU 采用 24V 供电，工作电流为 180mA。在 EECU 上有 A 和 K 两个接口，A 口接发动机部件，K 口接车身部件。

1. 东风 EQH 柴油机高压共轨系统电控单元 EECU 的 A 口电路和插接器

EECU 的 A 口电路和插接器如图 3-60 所示。

(a) EECU的A口电路

(b) EECU的A口插接器

图 3-60　EECU 的 A 口电路和插接器

2. 东风 EQH 柴油机高压共轨系统电控单元 EECU 的 K 口电路和插接器

EECU 的 K 口电路和插接器如图 3-61 所示。

3. 东风 EQH 柴油机高压共轨系统传感器和执行器检测数据

东风 EQH 柴油机高压共轨系统传感器和执行器检测数据如表 3-15 所示，端子号见图 3-60 和图 3-61。

(a) EECU的K口电路

(b) EECU的K口插接器

图 3-61 EECU 的 K 口电路和插接器

表 3-15 东风 EQH 柴油机高压共轨系统传感器和执行器检测数据

传感器和执行器	功　用	端　子　连　接
曲轴位置传感器	曲轴位置传感器用于发动机转速和曲轴位置的测量,属于磁感应式传感器	见图 3-60,曲轴位置传感器有 2 个接线端子,端子 1 与 EECU 端子 A27 连接,端子 2 与 EECU 端子 A12 连接。曲轴位置传感器感应线圈的电阻在 20℃时为 770～950Ω
凸轮轴位置传感器	凸轮轴位置传感器功能是给 EE-CU 提供发动机曲轴转角基准位置信号(又称为判缸信号),作为喷油正时的主控信号,属于磁感应式传感器	见图 3-60,凸轮轴位置传感器有 2 个接线端子,端子 1 与 EECU 端子 A10 连接;端子 2 与 EECU 端子 A50 连接。凸轮轴位置传感器感应线圈的电阻在 20℃时为 770～950Ω
进气压力/温度传感器	进气压力/温度传感器安装在进气歧管上,其中温度传感器为负温度系数(NTC)热敏电阻传感器	见图 3-60,进气压力/温度传感器有 4 个接线端子,端子 1 与 EECU 端子 A23 连接;端子 2 与 EECU 端子 A53 连接,传感器通过此端子为 EECU 提供进气温度信号;端子 3 与 EECU 端子 A14 连接,EECU 通过此端子为传感器提供 5V 电源;端子 4 与 EECU 端子 A40 连接,传感器通过此端子为 EECU 提供 0.5～4.5V 进气压力的电压信号
机油压力传感器	机油压力传感器的功能是监测发动机的机油压力	见图 3-61,机油压力传感器上有 3 个接线端子,分别称为 A、B、C,其中接线端子 B 与 EECU 端子 K24 连接,并给该传感器提供 5V 的电源;接线端子 A 与 EECU 端子 K33 连接;接线端子 C 与 EECU 端子 K32 连接,给 EECU 提供机油压力信号。 机油压力传感器的工作温度为 -40～125℃,其供电电压为 5.00V±0.25V;输出信号电压范围是 0.585～4.84V
燃油压力传感器	燃油压力传感器安装在发动机的共轨管上,属于压电式传感器,其功能是监测共轨管内燃油的压力	见图 3-60,燃油压力传感器上有 3 个接线端子,其中接线端子 3 与 EECU 端子 A26 连接,并给该传感器提供 5V 的电源;接线端子 1 与 EECU 端子 A08 连接,为传感器回路线;接线端子 2 与 EECU 端子 A43 连接,给 EECU 提供燃油压力信号,其输出电压范围为 0.5～4.5V

传感器和执行器	功　用	端子连接
冷却液温度传感器	冷却液温度传感器为负温度系数(NTC)热敏电阻传感器,其功能是监测发动机冷却液的温度	见图3-60,冷却液温度传感器上有2个接线端子,其中接线端子1与EECU端子A58连接,接线端子2与EECU端子A41连接。冷却液温度传感器测量温度范围为−40~130℃,传感器温度特性,−20℃时其电阻为13.5~17.7kΩ,30℃时其电阻为1.36~1.55kΩ,100℃时其电阻为170~200Ω
喷油器	喷油器是电控燃油喷射系统的执行元件,作用是根据ECU发出的脉冲喷油信号,控制燃油喷射量	喷油器的触发信号电压为80V,保持时为24V;触发信号电流为18A,保持时为12A。喷油器电磁线圈的电阻为0.33Ω

三、依维柯柴油机高压共轨系统控制电路

依维柯SOFIM 8140.43S3高压共轨柴油机EDC16系统电路如图3-62所示。

(1) 发动机电控单元(ECU)电源控制电路工作原理　发动机电控单元(ECU)电源控制电路工作原理如表3-16所示,端子号见图3-62。

表3-16　发动机电控单元(ECU)电源控制电路工作原理

控制电路	工作原理
点火开关接通时的电源控制电路	蓄电池正极→点火开关的端子30→点火开关→点火开关的端子15—2号熔断器(5A)→发动机电控单元ECU的端子28
主继电器的控制电路	发动机电控单元ECU接收点火开关接通信号后,通过发动机电控单元ECU的端子72控制主继电器的电磁线圈电路导通,主继电器的触点闭合。此时,发动机电控单元ECU的电源主电路为蓄电池正极→主继电器的触点(闭合)→23号熔断器和52号熔断器→发动机电控单元ECU的端子5和端子15
发动机电控单元ECU的搭铁电路	发动机电控单元ECU的端子2、端子4、端子6→导线→搭铁→蓄电池负极

(2) 传感器控制电路工作原理　传感器控制电路工作原理如表3-17所示,端子号见图3-62。

表3-17　传感器控制电路工作原理

控制电路	工作原理
曲轴位置传感器	曲轴位置传感器为电磁式,有3个接线端子,其中传感器端子1、端子2分别与ECU的端子27、端子12连接,传感器端子3与ECU的端子21连接,为屏蔽线
凸轮轴位置传感器	凸轮轴位置传感器为霍尔式,有3个接线端子,其中传感器端子1、端子2、端子3分别与ECU的端子20、端子50、端子11连接
冷却液温度传感器	冷却液温度传感器为热敏电阻式,有2个接线端子,分别与ECU的端子41、端子58连接
燃油温度传感器	燃油温度传感器有2个接线端子,分别与ECU的端子51、端子52连接
进气压力和温度传感器	进气压力和温度传感器有4个接线端子,分别与ECU的端子23、端子53、端子13、端子40连接
燃油压力传感器	燃油压力传感器有3个接线端子,分别与ECU的端子8、端子43、端子28连接
加速踏板位置传感器	加速踏板位置传感器内置2组霍尔元件,同时输出电压,其电压比值为2:1。其电路如图3-63所示
离合器开关	安装在离合器踏板上的离合器开关有2个接线端子,1个与24号熔断器连接,另1个与ECU的端子58连接
制动开关	离合器踏板上安装有2个制动开关,1个用于控制制动灯,另1个用于柴油发动机控制。制动开关有3个接线端子,其中传感器端子2与24号熔断器连接,端子1与ECU的端子17连接,端子3与ECU的端子80连接

图 3-62　依维柯 SOFIM 8140、43S3 高压共轨柴油机 EDC16 系统的电路

20000—蓄电池；25838—主电源继电器；25837—燃油泵继电器；42374—离合器开关；47106—冷却液温度传感器；47035—冷却温度传感器；48035—曲轴位置传感器；

48042—凸轮轴位置传感器；52502—仪表；53565—点火开关；58918—制动开关；6112 6—"CAN" 总线电阻；72027—诊断仪接口；

78013—燃油压力调节电磁阀；78247—第三缸停油电磁阀；78248—电磁喷油器；85150—冷却机电控单元 ECU；

85151—燃油泵；85152—加速踏板位置传感器；85156—进气压力和温度传感器；85157—燃油压力传感器

(a) 插接器 (b) 电路

图 3-63 加速踏板位置传感器电路

(3) 执行器控制电路工作原理 执行器控制电路工作原理如表 3-18 所示，端子号见图 3-62。

表 3-18 执行器控制电路工作原理

控 制 电 路	工 作 原 理
燃油泵	发动机电控单元 ECU 通过发动机电控单元 ECU 的端子 91 控制燃油泵继电器的电磁线圈电路导通，燃油泵继电器的触点闭合。此时燃油泵电路为蓄电池正极→点火开关→点火开关 15→47 号熔断器(10A)→燃油泵继电器的端子 30→燃油泵继电器的触点→燃油泵继电器的端子 87→燃油泵(电动机)→搭铁→蓄电池负极
喷油器	每个喷油器有 2 个接线端子，4 个电磁喷油器连接在 ECU 上，即端子 47 与端子 16、端子 17 与端子 33、端子 1 与端子 46、端子 2 与端子 31
燃油压力调节电磁阀	燃油压力调节电磁阀有 2 个接线端子，分别与 ECU 的端子 19、端子 49 连接
第三缸停油电磁阀	第三缸停油电磁阀安装在高压油泵上，当转速超过 4200r/min 或急速运转时第三缸的电磁阀接通，打开第三缸，使发动机进入经济工作模式。该电磁阀有 2 个接线端子，1 个与 24 号熔断器连接，另 1 个与 ECU 的端子 15 连接

四、玉柴发动机高压共轨系统控制电路

玉柴 YC6G240-30 发动机电控系统电路如图 3-64 所示。

(1) 发动机电控单元（ECU）电源控制电路工作原理 发动机电控单元（ECU）电源控制电路工作原理如表 3-19 所示，端子号见图 3-64。

表 3-19 发动机电控单元（ECU）电源控制电路工作原理

控 制 电 路	工 作 原 理
点火开关接通时的电源控制电路	蓄电池正极(24V)→10A 熔断器→点火开关→保护开关→发动机电控单元(ECU)的 J3-44 端子
主继电器的控制电路	发动机电控单元(ECU)接收点火开关接通信号后，通过发动机电控单元(ECU)的 J3-2 端子控制主继电器的电磁线圈电路导通，主继电器的触点闭合。此时，发动机电控单元(ECU)的电源主电路为蓄电池正极→30A 熔断器→主继电器的触点(闭合)→发动机电控单元 ECU 的 J3-60、J3-61、J3-62 端子→发动机电控单元(ECU)
发动机电控单元 ECU 的搭铁电路	发动机电控单元(ECU)的 J3-57、J3-58、J3-59 端子→导线→搭铁→蓄电池负极

图 3-64　玉柴 YC6G240-30 发动机电控系统电路

（2）传感器控制电路工作原理　传感器控制电路工作原理如表 3-20 所示，端子号见图 3-64。

表 3-20　传感器控制电路工作原理

控 制 电 路	工 作 原 理
曲轴位置传感器	曲轴位置传感器有 2 个接线端子，分别与 ECU 的 J1-49、J1-50 端子连接
凸轮轴位置传感器	凸轮轴位置传感器有 2 个接线端子，分别与 ECU 的 J1-53、J1-54 端子连接
冷却液温度传感器（水温传感器）	发动机水温传感器有 2 个接线端子，分别与 ECU 的 J2-25、J2-26 端子连接
燃油温度传感器	燃油温度传感器有 2 个接线端子，分别与 ECU 的 J1-46、J1-41 端子连接

控 制 电 路	工 作 原 理
进气压力传感器	进气压力传感器有 3 个接线端子,分别与 ECU 的 J1-28、J1-30、J1-27 端子连接
进气温度传感器	进气温度传感器有 2 个接线端子,分别与 ECU 的 J1-34、J1-27 端子连接
加速踏板位置传感器	加速踏板位置传感器有 5 个接线端子,分别与 ECU 的 J3-41、J3-38、J3-34、J3-33、J3-37 端子连接。其中 J3-41、J3-38 为急速开关信号输入端子,J3-34 为 5V 电源输出端子,J3-33 为传感器输入信号端子,J3-37 为搭铁端子

（3）执行器控制电路工作原理　执行器控制电路工作原理如表 3-21 所示,端子号见图 3-64。

表 3-21　执行器控制电路工作原理

控 制 电 路	工 作 原 理
单体泵	单体泵上有 6 个电磁阀。电磁阀 1 与 ECU 的 J1-3、J1-4 端子连接,电磁阀 2 与 ECU 的 J1-8、J1-15 端子连接,电磁阀 3 与 ECU 的 J1-7、J1-12 端子连接,电磁阀 4 与 ECU 的 J1-16、J1-19 端子连接,电磁阀 5 与 ECU 的 J1-20、J1-11 端子连接,电磁阀 6 与 ECU 的 J1-24、J1-23 端子连接
排气制动阀	ECU 的 J2-28 端子外接排气制动阀
冷却风扇	ECU 的 J2-16 端子外接冷却风扇,控制冷却风扇的运行
水温过高指示灯	ECU 的 J3-47、J3-48 端子外接水温过高指示灯,控制水温过高指示灯的亮灭
故障指示灯	ECU 的 J3-22 端子外接故障指示灯。其电路为蓄电池→点火开关→5A 熔断器→MIL 故障指示灯→ECU 的 J3-22 端子→ECU。当发动机出现故障时,ECU 控制故障指示灯亮起

（4）CAN 通信总线控制电路工作原理　ECU 的 J3-15、J3-23 端子外接 CAN 通信接口,其中 J3-15 接高位 CAN-H 数据线,J3-23 接低位 CAN-L 数据线。

第四章

柴油机排气
后处理装置的维修

柴油机排气后处理装置是指安装在柴油机排气系统中，能够降低排气中的一种或多种污染物排放量的装置。

柴油机排气后处理装置是减少柴油车排气污染的重要设备。随着大气污染控制的要求和技术进步，柴油机排气后处理装置的种类与组合方式也在不断发展。

第一节　柴油机 SCR 系统的维修

一、柴油机 SCR 系统介绍

潍柴国Ⅳ柴油机 WP12 系列是由潍柴动力欧洲研发中心与奥地利 AVL 联合研发的，可靠性、经济性指标都得到了较大提高，在国Ⅲ基础上成功升级为国Ⅳ、国Ⅴ。

WP12 国Ⅳ柴油机与 WP12 国Ⅲ柴油机相比较，两者的机械部分和燃油系统基本相同；电控系统由 BOSCH EDC7 升级为 BOSCH EDC17，ECU 端子进行了重新定义和布置；增设了 SCR 系统控制发动机排放，以满足国Ⅳ排放要求。

SCR 是 Selective（选择性）、Catalytic（催化）、Reduction（还原）的英文缩写，全称为"选择性催化还原"技术，是柴油机尾气处理的一种方式（可称为尿素喷射系统）。目前采用的还原剂是尿素（就是肥料，不过这里用的要比农用的纯度要高得多），尿素加水后在高温下分解为 NH_3 和 CO_2，与柴油车尾气中的 NO 和 NO_2 通过化学反应，产生氮气和水，降低柴油车尾气中的 NO 和 NO_2 排放，当然实际车辆使用还要增加其他设备。

催化器的入口和出口处各安装有一只温度传感器，用于检测催化器是否达到要求的温度来保证催化还原反应的正常进行，并据此确定需要喷入的尿素量。

催化还原反应所要求的最低排气温度为 200℃。催化器上还安装有一只氮氧化物传感器，用于监测经过催化器处理后尾气中氮氧化物的排放是否达到预期的效果。

在国Ⅵ阶段由于提出更多的低温控制要求，因此当温度达不到要求时，需采用主动升温技术手段如 HC 喷射技术，以保证催化反应的顺利进行。

1. 诊断接口的变化

WP12 国Ⅲ柴油机与国Ⅳ柴油机诊断接口均为标准的 OBD Ⅱ 16 端子（针）的接口，各主要序号与 ECU 端子号对应关系及功能如图 4-1 所示。

2. 国Ⅳ车上的故障灯

（1）闪码灯　也称为 SVS 灯，作用同国Ⅲ，用于读取故障码，包括后处理故障。标志各厂家不统一。

（2）OBD 灯 ▨　用于指示与排放相关的故障，只有亮和灭两种状态，不能读取故障码。

在点火开关转到 ON 挡但不启动发动机时，OBD 灯常亮。发动机启动后 10s 会自动熄灭。

3. ECU 插接器端子布置

EDC17 电控系统 ECU 有两个插接器：插接器 A 是发动机区，连接传感器和喷油器；插接器 K 是整车区，连接整车功能和后处理元件。ECU 插接器端子布置如图 4-2 所示。

4. ECU 插接器端子功能

ECU 插接器端子功能如图 4-3 所示。

序号	端子号	说明
4	GND	搭铁线
6	135	CAN-H
7	189	K通信线
14	134	CAN-L
16	+24VDC	+24V

诊断接口序号	ECU端子号	说明
1	K75	CAN H_1
4	GND	搭铁线
6	K54	CAN H_0
7	K59	K线
9	K53	CAN L_1
14	K76	CAN L_0
16	BAT+	+24V

(a) 国Ⅲ柴油机　　　　　　　　　　　　(b) 国Ⅳ柴油机

图 4-1　国Ⅲ柴油机与国Ⅳ柴油机诊断接口对比图

(a) 端子布置

(b) ECU实物

图 4-2　BOSCH EDC17 系统的 ECU 插接器

5. OBD 简介

（1）什么是 OBD　OBD 是英文 on-board diagnostics 的缩写，中文翻译为"车载自动诊断系统"，主要是用于控制车辆排放的一种在线监测诊断系统，同时也监测其他发动机相关故障。该系统从发动机的运行状况随时监控汽车是否尾气超标，一旦超标，会马上发出警示。当系统出现故障时，OBD（MIL）灯或服务诊断（service）灯亮，故障诊断管理系统

图 4-3 BOSCH EDC17 系统端子图

（DSM）将故障信息存入存储器，通过一定的程序可以将故障码从 DSM 中读出。根据故障码的提示，维修人员能迅速准确地确定故障的性质和部位。

（2）OBD 的作用

① 检测到排放/发动机相关故障时，OBD 系统用 MIL 灯/服务诊断（service）灯给驾驶员报警；

② 故障车可以及时得到提醒，减少车辆尾气排放；

③ OBD 系统有助于技师迅速诊断，对症修理，降低维修成本。

（3）OBD 监测内容　OBD 监测内容如图 4-4 所示。

图 4-4　OBD 监测内容

（4）OBD 的组成　OBD 的组成如图 4-5 所示。

图 4-5　OBD 的组成

（5）OBD 的扭矩限制　当尾气排放超过限值时，OBD 法规要求的 OBD 扭矩限制的标准如表 4-1 所示。

表 4-1　OBD 的扭矩限制的标准

车的类型	规　格	扭矩限制	车的类型	规　格	扭矩限制
货车 1	$M \leqslant 3.5t$	75%	货车 4	$M \geqslant 16t$	60%
货车 2	$12t > M > 3.5t$	75%	客车 1	22 座 $> N \geqslant 9$ 座或 $M < 5t$	75%
货车 3	$16t > M \geqslant 12t$	75%	客车 2	$N \geqslant 22$ 人或 $M \geqslant 5t$	60%

注：M 载重，N 座位数。

（6）OBD 监测临时中断　OBD 中断是法规允许的在某些特定的工况或者条件下（例：跛行回家），对于排放的监测可以暂时性地不监测（MIL 灯不亮，不存不可清除代码）。在以下条件时，OBD 对排放的监测可以临时中断：

① 环境温度不在范围 275～303K（2～30℃）。

② 海拔高于 1000m。

③ 发动机冷却液温度不在范围 343～373K（70～100℃）。

④ 油量低于 20%。

⑤ PTO 激活（工程机械对外做功时，如挖掘机挖掘作业时）。

⑥ 跛行回家。

二、SCR 系统组成

1. SCR 系统组成

国Ⅳ柴油机 SCR 系统组成如图 4-6 所示，主要由控制单元（ECU）、尿素供给单元（尿素泵）、尿素喷嘴、尿素箱、后处理器及加热系统等组成。

（1）控制单元（ECU）　国Ⅳ柴油机 SCR 系统采用博世 DeNOx2.2 系统，ECU 接收发

图 4-6　国Ⅳ柴油机 SCR 系统组成

动机和车辆功能传感器等传感器的信息，通过发动机和车辆功能、喷射策略及喷射控制等功能的运算，对相关执行器进行控制，控制单元（ECU）组成如图4-7所示。

图4-7 控制单元（ECU）组成

（2）尿素供给单元 尿素供给单元主要负责为尿素溶液建压。如图4-8所示，它有尿素泵、尿素压力传感器、滤清器等几个组成部分。其中滤清器需要定期更换。尿素供给单元内装配有主过滤器、入口过滤器和回流过滤器，主过滤器更换周期一般为 3×10^4 km，但如果进入尿素剂量单元的尿素清洁程度不符合要求，则更换周期要缩短。

（3）SCR处理器 SCR处理器有箱式和桶式等形状，内部结构如图4-9所示。

SCR处理器内部由入口多孔管、出口多孔管和催化器砖组成。催化器砖是多孔陶瓷体，不能磕碰，涂层为催化剂，主要成分为五氧化二钒（V_2O_5）、三氧化钨（WO_3）、二氧化钛（TiO_2）等化学物质，有毒。接触

图4-8 尿素供给单元的内部结构

催化器砖的时候，因里面的材料有致癌作用，要戴眼镜、口罩、手套。SCR处理器不需维修，失效时直接更换。SCR处理器也起到消声器的作用。

图4-9 SCR处理器结构

（4）尿素喷嘴　尿素喷嘴上装有喷射阀，它接收发动机 ECU 的控制信号，被激活后打开，具有一定压力的尿素水溶液便由喷射阀喷入排气管中。在尿素喷嘴上有两个冷却水管接头，与发动机冷却液路相连接，为尿素喷嘴冷却，如图 4-10 所示。

（5）尿素箱　尿素箱如图 4-11 所示，尿素箱用于储存尿素水溶液。为实现必要时对尿素箱的加热，在尿素箱内还设有冷却液加热盘管。尿素箱内部的液位传感器和温度传感器，将尿素箱液位和温度信号送给 ECU，以便于尿素喷射控制和尿素箱加热控制。尿素箱内使用的是 32.5%（质量分数）的尿素水溶液（因为在此浓度下冰点最低，冰点为 -11.5℃）。尿素水溶液质量应符合国标要求。

图 4-10　尿素喷嘴

图 4-11　尿素箱

2. SCR 电控喷射系统

SCR 电控喷射系统如图 4-12 所示。SCR 系统的控制单元与发动机的控制单元（ECU）集成在一起，用来执行 SCR 控制策略，并根据环境温度、排气温度、尿素液位、尿素温度、尿素压力等传感器信号控制供给单元和尿素喷嘴，根据需求定时定量地将尿素溶液喷射到排气气流中。

图 4-12　SCR 电控喷射系统

（1）上游温度传感器（也称排气温度传感器）　如图 4-13 所示，上游温度传感器固定在催化转化器的上游连接管的温度传感器座上。上游温度传感器用于检测排气管中废气温度，将

(a) 安装位置   (b) 实物

端子	正常电压/V	开路电压/V
K81	0.3~4.7	5

(c) 电路   (d) 端子电压

图 4-13　上游温度传感器

温度信号送给 ECU。上游温度传感器信号电压范围为 0.3~4.7V，额定电阻为 200Ω（0℃）。

（2）环境温度传感器　环境温度传感器如图 4-14 所示。环境温度传感器的主要作用是为 SCR 系统提供外界温度信号，ECU 依此对系统加热进行控制。环境温度传感器信号电压范围为 0.2~4.9V；环境温度传感器为负温度系数热敏电阻，电阻值随温度上升而降低。环境温度传感器失效时，以冷却液温度传感器信号替代。EDC17 电控系统中冷却液温度传感器和环境温度传感器相同，可以互换。

(a) 实物

端子	正常电压/V	开路电压/V
K39(高)	0.2~4.9	5

(b) 电路   (c) 端子电压

图 4-14　环境温度传感器

（3）尿素液位传感器 如图4-15所示，液位传感器由舌簧开关控制，随着液位的变化，磁性浮子随之上下移动，靠近磁性浮子的舌簧开关在磁性浮子作用下吸合，液位传感器的电阻值随之变化。电阻变化是阶梯性的，尿素液位信号电压在0.3～4.3V间阶梯性变化。

(a) 实物　　　　　　　　　　　　　　　　　(b) 电路

图4-15　尿素液位传感器

（4）尿素温度传感器 尿素温度信号在0.3～4.3V范围内变化。尿素温度是ECU对尿素箱加热电磁阀控制的依据，也是尿素喷射的条件之一。

（5）NO_x传感器和NO_x传感器ECU NO_x传感器和传感器ECU如图4-16所示，NO_x传感器ECU端子排列及含义如图4-17所示。

(a) 实物　　　　　　　　　　　　　　　　　(b) 内部结构

图4-16　NO_x传感器和传感器ECU

1	2	3	4	5
电源正	电源负	CAN低	CAN高	标识位
24V	0V	2.3V左右	2.8V左右（CAN高CAN低相差0.5V）	

(a) ECU端子排列　　　　　　　　　　　(b) ECU端子含义

图4-17　NO_x传感器ECU端子排列及含义

NO_x传感器为发动机ECU提供NO_x浓度信号。NO_x传感器首先将废气中的NO_x浓度信号送给NO_x传感器ECU，传感器ECU对信号进行处理后，通过CAN线将信号最终送给 ECU。当 NO_x 的浓度超标时，ECU 会记录故障，并在一定时间后实施转矩限制。

NO_x 传感器和传感器 ECU 是一个不可拆分的整体。NO_x 传感器通过 CAN 总线将 NO_x 浓度信号传递给发动机 ECU。

3. SCR 加热系统

ECU 通过环境温度传感器和尿素箱温度传感器信号来控制加热系统工作。如果环境温度过低或尿素箱温度过低，ECU 会先为系统加热，要等到系统解冻完成后（尿素泵、尿素罐和尿素管），才会发出预注命令。解冻完成后，如果环境温度一直较低，系统会保持加热，防止尿素再次冻结。

（1）电加热　尿素管的解冻是根据环境温度进行开环控制的。钥匙开关加电时，如果环境温度低于限值，ECU 将先开始加热。

SCR 系统对尿素泵和尿素管路采用电加热方式。尿素泵内置电加热装置，尿素管路由加热电阻元件包裹。ECU 根据环境温度传感器的信号判断是否需要开启电加热，需要电加热时 ECU 使加热继电器吸合，由 24V 电源对需要加热部分的加热元件供电，从而实现对尿素泵和尿素管路的加热。

当环境温度低于 $-5℃$ 时，ECU 为 K94、K92、K50、K26、K25 端子完成搭铁，五个加热继电器同时吸合，四路加热线路同时被接通。

K58、K36、K20 负责监测三条尿素管路加热电路是否接通；K33 监测尿素泵加热电路是否接通。当线路接通时端子为低电位（电压接近 0V）；如果某一回路没能接通，则相应端子保持高电压（24V 蓄电池电压），ECU 会储存故障码。

（2）冷却液加热　当 ECU 通过尿素箱温度传感器及环境温度传感器判断出尿素需要解冻（温度低于 $-5℃$），发动机冷却液温度达到 $55℃$ 以上时，ECU 就会通电打开冷却液电磁阀，热的冷却液就会流到尿素箱的热交换器内对尿素进行解冻。为了避免寒冷天气由于管路结冰或尿素结晶带来的问题，SCR 系统在寒冷天气运行过程中也会进行加热，反复打开/关闭冷却液电磁阀，使尿素箱内的液温保持在一定范围内。发动机冷却液也不断地流过尿素喷嘴为其进行冷却，使其保持在安全的工作温度范围之内。喷嘴两个水管接头无先后顺序之分。只要发动机运转，冷却液就会对尿素喷嘴冷却。发动机冷却液经过打开的冷却液开关电磁阀，然后进入尿素箱内，完成与尿素的热交换后从尿素箱流回发动机冷却系统。系统的冷却液管路布置如图 4-18 所示。

图 4-18　冷却液管路布置

三、SCR系统工作原理

SCR系统控制原理如图4-19所示，当SCR系统工作时，ECU接收柴油机的转速和转矩信号、排气管中的排气温度信号后，查找储存的尿素喷射脉谱图，计算出此时的尿素喷射量。当排气温度达到180℃时，ECU控制尿素泵动作，进行预注过程。如果预注过程顺利完成，排气温度达到200℃以上时，ECU驱动尿素喷嘴动作，将一定量的尿素喷入SCR催化器入口前端。

图4-19 SCR系统控制原理

在排气管的混合区，尿素遇高温分解成NH_3和CO_2，与排气充分混合后进入SCR反应装置。在催化反应区，NH_3和NO_x反应生成N_2和H_2O，排到大气中。整个处理过程的反应式如下。

尿素水解为氨气：（尿素喷射系统）

$(NH_2)_2CO + H_2O \longrightarrow 2NH_3 + CO_2$（要求温度200℃以上）

SCR后处理反应：（SCR催化转化器）

$NO + NO_2 + 2NH_3 \longrightarrow 2N_2 + 3H_2O$

$4NO + O_2 + 4NH_3 \longrightarrow 4N_2 + 6H_2O$

$2NO_2 + O_2 + 4NH_3 \longrightarrow 3N_2 + 6H_2O$

SCR系统的工作过程分为初始化、预注、加料、排空四个阶段。

（1）初始化阶段　开始：系统从T15上电后开始进入系统自检状态，如果有误，系统会一直停留在此状态。如经过检查没有错误或者存在的错误不影响系统工作则转入下一状态。

（2）预注阶段　发动机启动后，正常状况下系统会很快进入预注阶段。预注可分为除气、建压和喷射阀检查三个步骤，预注阶段的内容及图示如表4-2所示。

（3）加料阶段　当排气温度达到200℃后，发动机ECU发出命令，控制喷射阀开启，向排气气流中喷射尿素。只要加料系统处于加料状态，无论喷射阀是否喷射，尿素泵都会连续运转，以保持合适的系统压力。尿素喷射速率取决于车辆的负荷率。在车辆的正常行驶中，多数情况下，喷射率不是恒定的。喷射阀是以脉冲形式向排气气流喷入指定数量的尿素溶液。多余的尿素回流到尿素罐。

表 4-2 预注阶段的内容及图示

步骤	内 容	图 示
除气	尿素泵转,喷射阀打开,将管路中空气排出,从而为建压做准备	
建压	尿素泵转,喷射阀关闭,建立起900kPa的系统压力。潍柴EDC17电控系统尿素泵运转、建压的条件是排气温度达到180℃	
喷射阀检查	尿素泵运转,喷射阀打开一下,管路内压力下降,尿素泵提速,将管路内压力维持在900kPa。这个步骤顺利完成就完成了对喷射回路的检验	

 小提示

加入尿素条件:

① 排气处理器进口排气温度超过200℃。

② 没有某些现行的与 SCR 系统相关的故障码。

③ 回路压力在 775～1050kPa 范围内,喷射阀开闭正常。

④ 尿素罐液位高于 3%。

⑤ 尿素罐内尿素溶液温度上限 80℃,下限-3℃。

当 SCR 系统各元件发生故障时,对尿素喷射的影响如表 4-3 所示。

表 4-3 不同故障对尿素喷射影响

出现的故障	产生的影响
尿素箱温度传感器故障	环境温度低于−3℃、高于80℃停止喷射
尿素液位传感器故障	停止喷射,50h后会限转矩
上游温度传感器故障	停止喷射,50h后会限转矩
尿素压力传感器故障	停止喷射,50h后会限转矩
NO_x 传感器故障	继续喷射,同时故障指示灯会点亮
电加热系统故障	环境温度低于−5℃停止喷射
冷却液加热电磁阀故障	环境温度低于−5℃停止喷射
环境温度传感器故障	不影响喷射(冷却液温度作为替代信号)

(4) 排空阶段　当驾驶员断开点火开关后,SCR 系统需要经过排空过程后才能自动关闭,以防止尿素溶液留在系统中、水分蒸发后形成结晶。排空需要 90s。

图 4-20　排空阶段

排空状态时,可以听到供给单元内换向阀动作的"咔嗒"声和泵运转的声音,换向阀动作改变尿素溶液的流动方向。尿素泵抽出喷射阀和压力管中的所有尿素溶液,将其泵送回尿素罐。

如图 4-20 所示,在此过程中,喷射阀将开启,消除管路中产生的真空,以使排空更彻底。完成净化后,系统的大部分部件中都将没有任何剩余尿素。如果在完成排空前,因为蓄电池断开或其他原因使 ECU 断电,ECU 将会记录一个故障码:"上次驾驶循环未排空"。

四、SCR 系统的检测

(1) 尿素泵检测　尿素泵内置有压力传感器、电动机、换向电磁阀等元件。其常规检测规范如表 4-4 所示。

表 4-4　尿素泵检测规范

部件	尿素泵端子编号	对应 ECU 端子	工作时搭铁电压/V	T15 上电,但 SCR 系统不工作时的常态电压值/V	开路电压/V	开路时,常态电阻
压力传感器	2	K24(电源正)	4.9~5	4.9~5	5	端子 2、4 之间电阻:55.4kΩ
	3	K78(信号线)	0.5~4.5	约 0.8	—	
	4	K77(电源负)	0~0.3	0~0.3	0	
尿素泵电动机	8	K07	0	0	0	端子 8、9 之间电阻:0.8Ω
	9	K73	24	24	24	
	10	K93	—	约 8.5	3.5	
换向阀	11	K30	—	24	24	端子 11、12 之间电阻:22Ω
	12	K08	—	—	24	

(2) NO_x 传感器的通信线路检测　NO_x 传感器的通信线路如图 4-21 所示(以欧曼 GTL 重卡为例)。NO_x 传感器 ECU 的 1 号端子为 24V 电源,2 号端子搭铁,4 号端子为 CAN-H、3 号端子为 CAN-L。

在正常情况下,断开 NO_x 传感器 ECU 插接器,检测结果应符合表 4-5 所示。

图 4-21 NO$_x$ 传感器通信线路图

表 4-5 NO$_x$ 传感器线路检测

检 测 内 容	检 测 端 子	标 准 值	检 测 条 件
电压测量	检测 1 号与 2 号间电压	24V	点火开关 ON
	检测 4 号与 2 号间电压	(3.5±0.5)V	点火开关 ON
	检测 3 号与 2 号间电压	(1.5±0.5)V	点火开关 ON
电阻测量	检测 3 号与 4 号间电阻	(60±10)Ω	点火开关 OFF

五、SCR 系统常见故障诊断

1. SCR 系统常见故障检查

SCR 系统故障包括电控系统故障、尿素循环系统故障、加热水路故障、NO$_x$ 传感器故障及通信故障、排放超标故障等多种类型。表 4-6 给出了 SCR 系统常见故障检查方法。

表 4-6 SCR 系统常见故障检查

故障	故障现象	检 查 方 法
NO$_x$ 传感器无法正常通信	CAN 接收帧 AT101 超时错误 (SPN:522009;FMI:19)	检查 NO$_x$ 传感器模块 24V 供电电压
		打开点火开关,检查 NO$_x$ 传感器模块 CAN-H 和 CAN-L 电压
		关闭点火开关,检查 NO$_x$ 传感器模块 CAN-H 和 CAN-L 间电阻
		更换 NO$_x$ 传感器
尿素喷射故障	尿素泵不工作、无法建立压力	检查尿素泵 12 孔插接器,确认端子连接正确、端子接触良好
		检查尿素管路及电气连接,确认是否存在故障或管路错接
		检查尿素箱液位或温度传感器是否正常
		检查排气温度传感器是否正常
	正常建压,但不喷尿素	检查尿素喷嘴、管路是否存在故障
	压力建立后随即泄压	检查尿素回流管、尿素泵回流管接头、尿素喷嘴是否堵塞
		排除尿素泵、喷嘴电路故障
尿素加热异常	加热电路故障	检查加热电路熔断器
		检查插接器及导线
	冷却液管路循环故障	检查加热电磁阀安装是否正确,水管是否弯折
	尿素箱温度传感器、环境温度传感器故障	通过数据流读取尿素箱温度、环境温度,检查有无异常

故　障	故　障　现　象	检　查　方　法
尿素箱液位故障	尿素液位不显示或显示异常	检查液位传感器是否完好
		检查液位传感器线路是否完好
上游温度传感器故障	上游温度显示异常	检查上游温度传感器是否连接、是否出现对电源短路、搭铁短路或断路故障等
环温传感器故障	环境温度显示异常	检查环境温度传感器是否连接、是否出现对电源短路、搭铁短路或断路故障等

2. SCR 系统主要部件故障诊断

（1）尿素泵故障诊断

① 尿素泵安装位置及端子排列如图 4-22 所示，端子含义如表 4-7 所示。

图 4-22　尿素泵安装位置及端子排列

表 4-7　尿素泵端子含义

尿素泵端子	ECU 端子	端子含义	尿素泵端子	ECU 端子	端子含义
PIN1	无	无	PIN7	无	无
PIN2	K24	压力传感器（正）	PIN8	K07	尿素泵电机（地）
PIN3	K78	压力传感器（信号）	PIN9	K73	尿素泵电机（正）
PIN4	K77	压力传感器（地）	PIN10	K93	尿素泵电机信号（PWM）
PIN5	无	加热装置	PIN11	K30	反向阀
PIN6	无	加热装置（信号）	PIN12	K08	反向阀（信号）

② 尿素泵出现故障时，仪表板上的 MIL（故障指示灯）点亮，后处理系统不工作，尿素不消耗，一般会导致发动机限扭。尿素泵故障码如表 4-8 所示。

表 4-8　尿素泵故障码

闪　码	故　障　码	含　义
451	P3006	尿素泵电机驱动开路
452	P3010	尿素换向阀执行器开路
465	P3033	尿素泵加热继电器开路

③ 尿素泵故障码诊断思路：

a. 排查部件端子信号线或者搭铁是否存在开路；

b. 检查部件正极和搭铁电压是否正常；

c. 检查线束有无虚接和退针的端子，对应端子有无接反或接错情况；

d. 检查 ECU 端的相应端子有没有歪斜或断的情况；

e. 泵本身失效。

（2）尿素喷嘴故障诊断

① 尿素喷嘴出现故障时，仪表板上的 MIL（故障指示灯）点亮，后处理系统不工作，尿素不消耗，一般会导致发动机限扭。尿素喷嘴故障码如表 4-9 所示。尿素喷嘴电路如图 4-23 所示。

表 4-9　尿素喷嘴故障码

闪　　码	故　障　码	含　　义
453	P2047	SCR 尿素喷嘴驱动高端短路
	P2048	SCR 尿素喷嘴驱动对搭铁短路
	P2049	SCR 尿素喷嘴驱动高端对电源短路或者开路

图 4-23　尿素喷嘴电路

② 尿素喷嘴常见故障码诊断思路：

a. 排查部件端子信号线或者搭铁是否存在开路，短路；

b. 检查部件正极和搭铁电压是否正常；

c. 检查线束有无虚接和退针的针脚，K10 与 K09 有没有接反；

d. 检查喷嘴电阻值是否正常，确定喷喷的好坏；

e. 检查 ECU 端的相应端子有没有歪斜或断的情况。

（3）尿素管路及加热装置故障诊断

① 尿素管路及加热装置的管路布置。尿素管路中采用电阻线加热，尿素箱中采用冷却液加热。尿素管路及加热装置的管路布置如图 4-24 所示，后处理线路的熔丝及继电器如图 4-25 所示。

图 4-24　尿素管路及加热装置的管路布置

图 4-25　后处理线路的熔丝及继电器

② 加热控制电路如图 4-26 所示。

图 4-26　尿素泵及管路加热控制电路

③ 尿素管路及加热装置的故障码如表 4-10 所示。

表 4-10　尿素管路及加热装置的故障码

闪　码	故　障　码	含　义
464	P3078	吸液管(箱到泵)加热电阻丝反馈不可信
	P3079	吸液管(箱到泵)加热电阻丝开路
	P3080	吸液管(箱到泵)加热电阻丝对地短路
	P3028	吸液管(箱到泵)加热继电器开路
	P3032	吸液管(箱到泵)加热继电器对电源短路
	P3031	吸液管(箱到泵)加热继电器对地短路
465	P3082	尿素泵加热电阻丝反馈不可信
	P3083	尿素泵加热电阻丝开路
	P3084	尿素泵加热电阻丝对地短路
	P3033	尿素泵加热继电器开路
	P3037	尿素泵加热继电器对电源短路
	P3036	尿素泵加热继电器对地短路
466	P3016	尿素箱加热电磁阀开路
	P3020	尿素箱加热电磁阀对电源短路
	P3019	尿素箱加热电磁阀对地短路
461	P3070	回流管(泵到箱)加热电阻丝开路
	P3071	回流管(泵到箱)加热电阻丝对地短路
	P3021	回流管(泵到箱)加热继电器开路
	P3023	回流管(泵到箱)加热继电器对电源短路
	P3022	回流管(泵到箱)加热继电器对地短路
462	P3073	压力管(泵到嘴)加热电阻丝反馈不可信
	P3074	压力管(泵到嘴)加热电阻丝开路
	P3075	压力管(泵到嘴)加热电阻丝对地短路
	P3024	压力管(泵到嘴)加热继电器开路
	P3027	压力管(泵到嘴)加热继电器对电源短路
	P3026	压力管(泵到嘴)加热继电器对地短路

闪　码	故　障　码	含　　义
463	P3077	尿素加热主继电器负载对电源短路
	P3043	尿素加热主继电器开路
	P3045	尿素加热主继电器对电源短路
	P3046	尿素加热主继电器对地短路

④ 故障码诊断思路。上述的故障码如果出现在环境温度低于-7℃时，通常会引起后处理系统不工作。这种情况共有两类故障点：继电器故障、加热电阻丝故障。一般会有三种故障模式：短路（对搭铁和对电源）、开路（断路）、不可信故障。常见故障码诊断思路如下：

a. 根据故障码检查相应的加热线路或者加热继电器；

b. 检查加热的各个保险有无烧断情况；

c. 检查各个线路的通断和有无错接、混接的情况；

d. 检查加热针脚的电压和有无退针情况；

e. 检查尿素管路中电阻丝的通断并进行更换。

（4）尿素管路压力建立故障诊断

① 尿素管路压力建立故障码如表 4-11 所示，故障码中除 P3015 外，都会引起后处理系统不工作，故障指示灯点亮，发动机动力不足。

表 4-11　尿素管路压力建立故障码

故障码	含　　义	故障码	含　　义
P3050	SCR 尿素回流管不可信	P3015	上一驾驶循环末 SCR 未排空
P3053	SCR 尿素喷射压力压降错误	P3040	SCR 尿素压力建立错误
P3054	SCR 尿素喷射压力错误		

② 故障码诊断思路。

a. P3050：尿素回流管有结晶或者堵塞的情况，及时更换或者清理；

b. P3053：尿素压力管有结晶或者堵塞的情况，及时更换或者清理；

c. P3054：管路存在泄漏，特别检查压力管及其管接头垫圈，并进行更换；

d. P3015：司机驾驶习惯不好，造成倒吸没有完成，断电倒吸的过程时间 90s，该过程中严禁关闭整车电源；

e. P3040：系统在较长时间尿素压力没有建立起来；管路存在泄漏，特别检查吸液管及其管接头垫圈，并进行更换。

（5）上游温度传感器（排温传感器）故障诊断

① 上游温度传感器常见故障为线束断路、短路、错接等，另外还有传感器自身故障（如内部断裂，图 4-27）。

常见故障码：

闪码 448，故障码 P0420，含义为 SCR 催化剂上游温度传感器电压高于上限。

出现这一故障码时，故障指示灯（MIL）点亮，后处理系统工作，但尿素消耗不正常，发动机限扭。

② 故障码诊断思路。

排温传感器内部断裂

图 4-27　上游温度传感器损坏

a. 排查对应针脚线的电压值，并确定针脚是否接对；

b. 检查上游排温传感器的外观和电阻值，确认传感器本身是否正常；

c. 检查 ECU 整车线束及针脚。

（6）环境温度传感器故障诊断

① 常见故障码。

闪码 453，故障码 P2229，含义为环境温度传感器电压高于上限。

出现这一故障码时，故障指示灯（MIL）点亮。

②故障码诊断思路。

a. 检查环境温度传感器是否连接；

b. 检查环境温度传感器针脚电压值及传感器电阻值；

c. 检查环境传感器线束是否存在短路、断路情况；

d. 线束接插件有无虚接和退针情况。

（7）NO_x 传感器故障诊断

① 常见故障码。

闪码 422，故障码 U0113，含义为 NO_x 传感器 CAN 通信超时。

出现这一故障码时，故障指示灯（MIL）点亮。若该故障一直存在，50h 后发动机限扭。

② 故障码诊断思路。

a. 检查 NO_x 传感器线束是否存在短路、断路情况；

b. 线束接插件有无虚接和退针情况；

c. NO_x 传感器的供电为常供电，检查是否为常供电：如果发动机上电后故障变为历史故障则怀疑 NO_x 传感器为 T15 供电，应改为常供电；

d. 检查 NO_x 传感器的好坏并更换。

第二节 国六柴油机后处理简介

一、国六柴油机后处理装置

国六柴油机后处理装置采用 DOC（柴油氧化催化转化器）＋DPF（柴油颗粒过滤器）＋SCR（选择性催化还原）＋ASC（氨净化催化器）技术，采用双 NO_x 传感器，4 个温度传感器，1 个压差传感器，采用非空气辅助尿素喷射供给系统。国六柴油机后处理装置的控制示意图如图 4-28 所示，结构示意图如图 4-29 所示。

（1）DOC 装置 DOC 是柴油氧化催化转化器（diesel oxidation catalyst）的英文缩写，其结构由蜂窝状载体组成，载体一般都由陶瓷或金属材料制成，载体表面涂覆有铂系贵金属。该装置安装在发动机排气管路中（如图 4-30 所示），通过氧化反应，将发动机排气中氮氧化物（NO）、一氧化碳（CO）和碳氢化合物（HC）等转化成无害的水（H_2O）和二氧化碳（CO_2）。它是催化转化器技术中的早期产品。结构形式与三效催化转化器基本相同，只是催化剂涂层有所不同，只具有氧化能力，没有还原能力。

（2）DPF 装置 DPF 是柴油颗粒过滤器，又称柴油颗粒捕集器，是 diesel particule fil-

图 4-28　国六柴油机后处理装置的控制示意图

（PM 传感器为颗粒物传感器）

图 4-29　国六柴油机后处理装置的结构示意图

图 4-30　DOC 安装位置

DOC—柴油氧化催化转化器；DPF—柴油颗粒过滤器

ter 的英文缩写，该装置安装在柴油机排气管路中，通过过滤来降低排气中的颗（微）粒物。其基本工作原理是：柴油颗粒过滤器喷涂了金属铂、铑、钯，柴油发动机排出的含有炭粒的黑烟，通过专门的管道进入发动机尾气颗（微）粒捕集器，经过其内部密集设置的过滤器（图 4-31），将炭烟微粒吸附在金属纤维毡制成的过滤器上；当微粒的吸附量达到一定程度后，尾端的燃烧器自动点火将附在上面的炭烟微粒烧掉，变

图 4-31　DPF 的过滤器

成对人体无害的二氧化碳排出。该系统会随着发动机的工作，不断重复这个过程，因此，这个过程一般也叫再生。

国六柴油机增加了 DPF 技术后，因此也加了一个 PM 传感器（即颗粒物传感器），来监测 DPF 系统工作状态。如图 4-32 所示，PM 传感器安装在排气管 DPF 的后部，吸附炭颗粒，由于炭颗粒是导电的，吸附越多，导电越好，因此最终输出的原始信号是电流值，反映出炭颗粒的浓度值。PM 传感器不是一直工作的，因为工作时的温度太高，每工作一次寿命就相应缩短。ECU 指令该传感器工作时，传感器先进入再生状态，然后探头迅速升温至 750℃，将之前附着的炭颗粒烧干净。之后该传感器进入正常工作状态，如只工作 10min，就关闭测量进入休眠。10min 内，如果该车的颗粒过滤器（DPF 系统）是完好的，后部基本无炭；反之该车的颗粒过滤器炭的累积很快，就会造成 PM 传感器导电率迅速上升，ECU 就会识别出炭颗粒超标。

排气管　炭颗粒　探头

图 4-32　PM 传感器

（3）SCR 装置　SCR 是选择性催化还原（selective catalytic reduction）的英文缩写，是柴油机尾气处理的一种方式（可称为尿素喷射系统）。目前采用的还原剂是尿素，尿素加水后在高温下分解为 NH_3 和 CO_2，与柴油车尾气中的 NO 和 NO_2 通过化学反应，产生氮气和水。

（4）ASC 装置　ASC 是氨净化催化器，又称氨逃逸催化器、氨气捕捉器，是 ammonia slip catalyst 的英文缩写，该装置安装在排气管上 SCR 的后端，通过催化氧化作用降低 SCR 后端排气中泄漏出的氨（NH_3）。ASC 装置主要是用于消除过量的氨，防止多余的氨排入大气造成污染。

（5）消声器的类型　根据车型的不同，采用消声器的类型也不相同。玉柴柴油机消声器的类型如图 4-33 所示，其中，箱式催化消声器适用于 K15、K13、K11 车型，箱式集成消声器适用于 K05、K08、K09、S06 车型，一字圆桶式集成消声器适用于 K05、K08、S04、S06、Y24、Y30 车型，S 型集成式消声器适用于 K05、K08、K09、S04、S06 车型。

消声器　压差传感器

DPF 拆装口

温度传感器

尿素喷嘴

NO_x传感器　温度传感器　NO_x传感器

(a) 箱式催化消声器

(b) 箱式集成消声器

(c) 一字圆桶式集成消声器　　　　　　　(d) S型集成式消声器

图 4-33　玉柴柴油机消声器的类型

二、国六天然气发动机后处理装置

国六天然气发动机后处理系统采用 EGR＋TWC 技术，采用双氧传感器，一个温度传感器。国六天然气发动机后处理结构示意图如图 4-34 所示。

图 4-34　国六天然气发动机后处理结构示意图

TWC 是英文 three way catalyst（三元催化转换器）的缩写，由 Pt、Pd、Rh 三种贵金属按照不同比例配比涂覆，用来消除 HC、CO、NO_x 等污染物。

第五章

底盘的维修

第一节　离合器的维修

一、离合器的结构

（1）离合器总成　重型载货汽车（如斯太尔系列）大都采用传统结构单片干式膜片弹簧离合器，有的汽车装用加强型离合器。离合器由离合器压盘、从动盘（离合器摩擦片）、压盘盖、离合器弹簧、分离杆（压爪）和分离环以及安装在变速器分离滑套上的分离轴承及拨叉、拨叉轴等组成。

膜片弹簧离合器按分离时分离杠杆内端受推力还是拉力分为推式和拉式两种。图 5-1 为依维柯汽车用推式膜片弹簧离合器。图 5-2 为依维柯 S 系列汽车上所用的拉式离合器。与压

图 5-1　推式膜片弹簧离合器

1—飞轮；2—螺栓；3—从动盘总成；4—接合环；5—分离环；
6—铆钉；7—分离轴承；8—分离套筒；9—膜片弹簧；
10—离合器盖；11—分离钩；12—螺栓；13—压盘；
14—分离叉；15—分离拉杆；16—回位弹簧；
17—锁紧螺母；18—调整螺母；
A—分离叉支点；C—间隙值为 1.5mm

图 5-2　拉式膜片弹簧离合器

1—离合器盖；2—膜片弹簧；3—分离凸缘；
4—从动盘总成；5—压盘；6—支承环；
7—驱动销；8—传动片

式膜片弹簧离合器相比，拉式膜片弹簧离合器更为先进，其膜片弹簧反装，这样使支承结构大为简化。

(2) 离合器操纵系统　斯太尔系列重型汽车离合器操纵机构由机械传动和气压助力系统两部分组成，如图5-3所示。机械传动部分由踏板、踏板臂、钢绳、传动摆臂和回位弹簧等主要机件组成。气压助力系统由助力控制阀（助力按钮阀）、气缸等机件组成。助力控制阀的作用是在离合器分离过程中，操纵离合器助力缸，使驾驶员踏离合器踏板时省力。

图5-3　斯太尔系列重型汽车离合器操纵机构
1—踏板；2—拉杆；3—钢绳；4—分离拐臂；5—助力控制阀；6—助力气缸

二、离合器的检修

(1) 离合器的分解　用吊具将变速器吊住，将小滑车推入车底，拆下离合器壳与发动机连接螺栓，在左右晃动变速器的同时，用撬杠向后撬动，使变速器轴从离合器从动盘毂中脱出，然后将离合器壳连同变速器一起慢慢落到小滑车上。

① 在分解离合器之前，应在离合器盖与飞轮之间做一安装标记。

② 将专用工具——导向心轴（也称定心轴）1插入离合器从动盘总成的花键毂中，起定位作用，如图5-4所示。

③ 按对角顺序卸下离合器盖与飞轮间的连接螺栓，应先松一圈，然后逐渐卸下；取下离合器总成和从动盘总成。

④ 拆下固定分离环的卡簧，取下分离环。在离合器与压盘之间做上安装标记。

⑤ 松开调整螺母锁片固定螺钉，取下锁片并收存好。

⑥ 将离合器总成置于离合器拆装专用工具上，拧紧专用工具，压下离合器盖，拆下分离杠杆调整螺母，松开专用工具、取下离合器盖。

⑦ 记住不同颜色的弹簧个数和位置后，取

图5-4　离合器的拆卸
1—导向心轴；2—螺栓；3—压盘总成

下压盘弹簧和弹簧座，冲出分离杠杆轴销，收存好滚针，按同样的方法分解其他分离杠杆。

维修提示

◆所有机件应用洗油清洗干净，并用压缩空气吹干，以备重新装用。

（2）离合器压盘工作面的检查

① 首先观察压盘工作面有无划伤和严重龟裂，如果划伤沟槽大于 0.5mm，或是严重龟裂，就应进行修整或更换。

② 检查工作表面翘曲，可以通过测量工作面的轴向跳动量来确定。如图 5-5 所示，检查工作面变形偏差可以用一平尺（或钢板尺）靠在工作面上，用塞尺测量变形磨损的偏差。

图 5-5　压盘翘曲的检测
1—钢直尺；2—塞尺；3—压盘

维修提示

◆如果工作面跳动量或变形磨损偏差超过 0.4mm，就应对工作面进行修整。

③ 压盘工作面允许进行光削，但最大磨削量不能超过 1mm。

维修提示

◆当磨削量大于 0.5mm 时，应注意在组装时最好在离合器弹簧下加相应厚度的垫片。

④ 检修时如果发现离合器压盘由于过热而变色或严重龟裂，就应进行更换，光削后的压盘应进行平衡试验。

（3）从动盘的检查

① 从动盘在检修时，观察表面是否被油污染，是否烧损，摩擦片是否局部脱落以及是否翘曲。

维修提示

◆如果表面油污，可用汽油或碱水清洗。

图 5-6　从动盘摩擦片的检查
t—铆钉头部的埋头坑深度

② 测量从动盘的极限厚度，如果厚度小于极限值，应更换从动盘。

③ 测量从动盘摩擦片的磨损程度。用游标卡尺测量铆钉埋头深度，摩擦片铆钉头部的埋头坑深度 1 不应小于 0.2mm，如图 5-6 所示，超过此极限时，应更换从动盘。

④ 从动盘翘曲是造成离合器接合不稳的主要原因，如果发现摩擦片翘曲、局部脱落或是缓冲弹簧松弛、从动盘内毂花键孔松旷

等，都应更换从动盘。

◆在换用新从动盘时，一定要测量从动盘摩擦片的厚度，该厚度必须小于（10±0.3)mm，否则装机后可能会造成离合器分离不彻底的故障。

图 5-7　测量膜片弹簧

（4）膜片弹簧的检查

① 观察膜片弹簧的颜色是否发蓝，发蓝应更换。

② 检查膜片弹簧从膜簧中心沿径向切出的弹性分离杠杆是否平齐，磨损若超过极限值 0.6mm 或磨出较深的阶梯则应更换，如图 5-7 所示。

③ 检查膜片弹簧有无疲软和龟裂，自由高度是否足够，弹力是否过低，若有以上故障，容易引起离合器打滑。

④ 检查离合器盖。离合器盖不应有明显的裂纹或局部破损，因为离合器盖的局部破损会造成强度减弱和破坏动平衡，严重时会造成发动机的振动。

⑤ 检查分离杠杆。分离杠杆不应变形或有裂纹，其销孔与销轴间不应有明显的间隙。分离环工作表面应光滑平整，磨损严重或厚薄不均时应予更换。

⑥ 分离轴承的检修。

a. 检查分离轴承的转动是否平顺，可用手转动分离轴承，同时加轴向压力，检查是否有卡滞现象或异常感觉。

b. 检查分离轴承套筒以及分离轴承套筒滑动表面是否有损坏及磨损，若有损坏或卡滞现象应及时修理，否则将会造成分离不彻底。

◆在安装分离轴承、分离套筒、变速器主动轴承、分离叉端头及中间支点时应涂上润滑油后再安装。

三、离合器的检查

（1）检查离合器功能

① 拉起驻车制动，启动发动机，将变速器挂入 1 挡。

② 松开离合器踏板，使离合器接合，稍许加大油门后，发动机的转速应该下降直至熄灭。

③ 如果加大油门后，发动机运转正常，或是发动机的转速下降很少，这说明离合器已经打滑，应检查离合器的自由行程，检查摩擦片是否有油污或破碎。

◆如果发现汽车前部抖动厉害，这说明离合器摩擦片过硬或已经烧毁，钢片翘曲。

（2）踏板自由行程的检修与调整　货车离合器踏板的自由行程一般为 20～30mm。随着使用，摩擦片磨损变薄，自由行程将变大，易造成分离不彻底，可通过调整绳索的长度来调整自由行程。

维修提示

◆调整时先松开锁紧螺母。再调整调整螺母直至规定值，最后再拧紧锁紧螺母。

踏板的自由行程调整不当，会增加踏板力及损坏离合器分离轴承，应经常检查并调整到正确的位置。一般来说，应使离合器踏板和制动器踏板处于同一平面上，若离合器踏板高于制动器踏板 10～11mm 就应作此项调整。

（3）其他部件的检查

① 检修时，还应检查离合器拉索是否松动、损坏，如果松动、损坏，必须修复。

② 检查离合器拉索各个部位是否有磨损或变形损坏，如有磨损或损坏应更换。

③ 检修时，还应检查踏板臂是否磨损或变形，限位块是否磨损或损坏，如有磨损或损坏应及时更换。

上述所有检修后，应再一次检查调整踏板的自由行程。

（4）斯太尔系列汽车离合器的检查与调整　因斯太尔系列汽车离合器壳的观察口较小，在装配好离合器壳之后根本无法调整分离杠杆高度，所以上述检查与调整工作必须在安装变速器之前进行。该数值如果调整不准，将会造成离合器分离不彻底的故障。

维修提示

◆针对斯太尔汽车气压助力的离合器，在气压较高时，离合器踏板在全行程上都很轻。自由行程和工作行程很难区分，因此这时调整离合器踏板自由行程很难把握准确，往往调整是不准确的。

◆在检查和调整离合器踏板自由行程时，最好把气压放低一些，使离合器踏板自由行程比较明显，这样调整出来才是准确的。

四、离合器常见故障诊断

离合器在使用过程中经常出现的故障有：离合器打滑、离合器分离不彻底、离合器抖动、离合器发响等。

1. 离合器打滑故障诊断

离合器必须可靠地传递发动机的最大转矩。因此，摩擦式离合器的摩擦力矩必须大于等于发动机输出的最大转矩。也就是说，当离合器完全接合时，离合器的从动盘必须与压盘紧密接合，有足够的摩擦力，以此来传递发动机的最大转矩。否则，传递效率会降低，严重时，甚至不能传递动力，这种故障称为离合器打滑。

（1）故障现象

① 当汽车起步时，离合器踏板完全放松后，发动机的动力不能全部输出，造成起步困难；

② 汽车在行驶中车速不能随发动机转速提高而迅速提高，即加速性能差；

③ 汽车重载、爬坡或行驶阻力大时，由于摩擦产生高热而烧毁摩擦片，可嗅到焦臭味。

（2）故障原因

导致离合器产生打滑的根本原因是：离合器压紧力下降和摩擦片表面恶化，使摩擦系数降低，从而导致摩擦力矩变小。其具体原因如下：

① 离合器踏板自由行程过小，摩擦片稍有磨损，就会使分离轴承经常压在膜片弹簧上，导致压盘处于半分离状态；

② 离合器盖与飞轮的固定螺栓松动或摩擦片磨损变薄，膜片弹簧的弹力减弱，或弹簧因高温退火、疲劳、折断等原因而使弹力减小，致使压盘上的压力降低；

③ 摩擦片磨损过甚，铆钉外露；

④ 摩擦片表面有油污、老化或烧毁；

⑤ 分离轴承与分离套筒运动不自如。

（3）故障诊断方法

检查时把手制动拉杆拉紧，变速器挂上低速挡，启动发动机后，踩下加速踏板，缓抬离合器踏板，若汽车不能前进而发动机又不熄火，即为离合器打滑。

要定期调整离合器踏板自由行程，这也是防止离合器打滑的措施之一。

2. 离合器分离不彻底故障诊断

（1）故障现象

当踏板完全踏到底时，动力仍不能全部切断，表现在起步时，挂挡困难；挂挡时变速器齿轮发出"咯咯"响声，若强行挂挡且离合器踏板尚未抬起，车辆就有冲撞启动趋势或发动机熄火。

（2）故障原因与故障排除

① 离合器踏板自由行程过大；应调整至规定值。

② 膜片弹簧分离杠杆调整过低，致使工作行程减少或分离杠杆高度不在同一平面，使作用于离合器压盘的压力不均；应调整或更换新件。

③ 从动盘花键毂键槽与变速器第一轴的花键配合过紧或拉毛、锈蚀而卡滞；应修理或更换新件。

④ 离合器压盘和从动盘变形或者翘曲严重；应更换新件。

⑤ 膜片弹簧分离指长期工作后强度变弱产生变形；应更换新件。

⑥ 新装的从动盘过厚，或调整不当，使离合器分离不彻底；应更换新件或重新调整。

⑦ 新换的摩擦片厚度过厚；应重新更换新件。

3. 离合器发抖故障诊断

（1）故障现象

离合器发抖，通常在起步时表现明显，挂低速挡起步时，车辆常发生"哽当、哽当"的冲击声，严重时可能使发动机熄火。

（2）故障原因与故障排除

① 膜片弹簧分离指内端面调整高低不平；应重新进行调整或更换新件。

② 膜片弹簧弹力变弱或减振器弹簧弹力松弛，减振器弹簧折断；应更换新件。

③ 摩擦片接触不均，表面硬化或粘上胶状物；应更换新件。

④ 飞轮工作面与从动盘磨损不均，翘曲变形，铆钉松动或折断；应更换新件。

⑤ 从动盘上花键毂键槽磨损过甚，与变速器第一轴花键配合间隙变大（一般不大于

0.6mm）；或花键因锈蚀、脏污，滑动不灵活；应更换新件。

⑥ 发动机前、后支架的橡胶老化，固定螺栓松动或变速器连接螺栓有松动；应更换新件或紧固。

⑦ 变速器第一轴与发动机曲轴中心线不同心；应重新调整。

4. 离合器发响故障诊断

（1）故障现象

离合器在接合后或接合过程中出现响声，离合器分离时响声消失或减弱。

（2）故障原因

① 离合器踏板没有自由行程，膜片弹簧分离指内端和分离轴承总是接触着；

② 离合器踏板回位弹簧过软、折断或脱落，分离轴承不能回位而与膜片弹簧分离指接触；

③ 离合器分离轴承润滑不良、磨损松旷或烧毁卡滞；

④ 从动盘扭转减振弹簧折断后，发生扭转振动时，发出振动声；

⑤ 分离套筒回位弹簧过软、折断或脱落。

（3）故障诊断方法

① 发动机启动后，少许落下离合器踏板，使分离轴承刚与分离杠杆接触时，若听到"沙、沙、沙"的响声，先给分离轴承加油润滑，加油后如响声消失为轴承缺油。若加油后响声仍不消失，则是分离轴承损坏。

② 踏下离合器踏板，听到"沙啦、沙啦"的响声，抬起离合器踏板后声音消失，可断定不是分离轴承的故障，而是变速器第一轴前轴承缺油或损坏。

③ 当离合器踏板完全抬起时，听到有摩擦碰撞声，一般为分离轴承和膜片弹簧分离指之间间隙太小所致。如分离轴承回位弹簧失效，踏板虽已抬起，但分离轴承没有回位，或踏板回位弹簧失效，当用手将离合器踏板拉起时，声音消失，则证明是踏板回位弹簧失效。

④ 连续踩下和抬起离合器踏板，当离合器在接合或分离过程中发响，则为支承环松旷所致。

第二节　变速器的维修

一、变速器的结构

1. 变速器的作用

① 改变传动比，适应变化的行驶条件，同时使发动机在有利的工况下工作；

② 使汽车能倒退行驶；

③ 利用空挡，中断动力传递，发动机能够启动、怠速，并使变速器换挡或进行动力输出。

2. 变速器的结构

① 东风系列汽车的变速器分五挡变速器和六挡变速器两种，其中六挡变速器采用较多，六个前进挡全部装有同步器，其中一、二挡为惯性锁销式同步器，三、四挡和五、六挡采用

的是惯性锁齿（滑块）式同步器，倒挡采用滑动齿套换挡。六个前进挡全部为常啮合斜齿轮传动。

② 解放系列汽车的变速器多采用同步器式六挡变速器，结构如图5-8所示。二挡为锁销式惯性同步器，三~六挡装有锁环式惯性同步器。变速器为三轴式，定轴传动，带超速挡。变速器的操纵机构分为单杆式和双杆式两种。

图 5-8　解放系列汽车六挡变速器

1—变速器第一轴；2—第一轴轴承盖；3—第二轴前轴承；4—轴承隔环；5—第二轴前轴承卡环；6—第一轴轴承卡环；7—第一轴齿轮；8—第一轴轴承盖垫片；9—变速叉轴堵盖；10—五、六挡同步器毂；11—五、六挡同步锥；12—同步器弹簧；13—五、六挡同步环；14—同步器推块；15—同步器定位块；16—五、六挡滑动齿套；17—五、六挡变速叉；18—自锁钢球；19—自锁弹簧；20—防转销；21—叉形拨杆；22—固定螺栓；23—钢丝锁线；24—换挡轴；25—换挡轴盖端；26—一、二挡变速叉；27—二挡同步器锥盘；28—二挡同步器锥环；29—二挡同步器锁销；30—一、二挡同步器滑动齿套；31—一、二挡固定齿座；32—二挡同步器支承板；33—倒挡变速叉；34—止推垫片；35—第二轴后轴承；36—第二轴后轴承卡环；37—速度表传动主动齿轮；38—油封；39—第二轴凸缘；40—O形环；41—锁紧螺母

③ 依维柯汽车装用机械式变速器，有28015、28019、28024和28026四种型号，都有5个前进挡和1个倒挡，前进挡为带同步器常啮合齿轮，倒挡无同步器。

28019、28024和28026型变速器的壳体为铝合金压铸件，它由一个主壳体、一个前盖（即离合器罩）和一个后盖组成。变速器后盖上装有变速杆支架，主壳体的侧面设有取力口。28015型变速器的主壳体分为两半，取力口设在后半壳体上，变速杆支架也装在后盖上。图5-9所示为28026型变速器剖视图。

④ 斯太尔系列汽车装有美国伊顿（Eaton）公司制造的富勒（Fuller）变速器，该变速器是一种大功率、多挡位、双副轴、主副变速器组合式变速器。其主副变速器均采用双副轴及二轴与二轴齿轮全浮动式结构。它采用双H换挡操纵机构，主变速器采用传统的啮合套，

图 5-9　28026 型变速器剖视图

1—变速杆；2—变速杆支座；3—倒挡灯开关；4—拨叉轴头；5—拨叉轴；6—1、倒挡拨叉；7—1 挡齿轮（输出轴）；
8—2 挡齿轮（输出轴）；9—2、3 挡拨叉；10—2、3 挡同步器总成；11—3 挡齿轮（输出轴）；12—4 挡齿轮（输出轴）；
13—4、5 挡拨叉；14—4、5 挡同步器；15—前盖（离合器罩）；16—4 点接触式球轴承（选用）；17—输入轴承盖；
18—输入轴；19—中间轴前轴承；20—中间轴；21—中间轴常啮齿轮；22—主壳体；23—中间轴 4 挡齿轮；
24—中间轴 3 挡齿轮；25—中间轴 2 挡齿轮；26—中间轴 1 挡齿轮；27—中间轴倒挡齿轮；28—中间
轴后轴承；29—输出轴倒挡齿轮；30—后盖（壳体）；31—输出轴；32—输出轴凸缘盘

副变速器采用惯性锁销式同步器。因而该变速器结构简单、便于维修。因此，斯太尔和延安等重型汽车普遍装用该变速器。富勒 RT11509C 型变速器的结构如图 5-10 所示。

见图 5-10，变速器是由一个具有 5 个前进挡、1 个倒挡的主变速器和 1 个具有高低两挡的副变速器组合而成的一个具有 9 个前进挡和 1 个倒挡的整体式变速器。其主副变速器都采用双副轴结构，它们共用一个变速器壳体，壳体内有一中间隔板将前箱和后箱划分为主变速器与副变速器。主变速器由两个副轴支承在变速器前壳与中间隔板之间，主变速器二轴前端插在一轴轴孔内，后端支承在中间隔板上。变速器输出端有一个整体式端盖与变速壳体相连接，在变速器壳体后端面上有两个定位销钉，以确保后端盖与壳体的同轴度，副变速器两根副轴支承在中间隔板与后端盖之间，副变速器输出轴 16 用双联锥轴承悬臂支承在端盖上。

富勒变速器结构的最大特点是采用双副轴结构，使变速器传动非常平稳，噪声也低，无须采用斜齿齿轮，直齿齿轮已完全达到要求。换挡机构也无须使用同步器，除了起步挂挡以及副变速器高、低挡操纵换挡机构使用同步器之外，富勒变速器主变速器仍采用最简单的啮合套式换挡机构而不使用同步器。

图 5-11 给出了富勒变速器的传动简图，其主变速器是一个具有 5 个前进挡（一～四挡

图 5-10　富勒 RT11509C 型变速器结构图

1—主箱一轴；2——轴轴承；3—副轴轴承；4—右副轴被动齿轮；5—右副轴取力器齿轮；6—主变速器副轴三挡齿轮；7—主变速器副轴二挡齿轮；8—主变速器副轴一挡齿轮；9—主变速器副轴爬行挡齿轮；10—主变速器倒挡中间齿轮；11—副变速器被动传动齿轮；12—副变速器输出齿轮；13—副变速器副轴轴承；14—高、低挡换挡同步器；15—输出轴双联轴承；16—副变速器输出轴；17—副变速器输出齿轮；18—副变速器输入齿轮；19—主变速器二轴倒挡齿轮；20—倒爬行挡换挡啮合套；21—主变速器二轴爬行挡齿轮；22—主变速器二轴一挡齿轮；23—主变速器一和二挡换挡啮合套；24—主变速器二轴二挡齿轮；25—主变速器二轴三挡齿轮；26—主箱三和四挡换挡啮合套；27——轴主动传动齿轮；28—离合器壳

和爬行挡）和 1 个倒挡的双副轴变速器，其换挡机构是传统的啮合套而没有同步器；副变速器也是双副轴结构，高、低挡换挡机构是由高、低挡换挡气缸控制的惯性锁销式同步器来实现的。当操纵变速杆在低速（一～四挡）区时，双 H 换挡阀（高、低挡换挡气阀）通过气缸推动同步器啮合套向后与副箱输出齿轮挂合，此时由主变速器输入的动力由齿轮 18 和副轴被动传动齿轮 11 将动力传递给两根副轴，再由输出传动齿轮 12 将动力传递给副轴输出齿轮 17，通过同步器啮合套 14 再将动力传递给副变速器二轴 16 输出。当变速杆置高速挡（五～八挡）区域时，双 H 换挡阀通过换挡气缸推动同步器向前与副变速器输入一轴啮合，此时由主变速器输入的动力直接由同步器啮合套传递给副变速器输出轴 16 输出，实现直接挡即高速挡。所谓双 H 换挡阀即是高、低挡换挡阀。

由图 5-11 分析可知，主变速器二轴 30 的前轴是插在一轴主动齿轮轴孔内，这里没有支承轴承，这是与常规变速器不同的一点，而另一端是通过轴承支承在变速器壳体上。而副变速器的二轴 16 完全是通过副变速器输出轴双联锥轴承 15 悬臂支承在副变速器后端盖上。

该变速器由于采用了双副轴传动，带来许多结构上的特点和使用维修方面应注意的问题。

图 5-11 富勒 RT11509C 型变速器传动简图

1—主变速器一轴；2—一轴轴承；3—主变速器副轴轴承；4—副轴被动传动齿轮；5—主变速器副轴取力齿轮；
6—主变速器副轴三挡齿轮；7—主变速器副轴二挡齿轮；8—主变速器副轴一挡齿轮；9—主变速器副轴爬行挡
齿轮；10—主变速器倒挡中间齿轮及轴；11—副变速器副轴被动传动齿轮；12—副变速器副轴输出传动齿轮；
13—副变速器副轴轴承；14—副变速器高、低挡同步器式挂挡装置；15—副变速器输出轴双联锥轴承；
16—副变速器输出轴；17—副变速器输出齿轮；18—副变速器输入轴主动传动齿轮；19—主变速器二轴
倒挡齿轮；20—倒挡爬行挡啮合套；21—主变速器二轴爬行挡齿轮；22—主变速器二轴一挡齿轮；
23—一、二（五、六）挡啮合套；24—主变速器二轴二挡齿轮；25—主变速器二轴三挡齿轮；
26—三、四（七、八）挡啮合套；27—主变速器一轴主动传动齿轮；28—主变速器倒挡
中间轴后轴承；29—主变速器倒挡中间轴前轴承；30—主变速器二轴；
31—主变速器副轴（对称两根）；K—变速器壳；P—副变速器后端盖

 维修提示

◆为了保证充分发挥双副轴传动的优点，二轴上各挡齿轮不仅是空套在二轴上，而且齿轮的轴孔与二轴的径向还必须有 1.12mm 的径向间隙，即二轴上各挡齿轮是极松旷地套在二轴上的。这种结构与常规变速器的结构完全不同，它是确保双副轴同时传递动力所必需的。

◆二轴上的啮合套与二轴是通过花键对中连接的，在挂挡后啮合套与齿轮咬合传力过程中，齿轮相对啮合套来讲是处于相对平面运动状态。因此润滑条件要严格保证。

二、变速器的拆卸

下面以富勒变速器为例，介绍变速器的分解方法。

（1）分解双 H 换挡机构

① 拆卸双 H 换挡阀及连接气管线。

② 拆卸换挡操纵机构。

③ 拆卸后端盖并取出平衡弹簧。

④ 拆卸两侧端盖，取出弹簧与定位锁销。

⑤ 拆卸操纵拐臂和防尘套。

⑥ 拆卸锁紧铁丝，并拔出堵塞。

⑦ 冲出圆柱销。取出换挡轴定位销。拔出倒挡控制块的连接销。

⑧ 抽出换挡轴，取出换挡拨块和倒挡控制块。

⑨ 拆卸锁止螺钉，注意弹簧弹出时的安全。取出弹簧座、定位环和弹簧。拆下倒车灯开关和销轴。

（2）拆卸变速器上盖及部件

① 拆卸固定螺栓，取下上盖。

② 取出挡位自锁弹簧和钢球。

③ 将上盖夹在台钳上。

④ 拆卸三、四（七、八）挡锁止螺钉，抽出拨叉轴、拨叉和拨块。

⑤ 拆卸一、二（五、六）挡锁止螺钉，抽出拨叉轴，拨叉和拨块。

⑥ 取出互锁的两个钢球。

⑦ 拆卸低、倒挡锁止螺钉，抽出低挡拨叉轴、拨叉。

⑧ 拆卸倒挡拨叉。

（3）拆卸副变速器

① 将主变速器同时挂上两个挡，用专用扳手拆卸输出法兰固定螺母。

② 拆卸输出法兰，并取出里程表涡轮轴套，将副变速器挂低速挡。

③ 拆卸主、副变速器连接螺栓。

④ 用 3 个螺栓将副变速器顶出 13mm。

 维修提示

◆在副变速器上装一个吊架，用吊架提起副变速器向后平移，直到主变速器定位销与变速器脱开。

（4）分解换挡气缸

① 拆卸换挡气缸盖，拆卸活塞杆固定螺母。

② 拆除锁定铁丝，拆卸拨叉固定螺母。向外敲打拨叉轴，从同步器滑套上取出拨叉。

③ 把活塞杆向外推出壳体，取出活塞和拨叉杆。

④ 拆卸换挡气缸体。

（5）拆卸副变速器的副轴

① 拆卸两个副轴的轴承盖，取出轴承内圈定位卡簧。

② 用铜棒轻轻敲打副轴，使副轴连同副轴齿轮移出副变速器壳，然后再将另一边轴承打出壳体座孔。

（6）拆卸副变速器同步器

① 向外拨同步器总成，使其从输出轴上脱离。

② 从同步器低挡锁止销上拔出高挡同步器锥环，要用布包住高挡同步器锥环以防丢失 3

个压缩弹簧，由低挡同步器锥环上取下同步器滑动齿套。

（7）分解副变速器输出轴

① 用铜棒将副变速器输出轴打出去。

② 由输出轴上取出轴承内圈隔套。用压床将输出轴压出低速挡齿轮。

③ 从输出轴上取下花键垫和垫圈。

④ 拆卸轴承后盖。如果需要更换油封，可将油封打下来。将两个锥轴承外圈和隔圈从轴承孔中打出来。

（8）拆卸主变速器输出齿轮

① 取出主变速器输出轴上的定位卡簧。

② 剪断锁紧铁丝，拆除支承法兰上的固定螺栓。用 3 个螺栓将支承法兰顶出来。

③ 拆卸输出齿轮上的卡簧，将齿轮从支承法兰和轴承上压出。

（9）拆卸主变速器左倒挡中间齿轮

① 从主变速器倒挡齿轮轴孔内取出定位卡簧，把倒挡齿轮尽量向前移动，使它与倒挡滑套啮合。

② 从主变速器副轴孔内将轴承取出。

③ 拆卸倒挡轴锁紧螺母和垫圈。拧出倒挡中间轴上的螺塞，并在中间轴上装一个倒挡轴拔出器将倒挡轴拔出。

④ 取出倒挡中间齿轮及垫圈，压出倒挡齿轮轴孔内的轴承外圈。由倒挡轴上取出轴承内圈。

（10）拆卸主变速器二轴

① 取出主变速器副轴后端轴承定位卡簧。

② 拆卸副轴前端定位挡板。新型结构的副轴前端挡板是由一个中心螺栓锁固的。

③ 用铜冲将副轴后轴承打出壳体，注意不要将轴承损坏。

④ 用铜棒向后敲副轴，使副轴向后移动。再将副轴向前敲移，使副轴前轴承移出壳体，用专用拉器将轴承拉出，将副轴连同副轴齿轮紧靠在变速器壁上，使副轴及齿轮脱开二轴齿轮，尽量远离二轴及齿轮。为此，首先把离合器制动装置拆除。

⑤ 使二轴倒挡齿轮紧靠爬行挡齿轮，并使整个二轴连同其他齿轮向后移动以使二轴前端脱开一轴。把整个二轴及齿轮向上倾斜并提出主变速器。

 维修提示

◆注意此时倒挡齿轮是自由的，小心不要让它从二轴上滑出。

⑥ 从二轴前端取出滑套，从后端取出开口环。从二轴上拔出单键，松开调整垫使其脱离二轴。从轴上取下倒挡齿轮调整垫圈和花键垫圈。

⑦ 把二轴的前端朝上并且来回扭转它。齿轮将从二轴后端按正确的装配顺序从二轴上滑出来，如有必要，再取出每只齿轮内的开口环。

（11）拆卸主变速器一轴

① 拆卸一轴轴承盖。

② 向前敲打一轴，使轴承外圈定位卡簧能露出拆掉，然后将一轴从壳体内侧抽出。

③ 将一轴轴承固定螺母拆除。

◆注意螺母是左旋螺纹。

④ 将一轴从轴承与齿轮上压出来。

（12）拆卸主变速器副轴

① 将副轴从变速器中取出来。

② 用 20t 以上的压床将副轴四个大齿轮压出。

③ 然后再把剩余的两个齿轮一个一个地压出来，如有必要可将长键和半圆键取出。

三、变速器的安装

以富勒变速器为例，介绍其安装方法。

（1）装配主变速器右倒挡中间齿轮（如图 5-12 所示）

图 5-12　倒挡轴结构分解图

1—旋塞；2—倒挡中间齿轮轴；3—偏心支承板；4—倒挡中间齿轮；5—轴承内圈；
6—轴承外圈；7—止推垫片；8—挡圈；9—锁紧螺母

① 把偏心支承板、轴承内圈装到倒挡中间齿轮轴上。

② 将轴承外圈压入齿轮轴孔中。

③ 将倒挡中间齿轮轴组件及中间齿轮装到座孔中。

④ 用锁紧螺母将倒挡中间齿轮轴锁固。

（2）装配主变速器副轴（如图 5-13 所示）

① 在副轴上安装销钉、通键和半圆键。

② 把一挡和二挡齿轮压入副轴。

维修提示

◆注意一挡齿轮凸缘朝下，二挡齿轮凸缘朝上。

③ 分别将三挡齿轮、取力器齿轮和副轴被动齿轮一个个压入副轴。

维修提示

◆注意三挡齿轮凸缘朝下，取力器齿轮圆弧倒角的一面朝上，被动齿轮的凸缘朝上安装。

④ 在两个副轴被动齿轮上做出对齿装配标记。做标记的齿应与副轴键槽对应。

⑤ 把左下侧的副轴总成放入箱体座孔内就位。注意左下侧的副轴上安装大的取力齿轮，此时不要安装轴承。

⑥ 再将右上侧副轴总成装入，同时仍不要安装轴承。

（3）装配主变速器一轴

① 如果原先拆卸过，就在一轴齿轮内侧安放一个开口环，并把一轴齿轮装到花键轴上，有开口环一侧朝前。

② 在轴上装入一个隔套，使其靠住开口环。把一轴轴承压到轴上，要用挡板挡住前面。

③ 清洗轴及螺母上的螺纹，然后在一轴齿轮开槽螺母内涂上螺纹锁固密封胶。

④ 用 340～410N·m 力矩把开槽螺母装到轴上（左旋螺纹），把螺母凸缘边敲入轴上的两个槽内，以定位锁紧。

图 5-13　主变速器副轴结构分解图

1—通键；2—副轴；3—副轴后轴承；4—卡环；
5——挡齿轮；6—二挡齿轮；7—三挡齿轮；
8—取力齿轮；9—副轴被动齿轮；10—副轴
前轴承；11—挡板；12—固定螺钉；13—锁止销

维修提示

◆在一轴齿轮上任意两相邻齿上做出标记，然后在相对称的两个轮齿上做出标记，检查一下轴套，要保证它位于轴内并处于良好状态。

⑤ 将右上侧副轴用撬杠拨开，让出空间把一轴由里向外安装到一轴轴承座孔位置。用卡簧将轴承定位。

（4）副轴的安装

① 用两个专用托头将左下侧副轴前后轴头托住定心。

② 转动该副轴使副轴被动齿轮上做标记的齿与一轴主动齿轮上做标记的齿啮合。

③ 将托头拆除，安装该副轴前轴承；将托头拆除，再安装该副轴后轴承。安装该副轴前轴承挡板和两个螺栓，并用铁丝锁止。

④ 对于新型结构，轴承挡板由一个定位销和一个螺栓紧固。

⑤ 安装副轴后端轴承定位卡簧。

（5）二轴部件的组装

① 将弹性圆柱销打入二轴花键销孔中。

② 将二轴夹持在台虎钳上，输出端朝下，把三挡齿轮垫圈放到二轴最低的一个环槽内，其平面端向下，转动垫圈用单键卡住。

维修提示

◆注意：安装垫圈时要保证内花键上的大缺口离开键槽。

③ 把二挡齿轮装到三挡齿轮上面，有圆弧倒角的齿面朝上。

④ 把三挡齿轮装到花键垫圈上，啮合齿在下面。

⑤ 把花键垫圈装入二挡齿轮内，平面朝上。

⑥ 取出单键，把二挡齿轮调整垫片平面端朝下地装到二挡齿轮内、转动垫片使单键重新插入将垫片定位。垫片的厚度应当保持齿轮轴向间隙 0.13～0.3mm。该间隙可用塞尺在齿轮凸缘处测得。

⑦ 把一、二挡啮合滑套装入二轴。

⑧ 取出单键并把一挡齿轮调整垫装到轴上，平面端朝上面，把单键再次装上。

⑨ 把花键垫圈装到轴上并靠住调整垫片，平面端朝下。

⑩ 把一挡齿轮装到轴上，有圆弧倒角的齿面向上。

⑪ 把低挡齿轮（爬行挡齿轮）装到轴上，有圆弧倒角的齿面朝上。

⑫ 把花键垫圈装到低挡齿轮的凸缘内，平面端朝上。

⑬ 取下单键，把调整垫圈平面朝下装入二轴低挡齿轮轴孔内，转动调整垫再次插入单键使调整垫片定位。调整垫片的厚度应保证 0.13～0.3mm 齿轮轴向间隙。

⑭ 把低、倒挡滑套装到轴上，使滑套的键槽对准轴上的键。

⑮ 取出单键，装入倒挡齿轮调整垫片，平面端向上，再次插入单键。

⑯ 把花键垫圈套在轴上靠住调整垫片，平面端向下。

⑰ 把倒挡齿轮装到轴上，有圆弧倒角的齿面朝下。

⑱ 从上边把开口环装入第二个环槽内，开口环的缺口必须避开键槽。

⑲ 把副变速器驱动齿轮（副变速器输入轴主动传动齿轮）装到二轴上，并且用二轴尾端的开口环卡住它。

 维修提示

◆ 在副变速器驱动齿轮与倒挡齿轮之间插入 2 只旋具并且向上撬，然后在两只齿轮凸缘之间对着插入两个塞尺检查间隙，如有必要，就更换倒挡齿轮调整垫片并且再次测量间隙。倒挡齿轮间隙应为 0.3～0.9mm。

（6）二轴齿轮间隙的调整　为了获得正确的间隙范围，有 6 种厚度的调整垫可供选择。二轴齿轮间隙的调整、调整垫片的厚度及颜色如表 5-1 所示。

表 5-1　调整垫片的厚度及颜色

厚度范围/mm	颜色标志	厚度范围/mm	颜色标志
6.30～6.35	白	6.68～6.73	紫红
6.43～6.48	绿	6.80～6.86	黄
6.55～6.60	橘黄	6.93～6.99	黑

倒挡齿轮轴向间隙的范围为 0.30～0.90mm；前进挡齿轮轴向间隙的范围为 0.13～0.30mm。倒挡齿轮的轴向间隙调整如下：

① 把开口环装入倒挡齿轮内，把调整垫片（6.30～6.35mm）装到二轴上，把它旋入锁止槽内并用键卡住。把花键垫圈装到二轴上靠住调整垫片，用开口环把它卡住。

② 把倒挡齿轮和副变速器驱动齿轮装到二轴上，并用开口环卡住。

③ 测量倒挡齿轮和驱动齿轮之间的间隙。

如有必要，更换位于倒挡齿轮前面的调整垫片。

（7）将二轴安装到变速器上

① 从台虎钳上取下二轴，把三、四挡滑套装到轴上。

② 向里推右上侧副轴使之顶住壳体内壁。把二轴放在变速器壳体上，此时仍要紧靠住倒挡齿轮定位。通过副变速器驱动齿轮孔把二轴向前移，使轴端在一轴轴套内就位。并使二轴各挡齿轮与左下侧副轴各挡齿轮全部啮合。

（8）右上侧副轴的安装

① 在保证左下侧副轴齿轮对齿的前提下，转动右上侧副轴使副轴被动齿轮上标记的齿与一轴主动齿轮上标记的两齿啮合。

② 把二轴输出齿轮临时套在二轴上以使二轴定心。同时用托头将右上侧副轴后端定心，此时两个副轴上所有齿轮都应同时与二轴齿轮进入啮合。

 维修提示

◆如果不能同时进入啮合，说明一轴与副轴对齿错误。

③ 安装右上侧副轴前端轴承。

④ 取下二轴输出齿轮，用木块将二轴支承，安装右上侧副轴后端轴承。

⑤ 装上右上侧副轴前轴承挡板，并用铁丝锁住。

⑥ 新型结构的挡板是用定位销和螺栓固定的。

⑦ 把卡簧装入副轴后端的环槽内。

（9）右上侧倒挡中间齿轮的安装

① 将堵塞、偏心支承板和轴承内圈装入倒挡齿轮轴。

② 将轴承外圈压入倒挡中间齿轮。

③ 使倒挡中间齿轮与止推垫片在壳体孔内就位。

④ 将倒挡中间齿轮轴装入，确保轴承外圈与内圈对准。

⑤ 把副变速器副轴的前轴承外圈装到倒挡齿轮的壳体孔内。

⑥ 使二轴倒挡齿轮与两只倒挡中间齿轮啮合，并把开口环放入二轴倒挡齿轮的内侧。

（10）副变速器主动齿轮（主变速器二轴输出齿轮）的安装

① 把定位盘装到驱动齿轮上，平面端靠着齿轮。

② 把轴承压到驱动齿轮上，开口环端向上。

③ 把开口环装入齿轮台肩内的环槽里。

④ 把副变速器驱动齿轮套在二轴花键上，使轴承在壳体后孔内就位。

⑤ 用 6 只螺钉锁紧支承盘和齿轮，分两组把螺钉用铁丝锁住。

⑥ 把开口环装入二轴的环槽里。

（11）副变速器输出轴的安装（如图 5-14 所示）

① 把输出轴的螺纹端朝上放在工作台上，将垫圈的大台肩朝下，小轴

图 5-14　副变速器输出轴结构分解图

1—输出轴；2—垫圈；3—花键垫；4—输出齿轮；

5—输出齿轮开口环；6—减速齿轮后垫圈

径一侧朝上套入轴内。

②　将花键垫的小轴径一侧朝上套入轴内并靠住垫圈。

③　如果预先拆卸过，就在齿轮内环槽中放入一个卡簧，把齿轮装到轴上并靠住花键套，要使其平面端朝上。

④　把垫圈套在轴上，台肩朝着齿轮并顶住齿轮。

⑤　加热前锥形轴承的内圈到130℃并安装在轴上，使其靠住齿轮上面的垫圈。

⑥　把前锥形轴承的外圈装入箱孔内，其锥面必须指向下方。

⑦　把轴承内环隔套装到轴上。

⑧　把轴承外隔套及后锥形轴承的外圈轻打入壳孔内，使台肩一侧朝上。

 维修提示

◆注意：副变速器输出轴两个圆锥轴承和内、外圈隔套是成套提供的。因此更换时必须成套更换。

（12）高、低挡同步器的安装

①　把滑动齿套放到低挡同步器锥环上的锁止销上。

②　把3个压缩弹簧放入高挡同步器锥环内。

③　把高挡同步器锥环放在低挡同步器锥环的锁止销上。

④　顶着弹簧的张力同时旋转并向下压高挡同步器锥环，使低挡同步器锥环进入锁止销上面的孔内。

（13）安装副变速器副轴和输出轴

①　将轴承内圈装入两个副变速器副轴端。

②　在每根中间轴小齿轮上打印着"O"字母的齿轮上做出标记。

③　在输出齿轮上任意两个相邻的轮齿上做出标记，然后在相对称的两个轮齿上做出相应的标记。

④　把同步器总成放在一个高约50mm的木块上，使高挡同步器锥环朝下。

⑤　把输出轴放到同步器上，使轴上的花键与滑动齿套内的键槽相配合。

⑥　使两根副轴靠住输出轴。每根副轴上有标记的两个轮齿必须位于输出齿轮上有标记的两个轮齿中间。

⑦　把副变速器壳体朝下放到输出轴上面，副轴要对准壳体的轴承孔。

⑧　把锥形轴承的内环加热后压到输出轴上。

⑨　在里程表壳体上装上输出轴油封，应使光滑面朝上。

⑩　把里程表壳体和衬垫装到副变速器壳体上并紧固，在衬垫上涂抹平面密封胶。

⑪　把后轴承装到副轴上并使用轴承安装工具将其敲入壳孔内，再装上卡簧。

⑫　把副轴后轴承盖连同衬垫一起拧紧，衬垫上涂抹平面密封胶。

（14）高、低挡操纵气缸的安装

①　把气缸壳体和衬垫装到变速器壳体上，要使气管接头朝上。衬垫上涂抹平面密封胶。

②　在同步器滑动齿套上装上拨叉，并且插入拨叉杆，使其穿入拨叉和气缸壳体。用2个锁止螺钉紧固拨叉并用铁丝卡住。

③　在活塞的内孔和外圈上安装O形圈

◆注意应预先在O形圈上涂一薄层硅脂润滑剂。

把活塞插到拨叉杆上，然后装入气缸内，要使其平面端向外。

◆注意：拨叉是不对称的，要从下面安装螺钉。

④ 用自锁螺母紧固活塞，然后装上换挡气缸盖和衬垫，使气管接头处在顶部，最后在连接端面上涂抹平面密封胶。

（15）副变速器的整体吊装

① 在副变速器壳体接合面装上衬垫。在副变速器上装一个专用吊架，使副变速器壳对准主变速器上的定位销。两个副轴都要与驱动齿轮相啮合，并且每根副轴的前端要插入装在主变速器隔板上的轴承孔内。

◆使副变速器向主变速器平稳移动，必要时转动一下副变速器驱动齿轮，以便齿轮正确啮合。

◆在装连接衬垫时，需要衬垫两侧涂抹密封胶。

② 装上螺钉并按规定力矩拧紧。

◆注意：副变速器的安装也可以采用垂直方式，把主变速器竖直地放在木块上，用装在输出轴吊架上的吊链使副变速器下降。

③ 在法兰盘轴端部装上里程表涡轮或者隔套，再将法兰盘套到输出轴的花键上。

◆注意：在向主变速器部分安装副变速器时，一开始应使副变速器同步器处于低速挡位置。

④ 将主变速器同时挂上两个挡，以610～680N·m力矩将输出轴螺母锁紧。

（16）变速器上盖的装配

变速器上盖结构如图5-15所示。

① 安装倒、低挡拨叉和拨叉杆，并用锁止螺钉紧固。

② 装入换挡互锁球。

◆注意：所有的拨叉杆上用于换挡锁止的缺口必须朝着上盖。

图 5-15　变速器上盖结构分解图

1—倒车灯开关；2—衬垫；3—压缩弹簧；4—自锁钢球（3个）；5—螺钉（16个）；6—旋塞；7—倒车灯柱销
（选用）；8—上盖；9—衬垫；10—六角头螺钉支架（选用）；11、24、27—锁止螺钉；12、23、26—拨叉杆；
13—互锁钢球；14—互锁销；15——、二挡，五、六挡拨叉；16——、二挡，五、六挡拨块；
17—锁止螺钉；18—旋塞；19—弹簧；20—倒挡锁柱塞；21—低、倒挡拨叉；22—锁止螺钉；
25—三、四挡，七、八挡拨叉；28—三、四挡，七、八挡拨块；29—气阀（选用）；
30—空挡开关（选用）；31—紧固螺钉；32—密封圈（选用）；33—旋塞螺钉

③ 安装一、二挡（五、六挡）拨叉、拨块和拨叉杆及锁止销。装入换挡互锁用螺钉，并锁紧锁止螺钉。安装三、四挡（七、八挡）拨叉、拨块和拨叉杆。安装并锁紧锁止螺钉。

④ 把上盖装到变速器上并锁紧。安装自锁钢球和压缩弹簧。

（17）装配双H换挡机构　双H换挡机构的结构，如图5-16所示。

① 安装油封及衬套。安装弹簧、弹簧座、隔套和定位环。

② 压缩弹簧，用锁止螺钉将定位环固定。

③ 安装换挡轴、换挡拨块和倒挡控制块。

④ 用圆柱销固定倒挡控制块与换挡轴。

⑤ 安装倒挡开关和销轴。用圆柱销将换挡拨块与换挡轴固定，并用铁丝将其锁定。

⑥ 安装换挡拐臂与防尘套。安装定位锁销、弹簧及边盖。安装另一侧定位锁销、弹簧及侧盖。安装后弹簧及端盖。将堵塞敲入。

四、变速器的检修

1. 变速器齿轮的检修

变速器齿轮经常在不断变化的高转速高负荷下进行工作，就一般载重汽车来说，齿轮的

图 5-16　双 H 换挡机构结构分解图

1—壳体；2—换挡轴；3—衬套；4、10、37—弹簧；5—弹簧座；6—定位环；7—弹性圆柱销；8—弹簧隔套；

9—锁止螺栓；11—衬垫；12—壳体盖；13、25、40、46—弹簧垫圈；14、24、41—螺钉；15—换挡拨块；

16—圆柱销；17—弹性圆柱销；18—倒挡开关控制块；19—通气塞；20、29、57—旋塞螺钉；21—油封；

22—防尘套；23—换挡摇臂；26—螺母；27—倒车灯开关；28—衬垫；30—销；

31—旋塞螺钉（空挡开关）；32—衬垫；33—塞；34—锁止螺母；35—六角头螺母；

36、43—定位锁销；38—衬垫；39、44—盖；42—O形圈；45—螺钉；47—衬垫；

48—换向气阀；49—内六角头螺钉；50—通气塞；51—螺纹管接头；

52—三通；53—弯管接头；54、55、56—气管

圆周速度约在 10～20m/s 之间，特别是齿面上经常受到冲击交变载荷。此外，加工的齿形不太符合要求，相啮合的轮齿工作表面存在着滑动和滚动两种摩擦以及装配时轴线不平行度都会破坏齿面的正常啮合条件。因此，齿轮工作条件恶化，再加之在制造上材料和热处理有缺陷，在使用和保养上不够合理，这就会加速齿轮损伤。其损伤情况一般有以下几种。

（1）磨损　凡属正常工作条件下造成的磨损，齿轮呈现均匀的光洁表面，但要求齿长磨损不应超过原齿长的 30%，齿厚磨损不应超过 0.5mm，齿轮啮合面积不低于工作面的 2/3，齿轮啮合间隙不大于 0.7mm。上述情况允许成对继续使用，否则应进行修理或更换，如果齿轮由于啮合不良，产生不均匀磨损，可对齿轮轴的轴线及变速叉的技术情况进行检查。

（2）轮齿破碎　破碎多半是由裂损开始的，其原因大多是由于齿轮啮合过紧或过松或啮合不当（啮合印痕太少等），在传动中引起巨大的冲击载荷或接触压力而造成轮齿破裂和折断。

（3）齿轮表面擦伤　当齿轮油添加不足或润滑油质量不符合要求时，啮合表面间失去油膜形成干摩擦产生高热，出现黏附磨损，轻者呈擦伤状态，严重时引起齿面强烈的局部撕痕。

（4）齿轮表面疲劳剥落　在齿轮表面常常呈现麻点状的损伤，这是由于齿轮表面承受交变挤压造成疲劳破坏的一种现象，疲劳剥落的发展会形成疲劳裂纹甚至破裂。

2. 变速器轴的检修

变速器在工作过程中承受着变化的扭转力矩等，键齿部分还承受挤压、冲击和滑磨等负荷。常见的主要损伤有轴颈磨损、键齿磨损等。

（1）键齿磨损　键齿磨损在受力一侧较为严重，一般可用相配滑动齿轮或接合凸缘配合检查。第二轴键齿与键槽配合间隙一般为 0.02～0.30mm，最大不超过 0.45mm。

变速器第一轴上键齿宽度的磨损，最大不超过 0.25mm，与离合器从动盘键槽配合间隙最大不超过 0.44mm，第一轴轴承盖套管外径的磨损限度最大不得超过 0.22mm，其与离合器分离轴承座孔的配合间隙一般为 0.08～0.16mm，最大不得超过 0.5mm。

维修提示

◆当键齿磨损超过上述限度时，可用堆焊修复，堆焊时最好堆焊未磨损的一侧，这样使受力面保持原来金属，可以保证修理质量。

（2）轴颈磨损　这是变速器零件中常见的损伤现象。轴颈磨损过大，不但会使齿轮轴线偏移，带来齿轮啮合齿隙改变，传动时噪声变大，而且会使轴颈在轴承孔内转动引起烧蚀，因此，装滚柱轴承的动配合轴颈磨损超过 0.07mm 时，与滚珠轴承内圈静配合的轴颈产生 0.02mm 以上间隙时，均应将轴颈镀铬或堆焊修复。

倒挡齿轮衬套外径与齿轮上的衬套孔的配合，应为静配合，其过盈为 0.13～0.18mm，衬套内径与倒挡轴的配合间隙，一般为 0.06～0.10mm，最大不得超过 0.2mm，否则应更换新件。

（3）第二轴凸缘油封颈的磨损　第二轴凸缘油封颈的磨损是常见的，磨损严重时会使油封颈起槽而导致漏油，因此，当其磨损出现沟槽深度超过 0.35mm 时，应堆焊后进行镶套修复。

3. 变速器壳与盖的检修

变速器壳与盖的损伤一般为裂纹、支承座和座孔磨损、壳体变形等。

变速器壳与盖的裂纹可用目测法或敲击法检查，凡未延伸到轴承孔的裂纹可采用环氧树脂胶黏结，或用螺钉填补法修复，此外还可用焊接方法修复，但要特别注意，以防焊后再裂。

检查变速器壳和盖接合平面的不平度时，可用平板或将二者靠合在一起，用厚薄规检验，当间隙超过 0.2mm 时，可用刨刀、铲刀、锉刀修平，刨削平面时要注意基准的选择。

变速器壳轴承孔的磨损，将使齿轮轴线偏移和两轴线不平行，齿轮正常啮合遭到破坏，因此，当轴承与轴承孔配合间隙超过 0.08mm 时，应进行扩孔镶套修复，在进行扩孔镶套之前应检查各轴轴心线与平面相互位置的偏差，然后先取加工基准，镗削时既要恢复座孔的几何形状，又要消除轴心线与平面之间的误差，采用整形和加工相结合的方法来修理壳体是保证修理质量的关键。

变速器盖经常磨损部位是变速杆球节座及变速叉轴轴孔，球节座磨损通常是把球节装入座孔后进行检查，修理方法一般有两种：一种是修复座孔，用低碳钢焊条堆焊后，再经车削使其达到正常配合，或采用局部更换修复法将磨损的座孔部分切除，另配制原形新件镶接在切除部位，并在接缝处预制坡口，最后进行焊接；另一种是将变速杆球节堆焊后再车削，在车削时应先将变速杆压直，车削后再恢复原状。

五、变速器常见故障诊断

变速器的常见故障有：变速器发响、变速器自动跳挡、变速器乱挡、变速器漏油和发热等。

（1）变速器发响故障　变速器内的响声有良性和恶性两种。良性响声有变速器内缺油或润滑油过稀，轴承磨损后松旷，齿轮磨损后啮合间隙过大而产生的噪声。齿轮的噪声随着汽车行驶速度和负荷的变化而变化。而恶性响声多属于齿轮上轮齿损坏或齿隙被脏物垫住，发出间断而有规律的冲击声。此种故障一旦产生，应立即停车检查，查明原因予以排除。

由于变速器与离合器位置相近，两者发出的响声一时难以分辨。当启动发动机变速杆在空挡位置时，如出现声响，可将离合器踏板踏下再听察，如声响消失，则说明声响产生于变速器。变速器产生声响的主要原因：

① 变速器轴承经常处在高速、重负荷条件下工作，并承受较大的交变负荷，因而轴承的滚柱（珠）与滚道会发生磨损、斑点、疲劳剥落、烧蚀等现象，使轴承的轴向和径向间隙增大，发生撞击而产生响声。

② 齿轮在啮合传动时，轮齿从齿顶到齿根存在着滑动摩擦，所以磨损是不可避免的。由于齿轮的磨损，导致啮合间隙变大。因此，车辆在行驶中，如起步、换挡时齿轮间会产生撞击声响。

③ 由于轴承磨损后松旷，轴的变形或壳体变形引起两啮合齿轮中心距离变化及轴线之间不平行；轴上滑动键槽与滑动齿轮内端花键槽磨损；操纵机构中紧固螺栓松动及变速叉的磨损变形，引起齿轮位移；驾驶操作不当，如起步过猛，换挡时手与脚配合不当，均会在传动中引起较大冲击负荷，导致轮齿断裂或破碎后产生异响。

（2）变速器跳挡故障

① 故障现象：汽车在某一挡位行驶时，变速杆自动跳回空挡；一般在突然加大或突然松开加速踏板以及汽车行驶在不平道路产生剧烈振动时发生。

② 故障原因：

a. 滑动齿轮与接合套啮合轮齿磨成锥形。由于频繁换挡，换挡部件若采用滑动齿轮与接合套时，工作中因撞击和磨损，齿轮的啮合齿逐渐磨短并成锥形。当磨损成锥形的啮合齿相互作用而传递扭矩时，就会产生一轴向力，这个轴向力随着啮合齿磨成锥形的程度增加而加大，也随着传递扭矩的增加而增大，当轴向力超过自锁机构的锁紧力时，即造成变速器跳挡。

b. 自锁机构失效。如自锁钢球磨损，自锁弹簧弹力减弱、折断或变速叉轴定位凹槽磨损等，均使自锁机构的锁紧定位作用失效或减弱。

c. 轴承松旷。变速器第 1、2 轴与前后轴承松旷以及轴承与轴承座孔松旷，在工作过程中会引起轴和齿轮的轴向窜动，导致跳挡的产生。

d. 变速叉端面磨损过大。变速叉与齿轮槽接合端磨损过大，使其与齿轮槽的配合间隙过大，使换挡齿轮换上挡位后，轴向失去约束而产生跳挡。

e. 飞轮壳变形。飞轮壳座孔与曲轴中心线不同心，飞轮壳与变速器接合平面与曲轴中心线不垂直，产生跳挡。

③ 故障诊断与排除。根据变速器跳挡的故障原因加以排除。

(3) 乱挡故障

① 故障现象：在离合器技术状况正常时，变速杆不能挂入所需要挡位；或挂入挡位后不能退回空挡；或同时挂入两个挡位，即所谓变速器乱挡。

② 故障原因：

a. 变速杆头定位销松旷。定位销磨损或脱出，变速杆球头磨损过大；

b. 变速杆下端弧形工作面磨损或脱出，变速杆球头磨损过大；

c. 变速叉轴互锁机构中的锁销或锁球磨损过大（超过0.02mm），失去了互锁作用。

③ 故障诊断与排除：根据变速器乱挡的故障原因加以排除。

(4) 漏油故障　一般变速器漏油部位，可循迹发现，漏油原因：

① 变速器内齿轮油加注过多，超过加油液面高度；

② 油封的磨损、硬化或失去弹性；

③ 油封处轴颈磨损过大；

④ 变速器盖及轴承盖安装螺栓松动或密封垫片损坏；

⑤ 变速器上通气孔堵塞；

⑥ 壳体裂纹与放油螺塞松动等。

(5) 过热故障　变速器过热，可以根据过热的部位来判断，过热的原因有：

① 齿轮啮合间隙过小；

② 齿轮轴弯曲或壳体轴孔不同心或不平行；

② 齿轮油量不足或黏度太小；

④ 轴承或垫圈装配过紧。

第三节　分动器的维修

一、分动器结构

有的重型货车采用6×4、6×6等驱动方式，它是利用传统分动器结构把从变速器传来的转矩，分别传递到前、中、后驱动桥。

图5-17　分动器总成

依维柯汽车NJ2045和NJ2046装有分动器，型号为Born-Warner，分动器与变速器是整体连接的方式，这样可以减轻质量、减小传动噪声和降低油耗。分动器的壳体为铝压铸件，内部零件多为粉末冶金件。行星齿轮减速机构能进一步节省空间、降低质量，整体质量仅34kg。

前桥传动由传动链实现，如图5-17

所示，两轮驱动时啮合机构能减少传动功率损失，减速比为 2.74∶1，最大输出转矩为 1380N·m。

斯太尔系列越野汽车目前装用的是 VG1200 型轴间差速器分动器，其结构如图 5-18 所示。分动器由壳体和四根轴及传动齿轮组成。变速器的动力经过短传动轴由驱动法兰 10 传递给输入轴 11，在输入轴 11 上安装有两个传动齿轮 13 和 15，这两个传动齿轮是空套在轴上的，与轴以花键连接的啮合套 14 可以向左、右移动，从而使输入轴分别与传动齿轮 13 和 15 啮合。中间轴 9 是一个双联齿轮轴，其左、右齿轮分别与 13 和 15 啮合。前驱动轴 2 一端插在太阳轮 4 中心孔中，另一端用轴承支承在端盖上。

二、分动器使用与检查

① 正常行驶时，分动器应接合高速挡，不接合前桥。

② 道路环境恶劣时，可按需要挂上低速挡，但必须同时挂上前桥，以免中后桥超载，损坏机件。

图 5-18 分动器（带轴间差速器）结构

1—差速锁啮合套；2—前驱动轴；3—输出轴齿轮（行星架）；4—太阳轮；5—行星齿轮；6—齿圈；7—后驱动轴；8—前驱动法兰；9—中间轴；10—输入轴驱动法兰；11—输入轴；12、16—圆锥滚子轴承；13—高挡齿轮；14—啮合套；15—低挡齿轮

③ 分动器挡位使用要点：分动器结合低挡，必须在停车时操作，先接前桥，后接低挡，先摘低挡，后摘前桥。

④ 定期检查分动器两侧支座固定螺栓和支撑杆支座，检查分动器与各部件的连接凸缘固定螺栓，如有松动，应予以拧紧。

⑤ 清洗分动器通气孔，检查润滑油，如不足，应添加规定牌号的润滑油至标准油面。

⑥ 调整：分动器圆锥滚子轴承应有一定的预紧力。选用调整垫片按需调整，调整后，转动一轴后能自由均匀转动，不卡滞，没有轴向、径向活动量。结合高挡或低挡时转动一轴，各轴上的齿轮及里程表齿轮应能自由转动，不得有卡滞现象。

第四节　传动轴的维修

一、传动轴结构

传动轴是将变速器传递出的发动机动力输送给驱动桥的装置，根据车型驱动方式的不同，传动轴的结构也有一些差别。

重型载货汽车根据驱动形式的不同选择不同形式的传动轴。一般来讲 4×2 驱动形式的汽车

仅有一根主传动轴。6×4驱动形式的汽车有中间传动轴、主传动轴和中、后桥传动轴。6×6驱动形式的汽车不仅有中间传动轴、主传动轴和中、后桥传动轴，而且还有前桥驱动传动轴。长轴距车辆的中间传动轴一般设有传动轴中间支承，它是由支承架、轴承和橡胶支承组成的。

　　传动轴由轴管、伸缩套和万向节组成。伸缩套能自动调节变速器与驱动桥之间的距离。万向节调整变速器输出轴与驱动桥输入轴两轴线夹角的变化，实现两轴的等角速传动。一般万向节由十字轴、十字轴承和凸缘叉等组成。

　　依维柯汽车用传动轴为开式、十字轴万向节传动机构。依维柯汽车传动轴根据十字轴万向节的结构，可分为盖板式和卡环式；根据车型不同要求，可有单节、两节或三节的不同组合。两节式传动轴前、后两节由万向节连接，在前一节的后部有一个弹性支承，它固定在车架横梁上，里面装有支承球轴承，如图 5-19（a）所示；三节式传动轴的前、后部分用凸缘盘连接，各自都有一个球轴承中间支承，如图 5-19（b）所示。这两种传动轴前、后端均用万向节分别与变速器输出凸缘和后驱动桥主动齿轮凸缘连接。为了适应汽车行驶中后驱动桥的颠簸，传动轴前后段采用花键连接。

(a) 两节式传动轴

(b) 三节式传动轴

图 5-19　传动轴

1—传动轴螺栓；2—弹性垫片；3—螺栓；4、5—螺母；6—后传动轴总成；7—变速器；
8—前传动轴总成；9—后桥；10—万向节；11—中间支承；12—传动轴

　　斯太尔系列重型汽车使用的传动轴万向节采用滚柱十字轴轴承，配合以短而粗的十字轴，可传递较大的转矩。在轴承端面设有碟形弹簧，以压紧滚柱。十字轴的端面增加了具有螺旋槽的强化尼龙垫片，可防止大夹角或大转矩传递动力时烧结。

二、传动轴的使用与检查

（1）传动轴的使用　为了确保传功轴的正常工作，延长其使用寿命，在使用中应注意：

① 严禁汽车用高速挡起步。

② 起步时应轻抬离合器踏板，使离合器平稳接合以减小传动轴的冲击载荷。

③ 严禁汽车超载、超速行驶。

④ 应经常检查传动轴工作状况。

⑤ 应经常检查传动轴吊架紧固情况，支承橡胶是否损坏，传动轴各连接部位是否松旷，传动轴是否变形。

⑥ 为了保证传动轴的动平衡，应经常注意平衡焊片是否脱焊。新传动轴组件是配套提供的，在新传动轴装车时应注意伸缩套的装配标记，应保证凸缘叉在一个平面内。在维修拆卸传动轴时，应在伸缩套与凸缘轴上打印装配标记，以备重新装配时保持原装配关系不变。

⑦ 应经常为万向节十字轴承加注润滑脂，夏季应注入 3 号锂基润滑脂、冬季注入 2 号锂基润滑脂。

（2）传动轴的检查

① 总成分解前应检查总成上的装配标记是否齐全清晰，如果标记不齐全或不清晰，应在拆检前做出清晰的标记，注意装配标记应在同一轴向平面内，如图 5-20 所示。

图 5-20　传动轴装配标记

② 如图 5-21 所示，检查十字轴轴颈表面剥落或被滚针轴承压坏情况。使用极限为 0.10mm。检查万向节和滚针轴承间隙：标准尺寸为 0.02～0.09mm，使用极限为 0.25mm。检查十字轴和滚针轴承十字方向间隙：标准尺寸为 0.02～0.20mm，使用极限为 0.25mm。

③ 如图 5-22 所示，进行零件检查。传动轴摆差：标准尺寸为 0～0.75mm，使用极限为 1.5mm。滑动花键齿隙：标准尺寸为 0.025～0.115mm，使用极限为 0.4mm。

图 5-21　十字轴检测

图 5-22　零件检查

三、传动轴维修技术数据

下面所列为东风系列汽车传动轴维修标准与螺栓拧紧力矩，其他车型可参考使用。

（1）传动轴维修标准　如表 5-2 所示。

表 5-2　传动轴维修标准

项　　目	标准尺寸/mm		使用极限/mm		注
车型	EQ1108G EQ1141G	EQ2100E6D EQ2102	EQ1108G EQ1141G	EQ2100E6D EQ2102	—
传动轴摆差	0～0.75	0～0.60	1.50	1.20	—
滑动花键齿隙	0.025～0.115	0.025～0.115	0.4	0.4	—
万向节和滚针轴承间隙	—	−0.035～0.018	0.1	0.3	—
十字轴轴向间隙	0.02～0.20		0.40		—
十字轴轴颈与滚针轴承的间隙	0.02～0.09		0.25		—
十字轴轴颈表面剥落或被滚针轴承压坏	—		0.10		压痕深度
中间支承轴向游隙			0.5		
中间支承轴承座内孔表面磨损量			0.05		

（2）拧紧力矩　如表 5-3 所示。

表 5-3　主要螺栓拧紧力矩

项　　目	拧紧力矩/(N·m)	项　　目	拧紧力矩/(N·m)
传动轴凸缘叉连接螺母	160～240	凸缘叉紧固螺母	400～500
中间支承 V 形支架螺栓、螺母	157～216	中间支承轴承盖紧固螺栓	35～45
十字轴承压板螺栓	30～40		

四、传动轴常见故障的诊断

当传动轴有故障时，车辆起步和开始驱动行驶时会出现异响，或者是行驶中频繁引起振动。振动和异响与车辆速度有关，因为它们是由传动轴转动产生的离心力传递到车身上所致的。一般情况下，振动和异响是和行走系统的振动一起发生的（如驱动桥），但是这种故障发生在传动轴某一转速范围内。

通常传动轴的振动是由差速器连接凸缘法兰安装不正确引起的。在检修过程中容易被忽视。在必要的时候，必须检查传动轴的弯曲情况和传动轴与凸缘法兰的连接情况。

传动轴常见故障诊断与排除如表 5-4 所示。

表 5-4　传动轴常见故障诊断与排除

故障现象	故障原因	故障诊断与排除
在行驶中汽车振动	传动轴滑动叉装配不正确	拆卸，使滑动叉与固定叉处于同一平面上
	传动轴扭曲或弯曲	校正或更换传动轴
	万向节轴颈或滚针轴承磨损、损坏	更换万向节总成或轴承
	传动轴连接螺栓松旷	按规定的力矩拧紧传动轴
	传动轴不平稳	调整或更换传动轴
	中间支承轴承磨损或损伤	更换中间支承轴承
	中间支承轴承支架松动或橡胶减振块材料老化	校正或更换
在起步和行驶期间有异响	万向节磨损或损坏	更换万向节
	滑动叉磨损或损坏	更换滑动叉
	传动轴连接螺栓松旷	按规定力矩拧紧
	滚针轴承、滑动叉、中间支承轴承等缺乏润滑剂	进行润滑

故障现象	故障原因	故障诊断与排除
行驶时不正常振动	传动轴连接螺栓松旷	拧紧螺栓或螺母
传动轴振动	传动轴未按标记装复	按标记装复
	传动轴轴管弯曲	校直或更换
	更换了主要零件未作动平衡检验	动平衡校正
传动轴噪声	万向节过度磨损,轴承间隙大	更换
	滑动花键过度磨损,间隙大	更换滑动叉
万向节或滑动叉磨损	油封失效	更换
	没有定期加注润滑脂或注油不充分	定期加注润滑脂并充分注油

第五节 前桥的维修

一、前桥的结构与技术参数

（1）结构简介　前桥的作用是承受汽车的前部载荷，并可使两侧车轮偏转一定角度，以实现汽车转向。

货车的前桥结构及原理基本相同，如图 5-23 所示。前桥多为传统的反弯工字梁形，工艺简单。前桥两端各有一拳形部分，有通孔，通过主销与左右转向节连接，用带有螺纹的楔形锁销将主销固定在前桥孔内，使它不能相对前桥转动。当汽车转向时，转向垂臂在纵向平面内摆动，通过转向直拉杆、转向节上节臂、左右转向节臂和转向横拉杆，操纵汽车前轮转过一定的角度，从而改变汽车的行驶方向。

图 5-23　货车前桥与转向节

1—转向节上盖；2—主销；3—上衬套；4—双头螺栓；5—上节臂；6—左转向节；7—调整垫片；8、13—螺栓；
9—左转向节臂；10—槽形螺母；11—下衬套；12—油封总成；14—前桥；15—楔形锁销；16—密封垫片；
17—右转向节；18—堵塞；19—圆柱滚子止推轴承；20—右转向节臂；21—转向限位螺栓

图 5-24 前桥轴头结构

1—轮胎钢圈螺栓；2—轴头开槽螺母；3—轴头端盖；4—轴头挡板；5—轴头外轴承；6—轮毂；7—制动鼓；8—轴头内轴承；9—制动蹄；10—制动凸轮；11—隔圈；12、16—密封环；13—制动凸轮轴；14—轴头油封；15—凸轮轴衬套；17—隔圈；18—垫圈；19—制动调节臂；20—调节器调整垫片及卡簧；21—主销上衬套；22—调整垫圈；23—平面推力轴承；24—主销下衬套；25—主销堵盘；26—卡簧；27—横拉杆拐臂；28—制动蹄支承轴；29—主销；30—工字梁；31—转向节；32—主销上座

斯太尔系列重型载货汽车采用拳形支承中凹形工字梁以及常规结构的轴头。前桥负荷为 6500kg，其轴头结构如图 5-24 所示。

见图 5-24，主销 29 与工字梁 30 是紧配合装配的。转向节 31 通过上衬套 21 和下衬套 24 支承在主销 29 上，衬套与主销配合间隙为 0.018～0.059mm。在转向节下衬套与工字梁之间安装有一平面推力轴承 23，以减轻转向阻力矩。在上衬套 21 与工字梁之间有一调整垫圈 22，用来调整转向节与工字梁主销孔上平面之间的间隙，其间隙应在 0.05～0.10mm。与常规结构不同的是，转向节上衬套不是安装在转向节本体，而是装在制动凸轮轴座上，这样便于转向节的拆装，但增加了凸轮轴座与转向节本体的安装精度。凸轮轴座用四个固定螺栓通过定位销紧紧地与转向节相连。制动凸轮轴 13 安装在轴座 32 上，由两个衬套 15 支承，其配合间隙为 0.155～0.256mm。在衬套两侧安装有橡胶密封环 12 和 16，并用隔圈 11 和垫圈 18 定位。在凸轮轴外侧的花键轴上套装有制动调节臂 19，制动调节臂用调整垫片和卡簧 20 定位，使凸轮轴的轴向间隙达 0.1mm。

在安装时应将润滑脂涂抹在主销、凸轮轴工作表面并将其空腔注满润滑脂。

（2）技术数据 东风系列主要车型技术数据如表 5-5 所示。其他车型可参考。

表 5-5 东风系列主要车型前桥技术数据

车　　型		EQ1108G	EQ1141G	EQ2100E
动力转向形式		HFB52(IPS40)	HFB64(IPS55)	M6 或 HFB
前轮最大转向角度	内轮	40°	47°	36°
	外轮	33°	36°	30°
前轮定位角	前轮外倾	1°	1°	1°
	主销内倾	7°	7°	8°
	主销后倾	0°30′（非动力转向） 2°30′（动力转向）	2°11′43″	0°30′
前轮侧滑量		不超出±5mm/m		
前束		1～5mm	0～2mm	2～5mm

（3）前桥的维修标准 东风货车前桥的维修标准如表 5-6 所示。其他车型可参考。

（4）前桥的拧紧力矩 东风前桥零件拧紧力矩如表 5-7 所示。其他车型可参考。

表 5-6　前桥维修标准

项　　目	标准尺寸/mm		使用极限/mm		备　　注
车　型	EQ1108G	EQ1141G	EQ1108G	EQ1141G	
主销与衬套的间隙	0.025～0.077	0.01～0.1	0.2	0.2	更换
衬套与转向节的间隙	-0.175～0.1086				更换
主销与前轴孔的间隙	0.01～0.052	＜0.04	0.1	0.15	更换
前轴与转向节的间隙	0.05	＜0.1		0.15	调整垫片
轮毂启动力矩	18～40N	20～55N			
转向节的启动力	＜10N	20～55N			在轴颈开口销孔处测
横拉杆球销启动力	＜50N				在开口销处测

表 5-7　前桥拧紧力矩　　　　　　　　　单位：N·m

车　型	EQ1108G	EQ1141G
钢板弹簧 U 形螺栓、螺母	180～120	350～400
楔形锁销螺母	35～70	25～40
转向节限位螺栓锁止螺母	80～100	80～100
转向节臂固定螺母	280～350	280～350
横拉杆节臂固定螺母	350～450	350～450
球头销固定螺母	200～250	250～310
横拉杆卡箍紧固螺母	40～50	38～42
主销螺塞	40～60	60～80
制动器底板固定螺栓	160～220	130～160
轮胎螺母	350～420	420～490
轮毂轴承盖紧固螺钉	9～15	12

二、前桥的检查与调整

1. 前轮定位的检查

① 车辆停放在坚实平坦的地面上。

② 轮胎气压是否符合要求，按规定充足；检查轮胎是否有使用标志。

③ 轮胎磨损情况和轮辋的变形量。

④ 车架是否有扭曲和弯曲变形。

⑤ 检查前桥，确保轴线与前进方向垂直。

2. 前轮外倾角的测量

① 选择一平坦的地方将后轮停放在与转角测量仪同高的垫块上。

② 用千斤顶顶起前桥，并把车轮摆正（直行位置）。

③ 将转角测量仪放在车轮下面，慢慢将车轮放在转盘中心，调整读数为零。

④ 取下轮毂轴承，小心地将前轮定位测量仪水平安装在轮毂上。

⑤ 根据外倾角标尺上的气泡中心位置读出车轮外倾角度。

⑥ 如果所测度数超出要求的规定值，应检查主销和衬套的磨损情况、轮毂轴承的间隙、前桥的弯曲变形，根据需要修理或更换损坏零件。

3. 主销后倾和内倾角的测量

① 测量车辆外倾角后，缓慢转动转向盘，使车轮转角从零转到 20°。如果测量左轮，则向左转；测量右轮，向右转。

② 当转动了 20°后，将前轮定位测量仪上后倾角标尺的零点对好气泡中心位置，读取后倾角和内倾角的数值。如果后倾角和内倾角数值超出规定值，应检查前钢板弹簧是否疲劳失

效、主销和衬套是否磨损、前桥是否变形或弯曲。

4. 前桥与转向节间隙的调整

① 将转向节及推力轴承装于前桥上，选择适当的调整垫片（注意：只能用一片）来调整间隙，保证间隙符合要求。

② 在主销与衬套接触区涂一层薄薄的润滑脂，将主销上的锁销槽与前桥上的锁销孔对齐，然后插进主销，并将锁销锁止螺母按规定的拧紧力矩紧固。

 维修提示

◆注意：锁销必须由汽车前方插入。

③ 在转向节轴颈开口销孔处用弹簧秤测量转向节的转动力，应在注润滑脂前，左右单独测定，转动力应不大于10N（图5-25）。

5. 前轮毂轴承的调整

① 先在转向节轴螺纹和减磨垫片上涂抹2号锂基润滑脂。

② 装上转向节减磨垫片，在转动轮毂的同时，按规定的拧紧力矩拧紧锁止螺母。

③ 转动轮毂2～3圈，使轴承处于正确位置。

④ 再用200N·m的力矩拧紧锁止螺母。

⑤ 为了得到正确的轮毂轴承预紧力，而且使开口销孔和锁止螺母上的槽对准，可以将锁止螺母回转30°。

⑥ 确认得到的轴承预紧力矩是否正确。首先，将轮毂转动2～3圈，再测量确认回转启动力矩，如图5-26所示。EQ1141G为20～55N，EQ1108G6D和EQ1118GA为18～40N。

图5-25　转向节转动力的测量

图5-26　轮毂预紧力的测量

6. 转向角的调整

① 调整转向限位螺钉，使内轮至最大转角，标准为EQ1141G：47°。以转到极限位置轮胎不与机件碰刮为准。

图5-27　前束的调整

② 限位螺钉调整好后，将锁紧螺母拧紧。

7. 前束的调整（图5-27）

① 首先，将横拉杆紧固螺栓松开。

② 转动横拉杆，在轮胎外表面纵向中心线处测量前束值（用图中的 B 减去 A）。

③ 在拧紧横拉杆紧固螺母时，左右接头的相互夹角不大于4°，在最大转角时，横拉杆接头的摆动角应有余量。

三、前桥常见故障诊断

前桥结构简单，故障较少，主要故障一般包括轴头发热、制动鼓发热、轻踩制动时前轮发摆、转向沉重、前制动鼓甩油、前轮轮胎磨损不正常、前轮制动跑偏、制动不灵等。

（1）轴头发热　轴头发热一般发生在修理保养之后，是由装配轮毂时，轴承预压过紧使轴承配合过紧所致的。轮毂轴承损坏或点蚀不仅会发热而且会有噪声。轮毂轴承缺油也会造成轴头发热的故障。

（2）制动鼓发热　制动鼓发热的主要原因是制动气室膜片不回位或回位太缓慢。制动蹄片与制动鼓没有间隙，显然会造成制动鼓发热。此时除检查调整间隙外还应检查气室膜片不回位的问题，制动气室膜片不回位除检查气路故障外，还应检查制动凸轮轴是否发卡。

制动蹄回位弹簧断裂或弹力不足也会造成制动鼓发热。要指出的是：斯太尔汽车制动鼓与轮胎钢圈之间的间隙较小，而且国产制动鼓的制造精度较低，制动鼓外圈上导风槽较浅，散热效果较差，因此在长距离下坡行驶时，应使用发动机排气制动减速而尽量少使用行车制动，以避免制动鼓过热。

（3）轻踩制动时前轮发摆　部分斯太尔汽车在全负荷制动时，前桥工作正常，但在轻踩制动时前轮发摆。这主要是制动鼓圆度误差超差所致的，当两前轮在部分负荷制动时，由于制动力小，两前轮产生制动效果不同步，时而左刹、时而右刹，从而造成前轮摆动，此时应将制动鼓拆卸检查并进行光削修理。轮胎钢圈变形有时也会产生这种故障。

（4）转向沉重　转向沉重的原因有两个：一方面是前桥转向系统机械部分造成的；另一方面是转向液压动力系统的故障。由于机械部分造成转向沉重的主要原因是转向节主销缺油。长期不保养，不向转向节主销内加注润滑脂造成主销与衬套干摩擦，不仅增加转向阻力，使转向沉重，而且严重时会造成主销与衬套烧结。因此要求在保养中向转向节主销中加润滑脂，一般先将前桥工字梁顶起，用黄油枪向安装在凸轮轴座上的黄油嘴注油，直到工字梁与销孔上、下平面挤出油为止。

（5）前制动鼓甩油　前制动鼓向外甩油显然是轮毂油封损坏所致。轮毂油封漏油不仅造成甩油，而且使前轮制动失灵，只有更换新油封才能排除故障。

（6）前轮轮胎磨损不正常　前轮轮胎磨损不正常的因素较为复杂，前束值不正确显然会使前轮轮胎磨损，钢圈变形、轴头松旷、工字梁变形、主销间隙过大等都会造成前轮轮胎磨损的故障。排除此故障是一项复杂的工作，既要考虑到前轮定位各项参数的变化，又要考虑其他方面因素的影响。

（7）前轮制动跑偏　前轮制动跑偏有两个方面的因素：一方面是左、右制动蹄片间隙不同，使开始投入制动的时间不同步造成的；另一方面左、右制动蹄片与制动鼓接触面积不同或由于油污造成接触摩擦力矩的差异，从而产生不同的制动力矩导致制动跑偏。因此当汽车制动跑偏，通过调整制动蹄片间隙不能排除时，就应拆卸制动鼓进行检查和光磨。

（8）制动不灵　制动不灵，除制动控制系统的原因之外，就是制动鼓与制动蹄片的问题。在实际维修中，往往用制动鼓与制动蹄片接触面积来检查制动效果，一般要求制动蹄片与制动鼓接触面积应在70％以上。实践经验告诉我们，制动蹄片两端接触要比中间接触效果好得多。所以，在光磨蹄片时，其直径应略大于制动鼓的直径，以保证制动蹄片接触两端，以便获得最佳的制动效果。

四、前桥的使用与维护

（1）前桥的使用　前桥在使用中应注意不要超负载运行，以免过载而损坏。

（2）前桥的维护　前桥应按规定的行驶里程进行检查与维护。维护时应拆卸轮毂检查轮毂轴承并加润滑脂；同时应检查转向节主销与衬套的配合，如发现烧结或间隙过大则应解体修理或更换。在对转向节主销衬套进行铰削时，一定要注意同轴度。

第六节　转向系统的维修

一、动力转向系统结构

1. 组成

重型汽车绝大部分采用液压动力转向系统。按照助力介质的工作状态，动力转向系统可分常流式与常压式两种。常流式动力转向系统的助力介质总是处于循环流动状态，是一种动态液压系统；常压式则不同，它是靠蓄能器的静态液压进行助力的。按照助力机构的组成，动力转向系统又可分整体式与分置式两种类型。所谓"整体式"即是助力机构（分配阀）、执行机构（油缸）和转向机制成一体；"分置式"则上述机构是各自分开的。

斯太尔系列重型载货汽车采用德国 ZF 公司的液压动力转向系统，是整体式液压常流式动力转向系统。它的转向机采用循环球螺母式，因此又称为"循环球螺母整体式动力转向系统"，如图 5-28 所示。其动力转向系统由两部分组成：转向机械部分和转向助力部分。转向机械部分由转向盘、转向机、转向拐臂、转向横直拉杆和转向节等组成。转向助力系统由动

图 5-28　斯太尔系列重型载货汽车动力转向系统

1—转向助力泵；2—转向机；3—转向储油罐；4—转向储油罐滤芯

力源（包括助力油泵、安全阀、流量控制阀）、操纵装置（包括安置在转向机内的方向控制阀、定心装置）、执行机构（安置在转向机内的油缸）和辅助装置（包括储油罐、滤清器和管线等）四部分组成。

2. 转向助力泵

转向助力泵为转向助力提供力源。斯太尔系列重型载货汽车配套 ZF7672 等三种型号转向叶片泵。转向助力泵安装在发动机正时齿轮壳上，由凸轮轴正时齿轮带动助力泵驱动齿轮旋转。

转子叶片泵的结构如图 5-29 所示，它主要由泵壳 1、转子轴 15、叶片 13 和转子 14 以及转子外圈 16 组成。为了确保转子油泵的输出端排量基本稳定（不随转速变化而变化）以及限定输出压力的最大值，在泵的输入端还安装有流量控制阀 3 和安全阀 4。

转子泵安装在发动机正时齿轮壳上，由凸轮轴齿轮带动泵驱动齿轮旋转。

图 5-29　转子叶片泵结构

1—泵壳；2—弹簧；3—流量控制阀；4—安全阀；5—端盖卡簧；6—端盖；7—分油盘；8—定位销；
9—滚针轴承；10—轴承；11—轴承卡簧；12—油封；13—转子叶片；14—转子；15—转子轴；
16—转子外圈；A—进油口（低压）；B—出油口（高压）；C—前油腔；D—后油腔

3. 转向机

斯太尔系列重型载货汽车采用整体式动力转向机构，转向助力油缸、分配阀与转向机装配成一体。转向机工作原理完全一样，结构大同小异，只是输出转矩和体积大小不同。

如图 5-30 所示，转向机主要由壳体 1、转向螺杆 3、循环球式转向螺母 100、带直齿的活塞、转向轴 30、上盖 128 和侧盖 40 等组成。

二、转向系统的检查与调整

转向机的拆装修理必须在规定的清洁条件下，必须要有一定修理技能的人员，具备一定的工具和设备才能完成。因此，不允许不具备条件的单位进行拆装和修理。但是下面的工作却是用户以及修理部门必须进行的工作。

图 5-30 转向机结构

1—转向机壳；2—防尘罩；3—转向螺杆；5、41—转向轴轴承；5.1—轴承隔圈；6—密封挡圈；6.1、52、53、54、121、123—密封圈；
10—铭牌；11—螺钉；13—放油螺塞；30—转向轴；31—齿轮调整螺栓；32、56—垫圈；33、130—卡簧；35—转向轴螺母；
36—锁片；37—转向拐臂；40—转向机侧盖；43—侧盖密封圈；44—轴承挡圈；50—调整螺栓锁紧螺母；
51、94、95、97、98—密封环；55—限位阀；57、146—锁紧螺母；70—护罩；96—路感阀；99—滑阀固定螺钉；
100—转向螺母；101—循环钢球；102、103—活塞密封环；109—活塞组件；112、124—止推片；
113—平面轴承；115—护罩螺钉；116—导管护罩；117—循环球导管；118、139—螺纹盖；
120—上盖密封圈；128—上盖；129—油封；138—锁紧片；143—平面轴承；
143.1、144—锥轴承；145—轴承外圈；147—锁紧环；148—偏摆杆

1. 检查油量、加油与放气

在储油罐上安装有油尺，当发动机不工作时，要求油量加至油尺的上限刻度，当发动机以中速稳定旋转时，储油罐的油量以高于上限刻度1～2cm为正常。

当动力转向系统缺油时，可直接向储油罐中补充新油至上述标准。

当系统更换油或严重缺油时，在系统中存在空气的情况下，补充新油的同时要进行放气。首先用千斤顶将汽车前桥顶起，启动发动机在低速稳定转速下运转，随着向储油罐逐渐加注新油的同时，慢慢地转动转向盘从一侧极限位置转至另一侧极限位置，反复进行，直至储油罐回油没有空气排出为止，将油补充至上述标准。

检查助力系统是否有空气的方法：在发动机不工作时，将油加至油尺上刻线位置，然后启动发动机并以中速旋转，观察油罐液面高出上刻线如果大于2cm，说明系统内还存有空气。助力系统存有空气时，转向助力系统在工作时还会产生噪声。

2. 转向助力油泵的检查

转向助力泵通过测量泵压来检查泵的好坏。

如图 5-31 所示，将泵至转向机的管路接头 B 拆开，在其间串接一个量程 15MPa 的压力表 C 和开关 D。首先将开关 D 全开，启动发动机并稳定在低转速运转，逐渐关闭开关 D，注意观察压力表读数，直至将开关全部关闭，如果压力表指示（13±1.3)MPa，则泵是正常的。如果泵压达不到规定值，则说明泵的流量控制阀、安全阀产生故障或泵损坏。泵压的检查应注意开关 D 要逐渐关闭，同时关闭时间不能过长。检查过程中发动机要稳定低速状态下工作。

图 5-31　测量泵压
A—油管；B—油管接头；C—压力表；D—开关

3. 转向限位阀的检查与调整

首先将前轮分别向左、向右转至极限位置，检查和调整前轮转向角使其符合要求。启动发动机并使其在低速稳定运转，然后将前轮落地以增加转向阻力，向左转动方向。注意观察压力表读数。如图 5-32 所示，当转向轮极限位置调整螺钉距前桥限位凸块 3mm 处，表压明显下降说明左极限位置限位阀 B 此刻开启卸荷；如若此刻表压读数仍不下降或过早下降都说明需要调整。调整方法是：将限位阀锁紧螺母松开，表压过早下降则需将调整螺栓向外拧出；然后用 3mm 厚的钢板置于转向极限位置调整螺钉和工字梁限位凸台之间，将转向盘打到底，使螺钉与凸台将钢板夹紧，此时压力表读数将持续升高，拧入限位阀调整螺栓直到压力表指示值突然降低为止，将调整螺栓锁紧螺母锁紧。

另一侧的限位阀调整方法相同。

如果方向转至极限位置，表压不仅不下降，而且持续上升，则说明转向节已到极限位置，而限位阀还没有打开。此时只需将调整螺栓向里拧入，直到压力表指示值突然降低为止，将锁紧螺母锁紧。

4. 转向机密封性的检查

在转向限位阀调整完毕之后，将前桥用千斤顶顶起使车轮离开地面，在转向限位螺钉与

图 5-32　检查与调整转向限位阀
A—右极限位置限位阀；B—左极限位置限位阀

前桥转向限位凸块之间放置一块约 15mm 厚的钢板，使发动机保持低速稳定运转状态，将前轮转至极限位置，观察压力表读数是否达到（13±1.3）MPa，如压力低于规定数值说明转向机内部泄漏，必须检查修理。注意该项检查左、右两个方向都必须进行。

5. **转向盘自由行程的检查与调整**

将压力表更换成量程 1MPa 的表头，使发动机保持低速稳定运转，将车轮转至直线行驶位置，此时测出的系统无负荷循环压力约 0.5MPa。然后向一侧慢慢转动转向盘直到表压上升 0.1MPa，测量转向盘的这一侧游动量应小于 20mm。再测量另一侧转向盘游动量同样应小于 20mm，两侧相加转向盘总自由行程应小于 40mm。转向盘自由行程主要取决于转向机活塞齿与转向轴扇形齿间的间隙。因扇形齿轮是制成锥形结构的，因此调整转向轴的轴向位置即可调整转向盘自由行程。在转向机侧端盖上有一调整螺杆，向里旋进该螺杆可将自由行程调小，调整结束应将锁紧螺母锁紧。转向横、直拉杆接头如果间隙过大，会影响转向盘自由行程，检查时应注意。

三、转向系统常见故障诊断

转向系统与前桥的常见故障诊断与排除如表 5-8 所示。

表 5-8　转向系统与前桥的常见故障诊断与排除

故障现象	故障原因	故障诊断与排除
转向沉重	①转向系统：	
	润滑油平面过低	添加润滑油到规定的平面高度
	润滑油变质或油中有杂质	更换润滑油
	转向连接点磨损(球头销等)	更换球头销
	②动力转向系统有故障：	
	由于管道凹陷使润滑油流动阻力过大	测量背压，如果超过规定值，修理或更换管道
	由于液压泵不起作用使油压过低	测量油压和分流量，如果低于规定值，分解和修理液压泵
	液压管路中有空气	排气和添加润滑油

故 障 现 象	故 障 原 因	故障诊断与排除
转向沉重	滑阀不起作用	分解和修理滑阀
	动力油缸磨损或损伤,活塞O形密封圈磨损或损伤	分解和修理
	转向机壳内油泄漏过大	分解和修理转向器壳体
	③前桥:	
	前轮定位调整不当(后倾过量)	检查和调整前轮定位
	主销与衬套的间隙过小	检查和调整间隙
	推力轴承装反	校正装配
	前桥部件缺乏润滑	前桥添加润滑脂
	球头连接过紧或过松	检查、调整和润滑球头销
	轮胎气压过低	补充到规定压力
	轮胎过多磨损	更换轮胎
	机械转向器内部调整不当	重新调整
	机械转向器内无润滑油	添加润滑油至规定液面高度
	前桥负荷过重	按规定装载
转向盘抖动	①转向系统:	
	转向机壳螺栓或转向支承松旷	按规定力矩拧紧
	转向连接点松旷	校正连接点
	转向机间隙过大	调整间隙
	②前桥:	
	轮辋、轮辐和车轮不平稳或磨损	平衡所有部件,如果必要更换故障部件
	前轮轴承磨损	更换轴承
	主销和衬套磨损过大	校正或更换有故障部件
	转向节变形	更换转向节
	前轮定位不适当	检查和调整前轮定位
	前钢板弹簧疲劳,U形螺栓松或中心螺栓损坏	更换有故障部件
	车轮或制动鼓失衡	更换
转向盘回正失灵	①转向系统:	
	齿轮啮合困难	调整齿轮啮合
	②动力转向系统:	
	动力活塞接触不当	校正或更换动力活塞
	反馈弹簧疲劳	更换弹簧
	滑阀不起作用	检查滑阀和壳体的直径,如果必要,更换滑阀或壳体
	③前桥:	
	主销的后倾角过大	检查和调整前轮定位
行驶方向跑偏	前轮定位调整不正确	检查和调整前轮定位
	前钢板弹簧左或右有疲劳和损伤	更换有故障的弹簧
	前桥弯曲	校正或更换前桥
	制动发涩	按制动章节相应措施处理
	前轮毂轴承螺母松动	按规定力矩拧紧
	轮胎气压不相等	补充到规定的压力
	使用了不同尺寸的轮胎	更换轮胎,用正确的一种
轮胎非正常磨损	①前桥:	
	前轮定位不正确	检查和调整前轮定位
	轮毂轴承磨损或破碎,轴承螺母松动	更换轴承或按规定拧紧螺母
	球头销、主销和衬套过松或过紧	校正,如果必要更换有故障部件
	前桥的车轮定位未校准	调整车轮定位
	②轮胎:	
	轮胎气压不正确	补充到规定气压

故障现象	故障原因	故障诊断与排除
轮胎非正常磨损	轮胎和车轮不同心	更换轮胎或车轮总成
	③其他：	
	由于车辆突然起步或紧急制动造成的故障	改正驾驶方式
	超载	按规定的容量装载
动力转向油罐上有油溢出	滤网或油滤芯堵塞	清洁滤网或更换滤芯
	管路中有空气	添加油并排气

四、动力转向系统使用与维护

采用整体式液压动力转向系统的重型载货汽车，在使用与保养中应注意如下几点：

① 助力泵采用转子叶片泵，转子叶片泵的最大优点就是体积小、效率高，然而与其他泵相比，叶片泵最大的弱点就是低压腔的吸油能力较低，因此，储油罐中的助力油滤清器并没有安装在泵的吸油端，而是安装在转向机的回油端。换句话说，转向助力系统采用的是回油滤清方式。这种滤清器仅起一个系统净化的作用，即系统的机械磨料经滤清器过滤使助力油总保持纯净。如果储油罐里掉进脏物或机械杂质，很快就会直接被吸入助力泵，造成助力泵的早期磨损或拉伤。因此保持储油罐内的油液清洁是至关重要的。这就要求在更换或补充助力油时，应注意首先将储油罐外部擦干净，而且应在无尘的场地进行作业，特别要注意不要将脏物掉进储油罐。事实证明，助力泵以及转向机磨损、拉伤、损坏的主要原因就是油脏。

② 动力转向系统是高度精密的液压系统，因此在使用中应注意经常进行检查和调整，发生故障应及时处理。否则造成机件的磨损与损坏后，有时将会是不能修复的，往往因为一个很小的精密配合零件的损坏而造成整个部件的报废。

③ 动力转向系统使用的传动油切记不可以将不同品牌的油长期混装，以免油液变质，影响动力转向系统的正常工作。

第七节 驱动桥的维修

一、驱动桥的结构

1. 后驱动桥

载货汽车后驱动桥是中央一级减速再加轮边行星齿轮减速式驱动桥。图 5-33 所示为后驱动桥中央减速器的结构。由传动轴传递来的动力通过驱动法兰 1 传递给主动齿轮轴 5，再经过从动齿轮 20 传递给差速器。差速器由十字轴 19、四个行星齿轮 18 和两个半轴齿轮 17、23 以及两半壳 15、21 组成。连接螺栓将两半壳 15 和 21 连接成为一体，因此在差速器壳旋转时，十字架同时旋转，行星齿轮产生公转，同时带动左、右半轴齿轮 17 和 23 旋转，从而由左、右两半轴将动力传递给左、右车轮，使汽车顺利地直线行驶。当汽车拐弯时，由于内侧车轮应比外侧车轮转动慢，这时行星齿轮不仅公转，而且绕十字轴产生自转，从而使两半轴齿轮实现差速旋转，保证了汽车顺利转弯行驶。

中央减速器的主、从动齿轮在加工时也是配对研磨的，因此组装时必须配对装配，更换

图 5-33　后驱动桥中央减速器结构图

1—驱动法兰；2—油封；3—主动齿轮外轴承；4—主动齿轮壳；5—主动齿轮轴；6—主动齿轮内轴承；

7—调整垫片；8—主减速器壳；9—差速器右轴承；10—差速器右轴承调整花螺母；11—右半轴；

12—桥壳；13—从动齿轮垫圈；14—差速器轴承盖；15—差速器右半壳；16—右半轴

齿轮止推垫片；17—右半轴齿轮；18—行星齿轮及球形垫圈；19—十字轴；

20—从动齿轮；21—差速器左半壳；22—左半轴齿轮止推垫片；

23—左半轴齿轮；24—差速器左轴承；25、26—差速锁啮合套；

27—左半轴；28—差速器轴承调整花螺母；29—调整垫圈

齿轮时也应成对更换。为了保证齿轮的啮合间隙和齿面的合理啮合，在装配时应计算和调整垫片的厚度，选择合适的垫片安装。

后驱动桥采用轮边行星减速机构，如图 5-34 所示，用以提高速比、减小中央主减速器的尺寸，从而加大了底盘的离地间隙，提高了汽车的通过性。

2. 驱动双联桥

驱动双联桥的外形如图 5-35 所示。

驱动双联桥是由中桥和后桥组成的，传动轴将动力输入中桥，中桥设置有桥间差速器，桥间差速器把动力分别传递给中桥和后桥。后桥与后驱动桥没有任何区别，它也是由中央一级减速加行星齿轮轮边减速器组成的。行星齿轮轮边减速器配合装用不同齿数的中央主、从动圆锥齿轮可以形成多种速比以供选用。

图 5-34　轮边减速器结构

1—半轴；2—轴头端盖；3—行星齿轮轴；4—行星齿轮；5—齿圈；6—行星架轴头；7—齿圈轴套；

8—桥壳轴管；9—轮毂油封；10—油封轴套；11—轮毂内轴承；12—轮毂；

13—轮毂外轴承；14—轴头花螺母；15—太阳轮；16—半轴油封

图 5-35　驱动双联桥的外形

驱动双联桥的中桥是由中央传动机构和行星齿轮轮边减速机构组成的。中央传动减速机构除有一级中央减速传动外还有分配中、后桥传动转矩的过渡传动箱。

中桥的结构比较复杂，图5-36所示为驱动中桥中央传动机构的结构图。

图 5-36 驱动中桥中央传动机构结构图

1—输入驱动法兰；2—桥间差速锁；3—后桥驱动半轴齿轮；4—桥间差速锁拨叉；5—桥间差速锁指示灯开关；
6—桥间差速锁十字轴；7—行星齿轮；8—中桥驱动半轴齿轮；9—中桥传动轴套；10—主动圆柱齿轮；
11—贯通轴；12—锁紧螺母；13—右半轴；14—差速锁啮合套；15—桥壳；16—差速器右轴承；
17—差速器壳；18—右半轴齿轮；19—输出法兰；20—固定螺母；21—从动齿轮固定螺栓；
22—从动圆锥齿轮；23—差速器左轴承；24—轴承压盖；25—轴承轴向调整花螺母；
26—左半轴；27—主减速器壳；28—差速器壳连接螺栓；29—主动圆锥齿轮轴；
30—从动圆柱齿轮；31—过渡箱壳；32—主动齿轮轴承壳；33—主动齿轮轴承；
34—主动齿轮固定挡板；35—桥间差速器壳连接螺栓；36—盖板固定螺栓；
37—输入轴壳；38—输入轴；39—从动齿轮垫环

3. 转向驱动桥

全轮驱动的越野牵引车，其前桥具有转向和驱动双重功能。斯太尔系列的越野牵引车更是有别于其他车系。该车采用中央一级减速加轮边行星齿轮减速形式的驱动前桥。轮边行星减速比大，这样可以减小中央减速器体积，从而提高了汽车的离地间隙，增强了汽车的通过性。

驱动桥由三部分组成，中央减速传动机构、转向节和轮边行星减速机构。图5-37给出了转向节和轮边行星减速机构的结构图。

图5-38和图5-39所示为转向节和轮边减速器的分解图。

图 5-37　转向节及轮边减速器结构

1—太阳齿轮；2—短半轴；3—行星齿轮架盘；4—轮毂；5—齿圈；6—制动鼓；7—行星齿轮架；8—行星齿轮；9—行星齿轮轴；
10—齿圈轴套；11—轴头端盖；12—垫圈与卡簧；13—轴头开槽螺母；14—挡圈；15—转向节轴套；16—轮毂外轴承；17—轮毂
内轴承；18—轮毂油封；19—密封轴套；20—制动蹄架；21—制动凸轮轴；22—衬套；23—回位弹簧；24—密封圈与隔垫；
25—滚针轴承；26—短半轴油封；27—密封轴套密封圈；28—制动盘；29—转向节架；30—转向节上端盖；31—上衬套架；
32—转向节上衬套；33—转向节上主销；34—支承轴承；35—万向节；36—转向节下主销；37—平面推力轴承；
38—转向节下衬套；39—拐臂座；40—转向节下端盖；41—半轴油封；42—轴支承轴承；
43—长半轴；44—垫圈与定位卡簧；45—桥壳；46—转向节架卡瓦；47—拐臂

图 5-38　转向节分解图

1—转向节架和转向节架卡瓦；2—支架轴；3—转向节上端盖；4—拐臂；5—拐臂座；6—平面推力轴承；
7—转向节主销；8—上衬套架；9—半轴油封；10—半轴支承轴承；11—转向节衬套

图 5-39 轮边减速器分解图

1—轴头端盖；2—行星齿轮；3—半轴太阳齿轮；4—齿圈；5—齿圈轴套；6—轮毂；7—轮毂内轴承；

8—密封轴套；9—轮毂油封；10—半轴油封；11—转向节轴套；12—（自动防抱死）齿圈

二、主减速器齿轮接触痕迹的检查

① 用红丹等颜料涂在齿轮齿面上，往返旋转主、从动齿轮，以观察啮合痕迹，如图 5-40 所示；

② 图 5-40（a）表示正确的啮合痕迹；

③ 图 5-40（b）表示啮合痕迹偏于齿顶，需将主动齿轮壳与主减速器壳调整垫片厚度减薄；

④ 图 5-40（c）表示啮合痕迹偏于齿根，需将主动齿轮壳与主减速器壳调整垫片厚度增厚。

(a) 正确的啮合痕迹   (b) 啮合痕迹偏于齿顶   (c) 啮合痕迹偏于齿根

图 5-40 观察两齿轮齿面的啮合痕迹

三、驱动前桥常见故障诊断

1. 转向驱动前桥的常见故障诊断

转向驱动前桥的常见故障与排除方法见表 5-9。

2. 后驱动桥的常见故障诊断

（1）漏油 后驱动桥漏油有几个明显的部位：中央减速器漏油的部位常发生在输入轴处。这是由于输入轴（主动齿轮轴）油封损坏或磨损，或是油封弹簧松弛所致的。在维修

表 5-9　转向驱动前桥故障诊断与排除

故　障　现　象	故　障　位　置　或　原　因	排　除　方　法
转向沉重	助力系统	检查储油罐油面高度、储油罐中滤芯及各阀门工作性能,检查油路中是否有空气
	转向节与主销	在上、下主销轴加入润滑脂,维修时注意上、下主销衬套应保持同心度
	前束调整不当	调整前束
传动部分漏油	短半轴油封漏油	更换
	轮毂油封漏油	
前桥异响	轴承烧蚀	更换
	主、被动齿轮齿面接触位置不正确	主、被动齿轮是配对加工研磨的,更换中央减速齿轮时必须成对更换
轴头发热	轮毂轴承预紧度过大	按规定力矩拧紧
制动发热	制动蹄片与制动毂间隙过小	调整间隙
	制动分室不回位或回位慢	检查气路故障和制动凸轮轴
	制动蹄片回位弹簧折断	更换

时应注意,如果是油封外圈处向外漏油,则说明是油封外圈与外壳配合松旷。在重新装配时应将油封外圈及外壳油封座孔清洗干净,在油封外圈处涂抹密封胶将油封打入油封座孔。如果油封完好无损,但仍然漏油严重,则应检查桥壳的通气装置。如果通气口被油污堵塞,汽车运行中,由于齿轮轴承摩擦产生的热量使桥壳内空气压力增加,从而迫使润滑油向外排泄。

轮毂甩油主要应检查三个部位,轮毂与行星架轴头 O 形密封圈、轮毂油封座与桥壳轴管间的 O 形密封圈和轮毂油封,一般来说轮毂油封漏油的可能性较大。

 维修提示

◆在重新安装轮毂油封时应注意:轮毂有两个尺寸完全相同但材质不同的油封,一般应将有黄色标记,或有刻记的油封装在里侧,而将另外一个油封装在外侧。如果油封外圈与轮毂油封座孔配合松旷时,可在油封外圈涂抹密封胶。

如果是轴头端盖向外漏油,说明端盖与行星轮架接触面不密封,端盖与行星轮架端面是无垫连接的,拆卸后应将端盖与行星轮架端面清理干净,然后涂抹密封胶重新装配;涂胶时应在连接表面涂抹不间断的胶条。

如果经常发现桥壳的通风孔向外排油,而轮边减速器经常缺油,主要是半轴油封方向装反或者损坏所致,应重新装配或更换油封。

轴头甩油往往使制动蹄片和制动鼓上沾有油痕,造成制动不灵,应予排除。

(2)轮毂发热　轮毂发热一般是轮毂轴承调整过紧所致。这一般发生在保养中没有按照规定要求拧紧轴头花螺母,轴头花螺母拧紧力矩过大使轴承的顶紧力过大的情况下,应当按规定要求重新装配轮毂。轮毂轴承变形、损坏也会造成轮载过热,应予更换。

(3)驱动桥中央传动异响　汽车行驶中如果突然发生后桥异响,则应立即停车进行检查。因为这种异响往往是机件损坏造成的。

差速器支承轴承散架、轴承严重点蚀或磨损、被动齿轮固定螺栓松动或脱落、差速锁啮合套松动以及传动齿轮或差速器齿轮打齿等都会造成严重异响。

发生齿轮磨损持续的响声,一般随车速的提高响声增大。这是由于轴承的点蚀、传动齿轮磨损或齿面划伤、点蚀造生的。如果正常行驶时没有明显的声音，而在抬起加速踏板汽车减速时反而噪声明显，这是由于传动齿轮的齿面磨损、点蚀造成的。

汽车在直线行驶时没有明显的噪声，而在拐弯时产生的声音明显，显然是差速器齿轮损伤或烧损，或是差速锁啮合套松旷窜动所致，应进行调整或更换损坏零件。

维修提示

◆如果在更换新的主、从动齿轮后还产生持续的噪声，而且随车速的提高噪声增大，就应检查主、从动齿轮啮合间隙和齿面接触痕迹是否合格，特别应注意主、从动齿轮是否是配套装配。

◆桥壳变形也会产生后桥异响，在检查时应予注意。

发现后桥异响，不要再强行行驶，应立即进行拆检。因为轴承的散架、固定螺栓的松动、齿轮的损伤若不及时修理或更换可能会造成更严重的后果。

（4）差速锁挂不上　当需要挂合差速锁时，按下差速锁开关，挂合指示灯并不点亮。应首先检查在按下开关时，差速锁工作缸活塞推杆是否动作。当发现工作缸推杆虽然伸出，但仍挂不到位，说明啮合套齿顶和齿轮对顶而没有啮合到位，可将汽车前后活动一下，自然就会挂合；如果工作缸没有任何反响，显然是电磁阀的电或气控制系统的问题，可将电磁阀输出气接头松开，观察有无压缩空气输出。如查没有，显然是电磁阀的电路控制或是电磁阀本身的问题；如果有压缩空气输出，则显然是工作缸本身的问题。

如果在按下差速锁开关后，工作缸推杆明显将差速锁挂合到位，然而开关内指示灯不点亮，显然问题在差速锁指示灯开关或灯泡上，应用试验灯进行排查、判断和排除。

（5）后轮胎异常磨损　后轮胎异常磨损有几种可能：轮胎钢圈变形、轮毂轴承松旷以及后桥错位都会造成磨轮胎的现象。

3. 驱动双联桥常见故障诊断

驱动双联桥是传动系统中较为复杂的总成，它的常见故障如下：

（1）桥间差速器烧损　造成桥间差速器烧损的主要原因有两个：一是缺油；二是中桥与后桥速比不对。

中桥主减速器与过渡传动箱采用飞溅润滑，而桥间差速器的位置又最高，因此桥间差速器的润滑条件较差，稍一缺油就会对桥间差速器产生直接影响。新车加油或在更换齿轮油时，新油必须由桥间差速器壳上的加油口加注，待油面到中桥过渡箱检查口为止。

在维修时，单独更换中桥或者后桥主、从动圆锥齿轮时没有注意原车速比，使中桥或后桥所更换的主、从动圆锥齿轮速比与原车的不同，这将造成中桥与后桥速比的差异，从而导致在行驶时桥间差速器的高差速转动，加上差速器本身润滑条件较差，很快会将差速器烧损。

维修提示

◆在更换主、从动圆锥齿轮时，必须注意与原车的主、从动圆锥齿轮齿数相同。

（2）驱动桥异响　在发现驱动桥异响时，应首先判断是中桥异响还是后桥异响。然后再判断异响的基本部位。特别是突然产生的明显异响应特别注意，须立即进行检查。

◆检查异响的部位可以用千斤顶将中桥（或后桥）全部顶起，启动发动机并挂低速挡，使被顶起的桥缓慢转动，观察异响的部位。

中桥异响主要有以下原因：

① 从动圆锥齿轮固定螺栓松动或断裂。由于装配从动圆锥齿轮时，连接螺栓没有涂胶，力矩又不够，致使行驶一段时间后螺栓松动，甚至完全脱落。这种异响往往是突然的、无规律的而且响声较大。这时不能再继续行驶，必须及时进行拆检。

在维修更换从动圆锥齿轮时，必须在连接螺栓螺纹部位涂抹螺纹防松胶并按规定力矩拧紧。

② 齿轮损坏。汽车运行中由于种种原因造成齿轮部分打坏，这种异响也是突然产生的，而且十分明显，应当立即拆检。

③ 轴承散架。中桥有7个轴承，轴承散架后的异响也比较明显，应先确诊异响的部位，然后进行拆检。

◆特别应注意的是轮间差速器两个圆锥滚柱轴承是比较容易损坏的部位。

④ 差速锁啮合套窜动。轮间差速锁啮合套花螺母松旷使啮合套窜动，会产生两啮合套碰撞的声音。桥间差速锁销窜动也会产生敲击的声音。这种异响也是没有规律的机械碰击的声音。

⑤ 差速器齿轮烧损。轮间差速器和桥间差速器行星齿轮与半轴齿轮烧蚀或是牙齿损坏，都会产生明显的噪声。

以上由于机件损坏产生的噪声是突然的，异响比较明显，遇有这种异响应立即进行拆卸，不能再继续行驶，否则将会造成更严重的后果。

⑥ 持续的噪声。持续的噪声随负荷和运转速度的增大而增大。这种异响往往是由于轴承点蚀、齿轮磨损、拉伤、齿轮间隙过小或者过大、圆锥齿轮齿面接触部位偏差等所致的，这种异响严重时也应及时检修，否则将会使响声扩大，甚至造成事故。

当更换圆锥主、从动齿轮之后产生这种异响，说明齿轮间隙或是安装调整垫片厚度不正确，使两齿面没有接触在合适位置。主、从动圆锥齿轮是配对研磨的，因此若更换的不是一对配套轮，就会产生这种异响而且无法排除。

在修理拆卸主、从动圆锥齿轮时，应将调整垫片保存好，在重新组装时必须将原垫片装复。否则由于调整垫片的偏差也会造成主、从动齿轮啮合的噪声。

⑦ 汽车在正常行驶时没有异响，而一旦减速抬起加速踏板时反而有"嗡嗡"的噪声。这一般都是由于齿轮的齿背面拉伤或点蚀所造成的。这种响声轻微时可继续使用，严重时应拆检。

⑧ 齿轮间隙过大，各花键轴、孔松旷急加速或起步时会产生"嘎噔"的响声而且明显有松旷的感觉。

（3）中桥发热　中桥发热可能会有两个原因：润滑油不足；轴承预紧力过大。

由于缺油，机件得不到润滑，会使机件发热。差速器支承轴承、主动齿轮轴支承轴承在预紧力过大时也会产生过热现象，后者应通过调整垫片厚度来解决。

（4）中桥漏油　中桥漏油的故障除了油封本身的问题之外还有其他因素，比如桥壳或过渡箱通气孔堵塞。通气孔堵塞后，机件转动产生的热量使空气膨胀产生压力，迫使润滑油从油封处压挤出来。

 维修提示

◆油封外圈和座孔松旷产生漏油往往不被注意。解决的方法是安装油封前需将油封外圈与座孔擦干净，在油封外圈涂抹圆柱固持胶，再将油封打入。

（5）轮胎异常磨损　轮胎异常磨损的因素很多。例如钢圈变形、轴头轴承松旷、双排轮胎的气压相差较大。但驱动双联桥轮胎异常磨损还有一个重要因素，就是桥错位。

驱动双联桥的平衡轴衬套磨损松旷、平衡悬架推力杆橡胶支承损坏、平衡推力杆支座与桥壳开焊等都会造成桥错位，导致轮胎的异常磨损。

第八节　行驶系统的维修

汽车行驶系统主要包括车架、悬架和车轮。

悬架的功用主要是缓和与衰减地面对车辆所引起的冲击和振动，它对于车辆的主要使用性能，如行驶的平顺性、操作的稳定性、车辆的通过性、燃油的经济性等均有较大的影响。我国引进的斯太尔系列重型汽车悬架的种类较多，但常见车型多采用普通悬架，由前悬架和后悬架两部分组成。

一、前、后悬架结构

（1）前悬架结构　前悬架主要由前钢板弹簧、筒式减振器、横向稳定器组成，如图 5-41 所示。

（2）后悬架结构　后悬架主要由钢板弹簧、支承轴、推力杆和限位装置等组成。后悬架结构依车辆驱动形式不同而有所不同。

对于 4×2 驱动形式的车辆，其后钢板弹簧采用抛物线主、副簧式常规结构，主簧 9 片，副簧 5 片。当汽车装载较轻时，由主钢板弹簧单独承载而副钢板弹簧不参加承载；当重载或满载时，车架受载相对车桥下移，车架上支座与副簧接触，主、副簧共同承载。对于 6×4、6×6 驱动形式的车辆，后悬架采用传统的平衡式悬架，如图 5-42 所示。其中，后桥装于一平衡杆（钢板弹簧）的两端，这样可以使中后桥的所有车轮均与地面始终保持良好的接触。

二、行驶系统的检查

（1）钢板弹簧的检查

① 斯太尔系列重型汽车每运行 5000km 需进行一次一级保养，在保养时应检查钢板弹簧叶片是否断裂或错开，钢板夹子是否松开，弹簧在钢板座上的位置是否正确。

② 缓冲块是否损坏。缓冲块用以限制钢板的最大变形，并有一定程度的缓冲作用。

图 5-41 前悬架

1—前钢板弹簧前支架；2、3、6、7、11、13、21、22、54、55、56、57—螺栓；4、8、14、23、30、33、59—自锁螺母；
5—前钢板弹簧后支架；9—盆形横梁；10—支板；12、20、29、34、58—垫圈；15—吊耳衬套；16—钢板吊耳；17—弹
簧销轴；24—黄油嘴；27—前钢板弹簧压板；28—骑马螺栓；31—限位块；32—紧固件；35—弹簧座；36—定位销；
37—黄油嘴保护帽；38—前钢板；39—缓冲块支架；48—弹簧盖板；50、51、52—盆形支架底座部件

图 5-42 平衡式悬架

1—平衡轴总成；2—连接座；3、4、14、16、58—螺栓；5、15、24—螺母；6—平衡轴壳；7—轴承油封盖；8、9、17—密封圈；
10—轴密封环；11—间隔衬；12—定位垫圈；13—轴承压板；18—壳盖；19、28、31、32、34、47、49、52、20、23、39、
42—垫圈；21—螺钉；22—后簧骑马螺栓；25—骑马螺栓座；26—钢板弹簧定位销；27—钢板弹簧座；
29、55—推力轴承；30、33—推力杆；35、38、48、50、53—螺母；36—锥形轴套；37—缓冲块；40—限位钢绳；
41、43—钢丝绳固定销；44—滑轨；45、46—平衡板；51—缓冲块支架；54—连接销；56—推力杆支架；
57—挡板；59—后钢板弹簧；60—连接板；61—右下推力杆支架；62、65—钢板弹簧座定位销；63—U形夹；
64—后桥限位块总成；66—缓冲块支架

③ 使用中如发现缓冲块损坏，应及时更换，否则会造成钢板弹簧叶片的早期损坏。

④ 检查 U 形螺栓、螺母和钢板支架，吊耳固定是否松动。如果松动应及时进行更换。

⑤ 每次一级保养还要向钢板销上润滑油嘴注入三号锂基脂，保证销和套的润滑良好。

U 形螺栓、螺母的紧度有一定要求，过紧会导致螺栓的塑性变形，产生断裂；过松易使螺母松动和钢板弹簧叶片互相错开。

U 形螺栓、螺母的拧紧力矩如下：

前钢板弹簧 U 形螺栓螺母的拧紧力矩为 260N·m。

单后桥钢板弹簧 U 形螺栓螺母的拧紧力矩为 470N·m。

中后桥钢板弹簧 U 形螺栓螺母的拧紧力矩为 490N·m。

（2）平衡悬架装置的检查

① 经常检查平衡悬架轴支架和车架连接情况，如果有松动及时拧紧；检查钢板弹簧 U 形螺母有无松动，松动应拧紧。

② 每次一级保养均应检查平衡悬架轴轴承座内的润滑油情况，不足的应予添加；每次二级保养均应检查平衡轴承的紧固情况。

③ 每次一级保养检查推力杆球头的紧固情况，如松动应紧固。

④ 每次二级保养应拆卸推力杆球头并进行润滑，对损坏的衬垫应更换、修理。

⑤ 推力杆变形、球头磨损应及时更换，防止由于推力杆损坏造成中、后桥移动。

⑥ 对经常超载运行的车辆，应增加检查次数，特别是检查平衡轴承的紧固情况，对损坏的油封应及时更换，不能向平衡轴承座内添加润滑脂。

（3）减振器使用、保养注意事项　斯太尔系列重型汽车减振器装在前轮左右两侧，为液力双作用筒式减振器。通过减振器的拉伸和压缩，液体分别经复原阀和压缩阀及相应的节流系产生阻尼力，从而使车辆的振动迅速衰减。

① 非必要情况下不要拆卸、更换阀门零件。

② 一般情况只更换油封即可，如果更换零件，最好更换新油。

③ 更换减振器中心杆时应更换油封。

④ 减振器应加入专用减振液，也可以用 50％的汽轮机油和 50％的变压器油兑制，或者用 13 号锭子油（机械油）代替。

减振器失效或损坏，将影响车辆行驶的平顺性，缩短机件的使用寿命，应加强检查和保养。

 维修提示

减振器的检查保养应注意以下几点：

◆车辆在较坏路面上行驶一段距离后，停下车，用手摸减振器，如果不热，表明减振器没有阻力，不起减振作用；如果一高一低，相差较大，说明温度低的阻力小、缺油或机件损坏，应拆卸修理。

◆如果车辆在行驶中发现不正常的连续振动，应停车检查是否有漏油痕迹，如漏油应修理并加油。

◆每次二级保养检查减振器工作情况的方法为：将减振器直立，下端连接环卡于台虎钳上，用力拉减振器几次，此时应有稳定阻力，往上拉的阻力应大于向下压的阻力；如果阻力不稳或无阻力，即说明减振器出现故障，应拆检。

（4）钢板弹簧拆卸和装配的注意事项　为了延长钢板弹簧的使用寿命，钢板弹簧在拆卸和装配时应注意以下几点：

① 钢板弹簧在装配时应将表面锈蚀除净，在各片中间涂上石墨钙基脂。这种润滑脂能保证钢板弹簧各片之间的平滑性，提高耐压性。

② 如果钢板弹簧中心螺栓断裂需自己加工其中心螺栓时，中心螺栓的直径应不小于钢板中心孔直径1.5mm。如果中心螺栓的直径偏小，中心螺栓就有可能被钢板弹簧切断。

③ 钢板卡子的固定铆钉如果有松动，应重新铆好，卡子的宽度应适当，与钢板两侧应有0.7～1.0mm的间隙。卡子套管和钢板弹簧顶面距离应为1～2mm，以保证钢板弹簧的自由伸张。目前不少工厂生产的钢板卡子已去掉套管改为焊接，和钢板顶面的距离也应为1～2mm。

④ 钢板弹簧装配后，各片之间紧密相连，允许邻接两片不大于总接触长度的1/4，即不大于1.5mm的间隙。总接触长度过小，钢板弹簧叶片有折断的危险。

⑤ 前钢板弹簧装车时，钢板第一、二片的卷耳和钢板支架的配合间隙不得大于1mm，间隙过大可加装垫圈进行调整。间隙过大时，侧摆差冲击大，钢板卷耳处易折断。

⑥ 钢板弹簧的U形螺栓应均匀交叉按规定力矩拧紧，紧固以后螺栓应露出螺纹3扣以上，如果螺纹不露出螺母，螺母有滑扣的可能。

三、轮胎的使用

（1）轮胎的拆装和调整

① 轮胎必须装配在车型规定的轮辋上，否则不仅拆装困难，而且影响汽车行驶的稳定性，还会降低轮胎的使用性能和缩短其使用寿命。

② 后轮双胎并装时应尽量选用同厂、同规格、同层级、同花纹的轮胎。普通结构胎和子午线结构轮胎不可搭配使用。

③ 部分车型装用的是有方向的花纹轮胎（如人字形花纹）。安装时应使轮胎的旋转方向标志与车辆行驶方向相一致，并且在使用中左右车轮不得换位。

④ 换装新胎时应尽量做到同车或同轴同换。前轮更换时应尽量装用新胎。汽车制造厂装车时，前轮一般都进行过动平衡，所以在轮胎换位时要保证前轮的不平衡量不超过规定值。如果前轮的不平衡量过大，容易出现明显的汽车摆头现象。

⑤ 拆装轮胎时应尽量使用专用工具或器械（如撬棒、胎圈脱卸器、轮胎拆装机等）。

（2）轮胎的使用　轮胎在使用时应注意以下几个方面：

① 高速行驶时应注意轮胎温度的升高。斜交胎的高速性能低于子午线轮胎，可在高速行驶中停歇数次以降低轮胎的温度。

② 装防滑链时必须对称装用。

③ 要定时检查轮胎气压，保证内胎气压正常，特别是左右转向轮气压相差不可太大。

④ 经常检查轮胎螺母拧紧力矩。

⑤ 车上装载货物时应分布均匀，轮胎不得超负荷使用。

⑥ 子午线轮胎的胎侧较薄，易于受机械损伤和变形，在有石块、尖锐物的地面上行驶时应注意。发现胎侧顺线裂口应及时修补，如裂口扩展到胎体帘线层时应停止使用。子午线轮胎的侧向稳定性较差，在汽车转向时，或在路面左右倾斜的坡道上行驶时要注意，装载重心高的汽车更应特别注意。

四、车轮与轮胎的维护

（1）轮毂轴承润滑脂的更换

① 拆下车轮和轮毂，取出油封和内轴承，将轮毂和轴颈上的润滑脂刮去，用油布擦干净。彻底清洗滚锥轴承，用压缩空气吹净。

② 将滚锥轴承填满润滑脂，并在轮毂腔内涂上一层润滑脂防锈，装回内轴承和油封。

③ 润滑后按轮毂分解的相反顺序装复并进行调整，然后装上车轮。由于轮胎螺栓的螺纹方向（左侧反时针拧紧，右侧正时针拧紧），所以左右轮毂切不可装错。

（2）轮毂轴承的调整　前后轮毂的调整方法与技术要求相同，调整方法如下：

① 将轮毂轴承装回转向节轴上，套上外轴承，然后一边转动车轮一边用轮毂扳手旋紧调整螺母，使其紧到当停止旋转动力后车轮能立即停止转动为止，再把调整螺母退回 $1/8 \sim 1/2$ 圈，使轮毂既能转动自如又无轴向间隙为宜。

② 调好后将锁止垫圈、锁片装复，拧紧固定螺母（或插上开口销）并用锁片锁牢，最后装回轴承盖或半轴凸缘。

③ 经过调整的轮毂轴承，在途中检查时，用手抚摸轮毂不应有烫手感觉。

（3）轮胎的拆卸与装复　拧下气门芯，放出内胎中的气，把气门嘴推入外胎内（指轮辋未开槽的），用撬棒插入锁圈的槽口处，用锤子敲打锁圈槽口的对面，同时撬动或用两根撬棒接替逐渐将锁圈取出，取下压环。使轮辐的凸起朝下，放在垫木上，使轮胎自行脱出，或用轮胎拆卸器拆下外胎，取出衬胎和内胎。

装复时要注意以下几方面：

① 将内、外胎和衬胎擦干净，并涂滑石粉于外胎的内侧。同时还要擦净轮辋上的锈蚀，最好涂上石墨粉。

② 检查胎侧，如有"△""○""□""×"等部位，则表示较轻部位。内胎嘴应安装在此处，以保证轮胎在转动时的不平衡度。

③ 把内胎放入外胎中，将内胎稍微充气以免折皱，将气门嘴穿过衬带孔，装合衬带。

④ 将已装好的内胎、外胎套入轮辋，使气门嘴正直地伸入轮辋孔，装好气门芯，然后用撬棒及锤子安装压环和锁圈。

（4）轮胎的充气

① 充气时，为防止压环、锁圈弹出造成事故，可事先用铁杆穿过轮辋孔两边挡住压环和锁圈。

② 将充气管插入气门嘴上进行充气，在充气时可用锤子轻敲锁圈和压环四周紧外胎，使压环服帖。

③ 充气不可过量，隔一段时间用气压表检查一下，直到达到规定的气压标准为止。充气完毕后，应检查气门嘴有无漏气。

（5）安装轮胎时的注意事项

① 人字花纹轮胎应按图 5-43 安装，胎侧上有旋转方向的轮胎应按规定方向安装，如图 5-43 箭头所示。

② 气门嘴应与制动鼓间隙检视孔错开，以便检查蹄片间隙。

图 5-43　人字花纹轮胎的安装

③ 双胎并装时，高低压胎或大、小花纹轮胎均不得混装。为保证轮胎旋转时的平衡，气门嘴应对称排列（互为180°），轮辐孔应对正，以便于检查内侧轮胎气压和充气。

（6）轮胎换位　为了使轮胎磨损均匀，延长轮胎的使用寿命，应该按规定的里程进行换位，轮胎的换位方法如图 5-44 所示。

轮胎换位时应注意：

① 标有旋转方向的轮胎如换位后不符合规定，须将外胎拆下重装。

② 换位后应按前后轮的充气标准重新调整气压。

图 5-44　轮胎换位图

第九节　制动系统的维修

一、制动系统的功用

制动系统是汽车上用以使外界（主要是路面）在汽车某些部分（主要是车轮）施加一定的力，从而对其进行一定程度的强制制动的一系列专门装置。制动系统的功用如下：

① 按照需要使汽车减速或在最短距离内停车。

② 下坡行驶时限制车速。

③ 使汽车可靠地停放在原地，保持不动。

二、制动系统的分类与组成

1. 分类

（1）行车制动系统　用于使行驶中的车辆减速或停车，制动器安装在全部的车轮上，通常由驾驶员用脚操纵。包括制动器（左右前轮制动器、后轮制动器）、真空助力器、制动管路、制动总泵、制动液罐和踏板。

（2）驻车制动系统　用于停驶的汽车驻留原地，通常由驾驶员用手操纵。包括驻车操纵机构总成、制动拉索、驻车制动器等。

（3）ABS 系统　包括 ABS 制动压力调节器、车轮转速传感器和 ABS 控制单元（ECU）等。

2. 组成

斯太尔系列重型汽车采用双回路制动的主制动系统、弹簧储能放气驻车制动（兼应急制动系统）以及排气制动的辅助制动系统。制动系统如图 5-45 及图 5-46 所示。

图 5-45　斯太尔 4×2 型汽车制动系统图

1—气泵；2—防冻泵；3—调压阀；4—气水分离器；5—自动排污阀；6—四回路保护阀；7—前制动储气筒；8—后桥制动储气筒；9—驻车制动储气筒；10—单流阀；11—双针气压表；12—主制动阀；14—前制动气室；15—载荷调整阀；18—后桥组合式制动气室；20—主制动继动阀；21—驻车制动阀；22—双管路挂车制动继动阀；23—单管路挂车制动继动阀；37—熄火器开关阀；38—熄火工作缸；39—断油工作缸；49—双管路挂车充气接头；50—双管路挂车制动接头；51—挂车制动、充气接头；52—检测接头

图 5-46　斯太尔 6×4、6×6 型汽车制动系统图

1—气泵；2—防冻泵；3—调压阀；4—气水分离器；5—自动排污阀；6—四回路保护阀；7—前制动储气筒；8—中、后桥制动储气筒；9—驻车制动储气筒；10—单流阀；11—双针气压表；12—主制动阀；14—前制动气室；15—载荷调整阀；16—主制动继动阀；17—中桥组合式制动气室；18—后桥组合式制动气室；19—闸阀；20—应急制动阀；21—驻车制动阀；22—双管路挂车制动继动阀；23—单管路挂车制动继动阀；37—熄火器开关阀；38—熄火工作缸；39—断油工作缸、充气接头；49—双管路挂车充气接头；50—双管路挂车制动接头；51—单管路挂车接头；52—检测接口

为了更清晰地表示制动气路系统的关系，图 5-47 给出了制动气路流程方框图。

图 5-47 制动气路流程方框图

所谓"双回路"主制动系统即是将前桥与（中）后桥分成既相互关联又相互独立的两个回路，当其中任一回路出现故障时，不影响另一回路的正常工作，以确保制动的可靠。

以斯太尔 6×4 型载货汽车制动系统为例简要说明：见图 5-47，空气压缩机①压缩的空气经过空气干燥器②通向四回路保护阀③，从而使全车气路分成既相互关联又相互独立的四个回路：前桥制动回路、（中）后桥制动回路、驻车制动回路及辅助用气回路。

图 5-48 所示为典型的双管路拖车制动系统。

图 5-48 典型双管路拖车制动系统气路图

49、50—管路接头；53—拖车制动释放阀；54—手动载荷调节阀；55—拖车储气筒；

56—拖车制动阀；57—挂车制动分室

三、制动系统故障诊断

1. 气源部分故障

（1）制动系统充气速度慢或完全不充气　这一故障主要是由于空气压缩机进、排气阀封闭不严或烧损所致的，拆检更换进、排气阀即可排除。

（2）干燥器不能反冲排气　干燥器不能反冲排气的故障一般在调压阀，应对调压阀进行拆检。干燥器排气阀常出现漏气是由于排气阀密封件损坏，或是在阀与阀座之间存有异物，使其封闭不严。

（3）四回路某一回路不充气　斯太尔汽车四回路保护阀把全车分成前桥制动回路、（中）后桥制动回路、驻车制动回路和辅助用气回路。在实际运行中，往往发生某一回路不充气，遇有这种故障时应对四回路阀进行拆检，如果阀卡死则清理后重新装配即可排除，如果阀损坏则应用修理包更换损坏的部件。

2. 主制动回路故障

（1）踩下制动踏板时，主制动阀从排气口处漏气　如果踩下制动踏板时，主制动阀从排气口漏气，故障主要在主制动阀本身。如图 5-49 所示，应首先检查上腔与下腔进气口 j 和 g 与活塞 c 和 f 的接触面上有无异物，密封件有无破损，如果活塞与进气阀接触封闭不严，就会产生制动时漏气的现象；其次应检查进气阀杆 e 与中腔活塞 f 之间的密封圈是否磨损和破损，下腔进气口 g 的阀杆与壳体之间密封圈是否磨损和损坏，因为这些密封圈损坏都会造成漏气故障；另外应检查主制动阀中腔活塞 f 的两个 O 形密封圈是否磨损和损坏，因为这两个密封圈破损同样会造成漏气故障。

图 5-49　主制动阀

a—顶杆；b—橡胶弹簧；c—活塞；d—排气口；e—阀杆；f—活塞；g—进气口；h—排气口；j—进气口；11、12—接口；21、22—接口；3—排气；A—上腔；B—中腔；C—下腔；D—小孔

（2）不踩制动踏板时，主制动阀漏气　如果在制动解除之后，主制动阀从排气口 3 处向外漏气，一般是上腔或下腔进气口 j、g 和排气口 h 密封件破损，或是在阀与阀座之间存有异物，导致主制动阀漏气。进气阀杆与壳体之间密封圈破损也会产生漏气。

（3）解除制动后，制动气室膜片不回位或回位太慢　如果发现全车制动"发咬"，制动气室膜片都不回位，那么很显然是制动踏板与主制动阀连接杠杆连接过"紧"，使制动踏板没有自由行程，主制动阀总处于打开的位置，因此全车制动回路总有一定的制动气压存在。虽然该气压不高，但使车辆总处于制动状态，气室推杆总以一定的力迫使制动蹄片贴在制动鼓上，从而产生"发咬"的现象，这种故障往往发生在更换或安装主制动阀时。因此，在安装主制动阀，连接制动拉杆与主制动阀拐臂时一定应注意，安装后，连接拉杆后端应与主制动阀拐臂连接销存有一定的自由间隙，这一间隙可通过调整拉杆长度来实现。换句话说，安装主制动阀后应保证制动踏板有一定的自由行程。

制动解除后，前轮"发咬"，待行驶一段距离"发咬"现象才会消失。换句话说，前制动气室膜片回位太缓慢。这一般是由于主制动阀下腔放气不畅造成的。主制动阀下腔进气口 g 密封件与中腔活塞 f 之间有油污和脏物堵塞，上行回不到位（活塞卡住）都会产生这一故障。前制动回路管路部分被油泥堵塞、前气室弹簧失效也会产生这一故障。

如果是单边"发咬"，很可能是制动机械部分的问题。例如制动凸轮轴锈蚀、制动凸轮轴弯曲变形等都会产生制动后"发咬"的故障。制动蹄回位弹簧断裂或弹力太小显然也会产生此故障。

制动解除后，（中）后桥制动"发咬"，随汽车行驶一段后制动都能完全解除。这种故障原因较多，如主制动阀上腔回气不畅、继动阀回气不畅、制动管路部分堵塞等。主制动阀回气不畅主要是进气口 j 与活塞 c 之间被油污脏物堵塞，或是活塞 c 在制动解除后回不到位，使排气口 d 形成节流，造成放气缓慢。继动阀放气不畅也是这种原因。

如果（中）后桥仅是个别车轮制动"发咬"，则很可能是该部位机械部分的故障，如制动蹄片回位弹簧折断、制动凸轮轴与衬套锈蚀、凸轮轴弯曲变形、桥壳变形、制动气室回位弹簧失效，产生了制动后"发咬"故障。如果是某个车轮突然"发咬"，很可能是制动蹄片脱落或者破碎。

如果（中）后桥车轮持续"发咬"，显然问题出在驻车制动系统上。驻车制动阀漏气或者是（中）后桥某一弹簧储能制动气室漏气，都会造成（中）后桥全部车轮持续"发咬"的故障。应急制动继动阀漏气也会产生上述故障。

（4）前轮制动效果差，经检查前轮制动气室制动气压偏低　这一般是由于主制动阀上腔与中腔的控制气孔 D 被油泥或脏物堵塞而使压缩空气节流，使前轮制动的活塞 f 中腔 B 气压降低所致，此时应对主制动阀拆检清洗。

3. 驻车制动与应急制动回路故障

（1）驻车制动阀漏气　当驻车制动阀置于"驻车制动"位置时，驻车制动阀从排气口 3 持续漏气，一般是阀的进气阀与阀座封闭不严，或是阀与阀座之间存在异物，或是进气阀密封件损坏所致。

在驻车制动时，驻车制动阀漏气不会产生其他故障。

然而当把驻车制动阀手柄置于"行驶"位置时，驻车制动阀漏气，将会产生汽车行驶时（中）后桥车轮"发咬"的故障。这是由于驻车制动阀的阀杆与气阀的接触封闭不严所致的。造成该排气口封闭不严的原因，可能是密封件的损坏，或是由于阀杆与气阀之间有异物或油污的隔开而造成排气口封闭不严。拆检清洗或更换进气阀密封件，故障就可排除。

（2）弹簧储能气室漏气　弹簧储能气室活塞密封圈损坏、拉伤，气室气缸拉伤等，都会造成气室漏气。因（中）后桥车轮的各弹簧储能制动气室都是气路连通的，因此只要有一个气室漏气，就会造成各个气室气压的降低，因此导致行驶时（中）后桥车轮"发咬"的结果。遇有这种故障，则需将漏气的制动气室拆检修理。拆卸和安装弹簧储能制动气室时，必须在压床上进行，以确保安全。

（3）驻车制动继动阀漏气　当汽车在驻车制动工况时，继动阀漏气，对汽车不会造成故障。漏气的原因是继动阀的进气阀密封件损伤或进气阀与阀座之间有异物或杂质，使阀门封闭不严。

当汽车处于行驶状态时，继动阀从排气口持续漏气，原因是排气阀与活塞封闭不严，此时会使弹簧储能制动气室的气压不足，导致行车制动"发咬"的故障。

4. 挂车制动系统的故障

（1）挂车储气筒不充气　遇有挂车储气筒不充气的故障，首先应检查主车至挂车的充气管路有没有气。如果充气管路没有气（可用按下充气管接头的单向阀来检查），说明故障在挂车制动控制阀（安装在主车上）上；如果充气管路有气，主车与挂车连接接头也没有问题，说明故障在挂车制动阀（安装在挂车上）上，需分别对其进行拆检。

（2）挂车没有制动　当主车踩制动踏板时，挂车没有制动。遇到这种故障应首先检查：当主车踩制动踏板时，挂车制动控制管路有没有气压（可以用手按下挂车制动控制管路接头的单向阀，然后踩制动踏板，观察是否出气）。如果没有气压输出，则说明故障在主车上安装的挂车制动控制阀上；如果有气压输出时，则说明问题在挂车上安装的制动阀上，应分别对其进行拆检修理。

（3）挂车制动"发咬"　在正常行驶时，挂车车轮"发咬"、制动鼓发热，一般是由于充气管路或接头漏气，挂车制动阀自动产生制动造成的，应对充气管路与接头进行检查。

（4）主车制动阀或挂车制动阀漏气　与上述阀件相同，这类故障都是由于阀内的进气口、排气口的密封件损坏，或是由于阀与阀座之间有异物或污物造成封闭不严所致的。

制动系统是较为复杂的系统，因此一个故障往往并不是由一个原因引起的，而是由几种原因产生的"综合征"。因此在分析判断时可能要远比我们上述分析复杂得多，但只要我们了解系统的结构与工作原理，掌握科学的分析方法，再加上一定的实践经验，相信故障会被迅速查清并排除。

5. 常见故障的诊断

制动系统常见故障诊断与排除方法可参照表 5-10 所示实施。

表 5-10　常见故障判断与排除

故障现象	故障原因	故障排除
制动效能差	制动蹄片和制动鼓间隙过大	调整间隙
	摩擦片老化、破裂、脱落	更换
	制动蹄片上有油污	擦拭干净
	制动蹄片脱落	更换制动摩擦片时采用 $\phi 10\text{mm} \times 22\text{mm}$ 铜铆钉铆接
制动单边	左右车轮制动摩擦片材质不一	采用材质相同的摩擦片
	左右车轮摩擦片和制动鼓间隙不一样	调整间隙
	摩擦片有油污，摩擦片硬化，铆钉外露	擦拭干净
	制动气室推杆弯曲变形,膜片破裂、各车轮的制动蹄回位弹簧弹力相差太大	更换膜片或回位弹簧
	制动鼓失圆	镗销制动鼓

故 障 现 象	故 障 原 因	故 障 排 除
制动拖滞	制动分室推杆伸出过长或弯曲被卡死,制动蹄回位弹簧折断或太软	调整或更换
	制动摩擦片和制动鼓的间隙太小	调整蹄片间隙
	前制动蹄支承销锈死	拆卸前轮制动蹄,打磨蹄销轴、铜套,并加入少量锂基润滑脂
制动无力、制动鼓发烫	道路的影响	多采用发动机排气制动来达到减速的目的
	驾驶操作不当	均衡地使用制动器
	制动器间隙过小	调整制动器间隙
	制动鼓变形	镗削制动鼓
	制动蹄回位弹簧松软、断裂	更换回位弹簧
	前制动蹄锈死	拆卸前轮制动蹄,打磨蹄销轴、铜套,并加入少量锂基润滑脂
制动"发咬"	制动踏板无自由行程	检查气路或调整主制动阀拉杆
	制动凸轮轴烧死、卡住,回位阻力大,制动回位弹簧太软、折断	更换
	制动蹄和制动鼓间隙太小	调整间隙
	前制动蹄锈死	打磨蹄销轴、铜套,并加入少量锂基润滑脂
制动噪声	制动蹄轴弯曲变形	更换制动蹄
	蹄片磨损严重,铜铆钉头露出蹄表面	更换新制动摩擦片
	制动摩擦片的摩擦材料不好或摩擦片烧损后表面过硬	用酒精擦洗蹄片表面油污,用粗砂纸打磨
	制动蹄片铆钉松动	更换铆钉,注意铆合质量
	制动鼓内表面磨损不均匀,圆柱度过大	在专用车床上车削制动鼓

四、气压 ABS 系统的检修

1. 气压 ABS 系统的组成

气压 ABS 系统的组成如图 5-50 所示,我国目前大部分载货汽车如东风天锦、东风天龙、北方奔驰、斯太尔等均采用德国威伯科（Wabco）公司设计的气压 ABS 系统。

图 5-50　气压 ABS 系统的组成

气压 ABS 系统是在常规气压制动系统的基础上，增设一个电子控制系统，该系统主要由轮速传感器、制动压力调节器、ABS 电控单元（ECU）、ABS 指示灯等装置组成，其组成及控制电路如图 5-51 所示。

图 5-51　气压 ABS 系统组成及控制电路（东风 DF1120 型载货汽车 4S4M 电路）

2. 气压 ABS 系统工作情况是否正常的判断

气压 ABS 系统工作是否正常可通过观察 ABS 指示灯指示情况或采用紧急制动方法来判断。

（1）观察 ABS 指示灯的判断　当点火开关处于"ON"挡时，ABS 指示灯点亮 3s 后熄灭，说明 ABS 系统正常。当点火开关处于"ON"挡时，如果 ABS 指示灯一直点亮，可启动汽车，若车速大于 7km/h 时 ABS 指示灯灭，说明 ABS 系统也正常；若车速大于 7km/h 时 ABS 指示灯仍不熄灭，说明 ABS 系统有故障。

在第一次启动车辆或系统经过诊断后，ABS 指示灯要等到车速大于 7km/h 才熄灭（若系统无故障）。从第二次接通点火开关后，ABS 指示灯在车辆静止状态下点亮 3s 后熄灭。

（2）采用紧急制动方法的判断　在宽阔平坦的道路上，在车速大于 40km/h 的情况下，实施紧急制动，然后观察制动痕迹。如果无制动拖痕说明 ABS 起作用，如所有车轮有拖痕或某一车轮有拖痕，同时 ABS 指示灯常亮，说明 ABS 系统不起作用或某一车轮的 ABS 不起作用。出现这种情况，应对车辆的 ABS 系统进行诊断和维修。

3. 气压 ABS 系统工作原理与控制电路

（1）气压 ABS 系统工作原理　在常规制动时，ABS 系统一般不投入工作，但是 ABS 电子控制系统随时都在监测轮速传感器信号，判定是否进入防抱死制动状态。在车辆紧急制动时，当任意一个车轮趋于抱死时，制动压力调节器就会根据 ABS ECU 的控制指令，通过调节该车轮制动气室的制动压力"保持（保压）""降低（降压）"或"升高（升压）"来达到防抱死制动的目的。

（2）气压 ABS 系统控制电路　图 5-52 所示为欧曼 6ETX（380）载货汽车气压 ABS 系统控制电路。

欧曼 6ETX（380）载货汽车气压 ABS 系统控制电路工作原理如表 5-11 所示。

图 5-52　欧曼 6ETX（380）载货汽车气压 ABS 系统控制电路

表 5-11　欧曼 6ETX（380）载货汽车气压 ABS 系统控制电路工作原理

控制电路		电路工作原理
ABS 电控单元 ECU 电源电路		电源开关接通时的电源电路为蓄电池正极→电源开关→熔断器 FL7→熔断器 S2→黑/黄色导线→ABS ECU 接线端子 a8→ABS ECU
		点火开关接通后，IG 继电器工作，其触点闭合，ABS 电控单元 ECU 接收点火开关信号。
		点火开关信号电路为蓄电池正极→电源开关→熔断器 FL1→IG 继电器触点（闭合）→熔断器 S3→红/白导线→ABS ECU 接线端子 a7→ABS ECU
		ABS 电控单元 ECU 的搭铁电路为 ABS ECU 的 a4、a9 端子→白/黑色导线→搭铁→蓄电池负极
传感器电路	左前轮速传感器电路	传感器有 2 个接线端子分别与 ABS ECU 的 b12、b15 端子连接
	左后轮速传感器电路	传感器有 2 个接线端子分别与 ABS ECU 的 b11、b14 端子连接
	右前轮速传感器电路	传感器有 2 个接线端子分别与 ABS ECU 的 b10、b13 端子连接
	右后轮速传感器电路	传感器有 2 个接线端子分别与 ABS ECU 的 b17、b18 端子连接
	制动信号电路	制动信号通过 ABS ECU 的 a14 端子与 ABS ECU 连接
	ABS 诊断开关电路	ABS ECU 的 a13 端子→ABS 诊断开关的接线端子 3→ABS 诊断开关→ABS 诊断开关的接线端子 1→搭铁
	ASR 开关电路	ABS ECU 的 a6 端子→ASR 开关的接线端子 3→ASR 开关→ASR 开关的接线端子 1→搭铁
执行器电路	左前轮制动压力调节器电路	制动压力调节器有 3 个接线端子，其中 1 个通过黄/绿色导线搭铁，另外 2 个通过棕色导线和蓝色导线分别与 ABS ECU 的 b3、b6 端子连接
	左后轮制动压力调节器电路	制动压力调节器有 3 个接线端子，其中 1 个通过黄/绿色导线搭铁，另外 2 个通过棕色导线和蓝色导线分别与 ABS ECU 的 b2、b5 端子连接
	右前轮制动压力调节器电路	制动压力调节器有 3 个接线端子，其中 1 个通过黄/绿色导线搭铁，另外 2 个通过棕色导线和蓝色导线分别与 ABS ECU 的 b1、b4 端子连接
	右后轮制动压力调节器电路	制动压力调节器有 3 个接线端子，其中 1 个通过黄/绿色导线搭铁，另外 2 个通过棕色导线和蓝色导线分别与 ABS ECU 的 b8、b9 端子连接
	ASR 电磁阀电路	ASR 电磁阀有 2 个接线端子，通过棕色导线和黑色导线分别与 ABS ECU 的 b16、b7 端子连接
CAN 通信总线		ABS ECU 的 a1、a3 端子外接 CAN 通信接口
诊断接口		ABS ECU 的 a10、a11 端子外接故障诊断接口
故障指示灯		ABS ECU 的 a15 端子通过黑/灰色导线与仪表（a16 端子）内故障指示灯连接

4. 气压 ABS 系统故障的基本检查

气压 ABS 系统的故障大致可分为以下四种情况：

①紧急制动时，车轮被抱死；②制动效果不良；③ABS 指示灯亮起；④气压 ABS 系统出现不正常现象。

应根据发生故障时的具体情况进行系统的基本检查。

① 先按常规制动系统检修的方法全面检查。如制动管路有无漏损、各管道的接头是否密封良好，是否有受损和腐蚀等现象。

② 对气压 ABS 系统部件的外观进行检查，如导线的接头和插接器有无松脱等。

③ 气压 ABS 系统的电子控制系统故障多出现于线束插接器或导线头松脱、车轮转速传感器不良等。检查轮速传感器头与齿圈间隙是否符合要求、轮速传感器头与齿圈是否脏污或损坏。

④ 遇制动不良故障时，应先区分是气压 ABS 系统机械部分（制动器、制动阀、制动管路等）不良还是 ABS 电子控制系统的故障。检查方法是：拆下 ABS 继电器线束插接器或 ABS 制动压力调节器线束插接器，使 ABS 制动压力调节器电磁阀不能通电工作，让汽车以普通制动器工作方式制动，如果制动不良故障消失，则说明是 ABS 电子控制系统有故障，否则，为 ABS 机械部分的故障。

⑤ 在保证安全的前提下，驾驶车辆进行路试，对车辆可做短时间的加速和制动。如没有故障出现，可将车速提高到 50km/h 左右进行制动，以检验气压 ABS 系统的工作情况；可也模拟可能出现故障的情况，来证实气压 ABS 系统故障自诊断所储存的故障。

5. 气压 ABS 系统故障诊断方法

对于气压 ABS 系统的故障有多种诊断方法，如诊断仪诊断、PC 诊断、便携式诊断仪和闪码诊断。诊断仪和 PC 诊断较适合整车生产厂家的下线检测和较有实力的服务站在维修时判断故障。下面介绍气压 ABS 系统故障诊断仪的诊断方法。

（1）诊断仪的连接

① 将诊断仪通过专用导线与故障汽车的 ABS 诊断接口连接。

② 打开点火开关处于"ON"挡，诊断仪显示屏显示"ABS"时，表明诊断仪与气压 ABS 系统连接成功，可进行故障诊断操作。

（2）故障诊断

① 在诊断仪与 ABS 系统连接成功后，可按照显示屏上的操作提示进行操作，来读取气压 ABS 系统的故障代码。

② 根据故障代码的含义，对相应部件进行检查维修。

（3）清除故障代码　将故障排除后，故障代码仍储存在 ECU 的存储器中，并不能随故障的排除而自动消除。因此，排除故障之后，应将故障代码清除。可按诊断仪的提示进行故障代码的清除。

第六章

电气设备的维修

第一节　蓄电池的维修

一、蓄电池的结构

蓄电池（俗称"电瓶"）是汽车上的两个电源之一，在汽车上与发电机并联，共同向用电设备供电，如图 6-1 所示。

图 6-1　蓄电池与发电机并联

重型货车上使用的蓄电池为普通铅酸蓄电池，采用两组蓄电池串联而成（每组由六个单元格串联而成，每个单元格 2V 共 12V），输出电压为 24V。

蓄电池由多个单格电池组成，每个单格电池由正负极板、隔板、电解液和壳体等组成，解剖的蓄电池实物如图 6-2 所示，构造图如图 6-3 所示。蓄电池壳体一般分为 3 格、6 格或 12 格等，每格均填充电解液，正负极板浸入电解液中成为单格电池。每个单格电池的标准电压为 2.06V，因此，3 个单格电池串联在一起成为 6V 蓄电池，6 个单格电池串联在一起成为 12V 蓄电池。

图 6-2　解剖的蓄电池

图 6-3　蓄电池构造

二、蓄电池的检查

（1）清洁、检查蓄电池外部

① 取下蓄电池座架防尘罩，检查蓄电池的固定情况，固定框架应无松动现象。

② 蓄电池盖和封胶应无开裂、损坏，极柱应无烧损，壳体应无泄漏，否则应将蓄电池从车上拆下予以修复或更换。

③ 检查电线夹头是否松动，否则应拧紧。

④ 堵塞加液盖上的通气孔，拧紧加液孔盖，用温水刷洗蓄电池外部的灰尘泥污，然后用碱水擦净蓄电池上部和极柱、夹头，必要时将夹头拆下清洁极柱。

 维修提示

◆擦干蓄电池外部，疏通加液盖通气孔，拧紧加液孔盖，极柱和夹头应涂一薄层工业凡士林或润滑脂。

（2）检查电解液液面高度

① 用内径 4～6mm，长约 150mm 的玻璃量管，垂直插入加液孔内，直到极板的边缘为止，然后用拇指压紧上管口，将量管取出，管中电解液柱的高度，即为蓄电池内电解液液面高出极板的高度，应为 10～15mm。

② 液面过低时，应补加蒸馏水，不准加入自来水、河水或稀硫酸。

（3）检查电解液密度

① 拧下单格电池的加液孔盖，用温度计测量电解液温度，记下当时的温度。

② 用密度计从加液孔吸出电解液至密度计内的浮子漂起时为止，观看读数时，应使浮子漂在玻璃管中央而不与管壁接触，并把密度计提至与眼睛视线平齐的位置，以免影响读数的准确性。在蓄电池大电流放电和添加蒸馏水后，不要马上测量密度，因为此时电解液还没有混合均匀，所测密度不准确。

③ 同一蓄电池各单格的电解液密度相差不应超过 $0.01g/cm^3$，如某一单格密度下降过大，则该单格内部可能有故障，应用高率放电计做进一步的检查。

三、蓄电池的充电

蓄电池的充电作业方法通常有恒压充电、恒流充电和脉冲快速充电三种，目前比较流行的充电方法是脉冲快速充电。蓄电池的充电作业根据使用情况，分初充电和补充充电两种工艺过程。

（1）蓄电池充电作业注意事项

① 严格遵守各种充电方法的操作规范。

② 充电过程中，要及时检查记录各单格电池电解液密度和端电压。在充电初期和中期，每 2h 检查记录一次即可，接近充电终了时，每 1h 检查记录一次。

③ 若发现个别单格电池的端电压和电解液密度上升比其他单格电池缓慢，甚至变化不明显时，应停止充电，及时查明原因。

④ 在充电过程中，必须随时测量各单格电池的温度，以免温度过高影响蓄电池的性能。当电解液温度上升到 40℃时，应立即将充电电流减半，减小充电电流后，如果电解液温度

仍继续升高，应该停止充电，待温度降低到35℃以下时，再继续充电。

⑤ 初充电作业应连续进行，不可长时间间断。

⑥ 充电时，应旋开出气孔盖，使产生的气体能顺利逸出，充电室要安装通风和防火设备，在充电过程中，严禁烟火，以免发生事故。

⑦ 就车充电时，一定要将蓄电池负极断开，否则充电机的高电压会将电控系统的电器元件损坏。

⑧ 如果蓄电池长时间未在行车中使用，如库存车蓄电池等，必须以小电流进行充电。

 维修提示

◆对过度放电的蓄电池（空载电压为11.6V或更低）进行充电，不可采用快速充电方法充电，这种蓄电池充电时间应为24h左右。

（2）蓄电池充电作业方法　目前较常用的充电机如图6-4所示。

① 在将蓄电池与充电机连接之前，应将蓄电池极柱和表面清理干净，将液面高度调整至正常水平。

② 按图6-5所示正确连接充电机和蓄电池。

③ 将充电机上的电压调节旋钮调至最小位置。

④ 打开交流电源开关。

⑤ 打开充电机上的电源开关，调节电压旋钮，观察电流表读数，直到电流表读数指示出所确定的电流值为止（按照充电规范，确定充电电流大小）。

⑥ 通过加液孔观察蓄电池的内部情况，用万用表测量蓄电池两端的电压，当有连续气泡冒出或连续3h电压不变时，应停止充电。

图6-4　充电机

图6-5　连接蓄电池与充电机

第二节　发电机的维修

一、交流发电机的结构

如图6-6所示，发电机采用内装晶体管集成电路电压调节式的自整流交流发电机，其功

图 6-6 交流发电机结构

定子

整流器

后端盖

电压调节器

风扇

V带轮

转子

前端盖

率可达 750W，该发电机是三相 12 极，其中除有六个整流二极管负责全波整流之外，还有三个功率较小的二极管专门负责磁场线圈励磁。

二、发电机的检查

1. 从车上拆下发电机

① 取下电源开关钥匙，切断励磁电路。

② 拆下交流发电机接线柱上的导线，将电枢接柱拆下的红色粗导线用绝缘布包扎好，以防搭铁。

③ 按顺序松开发电机固定螺栓和夹紧螺母，调整螺杆上的锁紧螺母，旋动调整螺栓，放松传动带，将传动带取下。

④ 卸下固定螺栓和夹紧螺栓，取下交流发电机。

2. 分解发电机

① 将发电机外部油污擦拭干净，拧下带盘固定螺母，取下带盘及半圆键。

② 拧下固定元件板用的接线柱上固定螺母，将元件板从电枢接柱上取下。

③ 用电铬铁烫脱正极管引线和电枢线圈线头的焊点，把元件板和整流器端盖分离。

④ 取下整流器端盖上电刷检视孔上的橡胶塞，用旋具将电刷从电刷架上拔出。

⑤ 拧下固定两端盖的三个贯通固定螺栓。

⑥ 用橡皮锤头轻击两端盖，使其从定子铁芯上松脱下来。若过紧，可用拉器先拆下传动带轮一侧的端盖。

⑦ 从整流器端盖上拆下转子。

⑧ 从整流器端盖上拆下定子，定子线圈的导线不能反复折弯，以防折断。

⑨ 拧下整流器端盖上电刷架盖固定螺钉，取下电刷架盖。

⑩ 拆下两电刷，拆下端盖轴承。

3. 转子的检查

转子是发电机的磁场部分，实际使用中在集电环和线圈常出现问题。

（1）检查线圈断路、短路　转子线圈正常的电阻值为 9Ω。用万用表或试灯检查时，将两表笔或试灯两触针分别与转子两集电环相触，若表针不动或试灯不亮，表明有断路故障；若电阻过小，在 6Ω 以下，则表明有匝间短路故障。

（2）检查线圈搭铁　用万用表或试灯检查时，将两表笔或试灯两触针分别与转子轴相触，若表针动或试灯亮，表明有搭铁故障。

（3）检查集电环　集电环表面如果不光滑或有烧损现象会影响发电机的正常工作。轻微烧损可用"00"号砂布打光；严重烧损、刮伤和失圆超过 0.03mm，必须在车床上精车，而不能用手工对集电环局部打光，否则集电环在运转中电刷会跳动，容易造成火花，加快集电环烧蚀。集电环允许最小直径为 31.5mm。

（4）检查爪极在轴上的固定情况　爪极在转子轴上应固定牢固，不能有松动，否则会影响转子线圈建立磁场。

4. 定子的检查

检查定子线圈，主要是外部察看导线是否折断，线头连接处是否脱焊，导线绝缘漆有无老化损伤，以及定子铁芯内圆周面有无刮擦痕。当外部检查没有问题时，应进一步检查定子线圈断路、短路和搭铁情况。

（1）检查定子线圈断路　用万用表检查，将两表笔分别连接每相绕组的起、末端点，若表针不动，表明该相断路。

（2）检查线圈相间短路　各相间是否短路，可用万用表或 80V 交流试灯检查。方法是：拆开星形连接点，将表笔接在两相引出线上，如表针摆动、试灯亮，表明该两相间短路。

（3）检查线圈搭铁　检查时，可先不分开星形连接点，若发现存在搭铁故障时，则必须分开星形连接点，分别检查各相，以确定哪一相搭铁。方法是：试灯的两触针分别连接线的一端和定子铁芯。

5. 二极管的检查

检查二极管的故障可使用万用表测量其电阻值来确定。测量前，应将二极管的引线与其他零件脱离，以便逐个对二极管进行检查。

（1）检查正极管　元件板上的 3 个二极管，其引线是二极管的阳极。测量时，用万用表的电阻挡。

将黑色表笔接二极管的引线，红表笔接二极管的外壳，所测的二极管正向电阻值应较小约 8～10Ω，然后两表笔换位，测二极管反向电阻应很大，在 10000Ω 以上。以上表明二极管良好。若出现正、反电阻均极小，则说明二极管已短路；若正、反电阻值均较大，则说明二极管内断路。正极管外壳有红色字。

（2）检查负极管　整流端盖上的三个二极管为负极管，其引线是二极管的阴极。测二极管正向电阻时，应将黑表笔接二极管外壳，红表笔接二极管的引线；测反向电阻值时，应将两表笔换位。负极管外壳印有黑色字。

（3）检查励磁二极管　3 个励磁二极管安装在一块绝缘板上，黑色外壳靠近白色、环形标记的一端为阴极，三个阴极焊接在一起。检查前应将它们烫脱。励磁二极管的检查方法与前相同。

6. 电刷及电刷架的检查

① 电刷长度应符合要求，当磨损到 14mm 时，应换新品。

② 电刷表面应无油污，并具有圆弧接触面，电刷在电刷架内应能上下自由活动。

③ 电刷弹簧弹力小于 2.94～3.92N 或折断时，应更换弹簧。

7. 轴承及绝缘垫的检查

① 轴承应转动灵活，且无明显的径向间隙，内外滚道和滚珠无麻点。

② 用锂基润滑脂润滑轴承。

③ 检查各绝缘垫片有无折裂、损坏。

8. 晶体管调节器的检查

晶体管电压调节器因内部元件用封胶密闭，故无须维护和调整，但在使用中应检查其技术状态。检查晶体管调节器应在电气试验台上进行，也可就车检查。方法如下：

① 在调节器的 DF（磁场）接柱和发电机 DF（磁场）接柱之间串入一个量程为 5A 的电流表，如图 6-7 所示。用来检查励磁电流与发电机转速之间的关系。

图 6-7　检查晶体管调节器接线

② 慢慢提高发电机转速，若电流表的读数始终为零，一般多为控制励磁回路的大功率晶体管断路，发电机在运行中将出现不充电现象。

③ 如果电流表的指针在低速时指示某一读数，当转速升高时，随转速的升高而增加，说明可能大功率晶体管短路，不能截止，或稳压管和小功率晶体管不起作用，发电机在运行中将出现发电机端电压过高、烧损灯泡、蓄电池过充现象。

维修提示

◆如果电流表的读数随转速的升高逐渐减小，则表示调节器技术状态良好。

三、发电机常见故障的诊断

1. 发电机常见故障的诊断

有的货车装用两种发电机：一种是有刷式发电机，另一种是无刷发电机。两种发电机工作原理完全相同，只是结构和励磁方式略有区别。

发电机常见故障有：

① 闭合钥匙开关后，充电指示灯不亮。当钥匙开关闭合后，在没有启动发动机前，充电指示灯应当点亮。闭合钥匙开关后，充电指示灯不亮说明发电机励磁回路断路。此时，可将发动机线束插接器 X56/3 拨开，用一根搭铁线与 X56/3 插头的一号插脚（浅蓝色线）连线，若此时充电指示灯不亮，说明故障在充电指示灯线路一侧。可检查充电指示灯 H2/3 本身和熔丝 F10 是否完好。如若此时充电指示灯点亮，说明故障在发电机励磁回路，应拆检发电机，对电压调节器和励磁线圈进行检查。有刷式发电机应对电刷与滑环的接触进行检查。发电机励磁线圈的电阻值应在 10Ω 左右。

维修提示

◆如果电压调节器内部开路、电刷与滑环接触不良、励磁线圈断路，都会引起这种故障。

② 发动机启动运转后充电指示灯常亮，发动机正常运转后，充电指示灯常亮，说明发电机不发电。此时可按下发电机 D＋端子的连线。如果充电指示灯熄灭，显然故障在发电机内部；如果指示灯仍然点亮，说明充电指示灯线路外部有搭铁现象。发电机内部一般是整流二极管短路或断路、定子线圈短路或断路产生的发电机不发电。整流二极管烧损的一个主要因素是蓄电池反接。

维修提示

◆在更换蓄电池时，应特别注意蓄电池的极性，不要将搭铁线与火线接错。

充电指示灯的外部线路搭铁时，即使是正常的发电机也不会发电。

③ 发动机在怠速时充电指示灯闪亮，高速时熄灭。此故障说明发电机工作不正常，发电量不足，遇到这样的故障，首先应检查发电机 V 带是否松弛，如果 V 带松紧度是合适的，那么故障在发电机内部，这种故障一般是发电机整流回路部分二极管损坏或三相线圈中的一相断路造成的。

④ 发动机在怠速运转时，充电指示灯熄灭，高速时闪亮。这一般是由于发电机转子与定子偏心，转子轴承松旷，使发电机在运转过程中出现"扫膛"现象。发电机在高速运转时定子与转子摩擦严重就会产生这种故障。

⑤ 发动机启动运转后，充电指示灯熄灭，但发动机转速表不工作。发动机的转速表实际上是一个频率表，它的信号取自发电机"W"接线柱上的一相火线，它测量和指示的实际上是发电机的频率，也就是转速。然后根据发电机与发动机 V 带轮的速比，在仪表盘上对应标刻出发动机的转速。

充电指示灯熄灭，说明发电机工作正常，故障一般在连接线路或仪表本身，特别注意插接件是否接触不良。用万用电表测量转速表的输入线（浅蓝、紫、黑三色线）中测得有 12V 电压，则说明仪表本身损坏。

 维修提示

在实际工作中，一般常用万用表测量的方法初步判断发电机的故障。

◆首先测量电压调节器。有刷式发电机的电压调节器为三端器件，无刷式发电机的电压调节器为四端器件，用万用表的电阻挡正、负（红、黑）表笔反复测量相同的两个端子，万用表显示同时为零或无穷大时，说明调节器损坏。

◆发电机外壳与"W"端子间的正向电阻值为 450Ω，反向电阻为无穷大（即表笔反接）。

◆"W"端子与"B+""D+"端子的正向电阻值都为 450Ω，反向电阻值为无穷大。

◆"B+""D+"端子之间，正常时电阻测得都是无穷大。

◆当进行该项检测时，电阻值显示为 0Ω 时，有两种可能：一种是三只共阳极整流二极管中，至少有一只被击穿短路；另一种可能就是定子线圈绝缘损坏与铁芯短路。

◆如果测试的结果与上述数值大致相等时，则表明该发电机大体上是好的，但不排除定子线圈或个别整流二极管内部断路情况。

◆如果检测到两端子之间的正向电阻值为 0Ω 或无穷大时，即表示该端点之间的三个整流二极管中，出现某只被击穿短路或全部击穿短路的故障。

2. 维修发电机注意事项

为保证发电机正常工作，应在实际工作中注意以下几点：

① 装车的蓄电池应当是电量充足的。如果汽车蓄电池亏电，靠外接电源或用拖曳的方法使发动机着火，为蓄电池充电，将极易造成发电机过载烧损。

② 发动机工作以后，不得整理电器线路或进行电路维修，以避免出现电源短路故障，因为电路中一旦产生短路电流，首先遭受其冲击、损害的是发电机，这就是造成整流二极管损坏的主要原因。

③ 电路中不得随意加装标准配置之外的电器，若确实需要增容的部分超过原功率的

25％，则需选装较大一级功率的发电机。

④ 新型发电机有较高的效率，原因在于其机械加工的精度较过去的产品有很大的提高，转子与定子之间的气隙只有 0.1mm，这样对 V 带张力调整的要求就更为严格。有时出现发动机转速表实际读数较低的现象，就是发电机 V 带过松造成的，需将其调紧一些。

维修提示

◆ V 带过紧是造成发电机早期损坏的主要原因之一，并且往往由此引发相邻机械部件被损毁的连带性故障。

第三节　起动机的维修

一、启动系统的组成

启动系统由蓄电池、起动机、启动继电器、点火开关等组成，如图 6-8 所示。起动机在点火开关和启动继电器（有的车辆没有启动继电器）的控制下，将蓄电池的电能转化为机械能，带动发动机飞轮齿圈使曲轴转动，完成发动机的启动。

图 6-8　启动系统的组成

二、起动机的结构

起动机主要由电枢、电刷、电刷架、磁极铁芯、磁场线圈（励磁绕组）、电磁开关、单向离合器、拨叉、驱动齿轮等组成，结构如图 6-9 所示。

德国博世（BOSCH）公司生产的齿轮移动式起动机结构如图 6-10 所示，额定电压为24V，额定功率为 5.4kW，采用电磁式操纵。

图 6-9　起动机的结构

图 6-10　齿轮移动式起动机结构

1—花键轴；2—移动齿轮轴；3—启动继电器；4—联动继电器；5—磁极；6—接线柱 30；7—单向离合器；
8—凸缘；9—接触桥动触点；10—推动杆；11—壳体；12—后罩盖；13—换向器；14—电刷；
15—电刷架；16—回位弹簧；17—电枢（转子）；18—驱动齿轮

三、起动机的检查

清洗金属零件，用干净布蘸汽油擦拭电枢和磁场线圈，用压缩空气吹干。

1. 检查启动继电器

① 观察启动继电器接电桥上下触点状况，发现触点烧蚀凹凸不平，应修磨平整。

② 用万用表检查启动继电器线圈有无断路、短路和搭铁故障。

2. 检查联动继电器

① 用万用表检查联动继电器的吸引线圈和保持线圈有无断路、短路和搭铁故障。

② 联动继电器的活动铁芯的轴向移动应灵活自如、无卡滞现象。

③ 检查联动继电器上的锁止臂、移动臂有无变形和卡滞现象。

3. 起动机电枢轴的维修

用千分表检查起动机电枢轴是否弯曲，如图 6-11 所示。若摆差超过 0.1mm，应进行校正。电枢轴上的花键齿槽严重磨损或损坏，应进行修复或更换。

电枢轴轴颈与衬套的配合间隙，不得超过 0.15mm，间隙过大，应更换新套，进行铰配。

图 6-11　电枢轴弯曲度的检查

4. 起动机换向器的检查

① 检查换向器有无脏污和表面烧蚀，若出现此情况，用 400 号砂纸或在车床上修整。

② 检查换向器的径向圆跳动，如图 6-12 所示。将换向器放在 V 形铁上，用百分表测量圆周上径向跳动，最大允许径向圆跳动为 0.05mm。若径向圆跳动大于规定值，应在车床上校正。

③ 用游标卡尺测量换向器的直径，如图 6-13 所示。其标准值为 30.0mm，最小直径为 29.0mm。若直径小于最小值，应更换电枢。

图 6-12　检查换向器径向圆跳动

图 6-13　检查换向器直径

④ 检查底部凹槽深度。应清洁无异物，边缘光滑。测量如图 6-14 所示。标准凹槽深度为 0.6mm，最小凹槽深度为 0.2mm。若凹槽深度小于最小值，用手锯条修正。

5. 起动机电枢线圈的维修

① 检查换向器是否开路。如图 6-15 所示，用欧姆表检查换向片之间，应导通。若换向片之间不导通，应更换电枢。

图 6-14　检查换向器底部凹槽深度

图 6-15　检查换向器是否开路

② 检查换向器是否搭铁。如图 6-16 所示，用欧姆表检查换向器与电枢线圈铁芯之间，应不导通。若导通，应更换电枢。

6. 起动机磁场线圈的检查

① 检查磁场线圈是否开路，如图 6-17 所示。用万用表欧姆挡检测磁场线圈引线和磁场线圈电刷引线之间的电阻，应有电阻值，应导通。否则，更换磁极框架。

图 6-16　检查换向器是否搭铁

图 6-17　检查磁场线圈是否开路

② 检查磁场线圈是否搭铁。用万用表欧姆挡检测磁场线圈电刷引线与磁极框架之间的电阻值，应为无穷大，不导通，如图 6-18 所示。若导通，修理或更换磁极框架。

7. 检查电刷和电刷架

① 检查电刷高度小于 10mm 时，应更换；电刷在电刷架内上下移动应灵活，无卡滞现象。

② 电刷弹簧的维修。电刷弹簧应能将电刷可靠地压在换向器上，若弹簧折断或弹力减弱，应更换弹簧。如图 6-19 所示，读取电刷弹簧从电刷分离瞬间的拉力计读数。标准弹簧安装载荷为 17～23N，最小安装载荷为 12N。若安装载荷小于规定值，应更换电刷弹簧。

图 6-18　检查磁场线圈是否搭铁

图 6-19　检查电刷弹簧载荷

③ 起动机电刷架的维修。用万用表欧姆挡检查电刷架正极（＋）与负极（－）之间，应不导通，如图 6-20 所示。若导通，修理或更换电刷架。

8. 起动机离合器和驱动齿轮的维修

① 检查离合器驱动齿轮是否严重损伤或磨损。如有损坏，应进行更换。

② 检查起动机离合器是否打滑或卡滞，可用扳手，如图 6-21 所示，将离合器驱动齿轮夹在台虎钳上，在花键套筒中套入花键轴，使扳手接在花键轴上，测得力矩应大于规定值（24～26N·m），否则说明离合器打滑。反向转动离合器应不卡滞，否则修理或更换离合器总成。

四、起动机的测试

1. 起动机空载性能试验

试验时，先将蓄电池充足电，每项试验应在 3～5s 内完成，以防线圈被烧坏。

图 6-20 检查电刷架绝缘情况

图 6-21 检查离合器工作是否正常

① 如图 6-22 所示线路将起动机与蓄电池和电流表（量程为 0～100A 以上的直流电流表）连接。蓄电池正极与电流表正极连接，电流表负极与起动机"30"端子连接，蓄电池的负极与起动机外壳连接。

② 如图 6-23 所示，用带夹电缆将"30"端子与"50"端子连接起来，此时驱动齿轮应向外伸出，起动机应平稳运转。当蓄电池电压大于或等于 11.5V 时，消耗电流应不超过 50A，用转速表测量电枢轴的转速应不低于 5000r/min。

图 6-22 起动机的空载试验

图 6-23 接通"50"端子进行试验

③ 如电流大于 50A 或转速低于 5000r/min，说明起动机装配过紧或电枢绕组和磁场绕组有短路或搭铁故障；如电流和转速都低于标准值，说明电动机电路接触不良，如电刷与换向器接触不良或电刷弹簧弹力不足等。

2. 电磁开关试验

（1）吸拉动作试验 将起动机固定到台虎钳上，拆下起动机端子"C"上的磁场绕组电缆引线端子，用带夹电缆将起动机"C"端子和电磁开关壳体与蓄电池负极连接，如图 6-24 所示。用带夹电缆将起动机"50"端子与蓄电池正极连接，此时驱动齿轮应向外移动。如驱动齿轮不动，说明电磁开关有故障，应修理或更换。

（2）保持动作试验 在吸拉动作基础上，当驱动齿轮保持在伸出位置时，拆下电磁开关"C"端子上的电缆夹，如图 6-25 所示，此时驱动齿轮应保持在伸出位置不动。如驱动齿轮回位，说明保持线圈断路，应修理。

（3）回位动作试验 在保持动作的基础上，再拆下起动机壳体上的电缆夹，如图 6-26 所示。此时驱动齿轮应迅速回位。如驱动齿轮不能回位，说明回位弹簧失效，应更换弹簧或电磁开关总成。

图 6-24　吸拉动作试验线路

图 6-25　保持动作试验方法

3. 全制动试验

如图 6-27 所示，将起动机放在测矩台上，用弹簧秤 5 测出其发出的力矩，当制动电流小于 480A 时，输出最大力矩不小于 13N•m。

图 6-26　回位动作试验方法

图 6-27　起动机的全制动试验
1—起动机；2—电压表；3—电流表；4—蓄电池；5—弹簧秤

五、起动机的使用与维护

1. 起动机的使用注意事项

① 启动前应将变速器挂上空挡，自动变速器的汽车应将变速杆置于 P 位或 N 位，启动同时踩下离合器踏板。

② 每次接通起动机的时间不得超过 5s，两次之间应间歇 15s 以上。

③ 当发动机启动后应立刻松开点火开关，切断 ST 挡，使起动机停止工作。

④ 经过三次启动，发动机仍没有启动着火，则停止启动，进行简单的检查，如蓄电池的容量、极柱的连接、油电路等，否则蓄电池的容量将严重下降，启动发动机变得更加困难。

2. 起动机的维修注意事项

① 在车上进行启动检测之前，一定要将变速器挂上空挡，并实施驻车制动。

② 在拆卸起动机之前，应先拆下蓄电池的搭铁电缆线。

③ 有些起动机在起动机与法兰盘之间使用了多块薄垫片，在装配时应按原样装回。

六、起动机常见故障的诊断

1. 起动机不转动的诊断与排除

① 故障现象：接通点火开关至启动挡，起动机不转动。

② 故障原因：

a. 蓄电池内部有故障或严重亏电。

b. 蓄电池接线柱严重锈蚀或导线连接松动。

c. 点火开关启动挡接触不良。

d. 电磁开关吸拉线圈或保持线圈出现断路、短路故障；接触盘与接触头严重烧蚀。

e. 换向器严重油污或烧蚀。

f. 电刷磨损严重；电刷弹簧过软、折断或电刷在电刷架内卡住，以致电刷与换向器不能接触。

g. 起动机电枢线圈或磁场线圈断路、短路。

h. 起动机与蓄电池间连接导线断路。

i. 中央线路板内部线路或连接导线断路。

③ 故障的诊断与排除：起动机不转动故障的诊断与排除，如图 6-28 所示。

图 6-28 起动机不转动故障的诊断与排除流程图

2. 起动机转动无力的诊断与排除

① 故障现象：接通点火开关至启动挡位，起动机转动缓慢无力，发动机曲轴转速太低，甚至启动时发出"咔喀"一声响后便不再转动。

② 故障原因：

a. 蓄电池内部有故障或亏电。

b. 蓄电池接线柱与导线接触不良。

c. 电磁开关接触盘与接触头接触不良。

d. 换向器与电刷接触不良。

e. 电枢绕组或磁场绕组匝间短路。

f. 前、后支承衬套磨损严重或转子轴弯曲致使电枢与磁极相碰。

③ 故障的诊断与排除：起动机转动无力故障的诊断与排除，如图 6-29 所示。

图 6-29　起动机转动无力故障的诊断与排除

3. 起动机空转的诊断与排除

① 故障现象：接通点火开关至启动挡，起动机高速空转，但发动机曲轴不转动。

② 故障原因：

a. 单向离合器打滑。

b. 拨叉与电磁开关或单向离合器与拨叉环脱开。

c. 飞轮齿圈或驱动齿轮损坏。

d. 起动机电枢轴支承衬套磨损严重。

③ 故障的诊断与排除：

a. 将曲轴转动一定角度后重新启动发动机，若启动正常，说明飞轮齿圈少数轮齿损坏，应更换齿圈。

b. 若起动机仍然空转，应拆下起动机检查变速器壳上电枢轴支承衬套是否磨损严重。

c. 若衬套良好，应检查单向离合器是否打滑，驱动齿轮是否损坏，拨叉与电磁开关是否脱开，拨叉各铰接部件是否磨损松旷等，并视情予以修复或更换。

4. 电磁开关吸合不牢的诊断与排除

① 故障现象：接通点火开关至启动挡，电磁开关吸合不牢，发出"哒哒"声。

② 故障原因：

a. 蓄电池亏电或内部有故障。

b. 蓄电池接线柱与连接导线接触不良。

c. 电磁开关的保持线圈存在断路故障。

③ 故障的诊断与排除：

a. 检查蓄电池连接导线处有无松动、锈蚀。若松动，应当紧固；若锈蚀，应拆下连接导线，用"00"号砂纸清洁接线柱和夹子后重新紧固。

b. 检查蓄电池的放电程度，若亏电严重，应进行充电或更换。

c. 若蓄电池正常，应检查电磁开关保持线圈是否断路。若有断路故障，应予以更换。

5. 起动机单向离合器不回位的诊断与排除

① 故障现象：启动发动机时，发动机不能启动且起动机不停转动或启动后驱动齿轮仍然与飞轮齿圈啮合高速运转。

② 故障原因：

a. 点火开关启动挡不回位。

b. 起动机驱动齿轮齿形与飞轮齿圈齿形不相符。

c. 蓄电池亏电或内部有故障。

d. 电磁开关触点烧蚀严重。

e. 电磁开关回位弹簧折断、活动铁芯卡住。

f. 单向离合器在转子轴上卡住。

③ 故障的诊断与排除：

a. 遇此故障时，应迅速切断电源，防止长时间通电烧坏起动机。

b. 切断电源后，若单向离合器能自动回位，应检查点火开关启动挡回位是否良好，不符合要求时，应予以更换。

c. 若单向离合器不能回位，再转动曲轴检查单向离合器是否回位，回位时应检查蓄电池的放电程度及电磁开关触点是否严重烧蚀，并视情予以充电或更换。不回位则应拆检起动机，检查电磁开关回位弹簧是否折断、活动铁芯是否卡滞、单向离合器在电枢轴上移动是否灵活，并视情予以修复或更换。

6. 热车时起动机不转的诊断与排除

① 故障现象：热车熄火后，随即启动发动机时，电磁开关无反应，但冷车时启动正常。

② 故障原因：电磁开关吸拉线圈、保持线圈温度升高后，因绝缘性能下降而产生短路或搭铁。

③ 故障的诊断与排除：发动机热状态时起动机不转，待发动机降温后，重新启动，若起动机运转正常，说明电磁开关有故障，应更换开关。

第四节　组合仪表的维修

一、组合仪表的组成

货车的组合仪表主要由机油压力表、双针气压表、指示及信号灯、启动按钮、车速里程表或行驶记录仪、发动机转速表或室外温度表（为冬季公路维护用车辆的选用件）、冷却液温度表、燃油表、前照灯调节旋钮等组成。

图 6-30 所示为仪表盘各仪表及各电气开关的位置。

图 6-30 仪表盘及电气开关位置图

1—机油压力表；2—双针气压表；3—指示及信号灯；4—手油门；5—跷板开关；6—启动按钮；7—点烟器；8—跷板开关；
9—启动/电源钥匙开关；10—车速里程表或行驶记录仪（选用）；11—发动机转速表或室外温度表（为冬季公路
维护用车辆的选用件）；12—冷却液温度表；13—燃油表；14—液罐车用蓄电池"紧急切断"总开关；
15—前照灯调节旋钮；16—差速锁信号灯

图 6-31 是新款车辆仪表盘。仪表盘的左侧是跷板开关，右侧也是跷板开关，中间部位
是警报指示系统。跷板开关的具体位置视不同车型而不同，跷板开关的标识符号见图 6-32，
警告指示灯与信号灯标识如图 6-33 所示。

图 6-31 新款汽车仪表盘

1—跷板开关；2—燃油表；3—冷却液温度表；4—气压表；5—电压表；6—机油压力表；
7—电子车速里程表；8—时钟；9—指示灯；10—电子转速表

图 6-32 新款跷板开关标识图

1—灯光总开关；2—危急警报；3—后视镜加热；4—雾灯；5—后雾灯；6—警告灯；7—风扇；8—二级风窗玻璃加热；
9—取力器；10—全轮驱动；11—轮间差速器锁止；12—远光灯；13—工作灯；14—座椅加热；15—空气悬架升降；
16—分动器取力器；17—分动器空挡；18—分动器越野挡/公路挡；19—空气悬架；20—玻璃升降；21—顶灯；
22—轴间差速器锁止；23—支承轴提升；24—顶篷灯；25—电源总开关；26—ABC越野开关；27—自动限速

图 6-33 新款指示灯与信号灯标识图

1—主车转向指示灯；2—警告停车指示灯；3—公共警报指示灯；4—拖、挂车转向指示灯；5—远光指示灯；
6—前置副箱指示灯；7—低速挡指示灯；8—驾驶室锁止警告灯；9—机油压力警告灯；10—中桥制动回路
低气压警告灯；11—前桥制动回路低气压警告灯；12—预热指示灯；13—转向油位警告灯；14—空滤堵
塞警告灯；15—冷却液温度警报灯；16—驻车制动回路低气压警告灯；17—充电指示灯

二、电控仪表系统

1. 电控仪表系统电路的特点

电控仪表系统电路的特点如表6-1所示。

表 6-1　电控仪表系统电路的特点

序号	特点	说　明
1	采用了汽车总线	采用基于汽车总线通信的技术,与汽车的CBCU(车身电控单元)和EECU(发动机电控单元)进行数据通信,共享整车的信息资源(包括传感器、汽车运行数据等)。可通过CAN总线得到发动机转速、水温信号、机油压力、机油液位、发动机电控系统故障、排气制动指示灯、巡航指示灯、停机报警灯、维护指示灯、发动机制动指示灯等信息
2	采用了步进电机	传统仪表采用电热或电磁方式驱动表头指针,这样不仅指示的精度低,体积大,而且线性度差,采用步进电机完全可以避免这些问题
3	采用了LCD液晶屏	除了显示常规信息外,液晶屏上还显示统计油耗和故障信息等。目前诊断仪上显示的故障在仪表上都可以显示。这些信息都是由CAN总线接收的
4	采用了发光二极管	传统仪表采用灯泡作为照明灯和报警灯,由于灯丝易挥发,寿命较短。发光二极管靠半导体激发,只需加很低的电压,通过很小的电流,就可以达到很高的亮度,而且其寿命远远超过灯泡

2. 电控仪表系统的组成

电控(计算机控制)仪表系统主要由各种传感器、电控单元ECU和各种电子显示器件组成,其中电控单元ECU和各种电子显示器件一般集中安装于仪表盘内。电控单元ECU利用各种传感器传来的信号进行计算,以确定车辆的行驶速度、发动机转速、发动机冷却液温度、燃油量等车辆数据,并将这些数据以数字或条形图形式显示出来。电控仪表系统的组成框图如图6-34所示。

图 6-34　电控仪表系统的组成框图

车速表的控制电路工作原理图如图 6-35 所示，电控单元 ECU 利用车速传感器输送的脉冲信号计算车速，然后使显示器显示车速。

图 6-35　车速表的控制电路工作原理图

3. 常见车型电控仪表系统控制电路

（1）东风 EQ2050 汽车电控仪表系统电路　东风 EQ2050 汽车电控仪表系统的电控单元 ECU 和各种电子显示器件集中安装于仪表盘内。电子显示器件主要包括各种指示表和指示灯（或报警灯），指示表的表针采用步进电机进行驱动；仪表指示灯均采用高亮度发光二极管，如图 6-36 所示。

图 6-36　东风 EQ2050 汽车电控仪表系统

1—前轮气压表；2—水温表；3—燃油表；4—机油压力表；5—后轮气压表；6—右侧指示灯区域；7—发动机转速表；
8—时钟；9—中部指示灯区域；10—时钟调节按钮（分钟）；11—时钟调节按钮（小时）；12—里程表；13—车速表；
14—左侧指示灯区域；15—累计日计调节按钮；16—插座 A（棕色 26 针）；17—插座 B（黑色 26 针）

东风 EQ2050 汽车的仪表盘内部电路如图 6-37 所示，东风 EQ2050 汽车的仪表系统电路如图 6-38 所示。

仪表的电源电路为蓄电池正极→166 黄色导线→插接器 B25 和 B26 端子→仪表盘→插接器 B21 和 B22 端子（或插接器 A25 和 A26 端子）→搭铁→蓄电池负极。当点火开关置于"ON"时，仪表 ECU 从接线端子 A9 接收点火开关接通信号，控制各指示表和指示灯工作。各指示表和指示灯状态取决于各传感器的输入信号。

图 6-37　东风 EQ2050 汽车的仪表盘内部电路

图 6-38　东风 EQ2050 汽车的仪表系统电路

（2）欧曼 6ETX（380）汽车电控仪表系统电路　欧曼 6 ETX（380）汽车组合仪表由车速里程表、发动机转速表、气压表、电压表、水温表、机油压力表、燃油表和各种报警指示灯组成。仪表指示由 2 片 ECU 控制 8 个步进电机驱动仪表指针及液晶显示，精确可靠。

车速里程表和发动机转速表信号来自车速传感器和发电机 W 端子，由拨码器对车速传感器和发动机转速传感器信号进行频率变换，驱动指示表进行正确显示；气压表信号来自安装于制动泵上的气压传感器，指示前后桥制动系统的气压值；电压表检测电源系统的电压；冷却液温度传感器和机油压力传感器信号来自发动机上的冷却液温度传感器和机油压力传感器；燃油传感器信号取自燃油箱上的燃油传感器。其电路如图 6-39 所示。

图 6-39　欧曼 6ETX（380）汽车仪表电路（部分）

（3）德龙汽车 CAN 总线电控仪表系统电路　德龙 F3000（WP10 型发动机）汽车仪表电路如图 6-40 所示。CMIC 为 CAN 总线组合仪表，表上只连接电源和 CAN 通信线，其上显示的水温、油压、发动机转速信号通过 CBCU 调用发动机 ECU 的数据（传统的仪表需单独接一组传感器），油量、气压信号来自车身电控单元 CBCU（模拟信号采集）。

图 6-40　德龙 F3000（WP10 型发动机）汽车仪表电路

CMIC—CAN 总线组合仪表；CBCU—车身电控单元；ECU—发动机电控单元；F108、F164—熔断器；G100—蓄电池 1；G101—蓄电池 2；K171—点火开关继电器；Q101—点火开关；S4—电源总开关

德龙汽车 CAN 总线电控仪表系统电路的控制工作原理如表 6-2 所示。

（4）豪沃（HOWO）汽车电控仪表系统电路　豪沃（HOWO）汽车仪表采用先进的微控制器（MCU）作为主要控制核心，并使用专用 LED 报警驱动芯片、仪表步进电机驱动芯

表 6-2　德龙汽车 CAN 总线电控仪表系统电路的控制工作原理

控制电路		电路控制工作原理
CMIC 电源电路	常电源电路	当电源总开关接通时,组合仪表 CMIC 常电源电路接通,其电路为蓄电池正极→电源开关→熔断器 F164→CMIC 插接器的接线端子 P01→组合仪表 CMIC→CMIC 插接器的接线端子 P03→搭铁→蓄电池负极
	条件电源电路	当点火开关接通时,点火开关继电器线圈通电,继电器触点闭合,组合仪表 CMIC 条件电源电路接通,其电路为蓄电池正极→电源开关→点火开关继电器触点(闭合)→熔断器 F108→CMIC 插接器的接线端子 P02→组合仪表 CMIC
CAN 通信总线电路	组合仪表 CMIC 有两路 CAN 总线与车身电控单元 CBCU 连接	一路为组合仪表 CMIC 的接线端子 P08 通过黄色(D)导线与车身电控单元 CBCU 的 D 号插接器接线端子 17 连接
		另一路为组合仪表 CMIC 的接线端子 P10 通过绿色(F)导线与车身电控单元 CBCU 的 D 号插接器接线端子 19 连接
	车身电控单元 CBCU 有两路 CAN 总线与发动机 ECU 连接	一路为车身电控单元 CBCU 的 C 号插接器接线端子 01 通过黄色导线与发动机 ECU 的 1 号插接器的接线端子 35 连接
		另一路为车身电控单元 CBCU 的 C 号插接器接线端子 02 通过绿色导线与发动机 ECU 的 1 号插接器的接线端子 34 连接

片及大屏 LCD 汉字图形显示等先进技术。组合仪表通过 CAN 总线和车身电控单元 (CB-CU)、行驶记录仪 (VDR/MTCO) 相互通信,可以实现仪表指示、系统自检等多种功能。组合仪表采用分区、分屏显示车辆的相关信息。

豪沃 (HOWO) (09 系) 汽车仪表电路如图 6-41 所示,主要由仪表、车身电控单元 CBCU、CAN 总线、传感器等组成。

图 6-41　豪沃 (HOWO) (09 系) 汽车仪表电路

豪沃（HOWO）（09系）汽车CAN总线电控仪表系统电路的控制工作原理如表6-3所示。

表6-3 豪沃（HOWO）（09系）汽车CAN总线电控仪表系统电路的控制工作原理

控制电路		电路控制工作原理
仪表电源电路	常电源电路	仪表常电源又称为不间断电源,不受任何开关控制。仪表常电源电路为30号线→熔断器F25→中央配电盒c插接器的端子2→红白色(AC)导线→仪表插接器的端子1→仪表→仪表插接器的端子3→棕色(L)导线→搭铁
	受点火开关控制电源电路	点火开关接通(ON挡)后,15号线通电,点火开关继电器线圈电路导通,继电器触点闭合,仪表接收点火开关接通信号。 点火开关继电器K19线圈电路为蓄电池正极→点火开关→15号线→继电器线圈→搭铁→蓄电池负极。 点火开关信号电路为30号线→继电器K19触点(闭合)→熔断器F24→中央配电盒b插接器的端子8→黑白色(BC)导线→仪表插接器的端子2→仪表
传感器电路	所有传感器都与车身电控单元CBCU连接,车身电控单元CBCU通过CAN总线将信息传送给仪表	车速传感器电路:车速传感器有3个接线端子(4孔插接器)。端子3与中央配电盒的熔断器F22连接,端子1、端子4分别与CBCU的c22,d2端子连接
		燃油传感器电路:燃油传感器有2个接线端子,分别与CBCU的d13,d2端子连接
		冷却液温度传感器电路:冷却液温度传感器有2个接线端子,分别与CBCU的d15,d2端子连接
		油压传感器电路:油压传感器有3个接线端子,其中1个搭铁,另外2个分别与CBCU的d35,d16端子连接
		低挡信号开关电路:低挡信号开关有2个接线端子,其中1个搭铁,另外1个与CBCU的c35端子连接
		空气滤清信号开关电路:空气滤清信号开关有2个接线端子,其中1个搭铁,另外1个与CBCU的d37端子连接
		气压1传感器电路:气压1传感器有3个接线端子,其中1个搭铁,另外2个分别与CBCU的b15,d11端子连接
		气压2传感器电路:气压2传感器有3个接线端子,其中1个搭铁,另外2个分别与CBCU的b16,d12端子连接
CAN总线		车身电控单元CBCU的d插接器的端子17→浅蓝/红色(KA)导线→仪表插接器的端子8
		车身电控单元CBCU的d插接器的端子19→浅蓝/黑色(KB)导线→仪表插接器的端子10

4. 电控仪表系统控制电路CAN总线故障的检修

电控仪表系统控制电路CAN总线故障的检修方法基本相同,下面以豪沃（HOWO）汽车燃油表控制电路为例,介绍CAN总线仪表电路故障的检修方法,如表6-4所示。豪沃（HOWO）汽车燃油表电路如图6-42所示。

表6-4 电控仪表系统控制电路CAN总线故障的检修方法

总线故障	故障的检修
仪表不能正常显示故障	①检测仪表插接器接线端子1的电压应为24V左右。否则,检查F25熔断器以及与蓄电池连接的30号线路
	②检测仪表插接器接线端子2的电压应为24V左右。否则,检查F24熔断器、点火开关、点火开关继电器以及15号线路
	③检测仪表插接器接线端子3是否搭铁可靠。否则,检修仪表搭铁线路
燃油表指示数据不准确故障	①用万用表检测两个接线端子之间的电阻应在标准阻值范围内。否则,更换燃油传感器
	②检查传感器线路。燃油传感器有2个接线端子分别与CBCU的d13、d2(d3、d4、d21)端子连接。用万用表分别检测这两条线路是否有断路、搭铁故障,如不正常,检修线路
	③检查CBCU电源电路。检测车身电控单元CBCU的接线端子a2、a8、e2、e8、f6、f12(a、e、f为CBCU上插接器代号)的电压应为24V左右。否则,检查与蓄电池连接的30号线路。

总线故障	故障的检修
燃油表指示数据不准确故障	当点火开关接通（ON挡）时,检测车身电控单元CBCU的接线端子f5的电压应为24V左右。否则,检查点火开关、点火开关继电器以及15号线路。 检测车身电控单元CBCU的接线端子a3、b7、b8、c42、c43、c44、e1、f9（a、b、c、e、f为CBCU上插接器代号）是否搭铁可靠。否则,检修仪表搭铁线路
	④检查CAN总线电路。用万用表分别检测车身电控单元CBCU的接线端子d17与仪表CMIC的接线端子8之间连接导线、车身电控单元CBCU的接线端子d19与仪表CMIC的接线端子10之间连接导线是否有断路、搭铁故障。如不正常,则检修线路

图6-42　豪沃（HOWO）汽车燃油表控制电路

三、组合仪表系统常见故障的诊断

（1）机油压力表与燃油表故障

① 机油压力表与燃油表的结构及电气特性基本相同,其传感器电气特性也大致一样,即仪表指示零位时,传感器电阻值为8Ω左右;仪表指示在满刻度位置时,传感器电阻值为200Ω左右。

② 正常情况下,钥匙开关闭合后,机油压力表的指针应动一下,启动发动机后,指针慢慢指示发动机机油压力值,副燃油表则应指示实际油量位置。如果在开关闭合后,仪表指针均不动作,这一般是电路的问题,应检查仪表熔丝（可用试验灯检查仪表电源线）。如果仪表电源线有电,则是仪表本身的问题。

③ 如果开关闭合后,仪表指针指示最高位,则可用仪表与传感器的连接导线直接搭铁,

若仪表指针回落，则说明故障在传感器，如果指针仍保持高位不动，说明故障在仪表内部。

（2）冷却液温度表故障

① 冷却液温度表的特性与上述两仪表正好相反，当传感器出现短路搭铁时，冷却液温度表指示高位；若传感器完全断路时，冷却液温度表指示低位。

② 冷却液温度表传感器是一个热敏电阻，在 0℃ 时其电阻值为 1000Ω 左右；在 100℃ 时，其电阻值为 38Ω 左右。根据这一特性不难判断它们的故障位置。

第五节　全车线路

一、斯太尔汽车全车线路

（1）全车线路　斯太尔汽车全系列采用一套模式的电气线路，各车型仅在不同功能的选装系统上有所区别。为了区别不同用途的电气连接导线在实际的整车电气安装线路中的作用，各连接导线是用三种颜色来加以区别的。在电气安装线束图中，用三位字母和不同数字来表示导线的三种颜色与编号，如图 6-43 所示。

图 6-43　连接导线的三种颜色与编号

AEG01 表示该导线的主要基本色为红色，在红色基色上面有灰色条状标记，同时在灰色条状标记上还有紫色点状标记，或在灰色条状标记旁有紫色细条状标记，导线编号为 01 号。

导线色标与颜色对照见表 6-5。导线的色符与其线路性质的对照见表 6-6。

表 6-5　导线色标与颜色对照表

字母	A	B	C	D	E	F	G	H	I	L	M	N	K
色符	红	黑	白	黄	灰	绿	紫	橙	深蓝	棕	无色	粉色	浅蓝

表 6-6　导线色符与其线路性质对照表

线色	颜	色	线 路 性 质
单色符		红	整车电路的电源线
		黑	受钥匙开关控制的电源线
		白	前照灯远光电源线
		黄	前照灯近光电源线
		灰	小灯、示宽灯电源线
		棕	搭铁线，各种电器负载、开关的电流回线
双色符	红	黑	点烟器电源线
		白	室内灯、收录机电源线
		绿	雾灯电源线
	黑	绿	仪表及踏板开关电源线
		红	制动灯及充电指示灯电源线
		棕	暖风机及警报信号灯电源线
		紫	转向闪光灯电源线
		白	倒车及警告灯电源线
		深蓝	刮水器电源线

线色	颜　　色		线　路　性　质
双色符	棕	黄	机油压力表至机油压力传感器线
		黑	燃油表至燃油传感器线
		绿	水温表至水温传感器线
	白	绿	左前照灯远光
		红	右前照灯远光
	黄	绿	左前照灯近光
		红	右前照灯近光
	紫	绿	左转向信号灯
		红	右转向信号灯
	灰	绿	左小灯(位置灯)
	红	红	右小灯(位置灯)
三色符	黑绿	红	轮间差速
		白	桥间差速
		黄	举升
		灰	全轮驱动
		紫	取力器

注：1. 红色的线路是整车电路的电源线，它只受蓄电池开关的控制，线径也较粗，该线路一旦出现搭铁故障，应迅速关断蓄电池开关。

2. 黑线是受钥匙开关控制的电源线。因此，一旦出现搭铁故障，应迅速关断钥匙开关。

3. 表中一位色符红、黑、白、黄、灰五种颜色的导线是熔断器总成的进线，本身不受熔断器的保护，在维修中应予注意。

4. 上述色符标准适用于欧洲的标准，与国内标准有所区别。

（2）熔丝与继电器　图 6-44 所示为斯太尔系列汽车老款车型全车共有的 16 个熔丝，它们所负责的线路及部件见表 6-7。老款车型全车电气系统共有 7 个继电器：前照灯继电器、小灯继电器、雾灯继电器、制动灯继电器、弱光继电器、转向闪光继电器和间歇刮水继电器，它们在仪表盘盒内安装位置见图 6-44。

图 6-44　老款车型熔丝与继电器安装位置

表 6-7　老款车型熔丝控制的电路

熔丝编号	熔丝容量	熔丝控制的电路及部件
F1	10A	雾灯
F2	5A	右前照灯远光
F3	5A	左前照灯远光
F4	5A	右前照灯近光
F5	5A	左前照灯近光
F6	5A	前示宽灯

熔丝编号	熔丝容量	熔丝控制的电路及部件
F7	5A	右尾灯、右示高灯、雾灯继电器、跷板开关指示灯
F8	5A	左尾灯、左示高灯、仪表照明灯
F9	5A	跷板开关、仪表(温度、燃油、油压)
F10	5A	制动灯、充电指示灯
F11	5A	暖风电动机、火焰预热继电器、空滤警告灯、低气压警告灯、机油压力警告灯、驾驶室锁止警告灯、驻车制动警告灯
F12	5A	转向信号灯、弱光继电器
F13	8A	刮水电动机、喷水电动机、喇叭
F14	8A	倒车灯、工作灯
F15	8A	室内灯、收音机、紧急闪光信号
F16	8A	点烟器

图 6-45 是新款车型熔丝与继电器在继电器盒中的位置。其中除位置灯继电器 K2 是 30A 电流外,其余继电器均是 20A 电流的,均可以互换。

图 6-45　新款车型熔丝与继电器位置图

K1—电源继电器；K2—位置灯继电器；K3—近光继电器；K4—远光继电器；K5—喇叭继电器；K6—制动灯继电器；K7—辅助远光灯继电器；K8—前雾灯继电器；K11—排气制动继电器；K42—暖风控制继电器；K40—暖风二挡继电器；A1—转向闪光继电器；A2—火焰预热继电器；A3—间歇刮水继电器；A8—启动保护继电器

表 6-8 为新款车型各熔丝控制的电路及熔丝容量。

表 6-8　新款车型各熔丝控制的电路及熔丝容量

熔丝代号	额定电流/A	熔丝控制的电路及元件
F1	10	辅助远光灯
F2	10	前雾灯
F3	5	右后尾灯、右示高灯、仪表照明及跷板开关指示灯
F4	5	示宽灯
F5	5	左后尾灯
F6	5	左前照灯远光、远光指示灯、远光控制
F7	5	右前照灯远光

熔丝代号	额定电流/A	熔丝控制的电路及元件
F8	5	左前照灯近光
F9	5	右前照灯近光
F10	5	后雾灯
F11	7.5	紧急闪光灯、室内灯、收音机、时钟、位置灯继电器、电子车速里程表、电源开关
F12	7.5	点烟器
F13	25	火焰预热控制器
F14	7.5	空气干燥加热器
F15	7.5	倒车灯
F16	7.5	组合仪表
F17	5	制动灯
F18	7.5	转向信号灯、超会车警告灯
F19	7.5	电喇叭
F20	7.5	刮水电动机、第三制动装置、车速里程表、工作灯、蜂鸣器、差速锁、全轮驱动、取力踏板开关
F21	15	暖风机

表 6-9 所示为底盘后围分线盒中的插接器接线明细表。

表 6-9　底盘后围分线盒中的插接器接线明细表

接线器代号	名　称	端子号	接线色符	连接电气元件
X12/1	轮、轴差速锁指示灯线束插接器	1	LKA	接 X56/1,通轮间差速锁开关 S6/12 的 8 号端子(指示灯)
		2	LKC	接 X56/1,通轴间差速锁开关 S6/11 的 8 号端子(指示灯)
		3	DFC	接 X56/1,通熔丝 F10
		4	BC	接 X56/2,通熔丝 F15
X12/2	轮、轴差速锁开关线束插接器	1	LKA	接轮间差速锁指示灯开关 S20、S21
		2	LKC	接轴间差速锁指示灯开关 S22
		5	L	接地,通㊹号搭铁点
X12/3	挂车插座线束插接器	3	B	接挂车插座 X3(雾灯)
		4	BF	接挂车插座 X3(倒车灯)的 54 号端子
X12/4	右后雾灯、倒车灯线束插接器	3	BD	接 X33R,通右后雾灯 E9/R
		4	EF	接 X33R,通右后倒车灯 E14/R
X12/5	左后雾灯、倒车灯线束插接器	3	BD	接 X33L,通左后雾灯 E9/L
		4	EF	接 X33L,通左后倒车灯 E14/L
X12/6	右转向开关线束插接器	2	GA	接 X56/2,通组合开关内转向开关 S3b 的 R 端子(右转向)
		3	EA	接 X56/2,通熔丝 F3
X12/7	右后组合灯线束插接器	2	GA	接 X33/R,通右后转向灯 E55
		3	EA	接 X33/R,通右后尾灯 E2
		4	BA	接 X33/R,通右后制动灯 E53
		5	L	接地,通㉛号搭铁点

接线器代号	名　称	端子号	接线色符	连接电气元件
X12/8	挂车插座线束插接器	1	BD	接挂车插座 X1(第三制动)的 54g 端子
		2	GA	接挂车插座 X1(右转向信号灯)的 R 端子
		3	EA	接挂车插座 X1(右尾灯)
X12/9	挂车插座线束插接器	2	GF	接挂车插座 X1(左转向信号灯)的 L 端子
		3	EF	接挂车插座 X1(左尾灯)
		5	L	接挂车插座 X1(接地)的 31 端子
X12/10	左后组合灯线束插接器	2	GF	接 X33L,通左后转向信号灯 E54
		3	EF	接 X33L,通左后尾灯 E1
		4	BA	接 X33L,通左制动灯 E52
X12/11	左转向开关制动灯线束插接器	1	BD	接 X56/1,通第三制动开关 S11
		2	GF	接 X56/2,通组合开关内转向开关 S3b 的 L 端子(左转向)
		3	EF	接 X56/2,通熔丝 F5
		4	BA	接 X56/2,通制动灯继电器 K6 的 87 端子

　　底盘后围接线盒内部电气连通图和分线盒的插接器各端子接线色符分别见图 6-46 和图 6-47。

图 6-46　底盘后围分线盒内部电气连通图

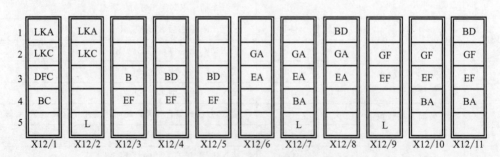

图 6-47　底盘后围分线盒的插接器各端子接线色符

　　(3) 电路图的识读　斯太尔汽车电路图的识读如图 6-48 所示,电路图中字母、数字代号和各种符号的含义如表 6-10 所示。

图 6-48　斯太尔汽车电路图的识读

E52、E53—左右制动灯；F10，F11—熔断器；K1—制动灯继电器；X5—挂车插座；X12—后中阀接线盒插头；S10—制动灯开关；X56—驾驶室线束插接器；
H2/1—后制动灯；H2/3—充电指示灯；H2/4—远光指示灯；H2/5，H2/6—转向指示灯；K4—弱光继电器；S26～S33—各种开关；X13—顶篷线束插接器；
X14—仪表线束插接器；H4—气压警报蜂鸣器；M3，M4—左右暖风电动机；S2/3—暖风电动机开关；X10，X11—暖风电动机插接器

表 6-10　斯太尔汽车电路图的含义

标示数字	含　　义
1	熔断器
2	电器部件
3	双色导线的标注采用两个字母,第一位字母代表导线绝缘层的底色,第二位字母代表其条纹的颜色。BA 表示黑色带有红色条纹的导线
4	分线盒,表示导线经过分线盒后分为多条电路
5	电器部件的名称
6	插座 X5
7	搭铁符号
8	功能块代号。功能块代号是以阿拉伯数字 1、2、3…顺序排列,也有以英文字母 A、B、C…顺序排列
9	搭铁代号,各个搭铁点代号的具体位置说明书
10	表示 KF02 导线经过插接器 X14 的插座后连接 KF20 和 KF01 两根导线
11	区域代号
12	028 是 L 导线的编号
13	单色导线的标注采用一个字母,表示一种颜色
14	31 表示暖风电机开关 S2/3 的接线端子号
15	表示导线 EA09 连接的电路
16	表示导线 BGE1 连接的导线识别号为 323
17	三色导线的标注采用三个字母,第一位字母代表导线绝缘层的底色,第二位字母代表其条纹的颜色,第三位字母代表其点状的颜色或细条纹的颜色。KGA1 表示该导线的底色为浅蓝色,在浅蓝色的底色上面有紫色条纹标记,另外在紫色条纹标记上还有红色点状标记,或在紫色条纹标记旁边有红色细条纹标记,导线的编号为 1 号
18	插接器的接线端子号。图中表示驾驶室线束插接器 X56 的第 7 号插接器的接线端子 6
19	插接器的名称,图中 X56/7 表示驾驶室线束插接器 X56 的第 7 号插接器
20	熔断器允许通过的电流。5A 表示熔断器允许通过的电流为 5A
21	熔断器的位置。图中 F10 表示中央配电盒第 10 号熔断器

二、德龙汽车全车线路

1. 德龙汽车电路导线的特点

（1）导线颜色代号　在线路图中,导线的颜色用英文字母代号表示,德龙汽车共采用 13 个英文字母分别代表 13 种颜色,字母代号的含义见表 6-11。

表 6-11　德龙汽车导线色标与颜色对照表

字母	A	B	C	D	E	F	G	H	I	L	M	N	K
颜色	红	黑	白	黄	灰	绿	紫	橙	深蓝	棕	无色	粉红	浅蓝

注：M 为无绝缘的搭铁线。

图 6-49　德龙汽车导线编号的组成

（2）导线编号　德龙汽车采用德国标准标识导线。如图 6-49 所示,导线编号一般由 5 个数字组成,其特点如表 6-12 所示,电线的电气各区域码的具体含义如表 6-13 所示。

表 6-12　导线编号的特点

序号	特　　点
1	前 2 位代表电线的电气性质,称为区域码。各区域码的具体含义见表 6-13
2	后 3 位代表电线的序号,称为顺序码
3	有些情况在顺序码后面加 1 位区别码,用来表示相同线号的不同连线

序号	特　点
4	图中在线号后面标出线的直径,如果没有标出则该线截面积为 1.0mm^2。例如,30010-2.5,其中 2.5 表示导线的截面积为 2.5mm^2
5	中央配电盒内部导线编号后部数字为该线所对应的页数。例如,59000/2 中 59000 为导线编号,2 为电气原理图第 2 页

表 6-13　电线的电气各区域码的具体含义

区域码	含　义
15	受点火开关控制的电源
16	仪表线路
17	火焰预热
20	雨刮和洗涤线路
23	空调线路
24	后视镜加热及电动车窗(电源)线路
25	暖风电路
30	直接与蓄电池正极连接或经电源总开关与蓄电池正极连接线路
31	搭铁线路
43	制动及熄火线路
50	启动信号
56	前照灯线路
58	驾驶室内辅助照明线路

2. 德龙汽车插接器的识读

如图 6-50 所示,德龙汽车电路图中插接器和复合插接器均用英文字母及阿拉伯数字表示,通用插接器采用 X 表示。

图 6-50　各种插接器

各种插接器的识别方法不同，有从下至上的识读方式，也有从左至右的识读方式。插接器各个接线端子号采用阿拉伯数字和英文字母两种方式表示。另外插接器各个接线端子标示有所连接导线编号，以便与原理图对照识读。电路图中典型插接器的含义如表6-14所示。

表6-14　电路图中典型插接器的含义

序号	含　义	图　示
X238/F	插接器 X238 的接线端子 F	—
A185/Ⅱ/11	此插接器由 3 部分组成，其中 A185 为电气部件代号，为信号灯板；信号灯板 A185 上共有 4 个插接器，Ⅱ为Ⅱ号插接器；11 为信号灯板 A185 上的Ⅱ号插接器的 11 号接线端子	A185/Ⅱ/11　定位销（图示：11个接线端子圆形排列）

3. 德龙汽车电气部件的代号含义

德龙汽车电气部件的代号主要由英文字母和阿拉伯数字组成，阿拉伯数字是电气部件的顺序编号，英文字母代表的含义见表6-15。

表6-15　德龙汽车电气部件代号中字母的含义

字母	代表的电气部件	字母	代表的电气部件	字母	代表的电气部件
A	组合仪表、收音机	G	蓄电池、发动机	P	指示表
B	传感器、扬声器	H	信号系统装置	R	电阻、火花塞
C	电容	K	各种继电器和电子控制单元	S	各种开关
D	二极管			V	二极管
E	灯	J	分线器	X	插接器
F	电路保护装置	M	电动机	Y	电磁阀

4. 德龙汽车电路图的识读

（1）原理图的识读　德龙汽车电路图的识读如图 6-51 所示，电路图中字母、数字代号和各种符号的含义如表 6-16 所示。

（2）启动电路的识读　德龙汽车（WP12 型发动机）启动系统受发动机 ECU 控制，启动电路如图 6-54 所示，其电气线束连接如图 6-55 所示。

① 启动过程。当点火开关接通后，如果点火开关置于启动挡，发动机 ECU 获得启动信号，同时 ECU 检测空挡信号和发动机转速信号。如果此时空挡开关接通且没有发动机转速信号（表明发动机没有运转，如果发动机运转，ECU 不会接通启动电路），ECU 便输出信号，控制启动继电器工作，从而控制起动机开始运转。

发动机 ECU 有一种应急启动模式，就是在没有空挡信号的情况下（此功能主要为空挡信号损坏情况下应急启动考虑）将点火开关置于启动挡超过 5s，发动机 ECU 便会输出信号，控制启动继电器工作，从而控制起动机开始运转。

② 发动机 ECU 电源电路。蓄电池正极→熔断器 F149→红色导线（4 路）→发动机 ECU 的 1 号插接器 2、3、8、9 接线端子→发动机 ECU→发动机 ECU 的 1 号插接器 5、63、10、11 接线端子→棕色导线（4 路）→蓄电池负极。

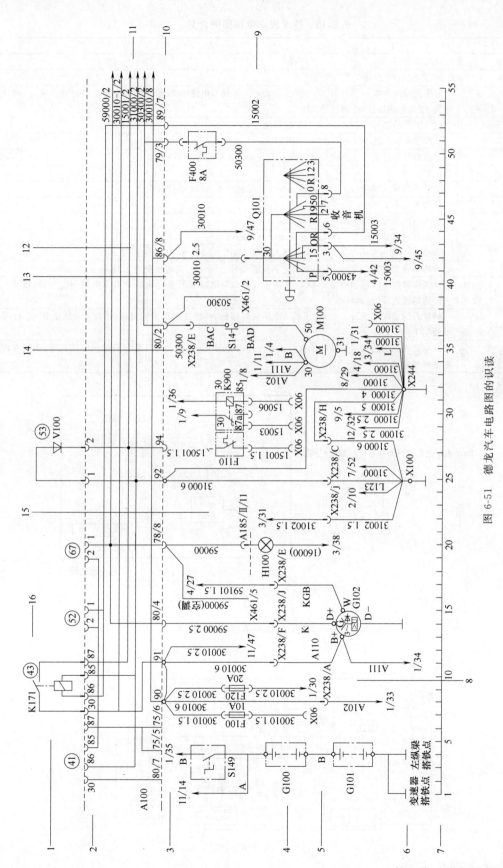

图 6-51　德龙汽车电路图的识读

表 6-16　德龙汽车电路图的含义

标示数字	含　　义
1	继电器符号
2	30、86、85、87 为继电器接线端子号
3	导线连接的导线识别号为 1/35。1/35 表示此导线与电路图 1（整车电路由多个电路图组成）区域代号为 35 的导线连接（见解释号 14）
4	电气部件的名称代号。G100 表示蓄电池
5	导线颜色。B 表示黑色导线
6	搭铁符号和搭铁点。各个搭铁点代号的具体位置见有关说明书
7	区域代号
8	插接器的接线端子号。图中表示此导线经过插接器 X238 的接线端子 A
9	导线编号为 15002
10	虚线框内为配电盒内部电路
11	配电盒内部导线编号。箭头表示接下一页电路图
12	86/8 表示配电盒后 86 号插接器的 8 号端子，如图 6-52 所示
13	导线编号和规格。30010 2.5 表示此导线的编号为 30010，其截面积为 2.5mm^2
14	导线连接的导线识别号为 1/4。1/4 表示此导线与电路图 1（整车电路由多个电路图整车）区域代号为 4 的导线连接（见解释号 3）
15	插接器的接线端子号。A185/Ⅱ/11 表示信号灯板 A185 上的 Ⅱ 号插接器（共有 4 个插接器）的 11 号接线端子
16	配电盒正面安装电气部件的位置号。如图 6-53 所示，每个电气部件都标有带圆圈的编号，为装在配电盒的相应编号

图 6-52　配电盒背面

图 6-53　配电盒正面

图 6-54 德龙汽车（WP12 型发动机）启动电路

A100—中央配电盒；ECU—发动机电控单元；F149—ECU 熔断器；F603—点火开关熔断器；G100—蓄电池组 1；G101—蓄电池组 2；G102—发电机；K171—点火开关搭铁线；M100—起动机；Q101—点火开关；S14—空挡开关；S149—电源总开关；X101—变速器搭铁点；X102—左纵梁搭铁点；X238—驾驶室与底盘之间 35 孔插接器；X337—ECU 线束 35 孔插接器；X62—ECU 线束 6 孔插接器

图 6-55　德龙汽车（WP12 型发动机）启动系统线束连接

③ 点火开关信号电路。点火开关信号电路如表 6-17 所示。

表 6-17　点火开关信号电路

序号	电　　路	电　路　线　路
1	点火开关继电器线圈电路	蓄电池正极→电源开关→黑色导线→起动机 30 端子→红色导线→插接器 X238 接线端子 A→编号 30010 导线→配电盒 91 端子→配电盒 90 端子→配电盒 86 插接器的接线端子 8→编号 30010 导线→点火开关接线端子 1→点火开关（ON 挡）→点火开关接线端子 6→编号 15002 导线→配电盒 89 号插接器的接线端子 7→点火开关继电器接线端子 86→点火开关继电器线圈→点火开关继电器接线端子 85→配电盒的接线端子 92→搭铁→蓄电池负极。此时，点火开关继电器触点闭合，发动机 ECU 接收点火开关接通信号
2	点火开关接通信号电路	蓄电池正极→电源开关→黑色导线→起动机 30 端子→红色导线→插接器 X238 接线端子 A→编号 30010 导线→配电盒 91 端子→点火开关继电器接线端子 30→点火开关继电器触点（闭合）→点火开关继电器接线端子 87→配电盒的接线端子 94→编号 15001 导线→熔断器 F603→编号 61501 导线→插接器 X337 接线端子 E→编号 61501 导线→发动机 ECU 的 1 号插接器的接线端子 40→发动机 ECU
3	点火开关启动信号电路	蓄电池正极→电源开关→黑色导线→起动机 30 端子→红色导线→插接器 X238 接线端子 A→编号 30010 导线→配电盒 91 端子→配电盒 90 端子→配电盒 86 号插接器的接线端子 8→编号 30010 导线→点火开关接线端子 1→点火开关（ST 挡）→点火开关接线端子 8→编号 50300 导线→配电盒 79 号插接器的接线端子 3→配电盒 80 号插接器的接线端子 2→编号 50300 导线→插接器 X481 接线端子 2→编号 50300 导线→插接器 X337 接线端子 G→编号 50300 导线→发动机 ECU 的 1 号插接器的接线端子 61→发动机 ECU

④ 启动继电器线圈电路。发动机 ECU→发动机 ECU 的 1 号插接器的接线端子 37→编号 64020 导线→插接器 X62→编号 64020 导线→启动继电器（安装在启动继电器内）线圈→编号 64021 导线→插接器 X62→编号 64021 导线→发动机 ECU 的 1 号插接器的接线端子 51→发动机 ECU。

此时，启动继电器触点闭合，起动机电路接通，起动机旋转，开始启动发动机。

三、解放汽车全车线路

1. 电气导线系统色标

解放系列汽车在汽车电气系统中所用的导线比较多，为了维修查找和判断方便，在单色线不够用的情况下，多采用双色线配线。双色线，就是在同一条导线上有两种颜色，颜色重的为主色线，螺旋形条纹的颜色为辅助色，这样就能容易地分辨出导线是汽车电气系统中哪一部分的配线。读导线颜色时先读主色再读辅助色，例如红黑、红白、红黄、红蓝等颜色。

以六吨平头柴油系列汽车为例，配线规律如表 6-18 所示。

表 6-18　汽车配线规律表

电气系统	启动、预热	充电	照明	信号	仪表	辅助电气	搭铁
颜色	黑色（有辅助色）	白色	红色	绿色	黄色	蓝色	黑色（无辅助色）

2. 易熔线和熔断器

在主供电线束前端和预热器主供电电路中，装用了 3 根大电流的易熔线，起过电流保护作用，易熔线装在蓄电池电源线起始端附近，其外部包有氯硫化聚乙烯绝缘材料。过电流保护时熔断时间不超过 5s。使用中一旦发生熔断，应查找熔断原因，再换新件。

在熔断器盒内装有 18 路符合国际标准的片式熔断器。熔断器外壳用半透明耐热塑料制成，熔断器导电部分为低熔点锌钛合金。在电路中选用的负荷电流应为熔断器额定电流的 70%，熔断器额定电流与选用的负荷电流值如表 6-19 所示。

表 6-19　熔断器额定电流与选用的负荷电流值

熔断器壳体色标	红	浅蓝	黄	浅绿
额定电流值/A	10	15	20	30
负荷电流值/A	7	8~11	12~14	21~25

3. 中央配电盘

解放系列柴油车为了便于检修，多采用中央配电盘，在其上多装有各种继电器和控制器；在汽车电气系统中多采用插接件连接电路，这就使得汽车电气系统电路清晰，查找方便。

（1）继电器和控制器　在解放系列柴油车上几乎所有用电设备和它们的控制系统都采用了继电器、控制器。其优点是：以"小电流"控制"大电流"，减小了操作开关的容量，可使操作开关做得轻巧、美观，操作时手感舒适；控制器还可以增加许多控制功能和保护功能；使用可靠性增强。

此外，还有保护灯光、音响和用电设备的作用，可以延长其使用寿命。

继电器相同的有：低速刮水继电器和高速刮水继电器相同；远光灯继电器、近光灯继电器、雾灯继电器、尾灯继电器、制动灯继电器、喇叭继电器也是相同的。

◆在查找故障时，为了证实继电器是否有故障，可以互换一下，或者用好的继电器接上去试一下。

（2）插接件的连接要点

① 连接两根导线之间的插接器时，一般为两根导线颜色相同。

② 插接一端是导线，而另一端是固定的插接器时要注意：各种颜色的导线是否连接在固定插接器的规定位置上。其位置非常重要，插错任何一个，都会出现故障。

◆所谓固定插接器是指：熔断器盒内（熔断器盒也可以叫控制盒）的所有插接器、仪表盘后面圆形插接器、仪表盘上方三个插接器、组合开关左右两个插接器、雾灯开关插接器和熔断器盒右侧固定在驾驶室上的两个插接器。

4. 布线图

（1）布线图的特点　如图 6-56 所示为解放 CA6350 汽车的布线图，它具有如下特点。

① 布线图基本按照全车电气设备安装的实际方位绘制，部件与部件之间的连线按实际关系绘出，并将线束中同路的导线尽量画在一起。

图 6-56　解放 CA6350 汽车的布线图

② 电气元件大都布置在四周，中间为导线。

③ 电气部件除了用图形符号表示外，还有文字说明，一目了然，方便易用。

（2）导线的颜色　在布线图中一般采用中文或英文字母缩写形式标注导线的颜色。英文字母代表的颜色为：B—黑色、Y—黄色、R—红色、G—绿色、U—蓝色、W—白色、N—棕色、S—灰色。当导线为双色时，则采用双字母表示，如 R/B 表示红色导线带黑色线条。

四、东风汽车全车线路

1. 东风汽车电路图的特点

（1）汽车电路图绘制顺序　东风汽车电路图基本按照电源、启动、发动机附件、仪表、暖风、雨刮及喷淋洗涤、电压变换、附加电气、信号、灯光、预热、驾驶室举升、远距离控制顺序进行绘制。

（2）导线的代号　在汽车电路中，每根导线都有自己的代号，标注在汽车电路图中，便于在汽车上查找。东风汽车导线的代号有 3 种形式，如表 6-20 所示。

表 6-20　东风汽车导线代号的 3 种形式

序号	形式	含　义
1	23YG	"23"表示线号；YG 表示颜色代号，Y 表示黄色（yellow），G 表示绿色（green），YG 表示黄/绿色导线
2	2 2.5 红	"2"表示线号，"2.5 红"表示截面积为 2.5mm^2 红色导线
3	W22	"W"表示导线，"22"表示线号

东风汽车导线代号与颜色对照表如表 6-21 所示。

表 6-21　东风汽车导线代号与颜色对照表

导线代号	导线颜色	导线代号	导线颜色	导线代号	导线颜色
W1	绿/蓝	W25	黄/白	W48	绿色
W2	绿/红	W26	黄/黑	W49	蓝/绿
W3	绿/白	W27	蓝色	W50	蓝/红
W4	黑色	W28	白色	W51	蓝/黄
W5	绿/黄	W29	红/黄	W52	黑/黄
W6	红色	W30	棕色	W53	蓝/红
W7	蓝/红	W31	绿/蓝	W54	红/蓝
W8	黑色	W32	蓝色	W55	红/黄
W10	绿/黑	W33	蓝/黄	W56	黑/红
W11	黄/红	W34	绿/白	W57	蓝/黑
W12	绿色	W35	红色	W58	蓝/绿
W13	绿色	W36	白色	W59	蓝/白
W14	绿/白	W37	绿/红	W60	红/黑
W15	白色	W38	蓝/红	W61	红/蓝
W16	棕色	W39	绿/黄	W62	红/白
W17	蓝/黄	W40	红/绿	W63	红/绿
W18	黄/红	W41	黑色	W64	绿色
W19	黑/白	W42	红/白	W65	蓝/黑
W20	黑/黄	W43	绿色	W66	蓝/黄
W21	黄色	W44	蓝/黑	W67	蓝/红
W22	蓝/白	W45	蓝/黄	W68	蓝/白
W23	黄/绿	W46	黄/红	W69	蓝色
W24	蓝/白	W47	黄/黑	W70	绿/黄

导线代号	导线颜色	导线代号	导线颜色	导线代号	导线颜色
W71	绿/白	W86	黑色	W99	绿/红
W72	灰/黑	W87	红色	W100	绿/红
W73	灰色	W88	粉红	W101	绿/黑
W74	蓝/黑	W91	白色	W102	黑/白
W76	红色	W92	白色	W103	红/黑
W77	白色	W93	绿/黄	W104	红/蓝
W79	蓝/黑	W94	绿/黄	W105	蓝/黄
W81	黑色	W95	黑/白	W106	绿/白
W83	黑色	W96	红色	W120	黄/红
W84	红/绿	W98	绿/白	W130	红/白
W85	蓝/黄				

2. 熔断器及继电器盒

汽车一般均设有一个或两个熔断器及继电器盒，汽车电气系统以熔断器及继电器盒为核心进行控制。如图 6-57 和图 6-58 所示为东风天锦汽车熔断器及继电器盒。在配电盒上贴有标签，标识各个熔断器或继电器的名称、功用及容量，当产生故障时，便于更换和检修。

图 6-57　东风天锦汽车熔断器

(注：图中点火锁又称为点火开关；保险丝又称为熔断器、熔丝)

位置	名称	适用
1	点火锁ON挡继电器1	
2	点火锁ON挡继电器2	
3	制动灯继电器	
4	ACC挡继电器	
5	喇叭继电器	
6	制动继电器	
7	雨刮继电器	
8	空调继电器	
9	远光继电器	
10	近光继电器	
11	小灯继电器	
12	后雾灯继电器	

警告:不可放入规定以外的继电器

1	2	3	4
5	6	7	8
9	10	11	12

图 6-58　东风天锦汽车继电器盒

（图中点火锁又称为点火开关）

五、五十铃汽车全车线路

1. 五十铃汽车电路图符号、熔断器与继电器

（1）电路图中符号的含义　五十铃汽车电路图中各种符号的含义见表 6-22。

表 6-22　五十铃汽车电路图中各种符号的含义

符　号	含义	符　号	含义	符　号	含义
	蓄电池		熔断器		易熔线
	断电器		线圈、电磁阀		加热器
	搭铁		搭铁		单丝灯泡
	双丝灯泡		点烟器		电动机
	泵		电喇叭		扬声器
	蜂鸣器		谐音警报器		电容器
	热敏电阻		舌簧开关		电阻器

符　　号	含义	符　　号	含义	符　　号	含义
	可变电阻器	NPN	NPN 三极管	PNP	PNP 三极管
	光敏三极管		二极管		稳压二极管
	发光二极管		光敏二极管		压电元件
	无连接点的交叉线		绞接线		常开继电器
	常闭继电器		插接器		—
	接线端子		开关		—

（2）导线的颜色　在线路图中，配线颜色用字母代码表示，字母代码的含义如表 6-23 所示。例如，线路图中导线颜色编号为 R，则说明在实际电路中，导线颜色为红色。如果导线为双色，则用第一个字母表示配线基本颜色，第二个字母表示配线的条纹颜色。例如导线颜色编号为 LB，则在实际电路中，导线的基本颜色为蓝色，条纹颜色为黑色。

（3）熔断器与继电器　五十铃汽车驾驶室内熔断器盒和继电器的位置如图 6-59 所示。

表 6-23　五十铃汽车导线颜色代码的含义

字母代码	导线颜色	字母代码	导线颜色	字母代码	导线颜色
B	黑色	Lg	浅绿色	W	白色
Br	棕色	O	橙色	Sb	天蓝色
G	绿色	P	粉红色	Y	黄色
Gr	灰色	R	红色	—	
L	蓝色	V	紫色		

图 6-59　五十铃汽车驾驶室内熔断器盒和继电器的位置

（注：A～F 分别表示各种继电器盒的位置）

① 熔断器。熔断器安装位置如图 6-60 所示，熔断器电路控制部件电路如图 6-61 所示。

图 6-60 熔断器的安装位置

图 6-61

图 6-61　熔断器电路控制部件电路

②继电器。五十铃汽车采用多个继电器控制不同电路，各种继电器一般集中安装在不同的位置。当电路出现故障时，必须确定继电器的位置，以便查找故障原因。继电器盒 A～F 的布置如图 6-62 所示，各个继电器控制部件电路如表 6-24 所示。

2. 五十铃汽车电路的识读

以五十铃汽车 4JJ1 发动机电控系统为例，其电路如图 6-63 所示。电路分析如表 6-25 所示。

图 6-62 继电器盒 A～F 的布置

表 6-24 各个继电器控制部件的电路

继电器盒名称	控制的电路	顺序号
继电器盒 A	停车灯	1
	雾灯（前）	2
	转向灯及停车灯、ZF	3
	照明	4
	照明	5
	空调	6
	尾灯	7
	雾灯（后）	8
	空调	9
继电器盒 B	反光灯	1
	反光灯	2
	DC-DC 转换器	3
	空气悬架系统	4
	空气悬架系统	5
		6
继电器盒 C	空挡	1
	空挡（P/T）	2
	减速制动器、ZF	3
	安全带警告灯	4
	驻车制动器	5
	减速制动器、ZF	6
	巡航控制系统	7
	排气断路器	8
	空气悬架系统	9
	巡航控制系统	10
	驾驶室悬架系统	11
	防抱死制动系统信号	12
	电控单元	13
	电控单元、排气制动系统	14
继电器盒 D	插座	1
	挂车	2
	停车灯（挂车）	3
	喇叭	4
	制动器锁定	5
继电器盒 E	—	—
继电器盒 F	—	—

图 6-63　五十铃 4JJ1 发动机电控系统电路

表 6-25　照明系统电路的识读

电　　　路	电　路　分　析
发动机电控单元 ECU 电源电路	点火开关接通时的电源电路为:蓄电池正极(24V)→100A 熔断器→50A 熔断器→点火开关(ON)挡→15A 熔断器→发动机电控单元 ECU 的 24 端子
	发动机电控单元 ECU 接收点火开关接通信号后,通过发动机电控单元 ECU 的 21、40 端子控制主继电器的电磁线圈电路导通,主继电器的触点闭合。此时,发动机电控单元 ECU 的电源主电路为:蓄电池正极→100A 熔断器→熔断器→主继电器的触点(闭合)→发动机电控单元 ECU 的 2、5 端子→发动机电控单元 ECU
	发动机电控单元 ECU 的搭铁电路为:发动机电控单元 ECU 的 81、43、62、1、3、4 端子→导线→搭铁→蓄电池负极
开关电路	发动机停机开关电路为:蓄电池正极(24V)→100A 熔断器→50A 熔断器→点火开关(ON)挡→15A 熔断器→发动机停机开关→发动机电控单元 ECU 的 47 端子
	发动机选择器开关电路为:蓄电池正极(24V)→100A 熔断器→50A 熔断器→点火开关(ON)挡→15A 熔断器→发动机选择器(怠速选择器)开关→发动机电控单元 ECU 的 29 端子
	怠速提高开关电路为:蓄电池正极(24V)→100A 熔断器→50A 熔断器→点火开关(ON)挡→15A 熔断器→怠速提高开关→发动机电控单元 ECU 的 30 端子
	怠速降低开关电路为:蓄电池正极(24V)→100A 熔断器→50A 熔断器→点火开关(ON)挡→15A 熔断器→怠速降低开关→发动机电控单元 ECU 的 31 端子
传感器电路	机油压力传感器:机油压力传感器有 3 个接线端子,分别与 ECU 的 80、67、79 端子连接
	发动机冷却液温度传感器:发动机冷却液温度传感器有 2 个接线端子,分别与 ECU 的 84、79 端子连接
	燃油温度传感器:燃油温度传感器有 2 个接线端子,分别与 ECU 的 83、79 端子连接
	CMP 凸轮轴位置传感器:凸轮轴位置传感器有 4 个接线端子,分别与 ECU 的 87、98、100、101 端子连接
	共轨燃油压力传感器:共轨燃油压力传感器有 4 个接线端子,分别与 ECU 的 90(82)、87、100、101 端子连接
	加速踏板位置传感器:加速踏板位置传感器有 5 个接线端子,分别与 ECU 的 42、63、64、41、20 端子连接。其中 63、64 为信号输入端子,42 为电源输出端子,41 为搭铁端子,20 连接屏蔽线
	大气压力传感器:大气压力传感器有 3 个接线端子,分别与 ECU 的 61、71、60 端子连接
	进气温度传感器:进气温度传感器有 2 个接线端子,分别与 ECU 的 72、60 端子连接
	增压压力传感器:增压压力传感器有 3 个接线端子,分别与 ECU 的 95、91、109 端子连接
	增压温度传感器:增压温度传感器有 2 个接线端子,分别与 ECU 的 74、109 端子连接
	CKP(曲轴)位置传感器:曲轴位置传感器有 4 个接线端子,分别与 ECU 的 107、108、109、95 端子连接
执行器电路	喷油器:每个喷油器有 2 个接线端子。1 号电磁喷油器与 ECU 的 119、121 端子连接;4 号电磁喷油器与 ECU 的 117、121 端子连接;2 号电磁喷油器与 ECU 的 118、116 端子连接;3 号电磁喷油器与 ECU 的 120、116 端子连接
	EGR 阀电动机:EGR 阀电动机有 3 个接线端子,分别与 ECU 的 111、103、110 端子连接
	预热塞:发动机电控单元 ECU 通过端子 10 控制预热塞继电器的电磁线圈电路导通,预热塞继电器的触点闭合。此时预热塞电路为蓄电池正极(24V)→100A 熔断器→60A 熔断器→预热塞继电器的触点(闭合)→预热塞→搭铁→蓄电池负极

六、欧曼汽车全车线路

1. 欧曼汽车电路的组成与导线颜色

（1）电路图的组成　电路图由多个区段组成，每个区段有其独特功能。整车电路图基本按照电源部分、照明和信号、仪表、操纵系统、雨刮、预热、空调顺序进行绘制。

（2）欧曼汽车电路导线的颜色　欧曼汽车电路导线的颜色如表 6-26 所示。在电路图中，线路部分都是以粗实线画出的，集中在图的中间部分。每条导线上都有颜色，是指导线绝缘层的颜色，有单色线、双色线和三色线，以英文缩写来表示。

表 6-26　欧曼汽车电路导线的颜色

英文字母	B	G	L	O	R	W	Y	V	P	Br	Gr
颜色	黑色	绿色	蓝色	橙色	红色	白色	黄色	粉红	紫色	棕色	灰色

单色导线的标注采用一个字母表示。双色导线的标注采用两个字母表示，第一位字母代表导线绝缘层的底色，第二位字母代表其条纹的颜色。三色导线的标注采用三个字母表示，第一位字母代表导线绝缘层的底色，第二位字母代表其条纹的颜色，第三位字母代表其点状的颜色或细条纹的颜色。

（3）熔断器　在电路保护装置中，欧曼汽车主要采用两种熔断器，一种为大容量熔断器，用字母 F/L 表示，有 40A（绿色）、60A（黄色）、80A（黑色）3 种规格，主要对主干线路进行保护；另一种为小容量熔断器，用字母 F 表示，有 5A（橙色）、7.5A（棕色）、15A（蓝色）3 种规格。

2. 电路图的识读

欧曼汽车电路图的识读如图 6-64 所示，电路图中字母、数字代号和各种符号的含义如表 6-27 所示。

表 6-27　欧曼汽车电路图的含义

标示数字	含义
1	大容量熔断器盒。大容量熔断器盒又称为底盘配电盒，安装在驾驶室前端翻转板内，主要对主干线路进行保护
2	配电盒内的熔断器。F25 表示熔断器的位置为 25 号，5A 表示熔断器允许通过的电流为 5A
3	电气部件的符号和名称
4	导线连接号。此电路与 26 号电路、217 号电路连接
5	区域号。区域号用阿拉伯数字表示，位于电路图与功能块名称之间，数字是从左至右逐渐增大
6	功能块名称
7	搭铁
8	导线的颜色。BR 表示黑色带有红色条纹的导线
9	电气部件接线端子的符号。图中的 J 符号表示与继电器连接
10	导线连接号。此电路与 7 号电路连接（即解释 4 中 26 号电路连接）
11	电源线路名称。图中 F/L1、F/L2、F/L3、F/L4、F/L6 表示这些电源线路分别受 F/L1、F/L2、F/L3、F/L4、F/L6 大容量熔断器保护

图 6-64　欧曼汽车电路图的识读

七、豪沃汽车全车线路

豪沃（HOWO）系列汽车是中国重汽公司具有自主品牌的新一代重型汽车。

1. 导线颜色和电气部件的代号

（1）电气部件的代号　电气部件的代号主要由英文字母和阿拉伯数字组成，阿拉伯数字是电气部件的顺序编号，英文字母的含义如表 6-28 所示。

表 6-28　豪沃（HOWO）汽车电气部件代号中英文字母的含义

字母	代表的电气部件	字母	代表的电气部件	字母	代表的电气部件
A	组合仪表、控制单元	G	蓄电池、发动机	R	电阻、点烟器、空气干燥器
B	传感器、扬声器	H	信号系统装置	S	各种开关
C	电容	K	各种继电器和电子控制单元	X	插接器
D	二极管	J	分线器	Y	电磁阀、电磁风扇
E	灯	M	电动机		
F	电路保护装置	P	指示表		

（2）导线颜色代号　在线路图中，导线的颜色用英文字母代号表示，豪沃（HOWO）汽车共采用 13 个英文字母分别代表 13 种颜色，字母代号的含义如表 6-29 所示。

表 6-29　豪沃（HOWO）汽车导线色标与颜色对照

字母	A	B	C	D	E	F	G	H	I	L	M	N	K
颜色	红	黑	白	黄	灰	绿	紫	橙	深蓝	棕	扁铜线	粉红	浅蓝

2. 豪沃（HOWO）汽车电路图的识读

（1）电路图中字母、数字代号和各种符号的含义　豪沃（HOWO）汽车电路图如图 6-65 所示，电路图中字母、数字代号和各种符号的含义如表 6-30 所示。

表 6-30　豪沃（HOWO）汽车电路图符号的含义

标示数字	含　义
1	熔断器。F12 表示此熔断器安装在配电盒第 12 号位。15A 表示熔断器的容量为 15A
2	表示连接的导线识别号为 2/43。2/43 表示此导线与电路图 2(整车电路由多个电路图组成)区域代号为 43 的导线连接
3	双色导线的标注采用两个字母，第一个字母代表导线绝缘层的底色；第二个字母代表其条纹的颜色。LA 表示棕色带有红色条纹的导线
4	电气部件的名称代号。S4 表示机械式电源总开关
5	M 表示无绝缘层扁铜搭铁线
6	搭铁符号和搭铁点。各个搭铁点代号的具体位置见有关说明书
7	功能块代号
8	区域代号，又称为横坐标
9	单色导线的标注采用一个字母，表示一种颜色。L 表示棕色的导线
10	三色导线的标注采用三个字母，第一个字母代表导线绝缘层的底色；第二个字母代表其条纹的颜色；第三个字母代表其点状的颜色或细条纹的颜色。KGB 表示该导线的底色为浅蓝色，在浅蓝色的底色上面有紫色条纹标记，另外在紫色条纹标记上还有黑色点状标记，或在紫色条纹标记上有黑色细条纹标记
11	CAN 总线表示符号
12	图中 X60 表示插接器，4 表示 X60 插接器的 4 号接线端子
13	CAN 总线分线器
14	30 号导线为常电源，与蓄电池正极连接。15 导线为条件电源，当点火开关接通时与蓄电池正极连接

图 6-65 豪沃（HOWO）汽车电路图

（2）豪沃（HOWO）汽车照明系统电路的识读 如图 6-66 所示为豪沃（HOWO）（09系）汽车照明系统电路图，主要由灯光开关、变光开关、车身电控单元 CBCU、继电器、各种灯等组成。灯光开关和变光开关将信号传送给车身电控单元 CBCU，CBCU 接收信号后控制相关的灯点亮。

图 6-66　豪沃（HOWO）（09系）汽车照明系统电路

照明系统电路的识读如表 6-31 所示。

表 6-31　照明系统电路的识读

电路	条件	电路分析
小灯电路	将灯光开关置于"1"挡，CBCU 接收信号后控制小灯点亮	灯光开关"1"挡，信号电路为 30 号线→熔断器 F25→中央配电盒 c 插接器的端子 2→红白色导线→灯光开关的端子 5→灯光开关"1"挡→灯光开关的端子 1→黄红导线→车身电控单元 CBCU 的 d 插接器的端子 23→CBCU
		小灯电路（以左前小灯为例）：30 号线→熔断器 F30(F29)→中央配电盒的端子 d6(dl)→车身电控单元 CBCU 的端子 e8(e2)→车身电控单元 CBCU→车身电控单元 CBCU 的 a 插接器的端子 6→灰绿色导线→左前小灯→搭铁
近光灯电路	将灯光开关置于"2"挡，CBCU 接收信号后控制近光灯点亮	灯光开关"2"挡：信号电路为 30 号线→熔断器 F2→中央配电盒 a 插接器的端子 8→黑紫色导线→灯光开关的端子 4→灯光开关"2"挡→灯光开关的端子 2→浅蓝灰色导线→车身电控单元 CBCU 的 d 插接器的端子 1→CBCU
		近光灯电路 30 号线→熔断器 F29→中央配电盒的端子 d1→车身电控单元 CBCU 的端子 e2→车身电控单元 CBCU→车身电控单元 CBCU 的 e 插接器的端子 9→黄绿色导线→左（右）近光灯→搭铁

电路	条 件	电 路 分 析
远光灯电路	当近光灯点亮时，按动变光开关，CB-CU接收信号后控制左、右远光继电器线圈电路导通，使继电器触点闭合，并点亮左、右远光灯	变光开关"变光"信号电路：车身电控单元CBCU→车身电控单元CBCU的c插接器的端子6→白黄色导线→变光开关的端子4→变光开关"变光"挡→变光开关的端子2→变光开关的端子1→棕色导线→搭铁
		远光继电器线圈电路（以左远光继电器为例）：车身电控单元CBCU→车身电控单元CBCU的f插接器的端子8→白色导线→中央配电盒e插接器的端子7→左远光继电器线圈→搭铁
		左远光灯电路：30号线→熔断器F11→左远光继电器触点（闭合）→中央配电盒e插接器的端子8→白绿色导线→左远光灯→搭铁

八、依维柯汽车全车线路

（1）汽车全车线路 表6-32所示为电路图中标示的线束颜色代码；表6-33所示为电气零部件代码。

表6-32 电路图中标示的线束颜色代码

	字母	颜色	字母	颜色	字母	颜色	字母	颜色	字母	颜色	字母	颜色
单色	A	淡蓝色	B	白色	C	橘色	G	黄色	H	灰色	L	淡褐色
	M	棕色	N	黑色	R	红色	S	粉红色	U	深蓝色	V	绿色
	Z	紫色										
双色	AB	淡蓝-白色	AN	淡蓝-黑色	AR	淡蓝-红色	BN	白-黑色	CN	桔-黑色	GN	黄-黑色
	HN	灰-黑色	HR	灰-红色	HV	灰-绿色	RN	红-黑色	SN	粉红-黑色	VN	绿-黑色

表6-33 电气零部件代码

代码	部 件 名 称	代码	部 件 名 称
1	蓄电池	143	前雾灯开关
2	起动机	149	后雾灯开关和指示器
3	交流发电机	151	前制动摩擦片磨损指示器传感器
4	预热器	181	停车灯指示器
5	电压调节器	182	远光指示器
10	发动机停车电磁阀	183	转向信号指示器
22	起动机限制继电器	192	制动器失效指示器
57	转向信号闪光灯	204	变速器油温过高指示器
58	电源插座	219	燃油储量指示器
79	风窗玻璃刮水器电动机	222	危险警告指示器
82	风窗玻璃除霜装置电动机	232	石英钟
85	喇叭	235	点烟器
86	前照灯远光继电器	248	指示灯检验继电器
87	前照灯近光继电器	253	制动灯开关
102	机油压力过低指示器	256	发动机冷却液温度指示器传感器
105	水温表	260	机油压力过低指示器传感器
106	燃油表	261	倒车灯开关
108	充电指示器	262	燃油储量指示器传感器
111	车速里程表	267	燃油表传感器
112	转速表	269	驾驶室照明按钮开关
114	点火开关	273	转向柱开关 a. 转向信号灯开关
119	电加热装置开关		b. 前照灯闪光器开关
122	外部灯开关		c. 双速风窗玻璃刮水器开关
126	危险警告灯开关		d. 喇叭按钮

代码	部件名称		代码	部件名称
276	制动器失效指示器传感器		421	光导纤维灯泡
277	制动油低油面指示器传感器		422	变速杆光导纤维灯泡
302	变速器油温过高指示器传感器		451	驾驶室内照明灯
322	装有启动控制开关的变速器		503	熔丝盒(16根熔丝)
390	风窗玻璃洗涤器水泵		620	收音机
401	前照灯　　a. 远光		621	扬声器
401	前照灯　　b. 近光		622	天线
402	前停车/转向信号灯		637	预热塞继电器
403	两侧闪光信号灯		652	雾灯继电器
404	前雾灯		660	加热反射器开关和指示器
406	后雾灯		661	加热反射器
410	车尾灯/车后转向信号灯制动灯		665	发动机预热光学指示器
411	牌照灯		667	发动机预热光学指示器电阻
412	倒车灯		911	单向接线装置

（2）熔丝与中央控制盒　熔丝均放在中央控制盒上，中央控制盒的另一面是接触器。中央控制盒位于驾驶人的左侧，打开一小盖即可找到，如图 6-67 所示。熔丝容量及用途如表 6-34 所示。

(a) 中央控制盒安装位置

(b) 熔丝面

(c)继电器面

图 6-67　中央控制盒

1～24—熔丝号；E1～E15—继电器号（接触器号）

表 6-34　中央控制盒熔丝容量及用途

熔丝号	容量/A	用　　途	熔丝号	容量/A	用　　途
1	5	左前和右后小灯、左牌照灯	14	5	拖挂车指示灯
2	5	右前和左后小灯、右牌照灯	15	3	发动机断油阀
3	7.5	左近光灯	16	7.5	倒车灯、制动灯
4	7.5	右近光灯	17	10	喇叭
5	7.5	左远光灯	18	7.5	车内灯、点烟器
6	7.5	右远光灯	20	10	刮水器
7	3	里程表	21	15	电子加热器
8	3	仪表盘	22	7.5	点火开关
10	3	后雾灯			
13	10	警告灯	其余为未使用		

第六节　货车车载网络系统

一、车载网络系统的基本知识

随着汽车电子技术的不断发展，汽车上控制单元的数量越来越多，线路越来越复杂，汽车的线束越来越庞大，同时有些数据信息需要在不同的控制单元中共享，大量的控制信号也需要实时交换，以提高系统资源利用率和工作可靠性。为了简化线路，提高信息传输的速度和可靠性，降低故障频率，许多汽车均采用了车辆本身的内部网络系统，即车载网络系统。

1. 车载网络系统的功能

（1）多路传输功能　为了减少车辆电气线束的数量，多路传输通信系统可使部分数字信号通过共用传输线路进行传输，系统工作时，由各个开关发送的输入信号通过 CPU 转换成数字信号，该数字信号将以串行信号的形式从传感器装置传输给接收装置，发送的信号在接收装置处将被转换为开关信号，再由开关信号对有关元件进行控制。

（2）"唤醒"和"休眠"功能　"唤醒"和"休眠"功能用以减少在断开点火开关时蓄电池的额外消耗。当系统处于"休眠"状态时，多路传输通信系统将停止诸如信号传输和 CPU 控制等功能，以节约蓄电池的电能；而当系统一旦有人为操作时，处于"休眠"状态的有关控制装置立即开始工作，同时还将"唤醒"信号通过传输线路发送给其他控制装置。

（3）失效保护功能　失效保护功能包括硬件失效保护和软件失效保护两种功能。当系统的 CPU 发生故障时，硬件失效保护功能使其以固定的信号进行输出，以确保车辆能继续行驶；当系统某控制装置发生故障时，软件失效保护功能将不受来自有故障的控制装置的信号影响，以保证系统能继续工作。

（4）故障自诊断功能　故障自诊断功能具有两种模式，即多路传输通信系统的自诊断模式和各系统输入线路的故障诊断模式。通过这两种模式，既能对自身的故障进行自诊断，同时还能对其他系统进行故障诊断。

2. 车载网络系统的特点

汽车网络信息传输方式是利用数据总线将汽车上的各个功能模块（控制单元或电气多路控制单元）连接起来，形成汽车信息传输网络系统。发送数据和控制信号的功能模块将数据和控制信号以编码的方式发送在同一根总线上，接收数据和控制信号的功能模块通过解码获得相应的数据和控制命令（或某个开关动作）。总线每次只传送一个信息，多个信息分时逐个（串行）传输。它的传输特点如下所述。

① 用一根总线替代了多根导线，减少了导线的数量和线束的体积，简化了整车线束，使线路成本和质量都有所下降。

② 减少了线路和节点，提高了信号传输的可靠性和整车电气线路的工作可靠性。

③ 改善了系统的灵活性。通过系统软件即可实现控制系统功能变化和系统升级。

④ 各控制系统的协调性得到提高。网络将各控制系统紧密连接，达到数据共享的目的。

⑤ 可为诊断提供通用的接口。利用多功能测试仪对数据进行测试与诊断，方便了维修人员对电子系统的维护和故障检修。

3. 车载网络系统的类型

车载网络系统属于局域网，借助双绞线、同轴电缆或光纤等通信介质，将车内众多的控制模块（或节点）连接起来，使若干的传感器、执行机构和 ECU 共用一个公共的数据通道，通过某种通信协议，在网络控制器的管理下共享传输通道和数据。

目前车载网络 CAN、LIN、MOST、VAN 等系统已广泛应用于现代汽车中。车载网络系统按照应用系统可分为车身系统、动力传动系统、安全系统、信息系统。为了方便研究和设计应用，美国汽车工程师协会（SAE）按照系统的复杂程度、信息量、响应速度、可靠性的要求等，将汽车网络根据速率划分为 A、B、C、D、E 等 5 类，如表 6-35 所示。

表 6-35　车载网络系统的类型

网络类型	面　　向	数据传输速率	网络协议	应用场合
A 类	传感器、执行器控制的低速网络	1～10kbit/s	LIN、UART、克莱斯勒的 CCD 等	车身控制，如电动门窗、中央门锁、后视镜、座椅调节、灯光照明等控制
B 类	独立模块间数据共享的中速网络	10～100kbit/s	ISO 11898-3、J2248、VAN、J1850 等	对实时性要求不高的车辆信息中心、故障诊断、仪表显示、安全气囊等系统

网络类型	面　向	数据传输速率	网　络　协　议	应　用　场　合
C 类	高速、实时闭环控制的多路传输	≤1Mbit/s	ISO 11898-2(高速 CAN)、TTP/C、FlexRay 等	悬架控制、牵引控制、发动机控制、ABS 等系统
D 类	多媒体信息的高速网络,光纤传输	≥2Mbit/s	D2B、MOST	车载视频、音响、导航系统等
E 类	安全系统实时、高速网络	≥1Mbit/s	FlexRay、Byteflight	线控系统 X-by-Wire、车辆被动安全领域

4. 车载网络的组成

车载网络采取基于串行数据通信的体系结构,车载网络主要由电控单元、数据总线、网络、通信协议、网关等组成。

（1）电控单元　现代汽车除了有发动机电控单元外,还有自动变速器电控单元、ABS电控单元、空调电控单元等,必须用网络把它们连接起来,才能资源共享。

（2）数据总线　数据总线是电控单元间运行数据传递的通道,简称总线,即所谓的信息高速公路。它可以实现在一条数据线上传递的信息能被多个系统（控制单元）共享,从而最大限度地提高系统整体效率,充分利用有限资源。它还可以通过不同的编码信号来表示不同的开关动作信号,根据指令接通或断开对应的用电设备（前照灯、刮水器、电动座椅等）。这样就能将一线一用的专线制改为一线多用制,大大减少汽车上电线的数目,缩小线束的直径。汽车上的数据总线的传输介质常用单线、双绞线或光纤。

图 6-68 和图 6-69 所示分别为相同节点的传统点对点通信方式和 CAN 总线的通信方式。

图 6-68　传统点对点通信方式

图 6-69　CAN 总线的通信方式

（3）网络　在汽车行业里,习惯将几条总线连接在一起的车载局域网称为车载网络。为了满足汽车上不同的电控单元对总线性能的不同要求,同时考虑经济成本,一辆汽车上往往采用不同的总线组成车载网络。如图 6-70 所示，汽车车载网络系统由动力 CAN 总线、舒适 CAN 总线、辅助 LIN 总线和信息 MOST 总线联网组成。

图 6-70　汽车车载网络系统组成的拓扑图

（4）通信协议　通信协议犹如交通规则，包括"交通标志"的制定方法。通信协议的标准蕴含唤醒访问和握手。唤醒访问就是一个给模块（电控单元）的信号，这个模块为了节电而处于休眠状态。握手就是模块间的相互确认兼容并处于工作状态。作为维修人员，并不关心通信协议本身，而关心它对汽车维修诊断的影响。大多数的通信协议都是专用的，因此维修诊断时需要专门的软件。

（5）网关　汽车上各系统所采用的数据总线的传输速度或通信协议有可能不同，这样所有控制模块想要实现信息共享，就必须由网关互相连接以进行数据通信，如图 6-71 所示。网关的作用就是在不同的通信协议和不同的传输速率的计算机或模块之间进行通信时，建立连接和信息解码，重新编译，并将数据传输给其他系统。

① 识别和改变不同总线网络的信号和速率。由于不同区域车载网络的速率和识别代号不同，因此一个信号要从一个总线区域进入另一个总线区域，必须把它的识别信号和速率进行改变，能够让另一个数据总线系统接受，这个任务由网关来完成。

图 6-71　网关连接的系统

② 改变信息优先级。如车辆发生相撞事故，安全气囊控制单元会发出碰撞传感器的信号，这个信号的优先级在动力系统总线中是非常高的，但转到舒适系统车载网络后，网关调低了它的优先级，因为它在舒适系统中其功能只是打开车门和灯。

③ 网关可作为诊断接口。由于通过数据总线的所有信息都供网关使用，所以网关也用作诊断接口。

5. CAN 总线系统

CAN 的英文全称为"controller area network"，即控制器局域网，是由 ISO 定义的串行通信总线，主要用来实现车载各电控单元之间的信息交换，形成车载网络系统。CAN 数据总线又称为 CAN-BUS 总线，它具有信息共享、减少了导线数量、大大减轻配线束的质量、控制单元和控制单元插脚最小化、提高可靠性和可维修性等优点。如图 6-72 所示，CAN-BUS 系统主要由 CAN 控制器、CAN 收发器、数据总线终端和数据传输总线等部件组成，其中 CAN 控制器、CAN 收发器一般与电控单元组装于一体。

图 6-72　CAN-BUS 总线系统的组成

大部分车型用的 CAN 数据传输总线是两条双向数据线，分为高位 CAN-High（简写为 CAN-H 或 CANH）和低位 CAN-Low（简写为 CAN-L 或 CANL）数据线。

二、典型货车 CAN 总线组成与检测

1. 德龙汽车 CAN 总线

德龙 F3000 汽车 CAN 总线通信线路连接示意如图 6-73 所示，它有 I-CAN 和 P-CAN 两组 CAN 通信网络。I-CAN 为仪表总线，连接车身电控单元（CBCU）和组合仪表（CMIC），用于仪表系统的信号传输，也可以连接行驶记录仪。P-CAN 为动力总线，连接 CBCU 和发动机 ECU、ABS ECU、自动变速器 ECU 等，用于动力系统的信号传输。仪表总线和动力总线通信速率及通信内容均不同，两者不能直接相连，两者间的信息交换是通过集成在 CBCU 内的网关完成的。

（1）德龙汽车总线的特点

① 仪表总线 I-CAN 与动力总线 P-CAN 互不相连，仪表总线仅连接 CBCU 与仪表 CMIC，动力总线连接诊断接口、发动机 ECU、ABS ECU、AMT（自动变速器）ECU 等，其中 ABS 和 AMT 属于选装件。

图 6-73　德龙 F3000 汽车 CAN 总线通信线路连接示意

② 当 CAN 总线呈逻辑 1 状态时，两线电压均约为 2.5V；当 CAN 总线呈逻辑 0 状态时，CAN-H 电压约为 3.5V，CAN-L 电压约为 1.5V，两线电压差约为 2V。

③ 在诊断接口下方（副驾驶左侧发动机罩上方）有 2 个 CAN 总线分线器，需要外接的 CAN 总线设备（如 ABS 等）通过这 2 个分线器连接到 CAN 总线上。

（2）总线电路的识读　德龙 F3000 汽车的 CAN 总线电路如图 6-74 所示，总线电路的特点如表 6-36 所示。

图 6-74　德龙 F3000 汽车的 CAN 总线电路

CMIC—CAN 总线组合仪表；CBCU—CAN 车身电控单元；ECU—发动机电控单元；

X205—诊断接口；X337—35 孔插接器

表 6-36　德龙 F3000 汽车的 CAN 总线电路特点

总线电路	总线电路特点	
组合仪表（CMIC）电路	组合仪表（CMIC）有两路 CAN 总线与车身电控单元（CBCU）连接	一路为组合仪表（CMIC）的接线端子 P08 通过黄色（D）导线与车身电控单元（CBCU）的 D 号插接器接线端子 17 连接
		另一路为组合仪表（CMIC）的接线端子 P10 通过绿色（F）导线与车身电控单元（CBCU）的 D 号插接器接线端子 19 连接
车身电控单元（CBCU）电路	车身电控单元（CBCU）有两路 CAN 总线与 CAN 总线分线器连接	一路为车身电控单元（CBCU）的 C 号插接器接线端子 01 通过黄色导线与 CAN-H 连接
		另一路为车身电控单元 CBCU 的 C 号插接器接线端子 02 通过绿色导线与 CAN-L 连接
故障诊断接口电路	故障诊断接口有两路 CAN 总线与 CAN 总线分线器连接	一路为故障诊断接口的接线端子 6 通过黄色导线与 CAN-H 连接
		另一路为故障诊断接口的接线端子 14 通过绿色导线与 CAN-L 连接
发动机 ECU 电路	发动机 ECU 有两路 CAN 总线与 CAN 总线分线器连接	一路为发动机 ECU 的 1 号插接器的接线端子 35 通过黄色导线与 CAN-H 连接
		另一路为发动机 ECU 的 1 号插接器的接线端子 34 通过绿色导线与 CAN-L 连接

　　如果新更换了 CBCU 且未刷数据，或 CBCU 与 CMIC 间的 CAN 总线连接出现错误，均会导致 CMIC 没有显示，初学者可能会出现仅测量电源正常就断定是 CMIC 损坏的误判断。

2. 豪沃（HOWO）汽车 CAN 总线

　　（1）豪沃（HOWO）汽车 CAN 总线的组成　豪沃（HOWO）汽车 CAN 总线通信线路连接示意如图 6-75 所示，它有信息 CAN 和动力 CAN 两组 CAN 通信网络。信息 CAN 为仪表总线，用于仪表系统的信号传输。

图 6-75　豪沃（HOWO）汽车 CAN 总线通信线路连接示意

动力 CAN 为动力总线，连接 CBCU 和发动机 ECU、ABS ECU、自动变速器 ECU 等，用于动力系统的信号传输。信息 CAN 和动力 CAN 总线两者间的信息交换是通过集成在 CBCU 内的网关完成的。

（2）总线电路的识读　豪沃（HOWO）汽车水温表电路如图 6-76 所示，水温传感器首先将发动机水温信号传送给车身电控单元 CBCU，车身电控单元 CBCU 通过 CAN 总线传送给组合仪表 CMIC，组合仪表 CMIC 接收发动机水温数据后，控制步进电机驱动指针指示相应的发动机冷却液温度。

图 6-76　豪沃（HOWO）汽车水温表电路

① 水温传感器电路。水温传感器有 2 个接线端子分别与车身电控单元 CBCU 的 d15、d2 端子连接。

② CAN 总线电路。车身电控单元 CBCU 的 d17、d19 端子通过浅蓝/红色、浅蓝/黑色两根导线与组合仪表 CMIC 的 8、10 端子连接。

3. CAN 数据总线的检测

（1）CAN 总线系统的故障诊断步骤

① 先要了解车型的 CAN 总线系统的特点（包括传输介质、几种子网及车载网络传输系统的结构形式等）和功能（如有无唤醒功能和休眠功能等）。

② 检查汽车电源系统是否存在故障，如交流发电机的输出波形是否正常（若不正常将导致信号干扰）等。

③ 采用替换法或跨接线法检查车载网络传输系统的链路是否存在故障。

④ 如果是节点故障，只能采用替换法进行检测。

（2）CAN 数据总线万用表检测　CAN 数据总线可以采用数字万用表进行电压信号测试，判断数据总线的信号传输是否存在故障。

① 如图 6-77 所示，用万用表测量控制单元 1、控制单元 2、控制单元 3 和控制单元 4 之间有无通信，如无通信，关闭点火开关，断开与数据总线系统相连的控制单元。

② 检查数据总线系统是否断路、短路或接地。用万用表电阻挡测量 CAN-H 和 CAN-L 线之间的电阻，正常情况下应为一个规定电阻值（电阻大小随车型而异），不应直接导通。

③ 用万用表检测动力 CAN 总线。当 CAN 总线呈逻辑 1 状态时，两线电压均约为 2.5V；当 CAN 总线呈逻辑 0 状态时，CAN-H 电压约为 3.5V，CAN-L 电压约为 1.5V，两

图 6-77 万用表检测 CAN 总线

线电压差约为 2V。

（3）CAN 数据总线的波形检测　如图 6-78 所示，采用带有双通道的示波器或检测仪检测双通道模式 CAN 数据总线波形，可根据故障波形判断出总线系统故障的类型。

图 6-78 CAN 数据总线的波形检测

参 考 文 献

[1] 宋福昌. 高压共轨电控柴油机结构与检修. 北京：机械工业出版社，2019.

[2] 董宏国. 载货汽车电路识读与维修. 北京：化学工业出版社，2016.

[3] 董宏国，等. 图解货车结构与维修. 北京：化学工业出版社，2013.

[4] 张国彬，等. 东风系列载货汽车构造与维修手册. 北京：化学工业出版社，2013.

[5] 杨智勇，等. 图解货车结构与维修1000问. 北京：化学工业出版社，2017.

[6] 管晓忙，等. 斯太尔系列柴油汽车结构与维修. 北京：机械工业出版社，2009.

[7] 魏建秋. 依维柯系列柴油汽车结构与维修. 北京：机械工业出版社，2009.

[8] 刘学贞. 解放系列柴油汽车结构与维修. 北京：机械工业出版社，2009.

[9] 夏礼作，等. 东风系列柴油汽车结构与维修. 北京：机械工业出版社，2009.

[10] 陆涛. 斯太尔重型载货汽车维修手册. 北京：金盾出版社，2009.

[11] 赵国富，等. 重型货车新技术与故障诊断. 北京：机械工业出版社，2015.